学术前沿

THE FRONTIERS OF ACADEMIA

东方学

[美] 爱德华·W. 萨义德 著

王宇根 译

*

生活·讀書·新知 三联书店

Simplified Chinese Copyright © 2019 by SDX Joint Publishing Company.
All Rights Reserved.
本作品中文简体版权由生活·读书·新知三联书店所有。
未经许可，不得翻印。

图书在版编目（CIP）数据

东方学／（美）萨义德著；王宇根译．—3 版．—北京：生活·读书·新知三联书店，2019.9　（2024.12 重印）
（学术前沿）
ISBN 978 - 7 - 108 - 06574 - 2

Ⅰ．①东…　Ⅱ．①萨…②王…　Ⅲ．①东方学－研究　Ⅳ．① K107.8

中国版本图书馆 CIP 数据核字（2019）第 067192 号

责任编辑	叶　彤　周玖龄
装帧设计	薛　宇
责任印制	董　欢
出版发行	生活·讀書·新知 三联书店
	（北京市东城区美术馆东街 22 号　100010）
网　　址	www.sdxjpc.com
图　　字	01-2018-3477
经　　销	新华书店
印　　刷	三河市天润建兴印务有限公司
版　　次	1999 年 5 月北京第 1 版
	2007 年 6 月北京第 2 版
	2019 年 9 月北京第 3 版
	2024 年 12 月北京第 13 次印刷
开　　本	880 毫米 × 1230 毫米　1/32　印张 18.125
字　　数	390 千字
印　　数	67,001 - 71,000 册
定　　价	68.00 元

（印装查询：01064002715；邮购查询：01084010542）

学术前沿
总　序

生活·读书·新知三联书店素来重视国外学术思想的引介工作，以为颇有助于中国自身思想文化的发展。自80年代中期以来，幸赖著译界和读书界朋友鼎力襄助，我店陆续刊行综合性文库及专题性译丛若干套，在广大读者中产生了良好影响。

第二次世界大战结束后，随着世界格局的急速变化，学术思想的处境日趋复杂，各种既有的学术范式正遭受严重挑战，而学术研究与社会——文化变迁的相关性则日益凸显。中国社会自70年代末期起，进入了全面转型的急速变迁过程，中国学术既是对这一变迁的体现，也参与了这一变迁。迄今为止，这一体现和参与都还有待拓宽和深化。由此，为丰富汉语学术思想资源，我们在整理近现代学术成就、大力推动国内学人新创性著述的同时，积极筹划绍介反映最新学术进展的国外著作。"学术前沿"丛书，旨在译介"二战"结束以来，尤其是本世纪60年代之后国外学术界的前沿性著作（亦含少量"二战"前即问世，但在战后才引起普遍重视的作品），以期促进中国的学科建设和学术反思，并回应当代学术前沿中的重大难题。

"学术前沿"丛书启动之时，正值世纪交替之际。而现代中国的思想文化历经百余年艰难曲折，正迎来一个有望获得创造性大发展的历史时期。我们愿一如既往，为推动中国学术文化的建设竭尽绵薄。谨序。

生活·读书·新知三联书店
1997年11月

2003年版序言

九年前,即1994年春,我为《东方学》撰写了一篇后记,试图澄清我确信已说和未说的话。我强调的不仅是1978年我的书出版后所引发的众多讨论,而且是一本关于"东方"的种种表述的著作是如何不断地被人们错误地表述和曲解的。今天,面对同样的问题,我竟然发现自己更多地感到的是滑稽而不是恼怒,这充分表明岁月不饶人,我垂垂老矣;随着老年的临近,对事物的期望和说教的热忱也自然随之减退。我在知识、政治和个人方面的重要导师伊克巴·阿哈迈德[1]和易卜拉欣·阿布-卢格哈德[2](他是本书题献者之一)最近相继离世,不仅给我带来了悲伤、损失和无奈,也激发了我某种知其不可而为之的倔强。但这根本不是保持乐观的问题,而是要对正在进行的永无止境的解放与启蒙进程继续怀有信心,在我看来,

---

[1] 伊克巴·阿哈迈德(Eqbal Ahmad,1933—1999),巴基斯坦学者、作家和政治活动家。阿哈迈德1933年出生于印度比哈尔邦。1999年5月病逝于伊斯兰堡。作为不向权力屈服的知识分子,阿哈迈德致力于反对歧视压迫、殖民主义和帝国主义的斗争以及改变世界对中东问题尤其是巴勒斯坦问题的错误认知。阿哈迈德去世时,萨义德在开罗的《金字塔周刊》发表文章《一场真实的斗争,一个好人》纪念这位挚友。——译者注

[2] 易卜拉欣·阿布-卢格哈德(Ibrahim Abu-Lughod,1929—2001),学者、政治活动家。他1929年出生于雅法,后到美国求学,进行关于阿拉伯世界的研究。作为北美地区首屈一指的阿拉伯知识分子和活动家,卢格哈德投身巴勒斯坦民族解放运动,并且关注在世界其他地方发生的类似运动。1977年,卢格哈德当选巴勒斯坦国会成员,1991年辞去国会职务。卢格哈德是萨义德生前好友,被萨义德誉为"巴勒斯坦最重要的学者和知识分子",萨义德曾将多部作品题献给他。——译者注

这为知识分子的使命确定并指明了方向。

不过,《东方学》继续被讨论,并且在全世界被翻译为36种文字,这仍使我感到惊异。感谢我亲爱的朋友和同事加比·彼得尔伯格(Gaby Peterberg)教授所付出的努力,他曾任教于以色列本·古里安大学,现执教于加州大学洛杉矶分校,他使本书的希伯来文版本得以出版并在以色列读者和学生中间引起广泛的讨论和辩论。此外,本书的越南语版也在澳大利亚的资助下得以面世。我希望这样说并不过分,即本书提出的命题似乎为印度支那打开了一个新的思想空间。无论如何,这给了我巨大的喜悦,作为一名作者,我从来没有梦想过我的作品会如此幸运,因为人们对我书中所作所为的兴趣并没有完全消退,尤其是在"东方"本身众多不同的土地上。

当然,部分地是因为中东、阿拉伯人和伊斯兰教继续酝酿着大规模的变化、斗争、争论以及——就在我写作这篇序言的时候——战争。多年以前我就说过,《东方学》是环境的产物,而且这些环境从本质上说是难以控制的。在我的回忆录《格格不入》(1999)中,我描述了我所成长的奇怪而矛盾的世界,为我本人和我的读者提供了对巴勒斯坦、埃及和黎巴嫩各种背景的详尽解释,我认为这些背景造就了我。但是,那仅仅是一种非常个人化的讲述,它并未涉及我在1967年阿以战争后所开始的政治生涯的全部岁月。战争的余波所及(以色列仍然军事占领巴勒斯坦领土和戈兰高地),对我们这一代阿拉伯人和美国人而言生死攸关的那些重要的斗争条件和思想信念似乎仍然在继续。然而,我想再次申明的是,使我的这本书——在此意义上说,我的整个学术生涯——得以可能的是我作为大学学者的生活。虽然有各种各样的缺陷和问题,美国的大学——尤其是我所在的哥伦比亚大学——是美国剩下的为数不多的能够以近乎乌托邦的方式进行反思和研究的地方之一。我从未教授过关于中东的*任何*课程,我接受的训练和工作都主要是欧美的人文学,我是一个从事现代比较文学研究的专业学者。是大学以及与两代一流的学生和出色的同事所进行的教学工作使得本书所包含的那种审慎的思考和分析性的研究得以可能。尽管本书指涉许多迫切的现世问题,它从根本上说,仍然是一本关于文化、观念、历史和权力的著作,而不是关于中东政治的著作。这是我最初就有的想法,时至今日,这一想法对我而言则显而易见、更为清晰了。

但是,《东方学》这本书与当代历史的动荡和喧腾是完全分不开的。在书中,我相应地强调无论是"东方"这一用语,还是"西方"这一概念都不具有本体论意义上的稳定性,二者都由人为努力所构成,部分地在确认对方,部分地在认同对方。这一极度的虚构很容易被人操纵,对集体激情的组织和利用从没有像我们这个时代那么明显;在我们这个时代里,对恐惧、憎恨、嫌恶以及桀骜不驯的自尊和傲慢的调动——这一调动大多与处于一方的伊斯兰和阿拉伯人和处于另一方的"我们"西方人有关——成了一项大规模的事业。《东方学》以对1975年黎巴嫩内战的描写为开端,这场战争结束于1990年,但是暴力与丑恶的人类流血事件却延续至今。我们经受了奥斯陆和平进程的失败,第二次巴勒斯坦人起义[1]爆发以及遭到再

---

[1] Intifada,西方媒体称其为"起义"(uprising),国内有的学者称为"石块起义"。这种起义的最主要方式是所谓的"西方民众不服从运动",是一种非暴力的方式,主要包括商店关门、抵制以货、劳动力罢工、在死难者葬礼上举行示威游行、悬挂巴勒斯坦国国旗、辞退税收官以及多种多样的政治不合作;另外,建立自立的教育、社会、经济、政治机构也成为非暴力抵抗的重要组成部分。这里指2000年9月因当年的戴维营峰会没有达成任何和平协议而直接(转下页)

次入侵的西岸与加沙地带的巴勒斯坦人的可怕苦难,在那里,以色列使用F-16战机与阿帕奇直升机对手无寸铁的平民进行了例行集体惩罚行动。自杀性炸弹袭击现象充分显现出了它具有的可怕的破坏性,当然没有什么比"9·11"事件及其后对阿富汗和伊拉克的战争更骇人听闻、更具有末日预言的昭示意义了。正当我写作本文时,美英对伊拉克非法的和未经授权的入侵和占领正在进行,随之而来的则是匪夷所思的物质掠夺、政治动荡和变本加厉的侵略。这都被认为是那个被称作文明冲突的一部分,它无休无止、无法平息、不可救药。但我认为并非如此。

不过,我仍希望我能够说美国对中东、阿拉伯人和伊斯兰的一般理解业已取得少许改善,但是,唉,事实并非如此。由于各种原因,欧洲的情形看起来要好得多。美国所存在的麻木冷酷的态度,蓄意贬损的化约概括和必胜主义的陈词滥调的牢牢控制,粗鲁无礼的强权统治,加之对异见人士和"他者"的轻率蔑视,已经在对伊拉克的图书馆、博物馆的抢掠洗劫和摧毁中找到了对应。我们的领导人和他们的走狗文人看起来并不能理解历史不能像一块黑板那样擦干净,以便"我们"可以将自己的未来写上去,把我们的生活方式强加到这些低等民族身上,让他们遵从。我们经常听到华盛顿和其他地方的高官高谈阔论改变中东地图,似乎众多的古老社会和无数民众可以像罐子里的花生一样被摇匀。但是,这种事情对于"东方"这一半

(接上页)导致的第二次巴勒斯坦人起义,在这次起义中,沙龙领导的以色列右翼政府上台,并反对将约旦河西岸和加沙地带交由巴勒斯坦人控制。这场起义对当地的经济带来巨大破坏,也带来人员的大量伤亡。——译者注

神话式的建构而言已是司空见惯。自从18世纪末拿破仑入侵埃及以来，这种半神话式的建构就不断被权力制造、再制造，并通过一种对其有利的知识形态发挥作用，宣称这就是东方的本质，我们必须相应地予以应对。这一过程中，包含着无数的形形色色的历史以及令人眼花缭乱的民族、语言、经验和文化的历史积淀，全都被弃置不顾，或者被忽略，与那些从巴格达图书馆和博物馆中带出来的被磨成毫无意义的碎片的宝物一起弃置在沙堆上。我认为，历史是由男人和女人共同造就的，就像它能够被毁掉和重写一样，历史总有着各种各样的沉默与省略，总有着被强加的形塑和被容忍的扭曲，以此，"我们的"西方、"我们的"东方就成为我们拥有并听从我们指挥的属于"我们的"东西。

我需要再次申明的是，我也没有"真正的"东方来据理力争。但是，我对那个地区各民族的力量和才智，对他们为自己是什么和将要成为什么的远景而进行的不懈斗争怀着无比的敬意。借口他们落后、缺乏民主和剥夺女性权利，而对当代阿拉伯和穆斯林社会发动如此大规模的和有预谋的攻击的人全然忘记了诸如现代性、启蒙和民主这样的理念，绝不是如此简单和可以达成共识的概念，绝不像在起居室里找得到或找不到复活节彩蛋那么简单[1]。那些以外交政策的名义发言，却没有活生生的认识（或者是任何现实中的人们实际使用的语言的知识）的浅薄空洞的时事评论员，以惊人的漠不关心捏造出一片贫瘠的想象的风景，随时供美国霸权在那里建造自由市场"民主政

---

[1] 在西方国家，其中藏着礼物的复活节彩蛋代表了意外惊喜和暗藏玄机。——译者注

治"的仿制品，他们对这种根本不会在斯威夫特式的Lagado学院[1]外存在的东西甚至没有丝毫怀疑。

我还想要论说的是，出于从其他民族和其他时代自身的角度出发，通过理解、同情、细心的研究和分析而得到的关于这些民族和这些时代的知识，与作为一场全面的自我肯定、好斗和赤裸裸的战争的一部分的知识——如果这也可以称作知识的话——是不一样的。毕竟，为达到共存和扩大人道主义视野的目标而理解的意愿，与以控制和外部统治为目标的努力是不同的。一小撮未经选举的美国官员（他们被称为胆小的鸡鹰，因为无一曾为军方服务）完全基于与统治世界、安全控制和资源稀缺有关的意识形态理由拼凑了这场帝国主义战争，打击一个业已千疮百孔的第三世界独裁政权，掩盖其真实意图，极力加速它的进行，并且得到了背叛了学术良知的东方学家们的鼓吹和论证。这不啻是历史上的一场知识灾难。对乔治·W.布什的五角大楼和国家安全委员会施加重要影响的是伯纳德·刘易斯[2]和佛阿德·阿扎米[3]这类人，这些阿拉伯和伊斯兰世界的专家协助美国鹰派思考像阿拉伯的思维方式和唯有美国强权方能逆转伊斯兰教数世纪以来的衰落这类荒诞不经的问题。今天，美国的书店充斥着各种蹩脚的长篇大论，它们被冠以关于伊斯兰与恐怖主义、伊斯兰本质解剖、阿拉伯的威胁以及穆斯林的恐怖这样令人瞠目结舌

---

[1] 斯威夫特的小说《格列佛游记》中的皇家学院名。在小说中，斯威夫特讽刺了流行于这座学院中的只单纯依靠理论的不切实际的学风。——译者注
[2] 伯纳德·刘易斯（Bernard Lewis），美国伊斯兰教及中东史研究专家，在美国学界被称为相关领域的"大师"。——译者注
[3] 佛阿德·阿扎米（Fouad Ajami），黎巴嫩裔美国中东问题专家。——译者注

的标题,这些文章都是由不懂装懂的政治辩论家们写的,他们的知识则来自于被认为洞悉一向被视为"我们"肉中可怕的尖刺的、奇怪的东方民族心灵的专家们,而那些东方民族一向是扎进"我们"血肉中的可怕的尖刺。与这种专门制造和煽动战争的专业知识如影随形的则是像美国有线电视新闻网(CNN)和福克斯(Fox)电视台这类无所不在的世俗媒体,加上众多福音派和右翼电台主持人,以及难以数计的通俗小报,甚至还有中产趣味的杂志,他们都喋喋不休地重复那些一成不变的未经证实的虚构和笼统的归纳,以煽动"美国"与外国魔鬼相抗。

伊拉克确实存在各种极为糟糕的弊端,确实有一位骇人听闻的独裁者——他多半是由美国的政策在过去20年中造成的,但是如果伊拉克成为世界最大的香蕉和柑橘出口国的话,那当然就不会有战争,不会要歇斯底里莫名其妙地销毁大规模杀伤性武器,也不会将大量陆军、海军和空中力量从7000英里之外搬运来摧毁一个即使受过良好教育的美国人也几乎没有听说过的国家,而所有这一切都打着自由的旗号。如果没有这样一种经过精心编排的认识,即那里的人与"我们"不同,他们并不欣赏"我们的"价值观——这正是我在本书中对其产生和流播进行过描述的传统东方主义教条的核心——也就不会有战争了。

五角大楼和白宫的美国顾问们使用着同一套陈词滥调、同一套侮辱性的固定观念、同一套论证霸权和暴力(毕竟,合唱队这么唱道,霸权是他们能理解的唯一语言)合法的依据,与马来西亚和印尼的荷兰征服者,印度、美索不达米亚、埃及和西非的英国军队,印度支那半岛和北非的法国军队所征用并雇用的专业学者们如出一辙。如今加入到这些人阵营中的是成群结队涌入伊拉克的私人承包商和怀着热望的企业主,他们将接受委任负责从编写教科书和起草宪法到改造伊拉克的政治生活和它的石油工业的每一件事。每一个帝国在其官方论述中都说自己是与众不同的,它面临的情况是特殊的,它肩负启蒙开化、带来秩序和民主的使命,并且它是不得已才诉诸武力。更为悲哀的是,总是有一群通同一气的知识分子用平静的声调论说慈悲或无私的帝国存在的可能性,就好像人们不应相信自己亲眼所见的由最近的"文明使命"所带来的毁灭、痛苦和死亡。

美国对帝国论述的一个特殊贡献就在于方针政策术语的专业化。不需要阿拉伯语、波斯语甚至法语,你就可以煞有介事地奢谈阿拉伯世界是如何需要民主多米诺骨牌效应。那些经验仅仅局限在华盛顿特区的好战、可悲而又无知的政策专家们,却费尽心机地炮制出了关于"恐怖主义"和自由主义、或者伊斯兰原教旨主义和美国外交政策、或者历史终结论的书籍,所有这些书都只是极力想吸引人们的注意和扩大自己的影响,对诸如真实性、反思或真实的知识这类问题默然不顾。他们在意的是这听起来是多么的有效和有谋略以及谁会拥护这样的主张。这种将一切本质化的废话的最龌龊之处就在于人类遭受的沉重苦难和痛苦就这样轻易地被消解而烟消云散了。记忆以及与其相关的历史被一笔勾销,就像这句稀松平常而又武断傲慢的美国谚语:"你就是历史。"

我的书出版25年后,《东方学》仍然向我们提出这样的问题,即现代帝国主义是否已经终结,抑或自两个世纪前拿破仑进入埃及以来,它是否仍在东方继续。阿拉伯人和穆斯林被告知,研究受害者的情况以及对遭受帝国的蹂躏耿耿于怀只是逃避当前的责任。现代东方学家说,你们失败了,你们做错了。这当然也是V. S. 奈保尔[1]对文学的贡献,他觉得帝国的受害者只管号啕痛哭,却任凭他们的国家走向覆灭。但这一对帝国主义入侵的算计(按:指奈保尔的表述)是多么肤浅,它多么草率地忽略了帝国对一代代"低等"民族和"附属种族"人民生活所造成的扭曲,它多么不情愿面对在漫长的岁月里帝国是如何继续渗入到诸如巴勒斯坦人、刚果人、阿尔及利亚人或伊拉克人的生活之中。我们允许犹太人大屠杀永久地改变我们时代的意识,为什么我们对帝国主义的所作所为没有产生同样的认识论突变?东方学接下来做什么?想想这条始自拿破仑的路线,它伴随着东方研究的兴起和对北非的武装占领而伸展,并以类似的方式在越南、埃及和巴勒斯坦,以及整个20世纪期间围绕石油的斗争和在对海湾、伊拉克、叙利亚、巴勒斯坦和阿富汗的战略控制中延续着。而后对位地想一想反殖民的民族主义的崛起,它贯穿于自由独立的短暂时期,贯穿于军事政变、叛乱、内战、宗教狂热、非理性斗争及强硬地凶残对抗晚近"原住民"群体的年代。这些阶段和年代,都产生出了各自的有关他者的被歪曲的知识、各自的简化形象、各自的争讼不休的激辩。

我在《东方学》中的想法,乃是以人文主义批评去开拓斗争领域,引入一种长期而连续的思考与分析,以之取代那

---

[1] V.S. 奈保尔(V.S.Naipaul, 1932—2018),印度裔英国作家。1993年,他成为英国戴维-柯翰文学奖的首位获奖者,2001年,获得诺贝尔文学奖。奈保尔是一位世界主义作家,认为这源于自己所具有的殖民地生活经验带来的无根状态。——译者注

些短小的随兴之辩,后者禁锢思想、意气用事,使我们带着标签陷于势不两立的争论之中,这种争论不以理解与知识交流为目的,倒是意在达成一种好斗的集体身份。我曾把我所试图做的称为"人文主义",尽管这个词受尽了精致的后现代批评家们的揶揄拒斥,但我仍固执地继续使用它。我所谓人文主义之首要者乃是竭力化解布莱克[1]所指的"心魂锻造的镣铐"(mind-forg'd manacle),唯如此方可历史地、理性地运用心智,臻于反思性理解和使真实的情况昭然若揭之境。复次,人文主义的维持得益于与其他诠释者、其他社会与时期形成的某种意义共同体:是故,严格来讲,并不存在与世隔绝的人文主义者。

这也就是说每一领域都与其他领域相关联,在我们这个世界中,没有什么是与世隔绝的,也没有什么纯然不受外界的影响。然而令人颇觉沮丧的是文化批判研究越是印证上述观点的正确性,这种观点所具有的影响却反而越来越弱,而像"伊斯兰 vs. 西方"这种简单化的两极对立思维方式却占据越来越多的地盘。

对于我们这些由环境所迫实际上生活在伊斯兰与西方造就的多元文化中的人而言,长久以来,我感到我们这些学者与知识分子肩负着一种特殊的知识与道德责任。我认为将简化的表述和抽象、有势力的思想复杂化和/或否弃对我们而言责无旁贷,这些表述和思想使心智脱离了具体的人类历史和经验,使之步入意识形态的虚构、形而上学的对抗和集体激情的境地。这并不是说对不公正和苦难的事情我们绝对不能谈论,而是说

---

[1] 威廉·布莱克(William Blake,1757—1827),英国诗人、艺术家。——译者注

需要将我们的行动充分地植根于历史、文化和社会经济现实的语境中。我们的责任是拓展讨论的领域，而不是设置局限，唯主流权威马首是瞻。在过去的35年间，我耗费了大部分生命来争取巴勒斯坦人民的民族自决权，但与此同时，我总是力图充分关注犹太民族的现实以及迫害和种族屠杀带给他们的痛苦。最重要的是，巴勒斯坦/以色列争取平等的斗争应以一个人道的目标为指导，即共存，而不是变本加厉的压迫和拒斥。我指出东方主义与现代反犹主义有着共同根基并非空穴来风。因此，独立知识分子提出替代性模式来改变简单化约和褊狭的模式就殊为必要，后者建立在久远以来弥漫于中东和其他地方的相互敌意的基础上。

现在我来谈谈这个对我的著作而言至为重要的不同的替代性模式。作为一个文学专业的人文主义者，我40年前已经接受了比较文学专业的训练，如今也算是老资格了，这一专业的要旨可回溯至18世纪末和19世纪初的德国。我还必须要提到此前詹巴蒂斯塔·维柯（Giambattista Vico）创造性的卓越贡献，这位那不勒斯哲学家和语文学家的观念预示并随后融入了我将提到的一系列德国思想家的思想。它们属于赫尔德（Herder）和伍尔夫（Wolf）以及后来的歌德（Goethe）、洪堡（Humboldt）、狄尔泰（Dilthey）、尼采（Nietzsche）、伽达默尔（Gadamer），最后是20世纪伟大的罗曼斯语语文学家埃里希·奥尔巴赫（Erich Auerbach）、莱奥·施皮策尔（Leo Spitzer）和厄恩斯特·罗伯特·库尔提乌斯（Ernst Robert Curtius）的时代。对目前这一代年轻人来说，语文学这一观念乃是某种老掉牙的陈腐不堪的东西，但语文学实际上是阐释性艺术中最基本和最有创造性的。在我看来，最令人激赏的例子就是歌德对伊斯兰的广泛兴趣，尤其是对哈菲兹[1]的兴趣，这种强烈的热情促使歌德创作《西东合集》（*West-Östlicher Diwan*），并且影响了歌德后来关于"世界文学"（Weltliteratur）的观念——将世界文学当作交响乐式的整体来研究，在理论上可以理解为保持每一部作品的个性，又不丧失总体的视野。

随着今天全球化的世界以我已经谈及的某些令人沮丧的方式变得日益紧密，我们或许正在走向被歌德的理念所明确防止的标准化和同质化，想到这里，令人感到极大讽刺。奥尔巴赫在1951年发表的一篇题为《世界文学的语文学》（"Philologie der Weltliteratur"）的论文中所提出的正是这一点——那是在战后不久，亦即冷战刚开始的时候。他于1946年在伯尔尼出版的皇皇巨著《摹仿论》（*Mimesis*）却是在他作为战时流亡者，在伊斯坦布尔教授罗曼斯语的时候写作的。《摹仿论》意在成为从荷马到弗吉尼亚·伍尔夫的西方文学所表现出的既多样又具体的现实的证明。但是，读完这篇写于1951年的论文，你会发现，对于奥尔巴赫而言，这本伟大的著作却是一个时代的挽歌，那时人们能够从语文学的角度、从具体的角度、从感性的角度和从直觉的角度来阐释文本，利用博学多识和对数种语言驾轻就熟来支持歌德在理解伊斯兰文学时倡导的那种理解。

---

[1] 哈菲兹（Hafiz），本名舍姆斯丁·穆罕默德，中世纪波斯著名诗人、苏菲主义学者，在伊斯兰教义学、教法学和文学方面颇有造诣。他的诗歌以手抄本和民间艺人吟唱的方式在阿拉伯世界广为流传，被称为"隐遁者的心声"。歌德曾盛赞说："你是一艘张满风帆劈波斩浪的大船，而我则不过是在海涛中上下颠簸的小舟。"——译者注

积极掌握各种语言和历史是必要的,但还远远不够,这并不比机械地汇集事实来弄清楚像但丁这样的作者到底是怎么回事所获得的更多。奥尔巴赫及其先行者们谈论和试图实践的那种语文学理解的先决条件,就是同情地、个人化地进入到书面文本的生命中,从其时代、其作者的角度来审视。运用于世界文学的语文学并不是要去疏远和敌视另一个时代和其他不同的文化,而是要纳入深沉的人文主义精神,投入慷慨之情,甚至于可以说献以殷勤之意。因此,诠释者在其心灵中积极地为一种外来的"他者"创造一个场所,而创造性地为否则是陌生和遥远的作品建立一个场所,则是诠释者的语文学使命中最重要的一个方面。

这一切显然在德国遭到了国家社会主义的削弱和摧残。战后,奥尔巴赫悲哀地指出,思想的标准化,以及愈演愈烈的知识专门化,已使他所代表的那种调查性和永远热衷于探究的语文学工作逐渐丧失了发挥的机会,唉,更令人沮丧的事实是,自奥尔巴赫1957年去世以来,人文研究的思想和实践的规模已收缩,其中心地位也已削弱。以档案研究为基础的书籍文化和曾经支撑着人文主义这一历史学科的基本心灵原则也消失殆尽。我们今天的学生不再进行真正意义上的阅读,而是经常被可在互联网上和大众媒体上获得的鸡零狗碎的知识分散了注意力。

更糟糕的是,教育受到经常由大众媒体散布的民族主义和宗教的正统观念的威胁,这些媒体无视历史地、耸人听闻地聚焦于远方的电子战争,以此给观众一种外科手术式的精确感,事实上却遮蔽了现代"清洁"战争造成的可怕的痛苦和毁灭。媒体影像把未知的敌人妖魔化,给他们贴上"恐怖分子"的标签,服务于继续煽动和激怒人民这一总目的。媒体影像太受关注,往往会在后"9·11"时代产生的那种危机和不安全时刻被利用。同时作为一名美国人和阿拉伯人,我恳请我的读者切勿低估由五角大楼相对少数的几个文官精英为美国在整个阿拉伯和伊斯兰世界的政策而阐明的那种简化的世界观。在这种世界观里,媒体无休止地辩论并极力鼓吹的主要是恐怖、先发制人的战争和——在历史上最为庞大的军事预算的支持下——单方面的政权更迭这样的观念,而媒体自己则扮演着制造为政府总路线摇旗呐喊的所谓"专家"的角色。一方面,以色列的沙龙将军曾在1982年为了变更黎巴嫩政府挥师入侵黎巴嫩,并在其间杀害17000名平民,如今他摇身一变成为乔治·W.布什的"和平"伙伴。而另一方面,在美国,对唯有军事力量方能改变世界地图这样可疑的论点也很少听到异议。我亦应指出的是,这二者间绝非巧合。

以人类必须创造自己的历史这一世俗观念为基础的反思、辩论、理性争论和道德原则已荡然无存并已为抽象的观念取代,这些观念高唱美国或西方例外论,贬低实际背景的适用性,嘲笑鄙视其他文化。也许你们会说,我从人文主义阐释一下子转向外交政策,这中间缺乏必要的过渡。也许你们还会说,一个挟着前所未有的霸权、拥有互联网和F-16战斗机的现代技术社会,最终必须听从像唐纳德·拉姆斯菲尔德[1]和理查德·珀尔[2]这样一些令人恐怖的技术政策专家指挥。而他们这班人,一旦战火燃起,谁都不会进行任何实际的战

---

[1] 时任布什政府国防部长。——译者注
[2] 理查德·珀尔(Richard Perle, 1941—),美国政治家。——译者注

斗，因为这将留待那些不幸的男男女女。但真正失去的东西，是一种对人类生活的密切程度和互相依赖的意识，这种意识既不能被缩减成一个公式，也不能被视为风马牛不相及而弃置一边。甚至建构战争的语言也正变得极端地非人化，"我们将要到那儿去，捉住萨达姆，通过干净利落的外部攻击摧毁他的军队，每个人都将认为这是伟大的"，一位国会女议员某晚在国家电视台如是说。对我来说，对我们所处的这一不确定的时期有着至关重要的意义的是，当副总统切尼2002年8月26日发表有关打击伊拉克必要性的措辞强硬的演讲时，他所引述的用来支持军事干预伊拉克的唯一一位中东"专家"，是一个每晚受雇在大众媒体上喋喋不休地重复他憎恨自己的民族并宣布放弃自己的历史的阿拉伯学者。更过分的是，他背后有美国军方和犹太复国主义院外游说团撑腰。此等"知识分子之背叛"正是纯正的人文主义如何堕落为沙文主义和伪爱国主义的征象。

这是全球辩论的一面。在阿拉伯和穆斯林国家，情况一点也不见得更好。诚如鲁拉·哈拉夫在《金融时代》(*Financial Times*，2002年9月4日号)上一篇精彩的文章中指出的，该地区已滑入廉价的反美主义，却对美国实际上是一个怎样的社会缺乏起码的理解。由于这些国家的政府相对无力影响美国对它们的政策，它们转而将精力用于抑制和镇压自己的人民，造成怨恨、愤怒和绝望的诅咒，这对开放这些社会都无济于事。在这些社会，有关人类历史和发展的世俗观念被失败和挫折以及建基于只知生搬硬套、对其他被视为是竞争对手的世俗知识形式进行排挤、对在嘈杂纷乱的现代世界话语中分析和交换思想无能为力的伊斯兰主义所压倒。伊斯兰"依智提哈德"

（Ijtihad）[1]这一非凡的传统逐渐式微，这是我们时代的重大文化灾难之一，其结果是完全见不到对现代世界各种问题的批判性思考和个人抗争。正统和教条统治已取而代之。

这并不是说，文化世界已一方面简单地退回到了好战的新东方主义，另一方面则退回到了全盘的拒绝主义。去年在约翰内斯堡举行的联合国世界首脑会议尽管有种种局限，但也确实展现了一个辽阔的、全球共同关注的领域，其具体工作涉及环境、饥荒、发达国家与发展中国家的差距、健康、人权，这表明一种令人欣慰的新集体共识已经出现，为"大同世界"这一通常信口说出的概念带来了新的迫切性。然而，我们必须承认，谁也不可能了解我们这个具有惊人的复杂性的全球化世界的整体，尽管，如我在开始时所说的，这个世界确实是相互依存的，完全没有与世隔绝的可能。

现在我想总结的一点是，那些把人们驱赶到诸如"美国""西方"或"伊斯兰"这类只有虚假的统一性的大标题下的可怕的化约性冲突，那些为众多实际上是各不相同的个人发明集体身份的可怕的化约性冲突，不可能继续大行其道，必须遭到反对，其万恶的有效性在效果和动员能力上都必须受到压制。仍然可供我们利用的是作为人文主义教育遗产的理性阐释技巧，不是将它作为一种感伤的虔诚，强迫我们重返传统价值或古典学，而是作为对世界性的世俗理性话语的积极实践。世俗世界是人类创造的历史的世界。人类这一中介必须受制于细致的考察和分析，理解的使命正在于对其加以领悟、批评、影

---

[1] Ijtihad，其字面的意义为"力图建立自己对事件、法律、教义的观点或判断"，在伊斯兰法律系统未确定前，Ijtihad泛指对伊斯兰教义的推断诠释，但在现代伊斯兰中则指理性地再诠释教义与法规。——译者注

响和评判。总之,批判性的思想不屈从于国家权力,也拒绝加入某些队伍中去反对这个或那个经认可的敌人。我们需要的不是那种被制造出来的文明的冲突,而是聚精会神于相互交叠的文化间的慢慢合作,这些文化以远为有趣的方式彼此借鉴、共同生存,绝非任何删繁就简的虚假理解方式所能预想。但是为了那个远大的目标,我们需要时间、耐心和具怀疑精神的探究,加以对阐释群体的坚信,尽管在一个要求即时行动和即时反应的世界里,维持这样的阐释群体是多么困难。

人文主义倚重人类个性和主观直觉这种中介,而不是倚重被普遍接受的观念和权威。文本必须作为特定历史时空的产物并以我所称的各种现世的方式来加以阅读。但这绝不排除权力,因为恰恰相反,我在书中试图证明的正是权力会偷偷地潜入、蛰伏于哪怕是最深奥的研究中。

最后,最重要的是,人文主义是我们反抗种种扭曲人类历史的非人性行径和不公正现象的唯一武器,我甚至要说它是最后的反抗武器。今天我们受到非常鼓舞人心的网络空间的煽动,它向所有的用户开放,这是我们的前辈无论是专制君主还是正统派做梦也不曾想到的。正是因为有了遍及世界的他种团体,能够得到他种信息并且敏锐地意识到环境、人权和自由的冲动将我们在这个小小的星球上绑在一起,伊拉克战争开始前世界范围的抗议才有可能。人类以及人文主义渴望启蒙和解放的要求不被轻易拖延,尽管它受到来自这个世界的拉姆斯菲尔德们、本·拉登们、沙龙们和布什们的不可思议的强烈反对。我相信,在通向人类自由的漫长而崎岖的道路上,《东方学》已占据了一席之地。

(胡新亮 译,王宇根 校)

谨向惠允使用下列材料的单位致以诚挚的谢意：

George Allen & Unwin, Ltd.: Excerpts from *Subjects of the Day: Being a Selection of Speeches and Writings* by George Nathaniel Curzon.

George Allen & Unwin, Ltd.: Excerpts from *Revolution in the Middle East and Other Case Studies, proceedings of a seminar*, edited by P.J.Vatikiotis.

American Jewish Committee: Excerpts from"The Return of Islam"by Bernard Lewis, in *Commentary*, vol.61, no.1 (January 1976).Reprinted from *Commentary* by permission.Copyright © 1976 by the American Jewish Committee.

Basic Books, Inc.: Excerpts from"Renan's Philological Laboratory"by Edward W.Said, in *Art, Politics, and Will: Essays in Honor of Lionel Trilling*, edited by Quentin Anderson et al.Copyright © 1977 by Basic Books, Inc.

The Bodley Head and McIntosh & Otis, Inc.: Excerpts from *Flaubert in Egypt*, translated and edited by Francis Steegmuller. Reprinted by permission of Francis Steegmuller and The Bodley Head.

Jonathan Cape, Ltd., and The Letters of T.E.Lawrence Trust: Excerpt from *The Letters of T.E.Lawrence*, edited by David Garnett.

Jonathan Cape, Ltd., The Seven Pillars Trust, and Doubleday &

Co., Inc.: Excerpts from *The Seven Pillars of Wisdom: A Triumph* by T.E.Lawrence.Copyright 1926, 1935 by Doubleday & Co., Inc.

Doubleday & Co., Inc., and A.P.Watt & Sons, Ltd.: Excerpt from *Verse* by Rudyard Kipling.

The Georgia Review. Excerpts from"Orientalism, "which originally appeared in *The Georgia Review* (Spring 1977). Copyright 1977 © by the University of Georgia.

Harper & Row, Publishers, Inc.: Excerpt from a poem by Bornier (1862), quoted in *De Lesseps of Suez* by Charles Beatty.

Macmillan & Co., London and Basingstoke: Excerpts from *Modern Egypt*, vol.2, by Evelyn Baring, Lord Cromer.

Macmillan Publishing Co., Inc.: Excerpt from"Propaganda"by Harold Lasswell, in *The Encyclopedia of the Social Sciences*, edited by Edwin R.A.Seligman, vol.12 (1934).

Macmillan Publishing Co., Inc., and A.P.Watt & Sons, Ltd.: Excerpt from"Byzantium"by William Butler Yeats, in *The Collected Poems*.Copyright 1933 by Macmillan Publishing Co., Inc., renewed 1961 by Bertha George Yeats.

The New York Times Company: Excerpts from"Arabs, Islam, and the Dogmas of the West"by Edward W.Said, in *The New York Times Book Review*, October 31, 1976.Copyright © 1976 by The New York Times Company.Reprinted by permission.

Northwestern University Press: Excerpt from"The Arab Portrayed" by Edward W.Said, in *The Arab-Israeli Confrontation of June 1967: An Arab Perspective*, edited by Ibrahim Abu-Lughod. Copyright © 1970 by Northwestern University Press.

Prentice-Hall, Inc.: Excerpt from *The Persians* by Aeschylus, translated by Anthony J.Podleck.Copyright © 1970 by Prentice-Hall, Inc.The Royal Asiatic Society, Great Britain and Ireland: Excerpt from"Louis Massignon (1882—1962)," in *Journal of the Royal Asiatic Society* (1962).

University of California Press: Excerpts from *Modern Islam: The Search for Cultural Identity* by Gustave von Grunebaum. Copyright © 1962 by the Regents of the University of California. University of Chicago Press: Excerpts from *Modern Trends in Islam* by H.A.R.Gibb.

献给珍妮特和易卜拉欣

他们无法表述自己;他们必须被别人表述。

——卡尔·马克思:《路易·波拿巴的雾月十八日》

东方是一种谋生之道。

——本杰明·迪斯累利:《坦克雷德》

志　谢

多年来我一直在阅读与东方学有关的资料，但本书大部分完成于1975—1976年间，其时我在加利福尼亚斯坦福的行为科学高级研究中心（Center for Advanced Study in the Behavioral Sciences, Stanford）做访问研究。在此无与伦比、慷慨宽厚的研究机构，我不仅有机会得到好几位同行的帮助，而且有机会从裘恩·沃姆布如恩（Joan Warmbrunn）、克里斯·霍斯（Chris Hoth）、简·基尔斯梅耶（Jane Kielsmeier）、普列斯敦·卡特勒（Preston Cutler）以及中心主任加德纳·林则义（Gardner Lindzey）那里获益，我感到非常幸运。如果要为那些曾经读过或听过本书初稿之一部分或全部的朋友、同事和学生列出一份名单，这一名单会长得令我感到难堪，现在既然书已经出版，说不定也会让他们本人感到难堪。尽管如此，我还是要非常感激地提到珍妮特和易卜拉欣·阿布-卢格哈德（Janet and Ibrahim Abu-Lughod）、诺姆·乔姆斯基（Noam Chomsky）和罗杰·欧文（Roger Owen）对我的帮助和鼓励，他们自始至终关注着这一计划的进展。同时，我还得感谢许多地方的同事、朋友和学生们的帮助和批评，他们的问题和讨论使本书大为增色。万神书店（Pantheon Books）的安德列·希弗林（André Schiffrin）和珍妮·莫顿（Jeanne Morton）是理想的出版家和编辑，他们的工作使准备书稿这一令人头痛（至少对作者而言是如此）的过程既轻松又有意义。玛利亚姆·萨义德（Mariam Said）对东方学机构现代历史早期阶段的研究帮了我很大的忙。此外，她充满爱意的支持确实使本书的写作不仅愉悦宜人而且得以可能。

E. W. S.

纽约

1997年9月至10月

目　录

志谢 ◆ 1

绪论 ◆ 1

第一章　东方学的范围 ◆ 38
　一　认识东方 ◆ 38
　二　想象的地域及其表述：东方化东方 ◆ 63
　三　计划 ◆ 97
　四　危机 ◆ 124

第二章　东方学的结构和再结构 ◆ 150
　一　重新划定的边界，重新界定的问题，世俗化了的宗教 ◆ 151
　二　西尔维斯特·德·萨西和厄内斯特·赫南：理性人类学和语言学实验室 ◆ 165
　三　东方的居处和研究：字典编纂和想象的必要条件 ◆ 198

四　朝圣者和朝圣行为，英国和法国　•　221

第三章　东方学的现状　•　265

一　隐伏的和显在的东方学　•　265

二　风格，专门知识，想象视野：东方学的现世性　•　298

三　现代英法东方学的鼎盛　•　339

四　最近阶段　•　379

后记　•　440

注释　•　473

索引　•　507

绪 论

一

一位法国记者在1975—1976年黎巴嫩内战期间访问贝鲁特（Beirut）[1]时对市区满目疮痍的景象曾不无感伤地写道："它让我想起了……夏多布里昂和内瓦尔[2]笔下的东方。"1 他的印象无疑是正确的，特别是对一个欧洲人来说。东方几乎是被欧洲人凭空创造出来的地方，自古以来就代表着罗曼司、异国情调、美丽的风景、难忘的回忆、非凡的经历。现在，它正在一天一天地消失；在某种意义上说，它已经消失，它的时代已经结束。也许，东方人自身在此过程中所面临的生死攸关的抉择、他们在夏多布里昂和内瓦尔的时代之前就已经在这块土

---

[1] 人名、地名、文名、书名等专有名词第一次出现时皆附原文，以方便读者利用书后的索引进行查找。——译者注。下同。
[2] 夏多布里昂（Vicomte de François-René Chateaubriand，1768—1848），法国早期浪漫主义作家、外交家。内瓦尔（Gérard de Nerval，1808—1855），法国浪漫主义诗人，对象征主义和超现实主义的形成有一定影响，著有《东方之旅》等。

地上世代繁衍生息、现在是他们而不是别人正在经历着苦痛，这一切对这位法国访问者而言似乎都无关紧要；这位欧洲来客最关心的不是东方的现实，而是欧洲对东方及其当代命运的表述，此二者对这位记者和他的法国读者而言有着首要的价值和意义。

美国人不会这样感受东方。对他们而言，所谓"东方"更可能是与远东[1]（主要是中国和日本）联系在一起的。而法国人和英国人——还有德国人、俄国人、西班牙人、葡萄牙人、意大利人和瑞士人，尽管没有法国人和英国人那么明显——则与美国人不同，他们有着我称之为**东方学**（Orientalism）的悠久传统，这是一种根据东方在欧洲西方经验中的位置而处理、协调东方的方式。东方不仅与欧洲相毗邻；它也是欧洲最强大、最富裕、最古老的殖民地，是欧洲文明和语言之源，是欧洲文化的竞争者，是欧洲最深奥、最常出现的他者（the Other）形象之一。此外，东方也有助于欧洲（或西方）将自己界定为与东方相对照的形象、观念、人性和经验。然而，这些东方形象并非都出自想象。东方是欧洲**物质**文明与文化的一个内在组成部分。东方学作为一种话语方式在文化甚至意识形态的层面对此组成部分进行表述和表达，其在学术机制、词汇、意象、正统信念甚至殖民体制和殖民风格等方面都有着深厚的基础。与此相反，美国对东方的理解似乎远没有这么深入，尽管近来在日本、韩国和印度支那的冒险活动到现在应该

---

[1] 前面的"东方"用的是"Orient"，而后面"远东"中的东方则用的是"East"，由于汉语难以对二者进行区分，所以在后面的译文中一般将二者通译为"东方"（除非特别指明）。

使我们能够获得一种更清醒、更现实的"东方"意识。况且，美国在近东（中东）政治和经济方面的急遽扩张也要求我们在对东方的理解上获得更多的发言权。

读者会明白（读过下文之后会更加明白），我赋予"Orientalism"（东方学）[1]一词以多种含义，在我看来，这些含义是相互联系在一起的。最易于为人接受的是其作为学术研究的一个学科的含义；这一称谓的确仍然用于许多学术机构中。任何教授东方、书写东方或研究东方的人——不管是人类学家、社会学家、历史学家还是语言学家，无论面对的是具体的还是一般的问题——都是"东方学家"（Orientalist），他或她所做的事情就是"东方学"。与**东方研究**（*Oriental studies*）或**区域研究**（*area studies*）相比，**东方学**一词今天的确不太受专家们的欢迎，既因为它太含混、太笼统，也因为它带有19世纪和20世纪早期欧洲殖民主义强烈而专横的政治色彩。然而，以"东方"为主题的书仍在不断出版，以"东方"为主题的研讨会仍在不断召开，所有这些都将被各种新出现的、改头换面的东方学家视为参引的主要权威。因此，即使东方学现在并没有

---

[1] 在中国学界，"Orientalism"一词习惯上译为"东方主义"。但正如作者所言，"东方主义"只是该词三个方面的含义（一种学术研究学科；一种思维方式；一种权力话语方式）之一，是从作为学术研究学科的"东方学"中引申出来的含义。尽管本书的主题之一是试图揭示隐含在传统东方学研究中的权力话语及其运行机制（"主义"），但其核心仍然是对作为一个学科的东方学发展和演变的历史进行基本的描述（"学"）。由于汉语无法用一个词来囊括这三种含义，译文只能采取变通的方式。方式之一是将原文在东方学意义上使用的"Orientalism"译为"东方学"，而将作为思维方式和话语方式的"Orientalism"译为"东方主义"。其二是对三者不加以区分，将"Orientalism"通译为"东方学"或"东方主义"。这里采用的是后一种方式，并且选择"东方学"作为"Orientalism"的译名，请读者注意对上述三种含义加以分辨。

过去那么繁荣，其关于东方和东方人的各种教条和学说也足以使其得以继续保持其学术生命力。

与此学术含义——对其历史、演变、特性和流播的思考正是本书的一个主题——相关的是一个更宽泛的含义。东方学是一种思维方式，在大部分时间里，"the Orient"（东方）是与"the Occident"（西方）相对而言的，东方学的思维方式即以二者之间这一本体论和认识论意义上的区分为基础。有大量的作家，其中包括诗人、小说家、哲学家、政治理论家、经济学家以及帝国的行政官员，接受了这一东方/西方的区分，并将其作为建构与东方、东方的人民、习俗、"心性"（mind）和命运等有关的理论、诗歌、小说、社会分析和政治论说的出发点。这一意义层面上的东方学可以容纳，比如说，埃斯库罗斯（Aeschylus）、雨果（Victor Hugo）、但丁（Dante）和马克思（Karl Marx）。稍后我将会讨论对这样一个"领域"（field）进行如此宽泛的理解在方法论上所可能面临的问题。

东方学的含义一直摇摆于其学术含义与上述或多或少出自想象的含义二者之间，18世纪晚期以来，这两种含义之间存在着明显的、小心翼翼的——也许甚至是受到严格控制的——交合。接下来我要谈的是东方学的第三个含义，与前面两个含义相比，这一含义更多的是从历史的和物质的角度进行界定的。如果将18世纪晚期作为对其进行粗略界定的出发点，我们可以将东方学描述为通过做出与东方有关的陈述，对有关东方的观点进行权威裁断，对东方进行描述、教授、殖民、统治等方式来处理东方的一种机制：简言之，将东方学视为西方用以控制、重建和君临东方的一种方式。我发现，米歇尔·福柯（Michel Foucault）在其《知识考古学》（*The Archaeology* of Knowledge）和《规训与惩罚》（Discipline and Punishment）中所描述的话语（discourse）观念对我们确认东方学的身份很有用。我的意思是，如果不将东方学作为一种话语来考察的话，我们就不可能很好地理解这一具有庞大体系的学科，而在后启蒙（post-Enlightenment）时期，欧洲文化正是通过这一学科以政治的、社会学的、军事的、意识形态的、科学的以及想象的方式来处理——甚至创造——东方的。而且，由于东方学占据着如此权威的位置，我相信没有哪个书写、思考或实际影响东方的人可以不考虑东方学对其思想和行动的制约。简言之，正是由于东方学，东方过去不是（现在也不是）一个思想与行动的自由主体。这并不是说东方学单方面地决定着有关东方的话语，而是说每当"东方"这一特殊的实体出现问题时，与其发生牵连的整个关系网络都不可避免地会被激活。本书力图显明这一过程是如何发生的。同时也力图表明，欧洲文化是如何从作为一种替代物甚至是一种潜在自我的东方获得其力量和自我身份的。

从历史和文化的角度而言，在第二次世界大战后美国的力量上升之前，其他任何欧洲和大西洋强国在处理这一问题时在质和量上都与法国和英国不可同日而语。因此，东方学主要是英国和法国的文化事业，这一事业所涉及的范围如此广泛，以至像想象、印度与黎凡特[1]、《圣经》文本以及《圣经》所述之地、香料贸易、殖民军队以及殖民统治的长久传统、令人可畏的学者群、无以计数的东方"专家"和"学

---

[1] 黎凡特（Levant），指地中海东部诸国及岛屿，即包括叙利亚、黎巴嫩等在内的自希腊至埃及的地区。

者"、东方学教席、一大串"东方"观念的复杂组合（东方专制政体，东方之壮丽、残酷与纵欲）、大量被欧洲驯化的东方教派、哲学和智慧这些差异如此之大的领域都被包括进了东方学的计划之中，而且这一清单在某种程度上还可以无限扩展。我的意思是，东方学来源于英法与东方——直到19世纪早期，东方指的实际上仅是印度和《圣经》所述之地——之间所经历的一种特殊的亲密关系。自19世纪早期直到"二战"结束，法国和英国主导着东方与东方学；自第二次世界大战开始，美国逐步在此领域占据主导地位，并且以法国和英国同样的方式处理东方。我称之为"东方学"的绝大部分文本就是在这一亲密关系——二者之间所形成的动态机制具有非常强大的创造力，尽管在此机制中占优势的总是西方（英国、法国或美国）——中产生的。

应该交代清楚的是，尽管我考察了数目庞大的著作，不得不被忍痛舍弃的著作数量更大。然而，我的论说既不是建立在对与东方有关的文本做详尽的目录学式的梳理上，也并非建立在显然经过精心挑选的文本、作者和观点——这些东西共同构成东方学之经典——上。我的论说乃建立在一种不同的方法论——构成其基本骨架的在某种意义上说正是我上面一直尝试进行的那种历史概括——的基础之上，接下来让我们对这一方法论基础做更详细的分析。

二

我的出发点乃下面这样一种假定：东方并非一种自然的存在。它不仅仅存在于自然之中，正如西方也并不仅仅**存在**于自然之中一样。我们必须对维柯[1]的精彩观点——人的历史是人自己创造出来的;他所知的是他已做的——进行认真的思考,并且将其扩展到地理的领域:作为一个地理的和文化的——更不用说历史的——实体,"东方"和"西方"这样的地方和地理区域都是人为建构起来的。因此,像"西方"一样,"东方"这一观念有着自身的历史以及思维、意象和词汇传统,正是这一历史与传统使其能够与"西方"相对峙而存在,并且为"西方"而存在。因此,这两个地理实体实际上是相互支持并且在一定程度上相互反映对方的。

交代完这一假定前提之后,接下来必须对其进行一些合理的限定性说明。首先,做出东方**本质**上乃一种观念或一种没有相对应的现实的人为创造物这一结论将是错误的。我想,当迪斯累利在其小说《坦克雷德》[2]中说东方是一种"谋生之道"(career)时,他真正想说的是,年轻聪明的西方人会发现,东方将会引发一种可以令人废寝忘食的激情;不应认为他说的是东方对西方人而言**不过**是一种谋生之道。东方曾经有——现在仍然有——许多不同的文化和民族,他们的生活、历史和习俗比西方任何可说的东西都更为悠久。对于这一事实,我们除了明智地予以承认外,几乎别无他途。但我研究东方学的目的主要不是为了考察东方学与东方之间的对应关系,而是为了考察东方学的内在一致性以及它对东方的看法(比如说东方乃一种

---

[1] 维柯(Giovanni Battista Vico,1668—1744),意大利哲学家,著有《新科学》。
[2] 本杰明·迪斯累利(Benjamin Disraeli,1804—1881),英国作家,曾任首相、保守党领袖,写过小说和政论作品,其政府推行殖民主义扩张政策,发动过侵略阿富汗和南非的战争。坦克雷德(Tancred,1078? —1112)系安条克(Antiochia)公国摄政,第一次十字军首领之一,曾攻占安条克和耶路撒冷。

谋生之道），不管其与"真正"的东方之间有无对应关系。我的意思是，迪斯累利关于东方的说法主要是为了强调有关东方的人为建构起来的内在一致性，有关东方是一引人注目的有规可循的观念群，而不是——如华莱士·史蒂文斯（Wallace Stevens）所言——其"纯粹存在"（mere being）。

第二个限定性说明是，如果不同时研究其力量关系，或更准确地说，其权力结构、观念、文化和历史这类东西就不可能得到认真的研究或理解。认为东方仅仅是人为建构起来的——或者如我所言，是被"东方化"（Orientalized）了的——相信观念、文化、历史这类东西仅仅出自想象，将是不严谨的。西方与东方之间存在着一种权力关系，支配关系，霸权关系，这一关系非常准确地体现在帕尼卡尔（K. M. Panikkar）经典性的《亚洲与西方霸制》（Asia and Western Dominance）一书的标题之中。[2] 之所以说东方被"东方化"了，不仅因为它是被19世纪的欧洲大众以那些人们耳熟能详的方式下意识地认定为"东方的"，而且因为它**可以被制作成**——也就是说，被驯化为——"东方的"。比如，下面这一看法就不会得到人们太多的认同：是福楼拜与埃及妓女的艳遇导致了有关东方女性的具有深远影响的模式的产生——她从来不谈自己，从来不表达自己的感情、存在或经历。相反，是**他**在替她说话，把她表现成这样。他是外国人，相对富有，又是男性，正是这些起支配作用的因素使他不仅能够占有库楚克·哈内姆（Kuchuk Hanem）的身体，而且可以替她说话，告诉他的读者们她在哪些方面具有"典型的东方特征"。我的意思是，福楼拜在与库楚克·哈内姆关系中所处的有利地位并非孤立的现象。它很好地体现了东西方之间力量关系的模式，体现了在这种力量关系模式影响下产生的论说东方的话语模式。

这将我们引向第三个限定性说明。我们永远不应认为,东方学的结构仅仅是一种谎言或神话的结构,一旦真相大白,就会烟消云散。我本人相信,将东方学视为欧洲和大西洋诸国在与东方的关系中所处强势地位的符号,比将其视为关于东方的真实话语(这正是东方学学术研究所声称的)更有价值。尽管如此,我们却必须尊重并试图把握交织在东方学话语中的各种力量关系,其与实权社会经济和政治机构之间的紧密联系,以及它们所具有的令人恐惧而又挥之不去的持久影响力。应该承认,从19世纪40年代晚期厄内斯特·赫南[1]的时代直到现今的美国,(在学院、书籍、会议、大学、对外服务机构中)任何像可传授的智慧那样被视为恒久不变的观念体系都比谎言更为可怕。因此,东方学不是欧洲对东方的纯粹虚构或奇想,而是一套被人为创造出来的理论和实践体系,蕴含着几个世代沉积下来的物质层面的内含。这一物质层面的积淀使作为与东方有关的知识体系的东方学成为一种得到普遍接受的过滤框架,东方即通过此框架进入西方的意识之中,正如同样的物质积淀使源自东方学的观念不断扩散到一般的文化之中并且不断从中生成新的观念一样。

葛兰西[2]对民众社会和政治社会做过有益的区分,前者由学校、家庭和民间社团这类自愿的(或至少是理性的、非强制性的)联合体组成,后者由国家机器(军队、警察和中央政

---

[1] 厄内斯特·赫南(Ernest Renan, 1823—1892),法国哲学家、历史学家,著有《基督教起源史》等。
[2] 葛兰西(Antonio Gramsci, 1891—1937),意大利理论家,"西方马克思主义"创始人之一。

府)组成,其作用是对前者进行直接控制。当然,人们会发现文化乃运作于民众社会之中,在此,观念、机构和他人的影响不是通过控制而是通过葛兰西所称的积极的赞同(consent)来实现的。在任何非集权的社会,某些文化形式都可能获得支配另一些文化形式的权力,正如某些观念会比另一些更有影响力;葛兰西将这种起支配作用的文化形式称为**文化霸权**(hegemony),要理解工业化西方的文化生活,霸权这一概念是必不可少的。正是霸权,或者说文化霸权,赋予东方学以我一直在谈论的那种持久的耐力和力量。东方学与丹尼斯·赫伊(Denys Hay)所说的欧洲观(the idea of Europe)[3]仅一纸之隔,这是一种将"我们"欧洲人与"那些"非欧洲人区分开来的集体观念;确实可以这么认为:欧洲文化的核心正是那种使这一文化在欧洲内和欧洲外都获得霸权地位的东西——认为欧洲民族和文化优越于所有非欧洲的民族和文化。此外,欧洲的东方观念本身也存在着霸权,这种观念不断重申欧洲比东方优越、比东方先进,这一霸权往往排除了更具独立意识和怀疑精神的思想家对此提出异议的可能性。

东方学的策略积久成习地依赖于这一富于弹性的**位置的优越**(*positional* superiority),它将西方人置于与东方所可能发生的关系的整体系列之中,使其永远不会失去相对优势的地位。人们也许会问,为什么不该这样呢?特别当我们想到从文艺复兴晚期直到现在欧洲的力量一直在不断上升的时候,更没有理由另作他想。科学家、传教士、学者、商人或士兵之所以去了东方或思考了东方,是因为他们想去就可以去,想思考就可以思考,几乎不会遇到来自东方的任何阻力。在东方的知识这一总标题下,在18世纪晚期开始形成的欧洲对东方的霸权这把大伞的荫庇下，一个复杂的东方被呈现出来：它在学院中被研究，在博物馆中供展览，被殖民当局重建，在有关人类和宇宙的人类学、生物学、语言学、种族、历史的论题中得到理论表述，被用作与发展、进化、文化个性、民族或宗教特征等有关的经济、社会理论的例证。此外，对东方事物富于想象的审察或多或少建立在高高在上的西方意识——这一意识的核心从未遭到过挑战，从这一核心中浮现出一个东方的世界——的基础上，首先依赖的是谁是东方或什么是东方的一般性观念，然后依赖的是具体的逻辑，这一逻辑不仅受制于经验的现实，而且受制于一系列抽象的欲念、压抑、内置和外化。我们不仅可以在西尔维斯特·德·萨西（Antoine-Issac-Silvestre de Sacy）的《阿拉伯文选》（*Chrestomathie arabe*）或爱德华·威廉·雷恩（Edward William Lane）的《现代埃及风俗录》（*Account of the Manners and Customs of the Modern Egyptians*）这类高水平的东方学学术著作中发现这一点，我们同时还可以发现，赫南和戈比诺（Joseph-Arthur Gobineau）的种族观，正如大量维多利亚时期的色情小说一样（参看史蒂文·马尔克斯〔Steven Marcus〕对"好色的土耳其人"〔"The Lustful Turk"〕的分析[4]），源自同样的冲动。

然而，我们必须反复自问：对东方学来说，最要紧的是超越于物质之上的一般观念群——人们可以拒绝接受这一观念群，因为它们充斥着欧洲优越性的陈词滥调，形形色色的种族主义、帝国主义，以及将"东方"视为某种理想的、不变的抽象存在的教条观念——还是无以计数的作家（我们可以将其视为就东方这一对象进行写作的创作个体）创作出来的五花八门的单个作品？在某种意义上说，无论是一般观念群还是单个作品,都只不过是处理同一问题的两种不同角度:在两种情况下,我们都不得不面对该领域像威廉·琼斯(Sir William Jones)这样的先驱者以及像内瓦尔或福楼拜这样伟大的艺术家。为什么不存在同时或一个接一个地使用这两种角度的可能性?如果我们从太一般或太具体的层次进行系统描述,难道不会面临(东方学研究一直容易遭受的那种)扭曲对象的危险吗?

我的两个担忧一是扭曲,一是不准确,或者不如说是那种由过于教条化的概括和过于狭窄的定位所带来的不准确。为了考察这些问题,我试图对自己置身其中的当代现实的三个主要方面加以描述,这三个方面对我来说似乎指出了一条走出我一直在讨论的那种方法论困境或视角困境的路子。这些困境,一方面,可能迫使我在概括得令人难以接受的毫无价值的描述层次上写出粗略的论辩性文章,另一方面,可能迫使我为了使论说更具说服力而做出一系列详尽具体、细致入微的分析,代价是会失去这一领域的核心线索。那么,究竟怎样才能既保持个体性又能使其与尽管具有霸权色彩但却绝不消极或武断的总体语境相协调呢?

三

我刚才提到了当代现实的三个方面:现在必须对其进行简要的解释和分析,以使读者明白我是怎样被引向一条特殊的研究与写作之路的。

一、纯粹知识与政治知识的区分。很容易得出这样的结论:关于莎士比亚(William Shakespeare)或华兹华斯(William

Wordsworth）的知识是非政治性的知识，而关于当代中国和苏联的知识则是政治性知识。我本人所从事的是"人文"研究，这一称谓表明我的研究领域是人文学科，也因而表明我在此领域内的所作所为也许不可能有任何政治的内含。当然，我在此使用的所有称谓和术语都是非常粗略的，但我认为我所想表达的基本意思是为人们所普遍接受的。说一个研究莎士比亚的人文学者或一个专门负责济慈（John Keats）的编辑不涉及任何政治的东西的一个原因是，他所做的似乎对日常生活意义上的现实没有直接的政治效果。而一位研究苏联经济的学者所从事的领域则充满剑拔弩张的气氛，涉及政治利益，他研究的结果或提出的建议会被政策制定者、政府官员、体制经济学家、情报专家所采纳。如果认为前者的意识形态色彩对政治只有偶然的意义（尽管对此领域的同行可能具有至关重要的意义，他们也许会反对他的斯大林主义、法西斯主义或过于宽松的自由主义），而后者的意识形态则与物质直接相关——的确，在现代学术研究中，经济学、政治学、社会学都是具有意识形态色彩的学科——并因而被想当然地视为"政治性的"，那么，"人文学者"与那些其工作和政策有牵连或有政治意义的人之间的鸿沟就可能进一步加深。

然而，当代西方（在此我主要指美国）产生的具有决定影响的知识大部分是非政治性的，也就是说，纯学术的，不带偏见的，超越了具体的派别或狭隘的教条。从理论上说，人们对此也许没有什么不同意见，但从实践的角度而言，情形非常复杂。没有人曾经设计出什么方法可以把学者与其生活的环境分开，把他与他（有意或无意）卷入的阶级、信仰体系和社会地位分开，因为他生来注定要成为社会的一员。这一切会理所当然地继续对他所从事的学术研究产生影响，尽管他的研究及其成果确实想摆脱粗鄙的日常现实的约束和限制。不错，确实存在像知识这样一种东西，它比其创造者（不可避免地会与其生活环境纠缠、混合在一起）更少——而不是更多——受到偏见的影响。然而，这种知识并不因此而必然成为非政治性知识。

文学研究或古典哲学研究是否富含——或具有直接的——政治意义是个非常大的问题，我另有著作对此加以详细讨论。[5]我现在想做的是提醒大家注意："真正"的知识本质上是非政治性的（反之，具有明显政治内含的知识不是"真正"的知识），这一为人们广泛认同的观点忽视了知识产生时所具有的有着严密秩序的政治情境（尽管很隐秘）。今天，在一个人们可以随意地将"政治的"这一标签不怀好意地贴在任何敢于违反所谓超政治客观性协议的作品上的时代，认识到这一点并没有什么好处。我们可以说，首先，民众社会在不同知识领域中所确认的政治内含具有不同的层级。在某种程度上说，某一领域所具有的政治内含来自于它可以被直接翻译为经济话语的可能性；但在更大的程度上说，政治内含来自于该领域在政治社会中与可以确认的权力来源之间的紧密联系。因此，对苏联的能源潜力和前景及其军事影响的经济研究可能会得到国防部的资助，并且此后会获得一种政治地位，而这对受某个基金会部分资助的托尔斯泰（Lev Tolstoy）早期小说研究而言是不可能的。然而，这两项研究都属于民众社会所确认的同一领域——俄国研究——的范围，尽管其中一项也许由一个非常保守的经济学家来完成，而另一项则可能由一位激进的文学史家来完成。我的意思是说，"俄国"作为一个总体研究对象其政治上的意义比"经济学"和"文学史"这样精细的分支更具有优先性,因为葛兰西意义上的政治社会已经侵入了像学院这样的民众社会的领域,并且使其与政治发生直接的牵连。

我不想从此再往前推进一步,为我的看法寻找一般性的理论根据:对我来说,这一看法的价值和可信性可以用更具体的例子来表明,比如说,诺姆·乔姆斯基(Noam Chomsky)就以这种方式研究了越战和所谓客观学术——这一术语曾被用来描述政府资助的军事研究——之间的密切关联。[6]英国、法国,近来还有美国,是帝国主义大国,无论何时何地,只要一牵涉到帝国在海外的利益,其政治社会就会赋予其民众社会一种紧迫感,也可以说是一种直接的政治灌输。如果我们说19世纪晚期当一位在印度或埃及的英国人对这些国家产生兴趣时他头脑中不会不出现它们是大英帝国殖民地这样的念头,这也许不会引起什么争议。下面这一说法听来虽然与上述说法有很大不同:所有有关印度和埃及的学术知识在某种程度上都被上述显而易见的政治事实所玷染、所控制、所侵犯——而这**正是我在这一有关东方学的研究中一直**在说的。因为如果我们相信人文学科的知识生产永远不可能忽视或否认作为人类社会之一员的生产者与其自身生活环境之间的联系,那么,对于一个研究东方的欧洲人或美国人而言,他也不可能忽视或否认**他自身的**现实环境:他与东方的遭遇首先是以一个欧洲人或美国人的身份进行的,然后才是具体的个人。在这种情况下,欧洲人或美国人的身份绝不是可有可无的虚架子。它曾经意味着而且仍然意味着你会意识到——不管是多么含糊地意识到——自己属于一个在东方具有确定利益的强国,更重要的是,意识到属于地球上的某个特殊区域,这一区域自荷马(Homer)时代以来一直与东方有着明确的联系。

这么说也许仍然过于含糊、过于总括,无法真正激起大家的兴趣。任何人都会认同上述政治现实而不会必然认为它们与,比如说,福楼拜(Gustave Flaubert)写《萨朗波》(*Salammbô*)或吉勃(H. A. R. Gibb)写《伊斯兰现代潮流》(*Modern Trends in Islam*)有什么关系。问题是,我所描述的这一主导性事实与单个小说或学术著作的写作这类日常生活细节之间相隔甚远。然而,如果我们一开始就将像帝国主义统治这类"重要"的事实可以机械地、决定论式地应用于文化思想之类复杂事物这样的想法排除在外,我们就有可能着手进行一项有趣的研究。我的意思是,根据我所陈述的一些显而易见的历史事实,可以认为,欧洲,还有美国,对东方的兴趣是政治性的,然而,正是文化产生了这些兴趣,正是这一文化与残酷的政治、经济和军事原因之间的相互结合才将东方共同塑造成一个复杂多变的地方,而这显然正是我所称的东方学要研究的领域。

因此,东方学不只是一个在文化、学术或研究机构中所被动反映出来的政治性对象或领域;不是有关东方的文本的庞杂集合;不是对某些试图颠覆"东方"世界的邪恶的"西方"帝国主义阴谋的表述和表达。它是地域政治意识向美学、经济学、社会学、历史学和哲学文本的一种**分配**;它不仅是基本的地域划分(世界由东方和西方两大不平等的部分组成),而且是对整个"利益"体系的一种**精心谋划**——它通过学术发现、语言重构、心理分析、自然描述或社会描述将这些利益体系创造出来,并且使其得以维持下去;它**本身就是**,而不是表达了对一个与自己显然不同的(或新异的、替代性的)世界进行理解——在某些情况下是控制、操纵、甚至吞并——的**愿望**或**意图**；最首要的，它是一种话语，这一话语与粗俗的政治权力绝没有直接的对应关系，而是在与不同形式的权力进行不均衡交换的过程中被创造出来并且存在于这一交换过程之中，其发展与演变在某种程度上也受制于其与政治权力（比如殖民机构或帝国政府机构）、学术权力（比如比较语言学、比较解剖学或任何形式的现代政治学这类起支配作用的学科）、文化权力（比如处于正统和经典地位的趣味、文本和价值）、道德权力（比如"我们"做什么和"他们"不能做什么或不能像"我们"一样地理解这类观念）之间的交换。实际上，我的意思是说，东方学本身就是——而不只是表达了——现代政治/学术文化一个至关重要的组成部分，因此，与其说它与东方有关，还不如说与"我们"的世界有关。

既然东方学是一种文化和政治的现实，那么，在资料上也就不可能存在什么真空；正相反，我想可以有证据表明，关于这一主题，已经想过、说过、甚至做过的东西已经呈现出清晰的学术线索（它也许就是在这一线索之内发生的）。在上层建筑的总体影响和文本事实的具体构成之间可以发现相当微妙甚至是精心谋划的差异。我想，大部分人文学者非常乐于接受这样一种观念：文本存在于语境之中；文本与文本是相互联系在一起的；成规、先驱者、修辞风格的影响限制了瓦尔特·本雅明（Walter Benjamin）曾经主张的"根据'创作能力'的大小对创作者课以超额重税"这一做法的实行——在此，诗人被认为是根据自己的经验、从自己纯洁的心性之中创作出他的作品的。[7]然而，人们却不大乐意容许政治的、体制的、意识形态的限制以同样的方式作用于单个作者。人文研究者会相信对任何巴尔扎克（Honoré de Balzac）阐释者而言这都是一个有趣的事实：人们认同于巴尔扎克《人间喜剧》所受的乔弗罗伊·圣-希拉尔和居维叶[1]之争的影响，然而根深蒂固的君主制观念在巴尔扎克身上产生的同样影响却被用来诋毁他的文学"天才"并因而被认为没有认真研究的价值。同样，正如哈利·布拉肯（Harry Bracken）一直致力于显明的，哲学家在讨论洛克（John Locke）、休谟（David Hume）和经验论时不会考虑这些经典作家的"哲学"学说与其种族理论、为奴隶制辩护的理论、殖民扩张理论之间所存在的明显联系。[8]当代学术研究正是以这种冠冕堂皇的方式保持其所谓的纯洁性的。

也许，认为大部分试图将文化的鼻子伸进政治的烂泥中去的做法粗野地打破了学术纯洁性的传统旧习是正确的；也许，在我自己的研究领域内对文学进行社会学阐释落后于对文本进行细致的技术分析的时代潮流。但是我们不必讳言：文学研究总体而言，特别是美国的马克思主义理论家们的研究，回避了在文本研究和历史研究的上层层面与其基础层面之间进行沟通的努力；我在另外的场合曾有更为深入的说法，认为"文学-文化"研究在整体上把对帝国主义和文化之间的关系的严肃研究排除在外。[9]由于东方学已经将人们直接引到这一问题面前——也就是说，使人们认识到政治帝国主义控制着整个研究领域，控制着人们的想象，控制着学术研究的机构——要想回

---

[1] 有两个乔弗罗伊·圣-希拉尔，父亲埃蒂安·乔弗罗伊·圣-希拉尔（Étienne Geoffroy Saint-Hilaire，1772—1844），法国博物学家；儿子伊西多·乔弗罗伊·圣-希拉尔（Isidore Geoffroy Saint-Hilaire，1805—1861），法国动物学家，解剖学家。与居维叶论争的是父亲埃蒂安（有关情况可参看巴尔扎克的《〈人间喜剧〉前言》）。居维叶（Baron Georges-Léopold-Chrétien-Frédéric-Dagobert Cuvier，1769—1832），法国动物学家，比较解剖学和古生物学创始人。

避这一问题从学术的角度和历史的角度而言都是不可能的。然而，长期以来所形成的回避这一问题的策略仍然会存在：比如说，声称文学研究者和哲学研究者分别受的是文学和哲学的训练，而不是政治和意识形态分析。换言之，这类术业有专攻的论辩可以非常有效地阻止人们从更大的视角——我视其为更严肃的学术视角——去研究这一问题。

我认为对这样一种观点似乎可以做出一个简单的由两个部分组成的回答，至少对帝国主义研究和文化研究（或东方学研究）而言是如此。首先，几乎每一位19世纪的作家（对19世纪以前的作家也同样成立）对帝国都有着异乎寻常的清醒认识：对这一主题的研究尽管很不深入，但一位研究维多利亚时代的现代专家会不假思索地承认，像约翰·穆勒、阿诺德、卡莱尔、纽曼、麦考利、罗斯金、乔治·艾略特甚至狄更斯[1]这样的19世纪的文化英雄对种族和帝国主义都有明确的看法，这可以在他们的著作中轻而易举地找到。因此，即便是术业有专攻的专门家也不可避免地会谈及与现实政治有关的问题：比如，穆勒在其《论自由》（*On Liberty*）和《代议制政府》（*Representative Government*）中即公开表明，书中的观点并不适用于印度（然而，他一生的很大部分时光却是在一个处

---

[1] 约翰·穆勒（John Stuart Mill，1806—1873），詹姆斯·穆勒（James Mill）之子，英国哲学家、经济学家和逻辑学家；阿诺德（Matthew Arnold，1822—1904），英国维多利亚时代诗人和评论家；卡莱尔（Thomas Carlyle，1795—1881），苏格兰散文作家和历史学家；纽曼（John Henry Newman，1801—1890），英国宗教领袖；麦考利（Thomas Babington Macaulay，1800—1859），英国政治家、历史学家，曾任职于印度总督府最高委员会，后任英国陆军大臣；罗斯金（John Ruskin，1819—1900），英国艺术评论家、社会改革家；乔治·艾略特（George Eliot，1819—1880），英国女作家；狄更斯（Charles Dickens，1812—1870），英国小说家。

理印度事务的机构中度过的),因为印度人即使不在种族上也在文明程度上低英国人一等。正如我在本书中所试图表明的,同样的悖论也可以在马克思身上发现。其次,绝不因为以帝国主义形式出现的政治学对文学创作、学术研究、社会理论和历史写作有着至关重要的影响而贬低文化的重要性。完全相反:我的整个论点是,当我们认识到像文化这样无孔不入的霸权体系对作家、思想家的内在控制不是居高临下的单方面禁止而是在弱势方也产生了生成性(productive)时,我们就可以更好地理解其影响为什么能够长盛不衰。显然,葛兰西、福柯和雷蒙·威廉斯(Raymond Williams)以各自不同的方式一直在试图阐明的正是这一观念。威廉斯在其《漫长的革命》(*The Long Revolution*)中对"帝国的作用"短短几页的论述对19世纪文化丰富性的揭示远比许多大部头的神秘主义文本分析要多。[10]

因此,我将东方学作为在单个作家和英、法、美这三大帝国主义所制造的总体政治语境之间的动态交换来研究,单个作家的作品正是在后者学术的和想象的领地被创造出来的。作为学者我最感兴趣的不是总体的政治现实而是具体的细节,正如雷恩、福楼拜或赫南引起我们兴趣的并不是西方优越于东方这一(对他们而言)不容辩驳的抽象真理,而是在这一真理所打开的广阔空间内所显现出来的具体文本证据。这一点只需记住下面这一事实就可以得到很好的理解:雷恩的《现代埃及风俗录》之所以成为历史学和考古学的经典之作是因为其风格、其富含睿智和才华的大量细节,而不是因为其对种族优越性的简单反映。

于是,东方学所提出的政治问题可以归结为:还有哪些种类的学术、美学和文化力量参与了像东方学这类帝国主义传统的建构？语言学、词汇学、历史学、生物学、政治经济理论、小说写作和抒情诗是怎样参与东方学中普遍存在的帝国主义世界观的构造的？东方学发生了什么样的改变、调整、美饰甚至革命？在此语境中，原创性、连续性、个体性有什么意义？东方学怎样从一个时代过渡到或传递到另一个时代？最后，在面对其历史复杂性、细节和价值时，我们怎样将东方学这一文化和历史现象处理为一种**有血有肉的人类产品**，而不仅仅是一种冷冰冰的逻辑推理，同时又不至于失去文化产品、政治倾向、国家与具体现实之间的联系？面对这类问题时，人文研究可以负起同时关涉政治**和**文化的责任。但这并不是说这样的研究必须为知识与政治之间的关系确立一成不变的规则。我的观点是，每一人文研究在具体语境中都必须明确阐明这一联系的性质、其主题及其历史背景。

二、方法论问题。在我的前一部著作中，我曾花很大篇幅思考和分析了在人文研究中寻找和阐明方法论基点、出发点和起始原则的重要性。[11]我所得到并试图表明的一个主要经验是：不存在先天赋予、唾手可得的出发点——每一研究都必须构造自己的基点，这一基点**使**其后的研究**能够**顺利地进行。然而，在有关东方学的研究中，这一经验却遇到了前所未有的巨大困难和挑战（是凶是吉，我无法判断）。起始的观念，更准确地说，起始的行为，必然涉及划界的行为，通过这一划界行为某个东西被划出数量巨大的材料之外，与它们分离开来，并被视为出发点，视为起始；比如，对文本研究者来说，路易·阿尔都塞（Louis Althusser）的**疑难**（problematic）观念就是这样一个起始划界的观念——它指的是一个文本或一组文本中起限定作用的特定的观念体，它并非自然存在的而是通过分析产生的。[12] 然而，在对东方学（与阿尔都塞所研究的马克思的文本不同）的研究中却不仅存在寻找出发点或"疑难"的问题，还存在哪些文本、作者和时期最适于研究的问题。

对我来说，试图对东方学的历史做百科全书式的叙述似乎是不明智的，首先，因为如果我的基本原则是讨论"欧洲的东方观"，那么我实际上将不得不处理漫无边际的大量材料；其次，因为百科全书式的叙述模式本身与我的研究目的与政治兴趣不合；第三，因为像雷蒙·史华伯（Raymond Schwab）《东方的复兴》（*La Renaissance Orientale*）、约翰·弗克（Johann Fück）《20 世纪初欧洲的阿拉伯研究》（*Die Arabischen Studien in Europa bis in den Anfang des 20. Jahrhunderts*）和多罗热·梅特利茨基（Dorothee Metlitzki）更近的《中世纪英国的阿拉伯问题》（*The Matter of Araby in Medieval England*）[13] 这些著作已经对欧洲/东方遭遇的某些方面做了百科全书式的研究，这就使得批评家的工作在我上面所勾勒出的总体政治和学术语境中具有了全新的内容。

然而，下面这一问题却依然存在：将庞杂的资料删削到可以处理的程度，更重要的是，为此庞杂的文本集合勾勒出某种学术的次序，而不只是机械地按年代顺序排列。因此，我的出发点是：英、法、美对作为一个整体的东方的经历；什么样的历史和学术背景使这一经历得以发生；这一经历的性质和特征是什么。我将这一已经受到限定（但仍然过于宽泛）的问题再次限定到英、法、美对阿拉伯和伊斯兰——它们在长达千年的时期内共同代表着东方——的经历上，这样做的原因我待会儿再加说明。做此限定之后，东方有相当大的一部分——印度、日本、中国以及其他远东地区——似乎被排除在外，这并不是因为这些地区过去不重要（它们显然一直很重要），而是因为人们在讨论欧洲在近东或伊斯兰的经历时完全可以不考虑其在远东的经历。然而，在欧洲对东方产生兴趣的漫长历史中的某些时刻，我们在讨论像埃及、叙利亚和阿拉伯半岛这些特定地区时不可能不同时研究欧洲与更远的地区之间的联系，其中最重要的是波斯和印度。一个显著的例子是当我们讨论18、19世纪英国与东方的关系时不可能不考虑埃及和印度之间的关系。同样，所有那些与远东有关的事情都直接影响到法国对近东、伊斯兰和阿拉伯的兴趣：比如，法国在译解阿维斯陀经[1]方面所起的作用；19世纪头十年巴黎在梵文研究中的领先地位；拿破仑（Napoléon Bonaparte）对东方的兴趣有赖于他对英国在印度作用的认识。

大约自17世纪末以来，英国和法国一直在黎凡特地区处于支配性地位。我的研究不得不忽略以下这些方面的内容：其一，德国、意大利、俄国、西班牙和葡萄牙对东方学的重要贡献；其二，18世纪东方研究一个重要的推动力是由劳斯（Robert Lowth）、艾霍恩（Johann Gottfried Eichhorn）、赫尔德（Johann Gottfried Herder）和米歇利斯（Johann David Michaelis）主教这样的先驱者们在《圣经》研究领域所引发的革命。首先，我不得不将关注的焦点严格限定在英法（后来还有美国）的材料上，因为，毋庸置疑，英国和法国不仅是东方和东方研究的先驱者，而且凭借其所建构的两大殖民网络牢牢地控制着这一先驱的位置；"二战"以后美国所填补的正是这两大欧

---

[1] 阿维斯陀经（Zend-Avesta），波斯琐罗亚斯德教（Zoroaster）圣书。琐罗亚斯德教系波斯古代宗教，又称"火教""拜火教""波斯教"。

洲强国以前在东方所占据的位置——我想,显然是有意这么做的。而且,我相信,英、法、美的东方研究在质量、数量和连续性上都超出了德、意、俄和其他国家在这一领域所做的无疑也是非常关键的工作。但我也同样相信,东方研究最关键的一步首先是由英国或法国迈出的,然后才被德国人进一步加以深化。比如,西尔维斯特·德·萨西不仅是欧洲第一位学院化的研究伊斯兰、阿拉伯文学、德鲁兹教派和萨桑王朝[1]时代波斯的现代东方学家;他同时还是商博良和葆朴[2]的老师。威廉·琼斯和爱德华·威廉·雷恩在此领域中具有同样先驱的地位。

其次,近来出现了一些研究《圣经》研究这一背景对我所称的现代东方学的兴起所起作用的重要著作,这些著作可以极大地弥补我自己的研究的缺陷。其中最好、与我们的问题关系最密切的是沙弗尔(E. S. Shaffer)的《"忽必烈汗"和耶路撒冷的陷落》("Kubla Khan" and The Fall of Jerusalem),[14]一部研究浪漫主义的起源、研究柯勒律治(Samuel Taylor Coleridge)、布朗宁(Robert Browning)和乔治·艾略特知性活动的内在根源的至关重要的著作。在某种程度上说,沙弗尔的著作通过对德国《圣经》研究者所涉材料的进一步阐明以及运用这些材料以一种充满睿智和饶有兴味的方式对三个重要英国作家的著作的解读,进一步深化了史华伯所勾勒的轮廓。然而,与我所主要关注的英法作家所提供的有关东方研究的材料相比,这一著

---

[1] 德鲁兹教派(Druzes),一居于叙利亚和黎巴嫩山区的穆斯林教派;萨桑(Sassanid)王朝,公元226—651年的波斯王朝。
[2] 商博良(Jean François Champollion,1790—1832),法国历史学家、埃及学家,埃及象形文字的译解者;葆朴(Franz Bopp,1791—1867),德国语言学家,历史比较语言学奠基人之一。

作缺乏一种政治意识以及意识形态锋芒；此外，与沙弗尔不同的是，我试图阐明东方学在学术和文学上的随后发展，这些发展牵涉到英法东方学与显然具有殖民主义色彩的帝国主义的兴起之间的关系。同时，我还想表明早期的这些问题是如何或多或少地继续出现在"二战"后美国的东方学研究之中的。

然而，我的研究中可能会存在一些误导的因素：除了偶有涉及外，我对德·萨西之后德国东方研究的发展没有展开详细论述。任何试图理解学院化的东方学而对像斯泰恩达尔（Heymann Steinthal）、缪勒[1]、贝克（Carl Heinrich Becker）、高德兹赫（Ignaz Goldziher）、布罗克曼（Carl Brockelmann）、诺德克（Theodor Nöldeke）这样为数众多的德国学者几乎视而不见的做法都应该受到指责；我也经常责备我自己。我尤为感到遗憾的是没能更详细地讨论19世纪中叶德国学术研究中已经积累起来的科学声望，乔治·艾略特曾在其小说中对保守的英国学者在这一方面的疏忽提出过指责。我头脑中闪现的是艾略特在其《米德尔马契（*Middlemarch*）》中对卡索邦（Casaubon）先生令人难忘的描写。卡索邦之所以未能找到解开"一切神话"之谜的"钥匙"，按照他的堂弟威尔·拉狄斯洛（Will Ladislaw）的说法，原因之一是他不熟悉德国的学术传统。因为卡索邦不仅选择了一个"如化学般变化莫测"的主题——"新的发现在不断地产生新的视角"，同时他所做的是一项类似于挑战帕拉切尔苏斯[2]的工作，因为，拉狄斯洛这样

---

[1] 马克斯·缪勒（Friedrich Max Müller, 1823—1900），德裔英国东方学家和语言学家，对比较语言学和波斯古经阿维斯陀深有研究。
[2] 帕拉切尔苏斯（Philippus Aureolus Paracelsus, 1493—1541），瑞士医师、炼金家，发明并使用了多种化学新药。

告诉我们,"你知道,他可不是东方学专家"。[15]

艾略特的弦外之音是,1830 年前后——《米德尔马契》所描写的时代——德国学术研究在欧洲已经完全处于领先的位置。艾略特并没有错。然而,在 19 世纪头六十多年的时间里,德国学界的东方学研究却不可能发展为对东方持久的**全民兴趣**。在德国,没有什么东西可以与英国和法国在印度、黎凡特、非洲北部的地位相比。而且,德国的东方几乎无一例外地是学术的东方,或至少是古代的东方:它可以成为抒情诗、幻想作品甚至小说的主题,但它从来就不是现实的存在,从来就不是夏多布里昂、雷恩、拉马丁、伯顿[1]、迪斯累利或内瓦尔笔下那种现实的东方。德国最有名的两部关于东方的作品,歌德(Johann Wolfgang von Goethe)的《东西诗集》(*Westöstlicher Diwan*)和弗里德里希·施莱格尔(Friedrich Schlegel)的《印度的语言和智慧》(*Uber die Sprache und Weisheit der Indier*),分别建立在莱茵河上一次旅行和巴黎图书馆中资料阅读的基础上,这一事实也许富有某种深意。德国的东方研究所做的是进一步修饰和深化英、法帝国从东方几乎原封不动地收集来的文本、神话、观念和语言上所运用的技巧。

然而,德国的东方学与英法和其后美国的东方学有一共同的地方:那就是,西方文化内部所形成的对东方的学术**权威**。对这一权威的分析乃任何与东方学有关的研究的一个重要组成部分,我的这一研究也同样如此。甚至**东方学**这一名称也暗示着一种严肃的、也许多少有点笨拙的专业权威;当我将其用到

---

[1] 拉马丁(Alphonse de Lamartine, 1790—1869),法国浪漫派诗人、政治活动家;伯顿(sir Richard Burton, 1821—1890),英国探险家,多次深入亚非地区探险。

现代美国社会科学研究者身上时（由于他们并不把自己看作是东方学家，我用这一词来指称他们似乎有些不伦不类），我意在引起人们注意，中东研究专家们如何仍然能从东方学在19世纪欧洲学术地位的遗风余韵中寻找到支持。

权威既不神秘也非自然形成。它被人为构成，被辐射，被传播；它有工具性，有说服力；它有地位，它确立趣味和价值的标准；它实际上与它奉为真理的某些观念，与它所形成、传递和再生的传统、感知和判断无法区分。最重要的是，权威能够，实际上必须加以分析。权威的所有这些特性都适用于东方学，我在本书中所要做的在很大程度上是既描述东方学的历史权威，又描述其个人权威。

我此处研究权威的主要方法论工具可以称为**策略性定位**，一种根据其所写的与东方有关的作品来描述作者在文本中的位置的方法，以及**策略性建构**，一种分析文本与文本群、文本类型在自身内部以及在更大的文化语境中聚集、凝结和获取现实指涉力的方式二者之间关系的方法。我使用"策略"这一概念仅仅是为了确认每位写作东方题材的作家都面临的问题：如何把握这一题材，如何接近这一题材，如何才能不为其高深、其范围、其令人可畏的广度所挫败或击倒。任何就东方进行写作的人都必须以东方为坐标替自己定位；具体到作品而言，这一定位包括他所采用的叙述角度，他所构造的结构类型，他作品中流动的意象、母题的种类——所有这一切综合形成一种精细而复杂的方式，回答读者提出的问题，发掘东方的内蕴，最后，表述东方或代表东方说话。然而，这一切都不是凭空产生的。每位就东方进行写作的作家都会假定某个先驱者、某种前人关于东方的知识（甚至就荷马进行写作的作家也同样如此）

的存在，这些东西成为他参照的来源、立足的基础。此外，每一关于东方的作品都会使自己与其他作品、与读者、与公共机构、与东方自身**紧密关联**在一起。于是，作品、读者和东方的某些特殊方面之间的复杂关系整体就形成了一种可供分析的结构——它可以，比如说，在语言学研究中产生，也可以在有关东方的文学作品、游记、传奇文集中产生——这一结构在时间、在话语、在公共机构（学校、图书馆、涉外服务机构）中的反复出现赋予它以权威和力量。

我希望读者明白，我对权威的关注并不来自于对隐含在东方学文本内部的东西的分析，而是来自于对文本表面、对它所表现的东西的外在性（exteriority）的分析。我认为对这一点无论怎么强调都不过分。东方学乃建立在外在性的前提之上，也就是说，是东方学家——诗人或学者——使东方说话，对东方进行描述，为西方展现东方的神秘。除非将东方作为他所说的东西的第一推动力，否则他绝不会对它产生兴趣。他之所说和所想，由于已经被说、被想，都表明东方学家位于东方之外——在此，东方既是一个存在的事实也是一个道德的事实。这一外在性的主要产物当然是表述：早在埃斯库罗斯的戏剧《波斯人》（*The Persians*）中，东方就由一个非常遥远而且经常充满凶险的他者被转化为人们相对熟悉的形象（比如埃斯库罗斯戏剧中伤心的亚细亚女人）。《波斯人》中戏剧表述的直接性掩盖了下面这一事实：观众观看的是高度虚构性的表演，在此表演中，一个非东方人被转化为代表整个东方的符号。因此，我对东方学文本的分析将重点放在这种**作为表述**的表述、而不是作为对东方的"自然"描写的表述上。这一点既非常显著地体现在公开宣称的艺术（也就是说想象性的）文本之中，也非常显著地体现在所谓真实的文本（历史著作、语言分析、政治论文）之中。人们关注的是风格、修辞、置景、叙述技巧、历史社会背景，而不是表述的正确性，也不是其逼真性。表述的外在性总是为某种似是而非的真理所控制：如果东方能够表述自己，它一定会表述自己；既然它不能，就必须由别人担负起这一职责，为了西方，也为了可怜的东方。正如法国人所说：*faute de mieux*（因为没有更好的）。也正如马克思在《路易·波拿巴的雾月十八日》(*The Eighteenth Brumaire of Louis Bonaparte*)中所写："Sie können sich nicht vertreten, sie müssen vertreten werden"（他们无法表述自己；他们必须被别人表述）。

强调外在性还有另外一个理由。我认为，有一点必须交代清楚：一个文化体系的文化话语和文化交流通常并不包含"真理"，而只是对它的一种表述。语言本身是一高度系统化的编码体系，拥有许多用以表达、显现、交流信息和进行表述的手段，这一点几乎毋须多加说明。至少是就书面语言而言，不存在直接的在场（presence），只存在**间接的在场**（re-presence）或表述（representation）。因此，有关东方的书面论述的价值、效用、力量和所谓的真实性就很少依赖，也无法有效地依赖东方本身。相反，书面论述对读者来说之所以具有在场性是因为它将任何像"东方"这样**真实的东西**排除在外，使其移位，令其显得多余。因此，东方学的一切都置身于东方之外：东方学的意义更多地依赖于西方而不是东方，这一意义直接来源于西方的许多表述技巧，正是这些技巧使东方可见、可感，使东方在关于东方的话语中"存在"。而这些表述依赖的是公共机构、传统、习俗、为了达到某种理解效果而普遍认同的理解代码，而不是一个遥远的、面目不清的东方。

18世纪60、70年代之前和之后（也就是我所称的现代东方学时代）对东方的表述的区别是，在后一时期，表述的范围得到急遽扩展。的确，在威廉·琼斯和安格迪尔-杜贝隆（Abraham-Hyacinthe Anquetil-Duperron）之后，在拿破仑的埃及远征之后，欧洲开始更加科学地认识东方，更权威、更系统地处理东方的事务。但对欧洲而言，重要的却是不断扩大的范围和不断完善的技巧。在17和18世纪之交，东方已经确定无疑地显示出其语言的悠久历史——比希伯来《圣经》语言的谱系更早。这一发现首先是由一群欧洲人做出的，然后传递到其他学者，并在印欧语言学这一新学科中被保存下来。于是一门从语言学的角度考察东方的强大的新学科诞生了，伴随着这一学科的诞生，正如福柯在《事物的秩序》（*The Order of Things*）中所表明的，科学研究的整个相关网络被建立起来。贝克福德[1]、拜伦（George Gordon Byron）、歌德和雨果在他们的作品中以同样的方式重新构造了东方，通过其作品的意象、节奏和主题使东方的色彩、光芒和人民得到表现。"真正"的东方至多激发了作家的想象，但很少能控制其想象。

东方学所回应的更多的是产生它的文化而不是其假定的对象，这一对象同样是由西方所创造出来的。因此东方学既有其内在的一致性，又与其周围的主流文化存在着复杂的关系。因此，我在本书中试图展示的是这一领域的轮廓及其内在结构，其先驱者，其不可动摇的权威，其经典文本，其正统观念，其典范人物，其追随者、阐释者与新的权威；同时，我还

---

[1] 贝克福德（William Beckford, 1760—1844），英国小说家，喜写情节离奇的作品。

试图解释东方学怎样借用并经常受益于一些在文化中起支配作用的"强有力的"观念、学说和思潮。东方曾经呈现出（现在仍然呈现出）诸多不同的面目：语言学的东方，弗洛伊德的（Freudian）东方，斯宾格勒[1]的东方，达尔文的（Darwinian）东方，种族主义的东方，等等。然而，却从来不存在一个纯粹的、绝对的东方；同样，从来不存在与物质无关的东方研究，更不用说像东方的"观念"这样纯粹的东西了。我与那些研究观念史的学者的区别正体现在这一潜在的信念及其对方法论的影响之中。因为东方学话语的重心、其实施形式，特别是其物质有效性，是以任何孤立的观念史研究都试图完全回避的方式出现的。因此，我不仅考察学术著作，也考察文学作品、新闻报道、政论、游记、宗教和语言学著作。换言之，我这一庞杂的视角具有广泛的历史性及"现世"特征，因为我相信，所有文本都是人世的、产生于特定情境之中的，一文类与另一文类、一历史时期与另一历史时期都会呈现出不同的特征。

然而，与米歇尔·福柯——他的著作使我获益匪浅——不同，我确定相信单个作家对文本集合体具有决定性的影响，正是这些文本集合体构成了东方学这一话语形式，如果没有这样的话语形式，单个作家的文本将会湮没无闻。我所分析的大量文本之所以能够形成一个整体，部分是由于它们经常相互指涉：在某种意义上说，东方学正是一种引述其他著作和其他作家的体系。爱德华·威廉·雷恩的《现代埃及风俗录》曾被内瓦尔、福楼拜和伯顿这样不同类型的作家所阅读和引用。他

---

[1] 斯宾格勒（Oswald Spengler，1880—1936），德国哲学家，《西方的没落》一书的作者。

成了权威,成了任何书写或思考东方——不仅仅是埃及——的人必不可少的东西:当内瓦尔一字不差地引用《现代埃及风俗录》中的许多段落时,他意在借用雷恩的权威以帮助自己描写叙利亚(而非埃及)的乡村风景。雷恩之所以有权威,他之所以能为人们提供有选择或不加选择地引用他作品的机会,是因为东方学能够将他已经获得的那种普遍性赋予到他的文本上。然而,人们在理解雷恩的普遍性时,不可能不同时理解他文本的**独特性**;这一点对赫南、萨西、拉马丁、施莱格尔和其他许多有影响的作家而言同样成立。福柯认为,从一般的意义上说,单个文本或作家无关紧要;但根据我自己的经验,我发现对东方学(也许仅仅限于东方学)而言情况并非如此。于是,我在分析时使用了文本细读的方法,其目的是揭示单个文本或作家与其所属的复杂文本集合体之间的动态关系。

然而,尽管本书参阅了大量相关著作,它却根本不是对东方学全景式的历史描述。对这一局限我是有自知之明的。像东方学话语这样结构复杂的"织品"之所以能在西方社会存活并发挥其作用,是由于它具有极大的丰富性;我所做的一切都是为了描述这一织品某些时刻的某些部分,并且试图揭示出隐藏于其后的更大的整体,这一整体具体而有趣,布满着许多迷人的人物、文本和事件。我用下面这一想法来安慰自己:本书只是一系列研究的一个开端;我希望有学者和批评家会继续写出其他的著作。比如说,还可以写一本从总体上论述帝国主义和文化之间的关系的书;[1] 还可以更深入地探讨东方学与教学之

---

[1] 作者果真又写了一部论文化与帝国主义之关系的书《文化与帝国主义》(*Culture and Imperialism*, New York: Knopf, 1993)。

间的关系，探讨意大利、荷兰、德国和瑞士的东方学，探讨行政观念与学术研究之间的关系。也许最重要的是进行可以取代东方学的新的研究，以从自由的、非压制或非操纵的角度研究其他民族和其他文化。但是这样一来，人们将不得不重新思考知识与权力之间的关系这一极为复杂的问题。所有这些，本书都未能展开深入的讨论，这不能不说是本书所留下的一大遗憾。

最后，我想对方法问题做一点也许具有某种自诩色彩的说明：我这本书的写作是想面对好几种读者的。对文学研究者和批评家而言，东方学为社会、历史和文本自身特性之间的相互关系提供了一个极好的例证；而且，我想对文学社群而言，东方在西方所起的文化作用将东方学与意识形态、政治、权力逻辑、相对性问题联结在了一起。对当代东方研究者——从大学教授到政策制定者——而言，我的书有两个目的：第一，以一种前所未有的方式将他们的学术谱系呈现在他们面前；第二，对他们的著作大多依赖的、常常是未受质疑的那些假定提出批评，希望引起进一步的讨论。对一般读者而言，我的这一研究处理的是那些总能吸引人们注意的问题，所有这些问题都不仅与西方关于他者的概念和对他者的处理有关，而且与西方文化在维柯所说的民族大家庭（the world of nations）中所起的极为重要的作用有关。最后，对所谓"第三世界"的读者而言，这一研究与其说可以成为理解西方政治以及西方政治中所涉及的非西方世界的一个途径，还不如说是理解西方文化话语**力量**的一个途径，这一力量常常被误认为仅仅是装饰性的或"上层建筑的"。我希望显示文化霸权所具有的令人生畏的结构，以及特别是对前殖民地民族而言，将这一结构运用在他们或其他民族身上的危险和诱惑。

本书所包含的三大部分以及十二个小部分旨在尽可能有力地推进对这些问题的揭示。第一章《东方学的范围》从历史时间和历史经验以及哲学主题和政治主题的角度为与这一论题有关的所有层面勾勒出一个基本的轮廓。第二章《东方学的结构和再结构》试图通过广泛的历史描述,同时通过对共同存在于重要的诗人、艺术家和学者的著作中的策略和手段的描述,追溯现代东方学的发展。第三章《东方学的现状》开始的地方正是第二章结束的地方:1870年前后。这是一个对东方进行大规模殖民扩张的时期,它在第二次世界大战中达到顶峰。第三章的最后一部分探讨的是东方学研究从英国和法国向美国的转移;最后我还试图勾勒出东方学研究在目前美国学界和社会中的基本状况。

三、个人的层面。葛兰西在《狱中笔记》(*The Prison Notebooks*)中这样写道:"批判性反思的出发点是认识到你到底是谁,认识到'认识你自己'也是一种历史过程的产物,它在你身上留下无数的痕迹,但你却理不清它的头绪。"唯一可以找到的英文翻译令人费解地到此为止,而葛兰西的意大利原文实际上紧接着还加上了这么一句话:"因此,找出这一头绪就成为当务之急。"[16]

我的这一研究的个人情结大部分源于小时候在两个英国殖民地所获得的"东方人"意识。我在那两个殖民地(巴勒斯坦和埃及)和美国接受的所有教育都是西方式的,然而早期产生的这一意识却深深地留在了我的脑海里。从许多方面来说我对东方学的研究都是试图为我身上留下的这些痕迹、为东方这一主体、为曾经在所有东方人的生活中起着强大支配作用的文化理出一个头绪。这是为什么对我来说伊斯兰的东方应该成为本书关注中心的原因。我所理出的头绪是否是葛兰西所想要的非我所能判断，尽管我认识到了有意识地进行这种努力的重要性。在漫长的过程中，我一直力图运用我的教育幸运地给予我的那些历史、人文和文化的研究工具尽我所能地保持一种严肃而理性的批判意识。然而，在这么做的时候，我从来没有忘记我曾经亲身经历过的作为"东方人"的文化现实。

使这一研究得以可能进行的历史情境相当复杂，在此我仅能粗略地勾勒其大致轮廓。50年代以来生活在西方——特别是美国——的人都会经历一个在东西关系史上特别动荡的时代。在这一时期，没有人不会注意到"东方"是怎样总是代表着威胁和危险，尽管这一用语既可以指传统的东方也可以指俄国。大学中区域研究项目和机构的不断设立使对东方的学术研究成为国家政策的一个分支。这个国家的公共事务中包含着对东方的浓厚兴趣，既因为东方传统的异国情调，也因为其战略和经济上的重要性。由于世界对生活在电子时代的西方公民来说越来越畅通无阻，东方离他们的生活也变得越来越近，现在它已不再是一个神话，而是一个被西方特别是美国的利益弄得支离破碎的地方。

这一电子的、后现代的社会的一个特征是，东方形象的类型化趋势不断增强。电视、电影和所有媒体资源都将信息塞进越来越标准化的模式之中。就东方而言，标准化和文化类型化加剧了19世纪学术研究和公众想象中"妖魔化东方"的倾向。这一点最突出地体现在人们把握近东的方式上。有三个因素导致人们将阿拉伯和伊斯兰哪怕是最简单的问题高度政治化，把一潭清水搅得浑浊不堪：第一，西方流行的反阿拉伯和反伊斯兰偏见，这直接反映在东方学研究的历史之中；第二，阿拉伯和犹太复国主义之间的斗争及其对美国犹太人与西方人文主义文化以及公众的影响；第三，由于不存在任何文化特定的立场，人们既可以以认同的姿态、又可以无动于衷地谈论阿拉伯或伊斯兰。更有甚者，几乎不言自明的是，由于中东现在与大国政治、石油经济以及热爱自由的、民主的以色列和邪恶、专制、恐怖主义的阿拉伯之间简单的二元对立等问题复杂地搅在一起，从中理出个像近东那样清晰的头绪来的可能性微乎其微。

我自己对这些问题的经历构成本书写作的部分动机。一个巴勒斯坦阿拉伯人在西方——特别是美国——的生活是令人泄气的。在这里，有一个几乎得到普遍认同的看法：在政治上他是不存在的；即使他获得了存在的权利，也是要么作为一个令人讨厌的累赘，要么作为一个"东方人"而存在。种族主义、文化定见、政治帝国主义、丧心病狂的意识形态之网压得阿拉伯人或穆斯林人喘不过气来，也正是这张网使每位巴勒斯坦人逐渐意识到这是他生命中难以解脱的魔孽。对他来说，认识到下面这一点只能使事情变得更糟：在美国，没有哪位与近东有学术牵连的人——也就是说，东方学家——曾在文化上和政治上全身心地认同于阿拉伯人；当然一定程度的认同是存在的，但这些认同从来未曾采用过美国自由派（Liberal American）认同犹太复国运动那种"可接受的"形式，而且经常为其与臭名昭著的政治经济利益（比如，石油公司与国务院的阿拉伯专家）或宗教之间的联系所损伤。

因此，对我来说，制造出"东方人"的形象并且在某种意义上剥夺了其作为人的权利的知识与权力之间的联结并不纯然是一个学术性的（academic）问题。然而，却是一个有着某种显而易见的重要性的**智识性**（intellectual）问题。我用人文和政治的方式来分析和描述一个非常现世的问题,即东方学的兴起、发展和强化。文学和文化常常被假定为与政治甚至与历史没有任何牵连;但对我来说常常并非如此,我对东方学的研究使我确信(而且我希望也能使我的文学研究同行们确信):社会和文化只能放在一起来研究。此外,根据一个几乎是无法逃脱的逻辑,我发现自己所书写的东方学的历史是一位奇怪而隐秘的西方反犹太主义运动者的历史。反犹太主义(anti-Semitism)与东方学——正如我在其伊斯兰分支中所讨论的——之间的相似乃一历史的、文化的和政治的事实,只要稍微想一想巴勒斯坦阿拉伯人的境遇就可以很好地理解这一事实所具有的反讽意味。我同样想使人们能对文化霸权的运作方式有更好的理解。如果这一做法能够激发人们以一种新的方式去处理东方,如果它能将"东方"与"西方"这类概念完全抹除,那么,我们就会在雷蒙·威廉斯所说的对"固有支配模式"的"抛除"上稍稍向前迈进一步。[17]

第一章 东方学的范围

> ……欧洲不安现状、雄心勃勃的守护神……对显示其力量的新工具跃跃欲试……
>
> ——让-巴普迪斯特-约瑟夫·福里耶：
> 《埃及志·历史前言》(1809)

一 认识东方

1910年6月13日，亚瑟·詹姆斯·贝尔福[1]在英国众议院发表演说，主题是"我们在埃及所面临的急迫问题"。这些问题，他说，与那些"影响怀特岛或约克郡西区"[2]的问题"属于完全不同的范畴"。他是以权威的身份说这番话的：国

---

[1] 亚瑟·詹姆斯·贝尔福（Arthur James Balfour），英国保守党领袖、首相（1902—1905）、外交大臣（1848—1930），1917年发表"贝尔福宣言"，支持犹太复国主义。
[2] 怀特岛，英格兰南部岛屿；约克郡，英格兰郡名，下设北区、东区和西区三个行政区。

会的资深议员，索尔兹伯里勋爵[1]的前私人秘书，前爱尔兰事务首席大臣，前苏格兰事务大臣，前首相，处理海外事务和海外危机的老手。他在大英帝国的许多重要事务中都曾担任要职，发挥了非同一般的影响：比如阿富汗战争和祖鲁战争、1882年英国对埃及的占领、戈登将军的苏丹之死[2]、法肖达（Fashoda）事件、苏丹恩图曼（Omdurman）战役、布尔（Boer）战争、日俄战争的善后事务等。此外，他有着卓著的社会声望，他博学而睿智——他能就像伯格森、亨德尔[3]、有神论和高尔夫这样广泛多样的题材进行写作，他毕业于伊顿公学和剑桥三一学院，他对帝国事务拥有明显的控制权：所有这一切都赋予他1910年众议院的这次演说以极大的权威。但贝尔福为什么要作此演说，或至少是为什么要如此充满训诫意味地作此演说，显然还有更具体的原因。当时，一些议员正在质疑"英国在埃及"（England in Egypt）的必要性，这一必要性曾是阿尔弗莱德·弥尔纳（Alfred Milner）1892年饱含热情的著作的主题，但由于埃及民族主义运动的兴起，英国对埃及的占领这一曾给帝国带来许多利益的行为已经在不断为帝国制造麻烦，其合理性已经不再那么容易就能得到论证。于是才有了贝尔福的这番说明和解释。

---

[1] 索尔兹伯里（Robert Gascoyne Salisbury，1830—1903），英国保守党领袖，曾三次出任首相（1885—1886；1886—1892；1895—1902），曾任印度事务大臣、外交大臣，推行殖民扩张政策。

[2] 戈登（Charles George Gordon，1833—1885），英国殖民军官，曾参与英法联军进攻北京，指挥烧毁圆明园，后任"常胜军"统领，镇压太平天国，任苏丹总督时在一次战役中被击毙。

[3] 伯格森（Henri Bergson，1859—1941），法国哲学家，生命哲学和现代非理性主义的主要代表人物之一，1927年获诺贝尔文学奖；亨德尔（George Frederic Handel，1685—1759），英籍德国作曲家。

贝尔福在演说中再次提到苏格兰泰恩地区（Tyneside）议员罗伯逊（J. M. Robertson）曾经提出的问题，他反问道："我们有什么权利以高人一等的姿态凌越于所谓东方的人民之上呢？""东方的"（Oriental）一词由来已久；它曾出现在乔叟和曼德维尔[1]、莎士比亚、德莱顿（John Dryden）、蒲伯（Alexander Pope）和拜伦等人的笔下。从地域、道德和文化的角度而言它指的都是亚洲或广义的东方（the East）。在欧洲，人们可以使用像东方的性格、东方的氛围、东方的故事、东方的专制主义或东方的生产方式这样的说法而不会引起误解。马克思用过这个词，贝尔福现在也在用这个词；人们理解这个词，不会引起任何争论。

> 我没有采取高人一等的姿态。但是我要问〔罗伯逊或任何其他人〕[2]，他们是否愿意了解一点有关的历史常识，是否愿意留意一下一个英国政治家之所以以高人一等的姿态处理与像埃及这样伟大的东方国家和民族有关的事务时不得不面对的那些事实。我们比了解其他国家的文明更了解埃及的文明。我们对它的了解更远；我们对它的了解更深；我们对它的了解更多。埃及文明的历史比我们自身的历史远为悠久，当埃及文明已经达到其发展的顶峰时，我们还迷失在史前时期。让我们看一看所有的东方国家。不要评价孰优孰劣。

---

〔1〕乔叟（Geoffrey Chaucer, 1340？—1400），英国诗人，代表作为《坎特伯雷故事集》；曼德维尔（Sir John Mandeville），14世纪英国作家。
〔2〕引文中方括号里面的内容为本书作者萨义德所加。下同。

贝尔福此处和接下来谈论的是培根曾论及的两大主题：知识和权力。当贝尔福为英国占领埃及的必要性进行论证时，他心目中起支配作用的权力主要不是与军事或经济力量相联，而是与"我们"对埃及的知识相联。对贝尔福而言，拥有关于一个文明的知识意味着了解这一文明从起源到兴盛到衰落的发展过程——当然，也意味着**有能力了解**这一过程。知识意味着超越一时一地、超越自身的局限向遥远的、陌生的领地的推进。而作为认识对象的东西自身是脆弱的，经不起细察的；这一对象乃一"事实"，尽管它自身也像其他文明一样通常都经历着发展、演变或转化，但从根本上、甚至从本体论的意义上说，是稳定不变的。对这样一个对象拥有这样一种知识意味着去统治它，对其施加权威。权威在此指的是"我们"否认"它"——东方国家——有自主的能力，因为我们了解它，在某种意义上它正是**按照**我们所认识的方式而存在的。对贝尔福来说，埃及本身是否存在无关紧要，英国对埃及的知识**就是**埃及。贝尔福根本就不否认英国优越于埃及；他之所以要求人们不要谈论孰优孰劣的问题，只是因为知识这一压力使得孰优孰劣之类的问题似乎微不足道。比如，他在描述由知识引出的结论时就把这一优越视为一种想当然的存在。

> 首先，让我们来看一看有关的事实。西方民族从诞生之日起就显示出具有自我治理的能力……显示出自身的长处……。我们可以看一看那些经常被人们宽泛地称作"东方"的民族的整个历史，然而你却根本找不到自我治理的痕迹。他们历史上所有的辉煌时代——他们的历史确实一直很辉煌——都是在专制、绝对的统治下度过的。他们对

> 人类文明的伟大贡献——他们确实对人类文明做出了伟大的贡献——都是在这一专制统治下做出的。征服紧接着征服；统治紧接着统治；但在所有那些与其命运生死相关的革命中我们从来没有发现有哪个民族曾经确立过我们西方人所说的那种自治。这是事实。这不是优劣与否的问题。我想，真正的东方智者也许会说我们在埃及和其他地方所实行的那种治理不值得哲学家为之大伤脑筋——那是肮脏而卑劣的。

在陈述完这些事实之后，贝尔福接下来转向了其论说的另一方面。

> 对这些伟大的民族——我承认他们的伟大——来说，这种绝对的统治由我们来实行是不是一件好事？我认为是件好事。我想经验已经表明，在我们的控制之下他们得到了比他们以前的整个历史都要好得多的治理，而这不仅使他们自己获益，无疑也使西方文明世界获益……。我们之所以在埃及，不仅是为埃及人着想，尽管我们一直是在为埃及人着想；我们在埃及也是在为整个欧洲人着想。

至于埃及人以及"我们所处理的其他种族"是否欣赏或理解殖民统治给他们带来的好处，贝尔福没有提供证据。然而，贝尔福没有给埃及人自己说话的机会，因为他事先将那些可能站出来说话的埃及人假定为"想制造麻烦的捣乱分子"，而非对异族统治所带来的"麻烦"置若罔闻的良民。这样，在交代完与种族有关的问题后，贝尔福最后转向实际的问题。"如果这种治理是我们分内的事——不管他们对这一治理是否心存感激，不管他们对我们为他们带来的所有解脱（贝尔福是从来就没有想过这一解脱是必须付出失去民族独立或至少是延期的代价的）是否有确切的记忆，不管他们对我们给他们的所有好处是否有生动的想象——如果这就是我们的职责，那么，该怎样来履行这一职责呢？"办法是由英国向这些国家输送"我们真正最好的"东西——即殖民官员。这些具有无私奉献精神的管理者们"在成千上万具有不同信仰、不同肤色、不同制度、不同生活条件的人中间"履行他们的职责。他们之所以能够实施其治理是因为他们感到背后有政府的强大支持。然而，

> 当地人却本能地感到，他们必须与之打交道的那些人并没有从派他们来的政府那里获得其想要的那种力量、权威、同情以及全身心的慷慨支持；这些当地人丧失了作为其文明真正根基的一切秩序感，正如我们的官员们丧失了所有力量和权威感一样，而这一力量与权威感正是他们造福于当地人的真正根基。

贝尔福这里的逻辑很有趣，当然绝不是因为这一逻辑与其整个演讲的前提完全一致。英国了解埃及；埃及是英国所了解的埃及；英国了解埃及不可能实行自治；英国通过占领埃及来确认这一点；对埃及人来说，埃及已经被英国占领而且现在为英国所统治；因此异族统治成了埃及当代文明的"真正根基"；埃及要求，实际上坚持，英国的统治。但是，如果统治者与被统治者之间这一特殊的亲密关系被国内议会的怀疑所打乱，那么"统治者——我认为应该继续成为统治者——……

的权威就被削弱"。这不仅使英国的威望受到损害；而且也使"大批英国官员——他们具有你所能想象得到的所有才能和优秀品质——无法履行他们的伟大职责，这一职责不仅是我们也是整个文明世界赋予他们的重任"。[1]

从修辞学的角度而言，贝尔福的演说是成功的，因为他扮演并表现了许多不同的角色。其中当然有"英国人"，演说中"我们"这一代词所指代的正是这种受人尊敬的、强有力的人，他感到自己代表着这个民族历史上一切优秀的事物。贝尔福同时还可以代表整个文明世界，即西方，以及相对来说数量要少得多的埃及殖民官员们说话。他之所以没有直接替东方人说话，是因为他们毕竟说的是不同的语言；然而，他却知道他们的内心所想，因为他了解他们的历史，了解他们对像他这样的人的依赖以及他们的期望。尽管如此，在某种意义上说，他又的确是在替他们说话——如果被问起并且有能力回答的话，他们不得不说出的东西将只会毫无用途地确认已经显然存在的东西：他们是一个臣服的民族，为一个了解他们并且可能会比自己更了解自己的民族所统治。他们辉煌的时代是在过去；他们在现代世界之所以还有存在的价值仅仅因为那些强大的、现代化的帝国有效地使他们摆脱了衰落的悲惨境地，并且将他们转变为重新焕发出生机的、具有创造力的殖民地。

埃及正是一个极好的例子。贝尔福完全清楚，作为自己国家议会的成员他有多大的权利代表英国、西方和西方文明谈论现代埃及。因为埃及不只是另一个殖民地：它的存在证明了西方帝国主义的合理性；直到被英国吞并之前，它在学术上几乎是用来证明东方落后性的一个范例；它将成为英国的知识和权力的辉煌的战利品。在 1882 年——英国在这一年占领了埃及并且平定了阿拉比上校（Colonel Arabi）的民族主义叛乱——和1907年之间，英国派驻埃及的代表、埃及的主宰者是克罗默勋爵伊夫林·巴林[1]。1907年7月30日，是众议院的贝尔福支持了授予克罗默5万英镑退休金的计划，以嘉奖他在埃及的功绩。贝尔福说，克罗默造就了埃及：

> 在他所涉及的一切方面他都取得了成功……。克罗默勋爵在过去四分之一个世纪的努力工作将埃及从社会和经济堕落的深渊里拯救了出来，现在它已站立在东方民族之林，我相信，无论是经济上还是道德上，它的繁荣都是独一无二的。2

如何衡量埃及道德上的繁荣，贝尔福没敢说。英国向埃及的出口相当于向整个非洲的出口；这对埃及和英国二者而言（尽管呈现出一边倒的趋势），确实都可以作为衡量经济繁荣的一种标志。但真正重要的却是西方对一个东方国家不间断的、全面的监护和训导，从学者、传教士、商人、士兵和教师——这些人为占领埃及打下了必要的基础并且随后实际上执行着占领的任务——到像克罗默和贝尔福这样的高级官员，他们认为自己是在准备、引导、有时甚至是强使埃及从默默无闻的状态上升到它现在独一无二的繁荣状态。

如果英国在埃及的成功确如贝尔福所说的那么独特，这一成功绝不是无法解释或没有道理的。埃及问题一直受到一个总

---

[1] 伊夫林·巴林（Evelyn Baring，1841—1917），即克罗默勋爵（Lord Cromer），英国军官和外交家，曾任英国驻埃及代表和特命全权总领事（1883—1907）。

体理论的控制,这一理论既体现在贝尔福关于东方文明的观念之中,也体现在克罗默对埃及日常事务的处理之中。在20世纪前十年中,对这一理论来说最重要的是它行之有效,令人震惊地行之有效。如果用最简单的形式来表达,其论证过程清晰,简明,易于把握。有西方人,有东方人。前者支配别人;后者必须被别人支配,这通常意味着其领土被别人占领,其内务被别人牢牢控制,其人民和财富被掌握在这个或那个西方强国手中。贝尔福和克罗默,正如我们不久将会看到的,居然如此无情地撕开人性的面纱,使其文化和种族的本来面目暴露于光天化日之下,这并不表明他们究竟有多么邪恶。相反,它表明当人们对一个总体性的理论做具体的应用时,这一理论会显得多么行之有效。

贝尔福在论说东方时假定其主题具有客观的普遍有效性,与贝尔福不同的是,克罗默在谈到东方时是将其作为自己所统治或处理的具体问题看待的:首先是印度,然后是25年的埃及经历,在此期间他是以至高无上的大英帝国总领事的面目出现的。贝尔福的"东方人"在克罗默那里具体化为"臣属民族"(subject races),他于1908年1月在《爱丁堡评论》(*Edinburgh Review*)上发表了一篇论述这一主题的长文。克罗默同样认为,是关于臣属民族或东方人的知识使他们的管理轻松而有效;知识带来权力,更多的权力要求更多的知识,于是在知识信息与权力控制之间形成了一种良性循环。克罗默的观点是,如果本土的军国主义和商业上的利己主义与殖民地中的"自由机构"(相对于"根据基督教伦理法则"进行管理的英国政府而言)得到控制,大英帝国就不会瓦解。因为对克罗默而言,如果逻辑是某种"东方人完全忽视其存在"的东西,那么合适的统治方法就不是对其施加超科学的措施或迫使其完全接受逻辑,而是理解其局限并且"以一种臣属民族所乐于接受的方式努力在统治者和被统治者之间发现更有价值、也许是更强大的联系"。在臣属民族的和平安定后面到处潜藏着帝国的强大力量,更好地理解并尽可能少地使用这一力量比士兵、残暴的征税者和无节制的暴力更有效。总之,帝国必须放聪明一些;它必须以无私缓解其贪婪,以灵活的克制缓解其急躁。 37

说得更明白一些,当说到商业精神应该受到某种控制时,我指的是——在与印度人、埃及人、希卢克人(Shilluks)或祖鲁人(Zulus)打交道时,首要的问题是考虑什么是这些从整个民族来说还或多或少 in statu pupillari(处于未成年状态)的人自己认为最好、最符合他们利益的东西,尽管这一点值得我们认真思考。但关键的是,每一特殊问题都主要应以西方知识和经验与当地现实相调和的方式参照我们经过反复思考后认为最适合臣属民族的东西来决定,而不应参照任何真实或假定的最适于英国民族或最适于某一或某些有影响力的英国阶层的特殊利益的东西(实际情况常常如此)。如果英国民族作为一个整体一直坚持这一原则并且严格应用这一原则,尽管我们不可能创造一种与建立在种族亲和或语言相通基础上的爱国主义,我们也许可以培养出某种建立在对超人的才能和无私的行为的尊重以及对已经做出或将要做出的成就的感激的基础上的世界主义观念。这样也许会有希望使埃及人将来在处理与阿拉伯有关的问题时不会将所有的赌注都下在其同胞的身上……。甚至中非的野蛮民族也可能最终学会为得到拯救的阿斯脱利亚[1]唱赞歌，而英国殖民官员正是阿斯脱利亚的代表，他们使其摆脱陷阱，获得正义。更重要的是，商业会赢利。³

统治者应该从臣属民族身上获得多少"认真思考"在克罗默对埃及民族主义运动的坚决反对中得到体现。自由的本土机构、外国势力的撤离、自治主权：这些一点也不令人惊奇的要求一直遭到克罗默的反对，他毫不含糊地宣称"埃及的真正未来……不在于狭隘的民族主义，这只会博取埃及当地人的欢心……而在于博大的世界主义"。⁴臣属民族自身没有能力认识对他们来说什么是好的。他们大部分是东方人，他们的特点克罗默很了解，因为他在印度和埃及有和他们相处的经验。对克罗默而言，东方人令人惬意之处在于，尽管具体情况会有所不同，管理他们的方式几乎到处都一样。⁵当然，这是因为东方人几乎到处都一样。

现在我们终于接近了克罗默和贝尔福从近一个世纪的现代东方学那里继承来的长期形成的真正知识——学术的知识和实际的知识——之核心：关于东方人和与东方人有关的知识，包括其民族、性格、文化、历史、传统、社会和可能性。这一知识是行之有效的：克罗默相信他在治理埃及时运用了这一知识。而且，这一知识经受住了考验，是一成不变的，因为"东方人"，出于所有实际的考虑，是一个柏拉图式纯理论的存在，任何东方研究者（或统治者）都可以对其加以考察、理解和揭示。于是，在记录其埃及执政经历和成就的煌煌两卷本的《现

---

[1] 阿斯脱利亚（Astraea），希腊神话中主管正义的女神。

代埃及》一书的第34章，克罗默这样写下了对埃及智慧的个人理解：

> 阿尔弗莱德·赖亚尔（Alfred Lyall）爵士曾对我说："精确与东方人的思维水火难容。每位印度的英国侨民都应该牢记这一真理。"缺乏精确性，很容易蜕变为不可信赖，实际上是东方思维的主要特征。
>
> 欧洲人是缜密的推理者；他对事实的陈述毫不含混；他是自然的逻辑学家，尽管他也许没有学过逻辑学；他具有怀疑的天性，在他看来任何假定都必须得到证明方可接受；他受过训练的大脑像机器一般运作。相反，东方人的大脑，就像其生动别致的街道一样，显然缺乏对称性。他的推理属于最不严谨的描述一类。尽管古代阿拉伯人在辩证逻辑方面取得过很高的成就，他们的子孙却在逻辑推理方面有着严重的缺陷。他们常常不能从他们会认定为真的简单前提中得出最明显的结论。试想一下从一个普通埃及人那里得出对某个事实的陈述该有多么困难。他的解释一般来说会很冗长，并且缺乏清晰性。在结束其陈述之前可能会无数次地自相矛盾。稍加盘问，他就会彻底崩溃。

东方人或阿拉伯人因而容易受骗，"缺乏热情和动力"，大都沦为"阿谀逢迎"、阴谋和狡诈的奴隶，对动物不友好；东方人无法在马路或人行道上散步（他们混乱的大脑无法理解聪明的欧洲人一下子就能明白的东西：马路和人行道是供人们散步用的）；东方人对谎言有顽固的癖好，他们"浑浑噩噩，满腹狐疑"，在任何方面都与盎格鲁-撒克逊民族的清晰、率直和高贵形成鲜明对比。[6]

克罗默根本不想隐瞒对他来说东方人永远是并且仅仅是他在英国殖民地所统治的肉体物质。"由于我只是一个外交家和一个管理者，后者的研究对象同样是人，只不过是从治理的角度出发"，克罗默这样写道："……能够注意到下面这一事实我感到很满足：一般说来，东方人的行为方式、说话方式和思维方式与欧洲人截然不同。"[7] 克罗默的描述当然部分建立在直接观察的基础上，然而他不时征引东方学研究的权威（特别是厄内斯特·赫南和康斯坦丁·德·沃尔内〔Constantin de Volney〕）以支持自己的观点。当他试图解释东方人为什么会这样而不那样时，他同样听从这些权威。他毫不怀疑**任何**关于东方的知识都会证实自己的观点，从他对埃及人稍加盘问就会崩溃这一描述来判断，他认为东方人是有罪的。因为你是一个东方人，所以你有罪：这样一个逻辑上的同义反复居然那么普遍地为人所接受，你甚至毋须求助于欧洲的"逻辑"或思维"对称"，就可以轻而易举地做出这一判断——多么有意思的反讽！于是，任何与普遍接受的东方行为规范相背离的东西都被认为是非自然的；因此，克罗默在其最后一份埃及年度报告里也就合乎逻辑地宣称埃及民族主义乃一"全新的观念"，乃"一株野生的而非家养的植物"。[8]

我想，低估克罗默和贝尔福在其著述和公共政策中到处征引的东方学知识宝库和东方学权威符码的价值将会是错误的。简单地认为东方学是对殖民统治的合理论证将会忽视下面这一事实：东方学在殖民统治之前就为其进行了合理论证，而不是在殖民统治之后。人们总是将世界划分为许多区域，通过真实或想象的特征将其相互区分开来。贝尔福和克罗默如此乐于接受的东方与西方之间的绝对区分,是在许多年甚至许多世纪的漫长岁月中逐渐形成的。当然,离不开无数的航海探险与地理发现;离不开贸易和战争。但更重要的是,离不开18世纪中叶开始东西关系中所出现的两大主要特征。其一是欧洲东方知识的日益增长和系统化,这一知识为殖民扩张以及对新异事物的兴趣所加强,被人种学、比较解剖学、语言学、历史学这些新兴的学科所运用;更有甚者,这一知识体系中还加进了由小说家、诗人、翻译家和旅行家所创作的数量相当可观的文学作品。其二是,在东方与欧洲的关系中,欧洲总是处于强力地位,更不必说优势地位。没办法说得更委婉一些。的确,强与弱之间的关系可以被掩盖或缓和,正如我们已经看到的,贝尔福口口声声说承认东方文明的"伟大"。然而,建立在政治、文化甚至宗教基础之上的东西关系的本质是一种强弱关系——这一点在西方看得非常清楚,这也正是我们这里所要关注的一个核心问题。

人们用许多词语来表达这一关系:贝尔福和克罗默就用过好几个。东方是非理性的,堕落的,幼稚的,"不正常的";而欧洲则是理性的,贞洁的,成熟的,"正常的"。要使这一简单对立关系不那么单调枯燥不可忽视下面这一事实:东方人生活的世界虽与西方不同,然而却有着完备的组织结构,有其民族的、文化的和认识论的独特特征和内在一致的原则。然而,东方人的世界之所以能为人所理解、之所以具有自己的特征却并非由于其自身的努力,而是因为有西方一整套有效的操作机制,通过这些操作机制东方才得以为西方所确认。于是我们所讨论的东西文化关系的两大特征就汇合到了一块。关于东方的知识,由于是从强力中产生的,在某种意义上创造了东方、东方人和东方人的世界。用克罗默和贝尔福的表达方式来说，东方被描述为一种供人评判的东西（如同在法庭上一样），一种供人研究和描写的东西（如同在教学大纲中一样），一种起惩戒作用的东西（如同在学校或监狱中一样），一种起图示作用的东西（如同在动物学教科书中一样）。问题是，在上述每一种情况下，东方都被某些支配性的框架所**控制**和**表述**。这些框架来自何处？

要探讨文化的力量并不那么容易——我这一研究的目的之一是对作为文化力量的具体运用的东方学进行揭示、分析与反思。换言之，在对大量材料进行具体分析之前最好不要冒险地对像文化力量这样一个如此含混然而如此重要的概念进行一般的概括。但是我们可以安全地说，就19和20世纪的西方而言，人们普遍接受了这样一个假定：东方以及东方的一切，如果不明显地低西方一等的话，也需要西方的正确研究（才能为人们所理解）。东方就像在课堂上、法庭里、监狱中和带插图的教科书中那样被观看。因此，东方学是一种关于东方的知识，这一知识将东方的事物放在课堂、法庭、监狱或教科书中，以供人们仔细观察、研究、判断、约束或管制。

在20世纪早期，像贝尔福和克罗默这样的人之所以能够以这种方式说他们之想说，是因为有一个比19世纪的传统更早的东方学传统的存在，这一传统为其提供用以表达的词汇、意象和各种修辞技巧。然而，东方学强化了欧洲或西方控制着地球上大部分地区这种认识，并且为这一认识所强化。东方学在研究体制和内容上获得巨大进展的时期正好与欧洲急遽扩张的时期相吻合；从1815年到1914年，欧洲直接控制的区域从地球表面的35%扩大到了85%左右。[9]每一大陆都受到了影响，最主要的是非洲和亚洲。两个最大的殖民帝国是英国和法国；二者在某些方面是伙伴，在另一些方面则是敌手。在东方，从黎凡特地区到印度支那和马来亚，他们的殖民领地和殖民影响的范围相互毗邻，经常重叠，常常相互争夺。然而，是在近东，阿拉伯的近东，在此伊斯兰被认为是决定文化和民族特征的主要因素，英法两大殖民帝国与"东方"以及相互之间的冲突最为激烈，最为复杂，最为人们所熟知。在19世纪的大部分时期里，正如索尔兹伯里勋爵1881年所言，公众对东方的看法既盘根错节而又问题重重："当你结识了一个忠实的盟友，它也正在想方设法地介入你深感兴趣的国家时——你有三条道路可供选择。你可以退出，可以独占，可以共享。退出意味着在我们通向印度的道路上安下一只拦路虎。独占意味着必须冒战争的危险。因此我们选择了共享。"[10]

他们确实共享了，共享的方式我们马上将要讨论。然而，他们所共享的不仅有土地、利益和统治，而且有我称之为东方学的那种学术权力。在某种意义上说，东方学是一种大家普遍享有，在某些方面甚至是一致享有的信息库或资料库。将此资料联结在一起的是一组具有内在相似性的观念（a family of ideas）[11]和一套具有整合力的价值，这些观念和价值在许多方面都被证明是行之有效的。这些观念对东方人的行为做出解释；它们为东方人提供心性、谱系和氛围；最重要的是，它们使西方人得以将东方处理为、甚至视为具有固定特征的现象。但像任何经久的观念体系一样，东方学的观念既影响了那些被冠以"东方的"这一形容词的人，也影响了那些被冠以"西方的"这一形容词的人，即欧洲人，或西方人；简言之，将东方学理解为一套具有限制或控制作用的观念比将其简单地理解为一种确实的学说要好。如果东方学的实质是西优东劣这样一种根深蒂固的区分,那么我们必须进一步回答东方学在其形成以及随后的发展中为什么深化甚至是僵化了这一区分。当19世纪英国使其在印度和其他地方的官员一到55岁即退休已经变成一种惯例时,东方学得到了更加精细的修正;东方人从来不准看到西方人变得老迈衰弱,正像西方人只能将自己视为——通过臣属民族的眼——严格的、理性的、永远精明强干的年轻的拉吉[1]一样。[12]

在19和20世纪,东方学的观念呈现出许多不同的形式。首先,欧洲从历史上继承了大量与东方有关的作品。18世纪晚期和19世纪早期——这正是我的这一研究认为现代东方学开始的时期——的特殊之处在于,正如埃德加·吉内(Edgar Quinet)所言,出现了东方的复兴。[13] 对许多思想家、政治家和艺术家来说,对东方——从中国直到地中海——的意识似乎一下子被重新唤醒。这一觉醒的意识部分来源于新近发现并翻译的梵文、古波斯文、阿拉伯文等东方文本;同时还来源于对东西方关系的新认识。与我们这里的论题有关的是,近东与欧洲关系的主调由拿破仑1798年对埃及的入侵所奠定,这一入侵在许多方面都集中体现了一种文化被另一种文化——显然是更强的文化——以科学的方式所掠夺的实际模式。因为随着拿破仑对埃及的占领,东方与西方相遭遇的过程开始正式启动,这一过程仍然主导着我们当代的文化视角和政治视角。拿破仑的远征以及随之而产生的里程碑式的、博学的作品集——《埃

---

[1] 拉吉(the Raj),历史上指英国对印度的统治(1858—1947),这里借指统治印度的英国人。

及志》(*Description de l'Egypte*)——为东方学的粉墨登场提供了场景或置好了布景,因为埃及和其他伊斯兰领土随后被视为西方关于东方的有效知识的活生生的实验室和舞台。稍后我将回到与拿破仑有关的这一话题。

随着拿破仑入侵埃及这类事件的发生,作为西方知识承载体的东方被现代化了,这是19和20世纪东方学所呈现出的第二种形式。从我将要考察的那一时期的一开始,所有的东方学者都跃跃欲试,想把他们的发现、经验和洞见用现代词汇恰当地表达出来,使与东方有关的观念与当代现实紧密地联系在一起。比如,赫南1848年对闪语语言学的研究就是以一种非常现代的方式表达出来的:其权威主要求诸当代比较语法学、比较解剖学和种族理论;这些新的理论使他的东方学研究具有很高的声望,但另一方面,正如此后的发展所表明的,也使东方学容易受到西方时髦的、风行一时的理论思潮的影响。比如,东方学就曾经受到帝国主义、实证主义、乌托邦主义、历史主义、达尔文主义、种族主义、弗洛伊德主义、马克思主义和斯宾格勒主义等理论的影响。但像许多自然科学和社会科学一样,东方学一直有自己的研究"范式",自己的学者群,自己的研究机构。19世纪,东方学这一研究领域声望大增,同时,像法国亚洲研究会(Société asiatique)、英国皇家亚洲研究会(Royal Asiatic Society)、德国东方研究会(Deutsche Morgenländische Gesellschaft)、美国东方研究会(American Oriental Society)这样的研究机构的声名和影响也大增。随着这些研究会数量的增加,欧洲东方研究的教授职位的数量也在增加;其结果是,传播东方学的方式增多了。从《东方文物》(*Fundgraben des Orients*)(1809)开始,东方学研究的刊物不仅在传播的知识量上成倍增长，而且在数量上也成倍增长。

然而，这一活动和这些机构很少能够自由地存在和发展，因为在其第三种存在形式中，东方学对关于东方的理论施加限制。即使是某一时代最具想象力的作家，比如福楼拜、内瓦尔或司各特（Sir Walter Scott），都会受到他们对东方所能经历或是所能说的东西的限制。因为东方学归根到底是从政治的角度察看现实的一种方式，其结构扩大了熟悉的东西（欧洲、西方、"我们"）与陌生的东西（东方、"他们"）之间的差异。这一想象视野（vision）在某种意义上创造了以这种方式构想出来的两个世界，然后服务于这两个世界。东方人生活在他们的世界，"我们"生活在我们的世界。这一想象视野与物质现实相互支撑，相互推动对方的运行。这种交流的自由总是西方人的特权；由于他的文化处于强势地位，他可以窥探——如迪斯累利曾经所言——亚洲的巨大秘密，他可以无休无止地纠缠这一秘密，他可以对其进行任意的塑造和解释。然而，有个东西以前被人们忽视了：这样一种享有特权的词汇是受到限制的；这样一种想象视野也受到了相对的限制。我的意思是，东方学的现实既是反人性的，又是挥之难去的。其视域范围，就像其研究机构和无处不在的影响一样，一直延续至今。

但东方学到底是怎样运行的呢？人们怎样才能既将其描述为一种历史现象，一种思维方式，又将其描述为一个当代问题，一个物质现实？让我们再来看一看克罗默的例子：他既是出类拔萃的帝国技师，又是东方学的受惠者。他可以为我们提供初步的答案。在"臣属民族之政府"（"The Government of Subject Races"）一文中，他极力想探讨像不列颠这样一个重个体的民族如何能够根据为数不多的几个核心原则治理幅员如此辽阔的庞大帝国。他指出了"地方代理人"——他既精通当地的情况又有益格鲁-撒克逊人的个性——与在伦敦的中央权威之间的不同。前者也许会"以一种蓄意损害甚至危及帝国利益的方式处理地方问题；而中央权威则处于排除由此产生的任何危险的位置"。为什么？因为这一权威可以"保证机构各个不同部分之间的协调运行"并且"应该尽可能努力为附属国政府创造条件"。[14]这里的语言含混而没有吸引力，但其要点不难把握。克罗默设想在西方有一权力中心，由此中心向东方辐射一具有巨大包容力的机构，这一机构既分有中心权威又受此中心权威的控制。这一机构的东方分支所接受的东西——物质肉体，物质财富，知识，你所拥有的一切——由这一机构来处理，然后转化为更多的权力。专家们将东方的事物直接转化为有用的物质：比如，东方人变成了臣属民族，变成了东方心性的例证，而所有这一切的目的都是为了增强本土的"权威"。"地方利益"乃东方学家的特殊利益，"中央权威"乃作为整体的帝国社会的普遍利益。克罗默准确地看到的是社会对知识的处理，是知识——不管有多么特殊——乃首先为专家的特殊兴趣所制约，然后为权威所属的社会体系的普遍兴趣所制约这一事实。地方利益与中央利益之间的相互作用是复杂的，但绝不是不加选择的。

克罗默作为帝国的行政官员，他所研究的"同样是人"，他自己这样告诉我们。当蒲柏[1]宣称人文研究的对象是人时，他指的是所有的人，包括"可怜的印度人"；而克罗默的"同

---

[1] 蒲柏（Alexander Pope, 1688—1744），英国诗人，曾翻译荷马史诗《伊利亚特》和《奥德赛》。

样是人"却提醒我们，某些人，比如东方人，可以被排除在外。在此意义上说，对东方人的研究就是东方学，它恰当地从其他知识形式中分离了出来，但最终有益于（由于其有限性）物质的和社会的现实，这一现实囊括了所有时代的所有知识，支持着这些知识，并使这些知识产生效用。从东到西存在一个虚拟的控制链，吉卜林[1]曾对这一控制链作过最为清晰的描述：

> 骡、马、象、牛听命于车夫，车夫听命于中士，中士听命于中尉，中尉听命于上尉，上尉听命于少校，少校听命于上校，上校听命于准将，准将听命于上将，上将听命于总督，总督听命于女王。15

东方学就像这一假想的怪异的控制链、就像克罗默努力构想的"协调运行"的机构一样，既可以表达西方的力量，又可以表达（西方人眼中所见的）东方的缺陷。这一力量和这一缺陷是内在于东方学的，正像它们内在于对世界所做的任何区分一样，这一区分将世界划分为几大部分，这些部分共存于一种由显著的差异所产生的张力状态之中。

因为这正是东方学所提出的主要学术问题。人们是否可以将人类现实划分为——人类现实似乎已经被划分为——具有显著差异的文化、历史、传统、社会甚至种族而能全然承受这一划分所带来的一切后果？是否能全然承受此划分的后果指的是是否有办法避免，比如说，将人分为"我们"（西方人）和

---

[1] 吉卜林（Joseph Rudyard Kipling, 1865—1936），英国小说家、诗人，作品表现大英帝国的扩张精神，曾获1907年诺贝尔文学奖。

"他们"（东方人）所显示出来的敌意。因为这类概括性区分在历史上和现实中都是用来强调一些人和另外一些人之间差别的重要性的，通常会带来一些不尽如人意的结果。当人们使用东方人和西方人这样的范畴作为学术分析、研究和制定公共政策的出发点和最终目的时（贝尔福和克罗默就是这样使用这些范畴的），其结果通常是将这一区分极端化——东方变得更东方，西方变得更西方——并且限制了不同文化、传统和社会之间的相互接触。简而言之，从一开始直到现在，现代东方学作为一种处理异国的思维形式典型地表明了"东方"与"西方"的僵化区分所产生的下面这一令人遗憾的趋势：将思维硬塞进一个西方的或东方的狭小的区隔内。由于这一趋势处于西方东方学理论、实践和价值的核心，西方对东方的强权因而就被人们想当然地作为科学的真理而加以接受。

为了更好地阐明我的观点，不妨举一两个当代的例子。拥有权力的人会经常审视他们不得不面对的世界。贝尔福经常这样做。我们的同代人亨利·基辛格（Henry Kissinger）也这样做，很少有表达得像他的"国内结构与对外政策"（"Domestic Structure and Foreign Policy"）一文那么坦率的。他所面临的是一个现实的问题，美国在处理其在世界上的行为时必须面对国内力量和国外现实的双重压力。出于这一考虑，基辛格的话语必须在美国和整个世界之间确立一个两极对立的关系；此外，他当然意识到自己是以美国这个重要西方强国的权威声音在说话，这个国家的近期历史和现实状况使其不得不面临一个不那么乐于接受其权力和统治地位的世界。基辛格感到美国处理与工业化的、发达的西方国家的关系比处理与发展中国家的关系要容易得多。同样，美国与所谓第三世界（包括中国、印度支那、近东、非洲和拉美）的当代关系令人棘手，这一点甚至基辛格也无法遮掩。

在这篇文章中，基辛格以语言学家所说的二元对立（binary opposition）作为其方法论的出发点：他表明，对外政策有两种类型（预言性的和政治性的），两种技巧，两个时期，等等。当文章在历史回顾部分的结尾处直接面对当代世界时，他将这一世界相应地分为两大部分：发达国家和发展中国家。前一部分，即西方，"深信现实世界是外在于观察者而存在的，知识由对数据的记录和分类组成——越准确越好"。基辛格提出的证据是牛顿引发的科学革命，这一革命未曾在发展中国家发生："未受牛顿思想早早惠及的那些文化继续保持着下面这一本质上属于前牛顿时代的观念：现实世界是几乎完全**内在于**观察者而存在的。"因此，他补充道，"与西方国家相比，经验现实对许多新兴国家有很不相同的意义，因为在某种意义上说，他们从未经历发现这一经验现实的过程"。[16]

与克罗默不同，基辛格在论及东方人的不精确时不需要引用阿尔弗莱德·赖亚尔爵士；他所做的论断具有足够的确定性，不需要特别的论证。我们有牛顿革命，他们没有。因此，作为思想者，我们的处境比他们好。很好：所用的方式最终与贝尔福和克罗默的几乎完全一致。然而在基辛格和英国的帝国论者之间有着60多年的时间距离。无数的战争和革命有力地证明，基辛格既与"不准确"的发展中国家联系在一起，也与维也纳会议[1]之前

---

[1] 维也纳会议（the Congress of Vienna），1814—1815年，英、普、俄、奥等国为结束反对拿破仑的战争并恢复封建王朝统治而召开的会议，会后建立神圣同盟和四国同盟。

的欧洲联系在一起的前牛顿时代的预言性类型并非完全没有取得过成功。基辛格——这一点与贝尔福和克罗默不同——因而感到有必要对这一前牛顿的视角给予必要的尊敬,因为"它为当今的革命风暴注入了润滑剂"。因此,在牛顿之后的(现实)世界,人们的职责是"在危机迫使人们不得不建立一种国际秩序**之前**,主动建立一种国际秩序":换言之,**我们**仍然必须找到一种可以控制发展中国家的方式。这与克罗默所构想的与发展中国家相抗并且最终能使某一中央权威受益的协调运行的机构难道有什么差别吗?

　　当基辛格将世界划分为前牛顿与后牛顿这两种截然不同的感知现实的方式时,他也许没有意识到他的这一做法是建立在什么样的知识谱系的基础上。但他的这一区分与东方学家将世界划分为东方与西方两大部分的传统做法如出一辙。与东方学家一样,基辛格的划分并没有摆脱价值判断的局限,尽管他力图采取一种不偏不倚的姿态。因此,他的文章到处充满像"预言性""准确性""内在""经验现实"和"秩序"这样的词汇,它们要么指称有吸引力的、熟悉的、令人想往的优点,要么意味着危险的、特殊的、没有秩序的缺陷。我们将会看到,传统的东方学家与基辛格一样,将文化间的差异首先构想为用以将这些文化区分开来的边界,然后又将其构想为迫使西方对文化他者进行控制、容纳甚至统治(通过支配性的知识和其中所隐含的权力)的推动力。这样不无偏激的区分会导致什么样的后果、维持这种区分必须付出什么样的代价,自不需要我在此多言。

　　另一个例子与基辛格的分析相吻合——也许太相吻合了。《美国精神病学杂志》(*American Journal of Psychiatry*)1972

年2月号刊载了一篇文章，作者是哈罗尔德·格里顿（Harold W. Glidden），美国国务院情报研究局的退休人员；文章的题目（《阿拉伯世界》〔"The Arab World"〕）、语调和内容都有着强烈的东方学色彩。格里顿对阿拉伯人所做的心理分析横跨1300多年的时间，涉及一亿多人。他引用了四个方面的材料以证实自己的观点：一本新近出版的关于的黎波里的书；一份埃及《金字塔报》（*Al-Ahram*）；一份《现代东方》杂志（*Oriente Moderno*）；一本著名东方学者马吉德·哈都里（Majid Khadduri）所写的书。文章本身旨在揭示"阿拉伯行为的内在机制"，这对**我们**来说是"反常的"，但对阿拉伯人而言则是"正常的"。在这一颇有些令人欣慰的开头之后，我们被告知：阿拉伯人强调顺从；阿拉伯文化是一种羞感文化，这一文化的"声望体系"具有吸引追随者和扈从者的能力（我们被补充告知，"阿拉伯社会是并且总是建立在主仆关系的基础上"）；阿拉伯人只能在对抗的情境中存活；威望仅仅建立在支配别人的基础上；这种羞感文化——以及伊斯兰本身——具有内在的复仇欲（在此格里顿非常得意地引用了1970年6月29日的《金字塔报》，以表明"在1969年埃及破获的1070起谋杀案中，人们发现，凶手的犯罪动机20%来自洗刷羞耻的欲望，30%来自满足真实或想象的犯罪欲，31%来自血腥的复仇欲"）；对西方人而言，"阿拉伯人可做的唯一合理的事是制造和平……而阿拉伯人却不受这一逻辑的支配，因为客观性在阿拉伯文化体系中没有价值"。

格里顿接下来更加充满激情地说，"一个值得注意的事实是，尽管阿拉伯文化的价值体系要求群体内部的绝对团结，但同时它又鼓励其成员之间的对抗，这种对抗对其内部团结往往具有消解作用"；在阿拉伯社会中，"重要的只是结果"，"为了达到目的可以不择手段";阿拉伯人"自然地"生活在一个"以焦虑为特征"的世界里,这一焦虑"表现为普遍的猜疑和不信任",被人称之为"自由弥散的敌意";"诡辩的艺术在阿拉伯人的生活中得到高度发展,伊斯兰自身也同样如此";阿拉伯人复仇的需要超过了一切其他需要,如果不这样,阿拉伯人就会感到一种"自暴自弃"的羞辱。因此,如果说"西方人认为和平在价值体系中具有很高的位置",如果说"我们充分认识到了时间的价值",那么这一点对阿拉伯人来说却并不成立。"实际上",我们被告知,"在阿拉伯部落社会中(阿拉伯人的价值观即从中产生),事物的正常状态是冲突,而不是和平,因为巧取豪夺乃其经济的两大支柱之一"。这篇旁征博引的文章的目的仅仅是为了表明,为何在西方和东方价值体系的梯级上,"同一元素的相对位置迥然有异"。QED(证讫)。[17]

这是东方学自信心登峰造极的表现。没有哪一论断性的概括不被认定为普遍真理;没有哪一种对东方特性的理论列举不被用于描述现实世界东方人的行为。一边是西方人,另一边则是东方人(阿拉伯人);前者有理性、爱和平、宽宏大量、合乎逻辑,有能力保持真正的价值,本性上不猜疑;后者却没有这些优点。这些论断源于一种什么样的观点,这一观点虽经集体形成然而却又有其特定的内含?是什么样的特殊技巧、什么样的想象动力、什么样的体制和传统、什么样的文化力量使克罗默、贝尔福和当代政治家们在描述东方时出现如此惊人的相似?

二 想象的地域及其表述:东方化东方

严格说来,东方学并不是一个学术研究的领域。在基督教西方,东方学的正式出现被认为是从1312年维也纳基督教公会(Church Council of Vienne)决定"在巴黎、牛津、波洛尼亚、阿维农和萨拉曼卡[1]"等大学设立"阿拉伯语、希腊语、希伯来语和古叙利亚语"系列教席开始的。[18]然而,对东方学的任何描述都不仅必须考虑专业的东方学家及其研究,而且必须考虑作为建立在地理、文化、语言和种族基础上的研究领域的"东方"这一概念本身。当然,许多研究领域被建立了起来。由于学者们以不同的方式致力于对一个似乎已经得到普遍认同的对象的研究,这些领域最终获得了某种一致性和完整性。然而,不言而喻的是,很少有哪个研究领域是简单地以其最富热情的实践者——通常是学者、教授、专家等——所声称的那种方式而得到界定的。此外,即使在像语言学、历史学或神学这样最传统的学科中,研究领域也可能发生巨大的变化,以至不可能对其研究对象进行一劳永逸的界定。这一点当然也适用于东方学,其理由是非常有趣的。

就东方学而言,把一个学术研究专业分支作为地理"领域"来讨论是发人深思的,因为没有人会想象出"西方学"(Occidentalism)这样一个与之相对应的领域。这就一下子显露出人们对东方学的态度的特殊性,也许甚至是怪异性。因为尽管许多学术研究学科暗含着一种,比如说,从**人类**现实出发的立场(历史学家是以特殊的当代视角处理人类历史的),我们却无法由此类推,对广泛的社会、语言、政治和历史现实采取一种固定的、或多或少纯从地域出发的立场。一个古典主义

---

[1] 波洛尼亚(Bologna),意大利北部城市名;阿维农(Avignon),法国东南部城市;萨拉曼卡(Salamanca),西班牙萨拉曼卡省首府。

研究者、一个浪漫主义研究专家,甚至是一位美洲文化研究者集中关注的都是人类知识的某一部分,而不是某个特定的地域。但东方学这一研究领域却具有相当多的地域内含。由于东方学家传统上包括所有研究东方事物的学者(研究伊斯兰法律的专家,与研究中国方言或印度宗教的学者一样,被那些自称为东方学家的人视为东方学家),我们必须学会将研究领域的巨大和杂乱及其几乎可以进行无限再划分的可能性视为东方学的一个主要特征——其表现形式是将含混与精确令人困惑地混合在一起。

所有这一切使东方学成为一个学术研究的学科。东方学一词的词尾"-ism"使其与任何其他学科区别开来。[1]在作为一个学科的历史发展中,东方学最显著的特征是范围的日益扩大,而不是选择性的日益增强。文艺复兴时期的东方学家,比如厄彭尼乌斯(Thomas Erpenius)和波斯德尔(Guillaume Postel),其主要研究对象是《圣经》所述国土的语言,尽管波斯德尔自诩不需要翻译就可以横越亚洲直到中国。一般说来,直到18世纪中叶,东方学研究者主要是《圣经》学者、闪语研究者、伊斯兰专家或汉学家(因为耶稣会传教士已经开始了对中国的研究)。在18世纪晚期安格迪尔-杜贝隆和威廉·琼斯爵士能够清晰地揭示阿维斯陀经和梵文的丰富性之前,亚洲中部广袤的地域一直未被东方学所征服。到19世纪中叶,东方学已经成为一个几乎无所不包的巨大的学术宝库。这一包罗

---

[1] 英语中"-ism"这一词尾的主要意思是指一种主义、一种理论,一般并不指一门学科,但正如作者在本书《绪论》中所言,他所用的"Orientalism"一词既可指"东方主义",也可指"东方学"这一学科,因此才有此说。

万象、踌躇满志的学科的新发展有两个极好的标志。一个是雷蒙·史华伯在其《东方的复兴》中对东方学从大约1765年到1850年的发展所做的百科全书式的描述。[19] 这一时期的欧洲除了有学识渊博的专家对东方事物做出了许多科学发现之外，实际上还盛行着仰慕东方器物的风尚，这一风尚影响了这一时期的每一位大诗人、散文家和哲学家。史华伯的观点是，"东方的"包含着对任何亚洲事物所表现出来的或专业或业余的热情，而"亚洲的"则被奇妙地等同于异国情调的、神秘的、深奥的、含蓄的：这是文艺复兴盛期欧洲对古代希腊和罗马所爆发的同一种热情向东方的转移。1829年，维克多·雨果对欧洲的异国热在方向上的这一改变做了如下描述："在路易十四时代，人人都是希腊学家，而现在，人人都是东方学家。"[20] 因此，19世纪的东方学家要么是学者（汉学家，伊斯兰文化专家，印欧语言学家），要么是天才的狂热分子（《东方人》〔Les Orientales〕中的雨果，《东西诗集》中的歌德），要么是二者兼而有之（理查德·伯顿，爱德华·雷恩，弗里德里希·施莱格尔）。

自维也纳会议之后东方学变得无所不包的第二个标志是，这一领域在19世纪出现了许多编年史式的著作。其中最全面的是儒勒·莫尔（Jules Mohl）的《东方研究27年史》（*Vingt-sept Ans d'histoire des études orientales*），这一两卷本的著作对1840—1867年间东方学研究领域所发生的一切值得注意的事件做了日志式的详细记录。[21] 莫尔是巴黎法国亚洲研究会的秘书，在19世纪前50多年（瓦尔特·本雅明〔Walter Benjamin〕认为，整个19世纪都是这样）巴黎一直是东方学研究之中心。莫尔在该研究会东方学研究方面的核心地位没有人能与其相比。在莫尔进入"东方研究"领域之前的27年，欧洲学者在亚洲研究方面几乎没做什么事情。莫尔著作的条目当然涉及出版物，与东方学研究有关的出版物范围之广是令人惊讶的。阿拉伯语、为数众多的印度方言、希伯来语、钵罗钵语（Pehlevi）、亚述语、巴比伦语、蒙古语、汉语、缅甸语、美索不达米亚语、爪哇语：被归入东方学领域的语言学研究几乎无以计数。而且，东方学研究几乎涉及所有的领域：从文献的编译到钱币学、人类学、考古学、社会学、经济学、历史学、文学和文化学研究，包括从古到今任何已知的亚洲文明和北非文明。居斯塔夫·杜加（Gustave Dugat）1868—1870年出版的《12至19世纪欧洲东方学史》（*Histoire des orientalistes de l'Europe du XIIe au XIXe siècle*）[22] 尽管只是选择性地对欧洲东方学的主要人物进行历史描述，但其所涉范围的广度并不比莫尔逊色。

然而，这一无所不包的做法也存在一些盲点。学院化的东方学家大多只对他们所研究的语言或社会的古代阶段感兴趣。直到这一世纪的晚期学者们才给予现代东方或现实的东方以大量关注——唯一的例外是拿破仑的埃及研究院（Institut d'Egypte）。而且，一般而言，被研究的东方只是文本中的东方；东方所产生的影响主要是经由书籍和手稿，而不是像希腊对文艺复兴的影响那样主要通过雕塑和陶瓷这样的摹仿艺术。甚至东方学家与东方之间的联系也是一种文本的联系，以至于有报道说，当一些19世纪德国的东方学家亲眼见到印度一尊八臂塑像的实物后其对东方的热情和兴趣顿时烟消云散。[23] 当一位学识渊博的东方学家到他所研究的国家去旅行时，他对他所研究的"文明"总抱着一种抽象的自以为是普遍真理的固定看法；东方学家几乎对所有别的东西都不感兴趣，唯独钟情于证明这些陈腐的"真理"能够有效地应用于愚钝并因而堕落的当地人，尽管做得并不很成功。最后，东方学的这一权力与范围不仅生产出相当数量的关于东方的精确而确定的知识，而且生产出有着自身生命的第二位的知识——这些知识隐藏在"东方的"故事、关于神秘东方的神话、亚洲是不可理喻的这类观念之中，被基尔南（V. G. Kiernan）恰当地称为"欧洲对东方的集体白日梦"。[24] 这一点所产生的一个令人愉快的结果是，19 世纪相当数量的重要作家是东方的狂热爱好者：我想可以非常正确地认为，以雨果、歌德、内瓦尔、福楼拜、菲兹杰拉德（Edward FitzGerald）等人为代表的作品形成了一种关于东方的特定的写作类型。然而，伴随着这类作品不可避免地产生了一种关于东方的自由弥散的神话，这一神化了的东方不仅来源于对东方的当代看法与流行偏见，而且来源于维柯所说的民族幻想和学术幻想。我已经提到过 19、20 世纪之交这些东西在政治上的应用。

今天的东方学研究者已经不像"二战"之前任何时候的研究者那样乐于称自己为一个东方学家了。然而，这一称谓仍然有用，因为仍然有许多大学继续保留着研究东方语言或东方文明的专业或科系。牛津大学有东方"学院"（faculty），普林斯顿大学有东方研究系。近至 1959 年，英国政府还授权成立一专门委员会，以"考察大学中东方研究、斯拉夫研究、东欧研究和非洲研究领域的发展……并且审查和指导其未来发展规划"。[25] 其研究报告于 1961 年发表时被人们称为"海特报告"（Hayter Report），这一报告似乎并没有为**东方的**这个词所指范围的宽泛性所困扰（它发现美国的大学也同样使用这个词）。因为即使现代英美伊斯兰研究界名声最响的吉勃也喜欢称自己为东方学家而非阿拉伯学家。吉勃自己,一位古典主义者,曾用"区域研究"(area study)这一难听的新造词指称东方学,但他旨在表明区域研究和东方学这两个带有地域色彩的术语完全可以通用。[26] 但我想,这掩盖了知识与地域之间一种更为有趣的关系。我准备对此关系做一简短的分析。

尽管受到大量含糊的欲望、冲动和意象的纷扰,人类大脑似乎一直倾向于形成一种被克洛德·列维-斯特劳斯(Claude Lévi-Strauss)称为"明确具体的科学"(a science of the concrete)的东西。[27] 比如,一个原始部落会为其周围环境中的每一有叶的物种分配一个确定的空间、功能和意义。很多这样的花和草没有实际的用途;但列维-斯特劳斯想说的是,大脑需要秩序,而秩序是通过区分并观察每一事物、将大脑意识到的每样东西置于一个能被重新找到的安全的地方,并且为了使构成环境的物体容易辨认而为其分配特定的角色这些方式来实现的。这种初步的分类有其自身的逻辑,但这一逻辑的规则既谈不上有什么理性也并非普遍有效:一个绿色蕨类植物对一个社会而言也许代表着优雅,而在另一个社会中则可能代表着邪恶。人们对事物做出这样那样的区分纯粹是任意的。与此区分相似的是价值,价值的历史——如果能够被充分发掘的话——也具有同样程度的任意性。我们可以举时尚这个明显的例子。为什么假发、花边领口和高帮扣鞋在特定的时期流行,然后又消失?答案一部分与实用有关,一部分与这一时尚所具有的内在的美有关。但如果我们同意历史上的任何事物,像历史本身一样,都是人所创造的,那么我们就会明白,对许多物体、地点或时代而言,人们赋予它的角色和意义为什么只有在其被赋予*之后*才可能获得客观有效性。这尤其适用于那些相对而言不那么常见的事物，比如外国人、突变物或"异常"行为。

人们完全可以这么认为：有些特殊的物体是由大脑创造出来的，这些物体，尽管表面上是客观存在的，实际上却出自虚构。一群生活在某一特定区域的人会为自己设立许多边界，将其划分为自己生活的土地和与自己生活的土地紧密相邻的土地以及更遥远的土地——他们称其为"野蛮人的土地"。换言之，将自己熟悉的地方称为"我们的"、将"我们的"地方之外不熟悉的地方称为"他们的"，这一具有普遍性的做法所进行的地域区分**可能**完全是任意的。我这里之所以用"任意"这个词是因为，"我们的领地"与"野蛮人的领地"这一想象的地域区分并不需要"野蛮人"对此区分加以确认。只要"我们"在自己的头脑中做出这一区分就足够了；在此过程中，"他们"自然而然地变成了"他们"，他们的领土以及他们的大脑都因而被认定为与"我们的"不一样。因此，现代社会和原始部落在一定程度上似乎是以否定的方式认识其自身身份的。一个5世纪的雅典人非常可能从否定的角度感到自己不是一个野蛮人，正如他从肯定的角度感到自己是一个雅典人一样。地域的边界以一种可以想见的方式与社会的、民族的和文化的边界相对应。然而一个人对自己是"非"外国人的感觉常常建立在对自己领土"之外"的地方所形成的很不严格的概念的基础上。各种各样的假设、联想和虚构似乎一股脑儿地堆到了自己领土之外的不熟悉的地方。

法国哲学家加斯东·巴什拉（Gaston Bachelard）曾发表过一部论空间诗学（the poetics of space）的著作。[28]他说，一所房子的内部需要一种真实的或想象的亲密感、隐秘感、安全感，因为生活经验似乎要求你这么做。房子的客观空间——墙角、走廊、地窖、房间——远没有在诗学意义上被赋予的空间重要,后者通常是一种我们能够说得出来、感觉得到的具有想象或虚构价值的品质:因此,一所房子可以令人心烦意乱,可以充满家庭温馨,可以像监狱,也可以像仙境。于是空间通过一种诗学的过程获得了情感甚至理智,这样,本来是中性的或空白的空间就对我们产生了意义。当我们面对时间时,同样的过程也会发生。我们对"很久以前""开端""结尾"这样的时间表达所产生的联想,甚至我们对这些时间划分的认识本身,也是诗性的:也就是说,具有人为的色彩。对一位研究埃及中王国(Middle Kingdom)时代的历史学家来说,"很久以前"有非常明确的含义,但即使这一含义也并不能完全消除人们在与我们的时代非常不同并且相隔甚远的那个时代中所感觉到的想象的、近乎虚构的特质。因为毫无疑问,想象的地域和历史帮助大脑通过对与其相近的东西和与其远隔的东西之间的距离和差异的夸大处理使其对自身的认识得到加强。

然而,声称我们对时间和空间,或者不如说历史和地域的所有知识,比其他任何知识更具想象性是没有用的。因为确实存在像确定的历史和确定的地域这样的东西,而且在欧洲和美国都取得了足以引人自豪的成就。现代学者们对世界——包括其历史和现状——的了解确实要比,比如说,爱德华·吉本(Edward Gibbon)时代的学者们要多。然而这并不是说他们知道一切应该知道的东西,更不是说他们所知道的已经有效地消除了我一直在考虑的想象的地域及历史知识。我们这里没有必要判断这种想象的知识是否渗透进了历史和地域之中,或者是否以某种方式压过了它们。让我们暂且这样说:它是一种客观的存在,用确定的知识去指称这一存在似乎无法涵盖其**全部**内容。

几乎从最早的时期开始东方对欧洲而言就不仅仅是一种靠经验直接感知的知识。至少是直到 18 世纪早期,正如萨仁(R. W. Southern)如此简明地揭示的,欧洲对伊斯兰这种东方文化的理解尽管很肤浅但却很复杂。[29] 因为某些对广袤东方的联想——既不十分无知,也不十分准确——似乎总是以近东为基础的。让我们首先考虑一下对东方与西方所做的区分。这一区分似乎早在《伊利亚特》的时代就已很清晰。两个与东方联系在一起的影响最深远的方面在现存最早的雅典戏剧埃斯库罗斯的《波斯人》和现存最晚的雅典戏剧欧里庇得斯(Euripides)的《酒神的女祭司》(The Bacchae)中即已出现。埃斯库罗斯描写了波斯人得知由国王薛西斯一世率领的军队已经为希腊人所摧毁时大难临头的感觉。这时合唱队唱起了下面这首颂歌:

> 亚洲大地
> 在绝望中同声悲泣。
> 薛西斯勇猛向前,嚆嚆!
> 薛西斯一败涂地,哎哎!
> 薛西斯的梦想
> 在海战中全部破产。
> 为何大流士
> 这位人人爱戴的来自苏萨[1]的领袖
> 能使他的人民免于灾难?

---

[1] 薛西斯一世(Xerxes,公元前 519?—前 465),波斯国王,曾率大军入侵希腊,洗劫雅典,在萨拉米斯大海战中惨败;这里的大流士指的是大流士一世(Darius I,公元前 550?—前 486),波斯帝国国王,在位期间为帝国最强盛时期;苏萨(Susa),波斯帝国首都,位于今伊朗西南部。

> 他当时也曾率领他的人民
> 进行过勇敢的战斗。[30]

这里的关键是，亚洲通过欧洲的想象说话并且由于欧洲的想象才得到表述；欧洲取得了对亚洲——大海那边"另一个"敌对的世界——的胜利。而给予亚洲的则是绝望、失败和灾难感，这似乎为此后东方对西方的责难种下了祸根；同时，对亚洲辉煌已逝的哀悼本身即是欧洲的胜利。

《酒神的女祭司》也许是所有雅典戏剧中最具亚洲特色的，从剧中可以明显看出酒神狄奥尼索斯与亚洲诸神以及东方神话中那些恐怖得令人奇怪的过度行为之间的联系。忒拜城（Thebes）国王彭忒斯（Pentheus）被他的母亲阿加芙（Agave）和她的祭司同伴们所击败。彭忒斯违抗狄奥尼索斯的旨意，既不承认其权力也不承认其神的地位，因此受到了可怕的惩罚，戏剧以确认这位行为怪僻的神的权力结束。《酒神的女祭司》的现代评论家们并没有忽视这一戏剧在美学上所具有的非同寻常的效果；但这并不意味着可以忽视这一戏剧另一方面的历史细节：欧里庇得斯"肯定受到了这样一种新观念的影响：酒神崇拜（Dionysiac cults）必须根据本底斯、西布莉、萨巴泽斯、阿多尼斯、伊希斯[1]这些来自神秘的异国宗教的神祇来判断，这些宗教来自小亚细亚和黎凡特，在伯罗奔尼撒战争（Peloponnesian War）那令人沮丧和日益非理性化的年代里

---

[1] 西布莉（Cybele），古代小亚细亚人崇拜的自然女神；阿多尼斯（Adonis），希腊神话中美爱女神阿芙罗狄忒（Aphrodite）所爱恋的美少年；伊希斯（Isis），古代埃及司生育和繁殖的女神；本底斯（Bendis）和萨巴泽斯（Sabazius）不详。

横扫比雷埃夫斯[1]和雅典"。³¹

上述两部戏剧将东方与西方区别开来的这两个方面将继续成为欧洲想象地域的基本主题。首先,两个大陆被分开。欧洲是强大的,有自我表述能力的;亚洲是战败的,遥远的。埃斯库罗斯**表述**了亚洲,让她以年迈的波斯王后、薛西斯的母亲的口吻说话,是欧洲表述了东方;行使这一表述特权的不是一个傀儡的主人,而是一个大权在握的创造者,这一创造者所具有的生死予夺的权力表述、激活并建构了自己熟悉的边界之外的另一个地域,如果没有这种表述、激活和建构,这一地域便会永远处于静寂和危险的状态。在埃斯库罗斯的合唱队和东方学研究学院化的外表之间存在着一种类似关系:前者控制着剧作家所构想的亚洲世界,后者同样将广阔而多变的亚洲握在自己手中以便对其进行细察,这一细察尽管偶尔表现出对亚洲的同情但却总是采取一种居高临下的姿态。其次,人们总是用东方来隐指危险。理性为东方的偏激和过度所削弱,那些具有神秘的吸引力的东西与自认为正常的价值相左。东西方之间的差异首先体现在彭忒斯对歇斯底里的女祭司们严厉的拒斥之中。当他自己后来也变成一个祭司时,他被毁了,与其说是因为屈服于狄奥尼索斯,还不如说是因为从一开始就没能正确地估量狄奥尼索斯对他所构成的威胁。欧里庇得斯想给人们的教训在剧中因卡德摩斯和提瑞西阿斯[2]的出场而得到强化,这两位睿智的老人认识到对人民的统治并不能光靠"君权";³² 他们认为

---

[1] 比雷埃夫斯(Piraeus),希腊东南部港市。
[2] 卡德摩斯(Cadmus),希腊神话中的腓尼基王子,底比斯城的建立者;提瑞西阿斯(Tiresias),希腊神话中忒拜城的一位盲人先知。

还得靠像判断这样的东西，后者意味着正确地评估陌生的力量并熟练地与其达成默契。此后东方的神秘性将会得到认真的考虑，但绝非因为它们可以促使理性的西方大脑在运用其长久以来所形成的野心和权力时能有所顾忌。

然而，大的区分，比如东方与西方的区分，会导致更小的区分，特别是当一个文明通常拥有的那种进取意识激发人们去进行像旅行、征服和体验新生活这类外向性活动的时候。在古希腊和罗马，地理学家、历史学家、公共人物比如恺撒（Julius Caesar）、演说家和诗人，为将种族、地域、国家等相互区别开来的分类知识宝库增添了新的内容；这类知识大多是为自身服务的，其目的是为了证明罗马人和希腊人比其他民族更优越。但对东方的关注有其自身的分类传统和等级。至少是从公元前2世纪以来，任何旅行家或对东方存有野心的西方统治者都不会不知道，希罗多德（Herodotus），这位历史学家、旅行家、好奇而不知疲倦的编年史家，和亚历山大（Alexander），这位勇敢的斗士、技巧娴熟的征服者，都曾到过东方。因此东方可以被进一步划分为曾经知道、去过、征服过的区域和未曾知道、去过、征服过的区域。基督教完成了对东方内部主要区域的划分：近东和远东，熟悉的东方——勒内·格鲁塞（René Grousset）称其为"黎凡特帝国"（l'empire du Levant）[33]——和新异的东方。因此人们头脑中交替出现这样两个东方：一个熟悉的"旧世界"，人们回到这里如同回归伊甸园或天堂，其目的是为旧世界建立一个新的版本；一个全新的地方，人们到这里如同哥伦布到达美洲新大陆，其目的是为了建立一个"新世界"（尽管具有讽刺意味的是，哥伦布自己认为他发现的是旧世界的一个新的组成部分）。这两种东方当然并不是截然分开的：令人感兴趣的正是它们所具有的模棱两可性、它们丰富而诱人的可能性、它们既令人愉悦又令人困惑的能力。

让我们来看一看东方，特别是近东，为何自古以来就是作为与西方既对立又互补的东西而为人所知的。有《圣经》和基督教的兴起；有马可·波罗（Marco Polo）这样的旅行家绘制了贸易路线图，并且为商业交换系统建立了严格的模型，马可·波罗之后有罗多维可·迪·瓦西马（Lodovico di Varthema）和彼特罗·德拉·瓦利（Pietro della Valle）；有曼德维尔这样的寓言家；东方有可怕的征服运动，当然主要是伊斯兰；西方有狂热的远征运动，主要是十字军。描述这些经历的文献结合在一起构成一个具有内在结构的资料库。从此资料库中压缩过滤出了少量典型的模式：旅行，历史，寓言，原型，有争议的接触。这些模式构成一组镜片，东方正是通过这些镜片而被感知，它们同时还塑造着东西接触的语言、感知和形式。然而，能够使数量惊人的接触统一起来的是我刚刚说过的那种模棱两可性。异国的、遥远的东西，出于这样或那样的原因，总是希望能降低而不是增加其新异性。人们往往不再停留于将事物要么判断为全新，要么判断为烂熟的做法；一个新的中介类型出现了，这一类型使人们将新事物，第一次看见的事物，视为以前认识的事物的变体。这样一种类型本质上与其说是接受新信息的方式，还不如说是一种防止人们对已经形成的看法提出质疑和挑战的方式。因为人的大脑在突然遇到某种被认为是全新的生活形式时——比如中世纪出现在欧洲人视野中的伊斯兰——其反应总体上说是保守的，防御性的。伊斯兰被判定为以前的某种经验——基督教——具有欺骗性的新版本。威胁被减弱，熟悉的价值又回到自身，最终大脑通过将事物要么看作是"原有的",要么看作是"重复的",而减轻了其所承受的压力。此后的伊斯兰乃"处理过的"伊斯兰:其新异性及其新的可能性受到控制,于是对它的区分相对而言更微妙,如果对伊斯兰不加处理而保留其原汁原味的新异性,就不可能出现这一更微妙的区分。因此,东方就在西方对熟悉的东西的轻蔑和对新异的东西既兴奋又害怕——或者说恐惧——这两种状态之间摇摆不定。

然而,谈到伊斯兰,欧洲的恐惧——不可能总是对它心存敬意——不是没有道理的。穆罕默德在公元632年去世后,伊斯兰军事上的霸权剧增,这种霸权后来又扩展到文化上和宗教上。首先是波斯、叙利亚和埃及,然后是土耳其,然后是北非,相继陷落到穆斯林军队手中;8世纪和9世纪,西班牙、西西里和法国的一部分被征服。到13和14世纪,伊斯兰的统治往东远至印度、印度尼西亚和中国。对这一非同寻常的攻势,欧洲除了恐惧和某种程度的敬畏外别无他策。经历过伊斯兰征服的基督教作家们对穆斯林的学术、高雅文化及其不时呈现出的美妙几乎没有什么兴趣,正如爱德华·吉本所言,"他们只不过碰巧赶上了欧洲历史上最黑暗、最疲软的时期"。(他不无自豪地补充说,"随着西方科学的兴起,东方研究似乎应该遭到冷落并走向衰落"。[34])基督徒对东方军队的典型感受是,他们"蜂拥而至,但是却用重手……摧毁了一切"。11世纪蒙特卡西诺(Monte Cassino)的一位牧师艾钦伯特(Erchembert)这样写道。[35]

伊斯兰之成为恐怖、毁灭、邪恶、乌合的野蛮人的象征不是无缘无故的。对欧洲而言,伊斯兰曾经是一个持久的创伤性体验。直到17世纪末,"奥斯曼的威胁"一直潜伏在欧洲,对整个基督教文明来说,它代表着一个永久的危险;最终欧洲逐渐将这一危险及其全部传说、其重要事件和人物、其善与恶包容并编织进了自身之中，成为自身生命的一部分。单就文艺复兴时期的英国来说，正如撒缪尔·丘（Samuel Chew）在其经典性的著作《新月与玫瑰》（The Crescent and the Rose）中所言，"受过普通教育、资质一般的人"手头可以找到、在伦敦的舞台上可以看到与奥斯曼伊斯兰的历史及其对基督教欧洲的入侵有关的大量资料和事件。[36] 这里的关键是，留存下来的伊斯兰是其对欧洲的巨大威胁性经过必要衰减后的某种变体。像瓦尔特·司各特笔下的萨拉辛人[1]一样，欧洲之所以要对穆斯林、奥斯曼或阿拉伯进行表述是因为他们总是将这种表述视为控制可怕的东方的一种方式，其对象与其说是一般性的东方还不如说是通过这种表述而为西方读者所了解的、不再那么可怕的东方。

对异国所进行的这种归化并没有什么特别值得争议或指责的地方；这种归化行为在所有文化中都会发生，当然也会发生在所有的人之中。然而，我想强调的是下面这一事实：东方学家，就像任何对东方进行过思考或有过体验的西方人一样，人为地实施了这种归化的行为。然而更重要的是，随之产生的词汇和意象受到了很大的局限。西方对伊斯兰的接受就是一个很好的例子，诺曼·丹尼尔（Norman Daniel）对此曾做过深入的研究。试图理解伊斯兰的基督教思想家无法克服一个类比上的局限；既然基督是基督教信仰的基础，人们往往——非常不正确地——这样假定：穆罕默德对伊斯兰相当于基督对基督教。

---

[1] 萨拉辛人（Saracens），古希腊后期及罗马帝国时代叙利亚和阿拉伯沙漠之间游牧民族的总称，亦可泛指穆斯林或阿拉伯人。

于是就将"穆罕默德教"(Mohammedanism)这一值得争议的名字赋予了伊斯兰,将"江湖骗子"这一称号自动加到穆罕默德身上。[37] 这一概念以及许多其他错误的概念"形成一个封闭的圆圈,从这一圆圈外部永远无法打破其封闭状态……。基督教对伊斯兰的认识是完整而自足的"。[38] 伊斯兰成了一种形象(image)——这一词是丹尼尔用的,但我认为它似乎对整个东方学都有重要的意义——其功能与其说是代表伊斯兰教还不如说是代表中世纪的基督教。

> 忽视古兰经所指的意义或穆斯林认为它所指的意义或穆斯林在特定情境中的所作所想,必然暗示着古兰经和其他伊斯兰教义是以一种会使基督徒信服的形式而得到呈现的;随着作家和公众与伊斯兰之间距离的增大,一些越来越夸张的形式可能会为人们所接受。人们非常不愿意将穆斯林认为穆斯林信仰的东西当作他们真正信仰的东西而接受。穆斯林在基督教眼中呈现的是这样的画面:细节被尽可能地筛除(甚至不惜以牺牲事实为代价),而总体的轮廓则永远不会被抛弃;当然也会存在细微的差异,但这些差异必须被放置在共同的框架之中;为了增加精确性而进行的所有修正只是为了弥补新近发现的缺陷,支撑起一个虚弱的结构。基督教对伊斯兰所形成的看法如高高耸立的碑塔,不可能坍塌,甚至不可能被重建。[39]

伊斯兰在基督教眼中这一僵化的形象以无数的方式得到强化,包括——在中世纪和文艺复兴早期——种类繁多的诗歌、学术论争和大众迷信。[40] 到这时,近东已经完全被容纳进了拉丁基督教的公共世界图景之中——比如在《罗兰之歌》（*Chanson de Roland*）中，对萨拉辛人的崇拜被描述为不仅包含穆罕默德**而且**包含阿波罗。到15世纪中叶，正如萨仁所表明的，严肃的欧洲思想家开始明白"必须对伊斯兰有所行动"。萨仁叙述了1450—1460年间所发生的一个具有戏剧性的插曲，四位饱学之士——塞戈维亚的约翰（John of Segovia）、卡萨的尼古拉斯（Nicholas of Cusa）、让·日尔曼（Jean Germain）和阿尼耶斯·西尔维乌斯（庇护二世[1]）——试图以 contraferentia 即"会谈"的方式处理伊斯兰问题。这一主意是塞戈维亚的约翰提出来的：准备分阶段地与伊斯兰进行会谈，通过此会谈以实现穆斯林向基督教的全面皈依。"他将此会谈视为具有政治功能和严格的宗教功能的工具，其所使用的语言将以现代观念拨动人们的心弦，他声称这一过程即使持续十年也要比战争所付出的代价更小而且没有战争那么危险。"四人之间并没有达成一致，但这一插曲是至关重要的，因为这一经过深思熟虑的尝试——乃从圣毕德直到路德[2]的具有普遍性的欧洲尝试的一个组成部分——旨在将一经过处理的东方放到欧洲人的面前，旨在以某种具有内在一致性的方式将东方和欧洲同时放到舞台之上，旨在使穆斯林人明白伊斯兰不过是基督教被导入歧途之后所产生的一个变体。萨仁的结论是：

---

[1] 阿尼耶斯·西尔维乌斯（Aeneas Silvius），即庇护二世（Pius Ⅱ，1405—1464），意大利籍教皇，人文主义者、诗人、历史学家，曾力图组织十字军东征土耳其，未果。
[2] 圣毕德（Saint Bede，672—735），盎格鲁－撒克逊神学家、历史学家；马丁·路德（Martin Luther，1483—1546），德国神学家，16世纪欧洲宗教改革运动的发起者。

对我们来说最明显不过的是，任何一种这样的思想体系〔欧洲基督教〕对其试图进行解释的现象〔伊斯兰〕都不可能提供完全令人满意的解释——更不必说决定性地影响其实际发展进程。从实践的层面来看，事情的发展从不会像最聪明的观察家所预见的那样，要么是好得不得了要么是坏得一团糟；也许值得注意的是，其结局从不会比最好的预言家满怀自信地预见到的更好。〔基督教对伊斯兰的认识〕是否有任何进展？我得说肯定是有的。尽管问题的解决仍然遥遥无期，但对问题的思考已经比以前更复杂，更合理，更与实际经验相关……。苦苦思索伊斯兰问题的中世纪学者们没能找到他们一直在寻找并且想要找到的那种解决方法；但他们促进了思维方式和理解能力的发展，这相对于其他人和其他领域而言，也许应该算是很大的成功。[41]

萨仁对西方伊斯兰观所做的历史分析中最精彩之处在于，他向人们表明：最终得到修正并且变得比以前更复杂的是西方的无知，而不是数量和精确性都在不断增长的某种确定的西方知识体系。因为虚构有其自身的逻辑，有其自身的盛衰规律。中世纪向穆罕默德的性格中塞进了一大堆品质，这些品质与穆罕默德没有多大关系，实际上只是"（12世纪）具有'自由精神'的预言家们自身的性格，这些预言家实际上兴起于现实的欧洲，并且得到了人们的信任，获得了许多追随者"。同样，由于穆罕默德被视为假启示的传播者，他同时便成了放荡、堕落、淫秽以及其他形形色色的邪恶的象征，而这一切都声称是从他江湖骗子般的教义中"合乎逻辑"地推导出来的。[42]这样东方就获得了，可以说，自己的代理者，并且得到了表述，每一种表述都比以前的更具体，更切合西方的内在需要。欧洲一旦开始将东方设定为一个适于以有限的形式表现无限内容的场所，似乎便一发而不可收拾；东方和东方人，比如阿拉伯人、伊斯兰人、印度人、中国人或任何其他东方人，成了人们假定他们一直在摹仿的某个伟大原创物（基督，欧洲，西方）的不断重复出现的假替身。就西方这些具有强烈自恋倾向的东方观念而言，随着时间的推移而发生变化的只是其来源，而不是其性质。于是我们会发现，在12和13世纪，人们普遍接受了下面这样一种看法：阿拉伯世界"位于基督教世界的边缘"，是"被逐的异教徒天然的避难所"，[43] 穆罕默德是个狡猾的背叛者——而一位20世纪的东方学研究者，一位学识渊博的专家，仍然指出伊斯兰只不过是阿里乌[1]异端邪说的一个拙劣的翻版。[44]

我们现在需要对本节开始时将东方学描述为一个学术领域的做法做些新的补充说明。一个领域常常是一个封闭的空间。表述的观念是一种戏剧的观念：东方是用来圈定东方的舞台。这一舞台上将出现这样的人物：其作用是表述他们所属的更大的整体。因此东方似乎并不是熟悉的欧洲世界向外的无限延伸，而是一个封闭的领域，欧洲的一个戏剧舞台。东方学家只是某种特殊知识的专家，对这一知识的形成整个欧洲都负有责任，就像观众从历史和文化的角度而言，都对戏剧家巧妙制作的戏剧负有责任（并且产生反应）一样。在此东方舞台的深处有一巨大的文化宝库，其中的每样东西都使人联想到一个像寓言一样丰富的世界：司芬克斯，克里奥帕特拉，伊甸园，特洛

---

[1] 阿里乌（Arius），公元4世纪基督教异端派神学家。

伊,所多玛和蛾摩拉,阿斯塔蒂,伊希斯和俄赛里斯,示巴,巴比伦,吉奈,美该,尼尼微,祭司王约翰,穆罕默德,[1]如此等等;布景(在某些时候仅仅是一些名字),一半是想象的,一半是已知的;怪物,魔鬼,英雄;恐惧,快感,欲望。欧洲的想象受到这一宝库的广泛滋润:从中世纪到18世纪,像阿里奥斯多(Lodovico Ariosto)、弥尔顿(John Milton)、马洛(Chrisopher Marlowe)、塔索(Torquato Tasso)、莎士比亚、塞万提斯(Miguel de Cervantes Saavedra)以及《罗兰之歌》和《熙德之歌》(Poema del Cid)的作者这样的主要作家都从此宝库中汲取过营养,使其作品的形象、观念和人物变得更加敏锐。此外,被视为纯学术性的欧洲东方学研究有很大一部分内容是将意识形态神话投入实际的应用,尽管人们的认识似乎在不断向前发展。

在东方学的剧院里戏剧形式和学术形象是如何结合到一块的?巴泰勒米·德尔贝洛(Barthélemy d'Herbelot)的《东方全书》(*Bibliothèque orientale*)对此做过可贵的尝试,该书在他死后于1697年发表,由安东尼·伽兰(Antoine Galland)作序。新近出版的《剑桥伊斯兰史》(*Cambridge History*

---

[1] 克里奥帕特拉(Cleopatra),埃及托勒密王朝末代女王,貌美,先为恺撒情妇,后与安东尼结婚,安东尼溃败后又欲勾引屋大维,未遂,以毒蛇自杀身死;所多玛和蛾摩拉(Sodom and Gomorrah),《圣经·旧约》中因其居民罪孽深重而被上帝焚毁的两座古城;阿斯塔蒂(Astarte),古闪米特人神话中主管生育和爱情的女神;伊希斯(Isis),古代埃及司生育和繁殖的女神;俄赛里斯(Osiris),古埃及的冥神,伊希斯的兄弟和丈夫;示巴(Sheba),《圣经》中朝拜所罗门王以测其智慧的女王;吉奈(the Genii),古罗马神话中的守护神;美该(the Magi),《圣经》中由东方来朝见初生耶稣的三博士;尼尼微(Nineveh),古代亚述的首都;祭司王约翰(Prester John),传说中一位信奉基督教的中世纪国王兼祭司。

of Islam）在导言中认为这一著作以及乔治·萨尔（George Sale）为自己翻译的古兰经所写的导读（1734）和西蒙·奥克雷（Simon Ockley）的《萨拉辛史》（History of the Saracens）（1707,1718）在拓宽"对伊斯兰的新理解"并将其传递到"普通读者"方面"至关重要"。[45] 这一描述对德尔贝洛的著作来说是不合适的，它并非像萨尔和奥克雷的著作那样专论伊斯兰。除了有约翰·霍廷格（Johann H. Hottinger）的《东方史》（Historia Orientalis）这个例外（该书出版于1651年），德尔贝洛的《全书》在欧洲直到19世纪早期一直是权威的参考书。其所涉及的范围确实是划时代的。伽兰——第一个翻译《天方夜谭》的欧洲人，著名阿拉伯研究专家——通过指出德尔贝洛著作所涉范围的广度而将其与以前的著作区别开来。伽兰说，德尔贝洛阅读了大量阿拉伯、波斯和土耳其著作，因此他能够发现许多一直不为欧洲人所知的东西。[46] 在首先为这三种东方语言编了一部字典后，德尔贝洛接下来研究了东方的历史、神学、地理、科学和艺术，展示了东方寓言般的和确实的多样性。然后他决定在此基础上完成两部著作，首先是一Bibliothèque，即一部"全书"，一部按字母顺序编排的字典，然后是一florilège，即一部"作品选"。他只完成了前者。

伽兰在对《全书》的描述中表明，德尔贝洛的"东方"主要想包括的是黎凡特地区，尽管——伽兰不无钦佩地说——其所涵盖的时间范围从上帝造亚当开始一直延续到"我们这个时代"；德尔贝洛甚至走得更远，一直上溯到传说中"更早"的时期——前亚当·索里曼（pre-Adamite Solimans）时期。随着伽兰对《全书》描述的继续进行，我们得知，《全书》与"任何其他"世界史没有什么两样，因为它试图对与诸如世界的创生、大洪水、通天塔的倒塌等有关的现有知识进行完整的概括叙述——差别只是德尔贝洛的材料来源于东方。他将历史分为两种类型：敬神的和渎神的（犹太教和基督教属于前者，穆斯林属于后者）；两个时期：大洪水之前和大洪水之后。这样德尔贝洛就可以讨论不同民族所具有的迥然相异的历史，比如蒙古人、鞑靼人、土耳其人和斯拉夫人的历史；他同样容纳了穆斯林帝国的所有地区，从"极东"（the Extreme Orient）到赫拉克勒斯之墩[1]，包括其风俗、礼仪、传统、王朝、宫殿、河流和植物区系。这一著作，尽管包含了对"给基督教带来如此重大损失的穆罕默德的乖僻学说"某种程度的关注，然而与以前任何著作相比，其所涉范围都更广，所论更透彻。伽兰在结束其序言时花了很大篇幅试图让读者相信，德尔贝洛的《全书》特别"有用并且令人愉快"；其他东方学家，比如波斯德尔、斯卡利格（Joseph Justus Scaliger）、高利乌斯（Jacobus Golius）、波可可（Edward Pockoke）和厄彭尼乌斯，所进行的东方研究过于局限在语法、词汇和地理等方面。只有德尔贝洛的作品才能让欧洲读者相信，对东方文化的研究不能只管耕耘而不问收获：在伽兰看来，只有德尔贝洛才能使读者在头脑中形成为什么要去认识和研究"东方"这类具有开阔视野的观念，这一观念既能充实人的头脑，又能满足人们以前所产生的对东方的巨大渴望。[47]

通过德尔贝洛等人的努力，欧洲发现自己具有包容

---

〔1〕赫拉克勒斯之墩（Pillars of Hercules），指直布罗陀海峡东端两岸的两个岬角，相传由赫拉克勒斯置于此地。赫拉克勒斯，希腊神话英雄，宙斯之子，力大无比，以完成12项大功闻名。

（encompassing）东方和"东方化东方"（Orientalizing the Orient）的能力。伽兰在对自己以及德尔贝洛所使用的**东方材料**的评说过程中，不时会流露出一种优越感；正如拉斐尔·丢·芒斯（Raphael du Mans）这样的17世纪地理学家的著作所表明的那样，欧洲人可以感到东方正在因被西方科学所超越而落伍。[48] 但从这一过程中显现出来的不仅是西方视角的优越：还有一种令人沾沾自喜的技巧，西方的门外汉运用这一技巧把东方丰富的文化资源抓在手中，并且系统地甚至是按字母顺序地将其置放到西方人面前。当伽兰说德尔贝洛满足了人们的渴望时，我想他指的是，《全书》并不想修正已经为人们普遍接受的东方观念。因为东方学家所做的是进一步**确认**读者眼中的东方；他既没有也不想扰乱已经定型的信念。《东方全书》的所有努力只是想更充分、更清晰地表现东方；随意收集到的与黎凡特历史、《圣经》形象、伊斯兰文化、地名等有关的事实经过处理后转变为一个从A到Z的合理的东方全景。在关于穆罕默德的条目中，德尔贝洛首先收集了人们赋予这一预言家的所有名称，然后进一步确认穆罕默德在意识形态和宗教教义方面的价值：

> 这就是著名的骗子穆罕默德，异端邪说之始作俑者，异教的创始人，这一邪说盗用了宗教之名，我们称之为穆罕默旦。参见**伊斯兰**条目。
>
> 古兰经的阐释者以及穆斯林或伊斯兰律法的其他阐释者们将所有赞美之辞堆到这个假预言家的身上，而阿里乌教派、保罗教派（Paulicians）和其他异教则将其赋予耶稣基督，同时抽走了他身上的神性……。[49]

"穆罕默旦"（Mohammedan）是欧洲的（侮辱性的）称谓[1]；而作为穆斯林正确称谓的"伊斯兰"则被贬入另一条目。"我们称之为穆罕默旦的……邪说"被"拿来"作为基督教对真正宗教的摹仿的摹仿。于是，在接下来对穆罕默德生平所做的长篇历史叙述中，德尔贝洛就可以转向或多或少更直接的叙述。然而更为重要的却是《全书》对穆罕默德的**定位**。对一个按字母顺序编排的词条来说，当从意识形态的角度对其进行过明确的驯化后，这一自由弥散的异端邪说的危险就被消除了。穆罕默德不再作为一个危险的、不道德的堕落者而在东方世界漫游；他安静地端坐在东方学舞台为他设定好的位置上（不可否认其位置非常显著）。50 他被赋予了某种谱系，得到了相应的解释，甚至获得了一定的发展，但所有这些都被纳入到上述那一简单的陈述之中，以防止他在漫游之中迷失自己的位置。

这样的东方"形象"之所以是形象，是因为它们表述或代表着一个非常巨大的实体，正是由于有了这种形象人们才有可能把握或看到这一实体，反过来，如果没有这一实体这些形象便不可能得到传播。这样的形象同时还是一些**性格**，使人想起泰奥弗拉斯托斯、拉布吕耶尔或塞尔登[2]所创造的自吹自擂的

---

[1] 穆罕默旦（Mohammedan）是穆罕默德（Mohammed）一词的形容词形式，直译是"穆罕默德的"或"伊斯兰的"，因其词尾"-an"令人想起基督教中的魔鬼"撒旦"（Satan），所以作者说这是欧洲对伊斯兰带有侮辱性的称谓，因此这里将其译作"穆罕默旦"。

[2] 泰奥弗拉斯托斯（Theophrastus，公元前372？—前286？），古希腊逍遥学派哲学家，著有《品格论》一书；拉布吕耶尔（Jean de La Bruyère，1645—1696），法国作家，以针砭时弊、批评世道人心的散文集《品格论》知名；塞尔登（John Selden，1584—1654），英国法学家、文物学家和东方学家。

人、吝啬鬼或饕餮之徒这些人物的性格类型。也许说人们能够**看到** *miles gloriosus*（吹牛的军人）[1]或骗子穆罕默德这样的具体人物并不很准确，因为人们认为一个人物的内在性格最多只不过能让人毫无困难或毫不含糊地理解这种人物所属的一般类型。然而，德尔贝洛笔下的穆罕默德这个人物却的确是一个**形象**，因为这个假预言家乃人们所称的**东方的**这一总体戏剧表述的一个组成部分，《全书》包含有对这一总体戏剧的完整表现。

东方学戏剧表述所具有的说教性无法与这一表演的其他特点相分离。在《东方全书》这样以系统的学习和研究为基础的学术著作中，作者将学科的秩序强加到了其所研究的对象身上；此外，他想使读者明白，书中白纸黑字所传达的是对材料有秩序的、学科化的判断。因此《全书》所传给读者的是东方学的权力和有效性，这一观念随时都在提醒读者，此后为了理解东方他必须穿越东方学研究者所设下的一道道网格和符码。东方不仅根据西方基督教的道德需要而被改编；同时它还受到一系列态度和判断的控制，这些态度和判断首先所做的并不是引导研究者根据东方的材料对已经形成的态度和判断进行修改或证明，而是把他们引向其他东方学研究著作。东方学的舞台，在我一直在使用的意义上说，成了一种严格的道德和认识论体系。因此，作为一种表述西方体制化的东方知识的学科，东方学同时在东方、东方学家和西方的东方学"消费者"这三个方向施加其力量。我想，低估这样确立起来的三方面的关系

---

[1] *miles gloriosus*，拉丁语，字面意思为"吹牛的军人"，乃古罗马喜剧作家普劳图斯同名喜剧的同名角色，后可泛指那些满口大话的人。

所具有的力量将会是错误的。因为东方由于存在于欧洲社会、"我们的"世界之外而被修正，甚至被惩罚；因此东方被**东方化了**，这一过程不仅将东方标识为东方学家的领地，而且迫使不谙此道的西方读者将东方学对东方的编码（比如德尔贝洛以字母顺序编排的《全书》）作为**真正的**东方接受下来。简言之，真理成了对学术判断的功能性表达，而不是对材料本身的表达，最终甚至真理本身的存在似乎也必须依赖于东方学家。

这整个说教过程既不难以理解，也不难以解释。人们应该再次想到，所有的文化都对原始事实进行修正，将其由自由存在的物体转变为连贯的知识体。问题不在于是否发生这一舨化。人类大脑拒绝接受未曾经过处理的新异的东西是非常自然的；因此所有的文化都一直倾向于对其他文化进行彻底的舨化，不是将其他文化作为真实存在的东西而接受，而是为了接受者的利益将其作为应该存在的东西来接受。然而，对西方人而言，东方总是与西方的某一方面**相像**；比如，对一些德国的浪漫主义者来说，印度宗教本质上是德国基督教泛神论的东方版本。然而，东方学家却将舨化东方作为自己的工作：他做这些是为了他自己，为了他的文化，在某些时候自以为是为了东方。这一舨化的过程具有学科的特征：它被传授和学习，它具有自己的社团、刊物、传统、词汇、修辞，所有这些都与西方起支配作用的文化规范和政治规范紧密联系在一起，并且从这些规范中产生。还有，正如我将要显示的，在试图这么做的时候，其整体性往往是得到增强而不是被减弱，因此当我们考察19世纪和20世纪的东方学时，给我们印象最深的是东方学对整个东方所进行的机械的图式化处理。

这一图式化的过程开始得有多早，可以从我所举过的古希腊对东方的表述的例子中看出来。建立在早期表述基础上的后期表述是如何强烈地得到表达的，其图式是如何精心地构织起来的，它们在西方的想象空间中如何惊人地行之有效，这些问题只要我们转向但丁的《地狱篇》(Inferno)就可以得到说明。但丁《神曲》(The Divine Comedy)的成就在于将现实世界的真实图景与基督教普遍而永恒的价值体系天衣无缝地结合在一起。当他走过地狱、炼狱和天堂时，但丁这位朝圣者所看到的是一个具有独特价值体系的世界。比如，保罗和弗兰西斯卡[1]因其所犯下的罪孽而被永远打入地狱之中，然而，他们代表的是应该遭受这种惩罚的一类人物的性格和行为。因此但丁视野中的每一个人物不仅代表着自己，而且还典型地代表着其所属的性格类型和命运。

穆罕默德出现在《地狱篇》第28章。他被打入九层地狱的第八层，处于该层十个断层的第九断层，这是环绕在撒旦老巢外面的一圈阴暗的壕沟。但丁在来到穆罕默德这里之前，已经穿过了罪孽较轻的人的灵魂所居住的那几层：异教徒、淫逸者、饕餮者、忿怒者、自杀者、阿谀者。在抵达穆罕默德之后、到达地狱最底层——这是撒旦自己居住的地方——之前，只剩下卖主求荣者、叛国者（包括犹大、布鲁图和卡西乌[2]）。因此，穆罕默德就被定位在罪恶的某一层级之中，属于但丁所说的"散播不睦者"。穆罕默德所受的惩罚，也是他永远无

---

[1] 保罗（Paolo）和弗兰西斯卡（Francesca），《神曲》中因相爱而被惨杀的一对情侣。
[2] 布鲁图（Marcus Junius Brutus，公元前85—前42），罗马贵族派政治家，刺杀恺撒的主谋者，后逃希腊，集结军队对抗安东尼、屋大维联军，因战败自杀；卡西乌（Longinus Cassius，公元前85？—前42），古罗马将领，刺杀恺撒的主谋之一，被安东尼击败后自杀。

法摆脱的命运，是极为痛苦的：他像酒桶的桶板一样被恶鬼无休无止地撕裂开来，从下颚直到脚踝，但丁这样告诉我们。但丁的诗句在此处绝不肯放过这样一种惩罚所具有的生动细节：毫不犹豫地、淋漓尽致地描写穆罕默德的腑脏和排泄物。穆罕默德向但丁解释了自己所受的惩罚，同时提到阿里[1]，后者的罪孽虽没有他自己的那么深重，但伺候他的恶鬼也同样将其劈为两半；他还请但丁警告一位名叫弗拉·多尔西诺（Fra Dolcino）的人——一位叛逆的祭司，其教派赞成共享女人和物品，人们控告他拥有情妇——当心等待他的将会是什么。读者不会不明白：但丁认为，在叛逆、纵欲以及在宗教上沽名钓誉等方面，多尔西诺和穆罕默德二者是相似的。

但这并非但丁对伊斯兰看法的全部。在《地狱篇》更前面的部分，出现过一小群穆斯林。阿维森纳、阿威罗伊、萨拉丁[2]置身于一群正洁的异教徒之中，这些人和赫克托（Hector）、埃涅阿斯（Aeneas）、亚伯拉罕（Abraham）、苏格拉底（Socrates）、柏拉图（Plato）和亚里士多德（Aristotle）一起被囚在地狱的第一层，仅受着最小限度（不过同样是可怕的）的惩罚：无法受到基督的启示。但丁当然敬佩他们的高尚品格和伟大成就，但是由于他们不是基督徒，所以必须被打入地狱之中，不管其所受的惩罚是多么轻微。不错，是否能永恒不朽是一个重要的区分标准，但是将基督教产生之前的著名人

---

[1] 阿里（Ali，600？—661），穆罕默德的女婿，伊斯兰教第四代哈里发，因教派内部分裂被人用毒剑刺死。
[2] 阿维森纳（Avicenna，980—1037），波斯人，伊斯兰医学家、哲学家；阿威罗伊（Averroës，1126—1198），伊斯兰哲学家，将伊斯兰传统学说和希腊哲学融为一体；萨拉丁（Saladin，1137？—1193），埃及和叙利亚苏丹，在很大程度上促进了伊斯兰教的发展，曾抗击并击败东侵的十字军。

物与基督教产生之后的穆斯林"异教徒"放到同一类型之中加以谴责,这一不顾年代事实的做法却一点也没有令但丁感到为难。尽管古兰经明确地将耶稣视为预言家,但丁却执意认为著名的穆斯林哲学家和国王从根本上忽视了基督教。将他们置于古代英雄和哲人同一层次这一不尊重历史的做法,与拉斐尔(Raphael)的壁画《雅典学院》(The School of Athens)如出一辙,此画将阿威罗伊与苏格拉底和柏拉图一起放在雅典学院之中(费奈隆[1]《死者的对话》〔1700—1718〕同样如此,比如描写了苏格拉底和孔子间的对话)。

但丁诗歌对伊斯兰的表现和修正,代表了一种先验的、几乎具有宇宙论色彩的必然性:伊斯兰及其指定代理人是西方对东方所做的地理的、历史的,最重要的是,道德的理解的产物。关于东方或东方任何一个部分的经验事实几乎毫不重要;重要的、起决定作用的是我一直在说的那种东方学的想象视野,这一想象视野绝不仅仅限于专业的学者,而是所有曾经思考过东方的西方人的普遍看法。作为诗人的但丁具有某种力量,这一力量强化了东方学的视角,增加而不是减少了其表现力。穆罕默德,萨拉丁,阿威罗伊和阿维森纳被固定在一个幻想的宇宙图式之中——被固定,被摆放,被装入,被囚禁,一切其他的东西都被弃置不顾,只关注他们在其所现身的舞台上所实现的"功能"和所代表的模式。以赛亚·伯林(Isaiah Berlin)对这一做法的效果进行了如下描述:

---

[1] 费奈隆(François de Salignac de la Mothe-Fénelon,1651—1715),法国天主教大主教、作家、教育家,著有《死者的对话》(Dialogues des morts)等作品。

在〔这一〕……宇宙图式中，人的世界（有时是整个宇宙）是一个单一的、无所不包的等级体系；因此，要解释一物体为什么存在，在何处存在，在何时存在，为什么要这样而不那样，本质上也就是要解释它存在的目的是什么，它在多大程度上成功地实现了这一目的，在由不同的实体所共同构成的和谐的金字塔中，这些实体所追求的不同目标之间有什么样的和谐共存或相互隶属的关系。如果这就是现实的真实图画，那么，历史的解释，像任何其他解释一样，必须首先考虑个体、群体、国家、种族各自的归属，各自在普遍的宇宙图式中的合适位置。认识一个事物或一个人在"宇宙"中的位置也就是了解它是什么，它做什么，以及它为什么应该是这个样子，为什么应该做这种事情。因此，存在和存在的价值，存在和存在的功能（以及或多或少地实现其功能），实际上是同一回事。是模式使你存在，使你消亡，为你传送目的，亦即价值和意义。理解事物也就是感受事物的模式……。一个事件、一个行动或一个人物越有存在的必然性，也就越能得到更好的理解，研究者的见解也就更深刻，我们也就更接近终极的真理。

这一观点是极为反经验的。[51]

实际上，东方学的观点从总体上说就是这样一种极为反经验的观点。它与魔术和神话共同享有任何封闭系统所具有的独立自足和自我强化的特点，在这样的系统中，物体之所以是其所是，是**因为**它们是其所是：或一时，或永远，总有其本体论的根源，任何经验物质都无法逃脱或改变。欧洲与东方——特别是伊斯兰——的接触加强了这一表述东方的体系，并且，正如亨利·彼列纳（Henri Pirenne）所暗示的，在此过程中将伊斯兰转变成了局外人的典型代表，中世纪以来的整个欧洲文明乃建立在与这一局外人相接触的基础之上。由野蛮人的入侵所导致的罗马帝国的衰落产生了一个悖论式的结果：野蛮人的生活方式被融入罗马和地中海文化之中；彼列纳认为，始于17世纪的伊斯兰入侵的后果是，欧洲文化的中心从地中海——当时是阿拉伯帝国的一部分——移到了北方。"日耳曼精神开始登上历史舞台。在此之前，是罗马传统一统天下。现在，一种新的罗马-日耳曼文明正在兴起。"欧洲关闭了向外的通道：东方仅仅成为供欧洲人贸易的地方，它在文化上、心智上和精神上都被排除在欧洲和欧洲文明**之外**；用彼列纳的话来说，欧洲成了"铁板一块的基督教的整体，与教会相依为命……。而东方则按照自己的方式生活"。⁵² 在但丁的诗中，在从诺根特的吉尔伯特（Guibert of Nogent）、圣毕德到罗杰·培根〔1〕、的黎波里的威廉（William of Tripoli）、芒特西翁的伯查德（Burchard of Mount Syon）、路德这些基督教论辩家的作品中，在《熙德之歌》《罗兰之歌》中，以及在莎士比亚的《奥赛罗》（*Othello*）（那个"一代枭雄"）中，东方和伊斯兰总是被表现为一个在欧洲**内部**扮演着特殊角色的局外人。

从《地狱篇》的生动肖像到德尔贝洛《东方全书》朴实的神龛，想象的地域使用以讨论和理解伊斯兰和东方的一套词汇、一套表述体系和话语体系得到合法化。被这一话语体系

---

〔1〕 罗杰·培根（Roger Bacon, 1214？—1292），英国哲学家和科学家，方济各会修士。

视为事实的东西——比如，穆罕默德乃一江湖骗子——是这一话语的一个组成部分，是这一话语每当涉及穆罕默德的名字时迫使人们必然做出的一种陈述。隐藏在东方学话语——我指的只是人们一谈到东方或书写东方时就必然会使用的词汇——各个部分下面的是一套用以表达的修辞方式或修辞策略。这套修辞策略与真实的东方——或伊斯兰，我这一研究的主要兴趣所在——的关系如同戏剧人物所穿的程式化服装与人物的关系；它们就像，比如说，埃弗里曼[1]所戴的十字架，或意大利 commedia dell'arte（滑稽喜剧）中丑角所穿的杂色衣服。换言之，我们没有必要寻找描述东方的语言与东方本身之间的对应关系，并不是因为这一语言不准确，而是因为它根本就不想做到准确。它想做的只是，正如但丁在《地狱篇》中所做的那样，在描写东方的相异性的同时，图式化地将其纳入一个戏剧舞台之中，这一舞台的观众、经营者和演员都是**面向**欧洲的，而且只面向欧洲。由此产生了熟悉和新异之间的摇摆；穆罕默德永远是江湖骗子（熟悉的，因为他伪装成我们熟悉的耶稣）并且永远是东方的（新异的，因为尽管他在某些方面"像"耶稣，他毕竟不是耶稣）。

我们不必列出与东方联系在一起的所有修辞策略——东方的怪异，东方的差异，东方的肉欲，诸如此类——只需对其在文艺复兴时期被流传的情况做一概括描述就足以说明问题。它们都是宣言性的，不言自明的；它们使用的时态是无时间的永恒态；它们给人的印象是重复和力量；它们总是与欧洲的同类

---

[1] 埃弗里曼（Everyman），15世纪英国道德剧《人性的召唤》（*The Summoning of Everyman*）中象征人性的主人公。

物——有的时候被点明，有的时候没有被点明——相对称，然而却处于绝对的劣势。在对所有这些功能进行描述时，经常只需使用一个简单的系词：**是**。于是，穆罕默德**是**一个骗子，这一陈述在德尔贝洛的《全书》中得到经典化并且在某种意义上被但丁戏剧化。不需提供任何背景，指控穆罕默德的证据包含在这一"是"之中。人们对这一陈述不做任何限定，似乎也没有必要说穆罕默德**曾经是**一个骗子，人们也根本不必产生重复这一陈述，也许是不必要的这一念头。它**已经**被重复了，他**已经是**一个骗子；这句话每被重复一次，他作为骗子的身份就被强化一次，说这句话的人说这句话的权威就会增加一分。于是17世纪的汉弗雷·普里多（Humphrey Prideaux）为穆罕默德写的著名传记就用上了《招摇撞骗之真面目》（*The True Nature of Imposture*）这样的副标题。最后，像"骗子"（或，就我们的话题而言，"东方的"）这类范畴当然暗示着——实际上要求具有——一个反义词：它既不会使人想起其他的东西，也不需要进行无休无止的确认。而这一反义词是"西方的"，或者，就穆罕默德而言，是耶稣。

因此，从哲学的角度而言，我所说的东方学所使用的语言、思维方式和想象视野具有实在论（realism）的一般本质；任何运用东方学——它乃人们处理所谓东方的问题、事物、性质和地域的一种习惯——的人都会为其谈论或思考的东西指派、命名、指向、固定一个词或短语，而这个词或短语一经指定就要么被视为是对现实的真实表达，要么更简单地被视为现实本身。从修辞学的角度而言，东方学绝具有解剖学条分缕析的特征：使用东方学的词汇就是将东方的事物一一列举出来并且将其分割成易于处理的单元。从心理学的角度而言，东方学是一种狂热的妄想,是另一种知识类型,比如说,与普通的历史知识不同的知识类型。我想,这些就是从东方学想象的地域和夸大的边界所得出来的一些结论。然而,这些东方化了的结论后来发生了一些极具现代色彩的转变,下面我们就来讨论这些转变。

三 计划

如果想判断由米歇雷[1]表达出来的下面这一极具威胁性的观点究竟有多么错误(究竟怎样完全违背了真理),有必要首先考察一下东方学在操作层面上所取得的更为引人注目的成功:米歇雷认为,"东方在前进,不可战胜,这对光明之神而言是毁灭性的,因为它具有梦幻般的魅力,因为它善于施加chiaroscuro(明暗对照法)这一魔术。"53 欧洲与东方之间文化的、物质的、精神的关系已经平稳地走过了无数的阶段,尽管在东方和西方之间所划的这条分界线在一定程度上给欧洲带来了持久的压力。然而,从总体上说,是西方压制东方,而不是相反。**东方学**是一通用的术语,用以描述西方向东方一步一步的入侵;东方学是一个学科,通过这一学科,作为学术、发现和实践话题的东方过去曾经被(现在仍然被)西方系统地进逼。此外,我用这一词还指任何试图谈论位于分界线之东的事物的人都可以凭借和依靠的一套梦幻、形象和语词组合。东方学这两个方面的用法并非互不相关,因为东方学一词在这两种意义上的使用,使欧洲得以安全地、实实在在地向东方挺进。

---

[1] 米歇雷(Jules Michelet,1798—1874),法国历史学家。

在此我主要想考察的是这一挺进的物质证据。

如果将伊斯兰排除在外，直到19世纪，欧洲在东方的支配性地位一直未曾受到挑战。这显然适用于英国在印度的经历，葡萄牙在东印度群岛、中国和日本的经历，法国和意大利在东方许多地区的经历。偶尔也会发生一些当地人扰乱这一和平图景的事件，比如1638—1639年一群日本基督徒就曾将葡萄牙人赶出了这一地区；然而，总体而言，只有阿拉伯和伊斯兰的东方才在政治、学术与（有时）经济的层面上向欧洲提出了无法解决的挑战。因此就其大部分历史时期而言，东方学不得不考虑欧洲与伊斯兰之间错综复杂的关系，我接下来想讨论的正是东方学这一极为敏感的方面。

毋庸置疑，伊斯兰在许多方面都向欧洲提出了真正的挑战。无论是在地域上还是在文化上，伊斯兰都令人不安地与基督教相毗邻。它从犹太－希腊的传统中汲取了营养，它创造性地借鉴了基督教，它可以夸耀自己在军事和政治上所取得的无与伦比的成功。但这还不是它的全部。伊斯兰的土地与《圣经》所述的土地相邻，甚至凌越于其上；更有甚者，伊斯兰统治的核心总是紧挨着欧洲，人们称其为"近东"。阿拉伯语和希伯来语属于闪语语族，它们共同处置并且不断重新处置对基督教生死攸关的材料。从7世纪末直到1571年的勒潘多[1]之战，伊斯兰，不管其以何种面目出现、在何处出现，比如阿拉伯帝国和奥斯曼帝国、北非和西班牙，一直支配着或有效地

---

[1] 勒潘多（Lepanto）之战，1571年11月7日在希腊勒潘多附近发生的一场海战，交战双方是欧洲基督教联军和奥斯曼土耳其帝国的军队，联军胜。此役对欧洲影响很大，提香、丁托列托都有以此为题材的画作。

威胁着欧洲基督教。对欧洲的过去和现在而言,伊斯兰的实力曾超过或其光辉曾压过罗马,这是一个无法回避的事实。即使吉本也无法回避这一点,比如在其《罗马帝国衰亡史》(The History of the Decline and Fall of the Roman Empire)中,吉本就曾这样写道:

> 在罗马共和国的强盛期,元老院一直有这样的目标:倾全民全军之力进行一次决战,在第一个敌人还没来得及引发第二个敌人之前就将其彻底摧毁。这种不无胆怯的政治原则受到了阿拉伯哈里发们的辉煌战绩或激情的嘲弄。他们入侵了奥古斯都和阿塔薛西斯[1]的后继者们的领土;那些长期以来一直对他们嗤之以鼻的欧洲王国到头来成了自己所蔑视的敌人的囊中之物。在奥玛[2]统治的十年期间,萨拉辛人为他征服了三万六千座城池,摧毁了四千座基督教的教堂或寺院,用穆罕默德的宗教感化了一千四百个莫西斯(moschs)。他离开麦加(Mecca)一百年后,他的后继者们的铁蹄踏过了无数的地域,从印度远伸到了大西洋……[54]

当**东方**不是作为亚洲一词简单的同义语,或不只是从总体上指称遥远、新异的地方时,它在严格的意义上指的是伊斯兰的东方。然而,这一"好斗"的东方逐渐成为亨利·波德特(Henri

---

[1] 阿塔薛西斯(Artaxerxes),波斯阿契美尼德王朝国王,有阿塔薛西斯一世和二世之分,阿塔薛西斯一世为薛西斯一世之子,阿塔薛西斯二世为大流士二世之子。
[2] 奥玛(Omar),这里指的是奥玛一世,伊斯兰第二代哈里发,统治期间伊斯兰势力大肆向外扩张。

Baudet)所说的"亚洲浪潮"[55]的代表。这一点无疑适用于整个18世纪中叶,在这一时期,像德尔贝洛《东方全书》这样的"东方"知识宝库不再主要限于伊斯兰、阿拉伯或奥斯曼。的确,到这时,像君士坦丁堡的陷落、十字军的东征以及西西里和西班牙的被征服,这样相隔甚远的事件已经在文化记忆中留下了深深的印痕,但是,如果说这些事件代表着东方对西方的威胁,这一说法却并不适用于亚洲的其他部分。

因为只要考虑东方就无法回避印度。16世纪早期西班牙作为第一个欧洲势力进入这一地区,在很长一段时期(从1600年到1758年)内,欧洲在印度的活动本质上是商业性的,最后,欧洲,主要是英国,占领了这一地区,并在其政治生活中处于支配性地位。然而,印度本身从来没有对欧洲形成过威胁。正相反,欧洲之所以可以趾高气扬地出现在东方的印度,是由于其本土权威的崩溃导致这片土地沦为欧洲列强争夺的对象,彻底陷于欧洲政治势力的控制之下——不过,在这里欧洲从来没有产生过与伊斯兰接触时的那种危险感。[56]然而,在这一趾高气扬的心态和任何关于印度的精确、确定的知识之间存在着巨大的鸿沟。德尔贝洛《东方全书》所有与印度和波斯有关的词条都来自于对伊斯兰的了解;可以正确地说,直到19世纪早期,"东方语言"一直被视为"闪米特语言"(Semitic languages)的同义词。埃德加·吉内所说的东方的复兴所起的作用是使原先相当狭窄的范围有所扩展,在此过程中,伊斯兰几乎成了东方的全权代表。[57]梵文、印度宗教、印度历史直到18世纪晚期由于威廉·琼斯爵士的努力才开始获得作为科学知识的地位;甚至琼斯本人对印度的兴趣也是由他以前对伊斯兰的兴趣和对伊斯兰的知识所激发出来的。

因此，毫不奇怪，德尔贝洛《东方全书》之后东方研究领域的第一部重要著作是西蒙·奥克雷的《萨拉辛史》，该书第一卷于1708年面世。一位研究东方学历史的当代学者认为，奥克雷对穆斯林的态度——欧洲基督徒对哲学的最初认识要归功于穆斯林——令他的欧洲读者们"痛苦震惊"。因为奥克雷不仅在其著作中清晰地显明了伊斯兰比基督教更悠久；他还"让欧洲首次真正地、实质性地感受到阿拉伯人对拜占庭（Byzantium）和波斯战争的看法"。[58] 然而，奥克雷却一直小心翼翼地避免受到伊斯兰的影响，与他的同事威廉·威斯顿（William Whiston，牛顿剑桥大学教席的继承人）不同，奥克雷总是力图表明伊斯兰乃一令人难以忍受的异端邪说。而威斯顿却因其对伊斯兰的热情于1709年被剑桥辞退。

要探寻印度的（东方的）丰富性总是不得不首先穿越伊斯兰的领地，不得不承受作为准阿里乌（quasi-Arian）信仰体系的伊斯兰的危险性。在这一点上，至少是就大半个18世纪而言，英国和法国取得了成功。奥斯曼帝国从此跌入并长期处于令人欣慰的（对欧洲而言）衰朽状态，并作为"东方问题"嵌刻进了19世纪的历史之中。在1744—1748年以及1756—1763年间，英国和法国在印度你争我夺，直到1769年英国在政治和经济上取得对这一次大陆的实际控制权，这一争夺才告结束。此后，当拿破仑想打不列颠的这个东方殖民地的主意时，他不得不首先截断其伊斯兰的通道（埃及）。还有什么比这更能说明问题的呢？

尽管在拿破仑1798年入侵埃及和突袭叙利亚之前东方学研究领域至少还存在两个重要的计划，但就其对东方学现代历史的影响而言，拿破仑这一行动的重要性是别的计划所无法比拟的。在拿破仑之前，只进行过两项"入侵"东方的活动（都是学术性的），意欲撕开东方神秘的面纱，同时冲越"圣经东方"这一牢不可破的堡垒。第一项来自安格迪尔－杜贝隆（1735—1805），他是一个有着平等主义信念的奇怪的理论家，试图将詹森教派[1]与正统的天主教和婆罗门教（Brahmanism）调和在一起；他到亚洲旅行，目的是为了证明"上帝的选民"和《圣经》所描述的谱系是确实存在的。然而当他到达苏拉特[2]时却不得不改变了自己的计划，因为在那儿他意外地发现了阿维斯陀经文本，也是在那儿完成了阿维斯陀经的翻译。雷蒙·史华伯在谈到吸引安格迪尔东行的阿维斯陀经残片时曾说，"学者们看完牛津的著名残片后立即回到自己的书斋去进行研究，而安格迪尔在看完残片后却去了印度"。史华伯还说，尽管安格迪尔和伏尔泰（Voltaire）在个人性情和思想观念上都大相径庭，但两人却同样对东方和《圣经》感兴趣，"一个试图进一步证明《圣经》的不可置疑性，一个试图进一步揭示其不可信性"。具有讽刺意味的是，安格迪尔的阿维斯陀经译文却深合伏尔泰之意，因为安格迪尔的发现"不久即引起人们对（圣经）文本本身的批评，这些文本在过去一直被视为神启的文本"。史华伯对安格迪尔的东方远行所产生的效果做了精辟的描述：

1759年，安格迪尔在苏拉特完成了阿维斯陀经的翻译；

---

[1] 詹森（Cornelius Jansen，1585—1638），荷兰天主教神学家，创立詹森教派，反对耶稣会，被罗马教皇斥为异端。
[2] 苏拉特（Surat），印度西部港市。

1786年，在巴黎完成了《奥义书》(*Upanishads*)的翻译——他在人类智慧的两个半球之间挖掘了一条隧道，修正并拓展了地中海盆地旧有的人文传统。离此不到五十年之前，他的同胞们还被问到做波斯人会是什么样子，当时他正在教他们比较波斯和希腊的历史遗迹。在他之前，当人们寻找我们这个星球遥远的过去的信息时，目光还只局限在著名的拉丁、希腊、犹太和阿拉伯作家身上。人们认为《圣经》是独一无二的存在，是天上掉下来的星星。与其有关的作品汗牛充栋，但似乎很少有人注意到那些巨大的未知的地域。随着他对阿维斯陀经翻译的问世，人们意识到了这些未知领域的存在，这一认识在对巴别通天塔之后剧增的诸中亚语言的考察中达到了令人目眩的高峰。他为我们的学术界——直到那时还局限在文艺复兴的希腊-拉丁遗产之中〔这些遗产很多是经由伊斯兰传入欧洲的〕——增添了新的视野：无以计数的久远的文明，无限丰富的文献资料；并非只有欧洲那几个有限的地方才在人类文明史上留下了痕迹。[59]

东方在欧洲人的视野中第一次被显示为一个有着自己的文献、语言和文明的物质性存在。亚洲也第一次获得了学术的和历史的维度，这样，亚洲遥远而广袤的地域神话就有了坚实的支撑。安格迪尔的继承者是威廉·琼斯，他实施了我上面所说的前拿破仑时期两个东方计划中的第二个，这是面对突然的文化扩展必然要进行的众多收缩性补偿之一。安格迪尔打开了一幅巨大的画卷，而威廉·琼斯则将其逐渐收卷起来，对其进行编码、归类和比较。在1783年离开英国赴印度之前，琼斯已经是一位阿拉伯语、希伯来语和波斯语专家。这些似乎也许只是他众多成就之中最微不足道的部分:他同时还是一位诗人,法学家,博物学家,古典文化研究专家,以及一位不知疲倦的学者,其成就堪与本杰明·富兰克林(Benjamin Franklin)、埃德蒙·伯克(Edmund Burke)、威廉·彼特(William Pitt)和撒缪尔·约翰逊(Samuel Johnson)相比。他被正式派往东印度群岛,在英国东印度公司获得了"一个受人尊敬而又有利可图的职位",一到那儿即开始了业余研究,收集有关东方的资料,对其进行限定、驯化并因此将其转变为欧洲学术的领地。在一项名为"旅亚期间我的研究课题"的私人计划中,他列举了下列研究项目:"印度教与穆罕默德教的律法;印度斯坦的现代政治与地理;统治孟加拉的最佳方式;算术与几何;亚洲的杂学;印度的医药、化学、外科学和解剖学;印度的土产;亚洲的诗歌、修辞学和伦理;东方民族的音乐;印度的商业、制造业、农业和贸易",等等。1787年8月17日,他在致函阿索普勋爵(Lord Althorp)时不无谦逊地自称:"我想比我的前辈们能更好地了解**印度**。"英国人能比其他任何人更多、更好地了解东方!在此我们隐然感到了贝尔福1910年那次演讲的先声。

琼斯的正式工作是法律研究,这是一个对东方学历史具有象征意义的领域。在琼斯抵达印度前七年,沃伦·哈斯丁(Warren Hastings)认为治理印度人应依照他们自身的法律,这初看起来似乎很容易,但实际上非常困难,因为当时可用的梵文法典只存在于波斯文的翻译之中,没有哪位英国人可以直接参照梵语原文。公司的一位官员,查尔斯·魏金斯(Charles Wilkins),首先掌握了梵文,接着开始翻译摩奴

《法典》[1]，不久琼斯即加入到这一工作之中。(顺便提一句，魏金斯是第一个翻译《福者之歌》[2]的人。)1784年1月，琼斯召集了"孟加拉亚洲研究会"(Asiatic Society of Bengal)的成立大会，这一研究会之于印度正如"皇家亚洲研究会"之于英国。作为研究会的首任会长和地方执法官，琼斯获得了关于东方和东方人的有效的知识，这为他后来成为东方学无可争议的奠基人(阿伯里〔A. J. Arberry〕用语)打下了基础。治理，学习，然后——带着不断对其进行编码，将东方无限丰富的可能性塞入由法律、著名人物、习俗和作品组成的"一套文摘全书"之中，这一难以抑制的冲动——对东方和西方进行比较：这就是琼斯的目标，人们认为他的这一目标得到了实现。他最有名的宣言式的论断揭示出，现代东方学，即使在其纯哲学思考的初始阶段，也是一具有比较性质的学科，其主要目的是在遥远而无害的东方资源之中找到欧洲语言的存在根据：

> **梵语**，不管其有多么古老，具有非常美妙的结构；比**希腊语**更完美，比**拉丁语**更丰富，比这二者更精细，然而无论是在动词词根还是在语法形式上都与这二者有着极强的亲和性，这一亲和性不可能纯属偶然；其亲和性实际上如此之强，任何同时研究这三种语言的人都不可能不相信它们有着共同的起源。[60]

---

[1] 摩奴(Manu)，印度神话中的人类祖先，古印度摩奴《法典》(Institutes of Manu)的制定者。

[2] 《福者之歌》(Bhagavad-Gita)，印度教经典《摩诃婆罗多》的一部分，以对话形式阐明教义。

像琼斯一样,许多在印度的早期英国东方学家都是法律研究者,或者,非常有趣的是,带有强烈传教倾向的医学人员。就人们所知,他们探索"亚洲的科学和艺术"往往带有双重的目的:"希望推进那儿的社会改良,同时促进自己家乡知识的发展和艺术的提高"——由亨利·托马斯·柯勒布鲁克(Henry Thomas Colebrooke)于1823年成立的"皇家亚洲研究会"(Royal Asiatic Society)在其100周年纪念文集中就是这样陈述东方学的共同目标的。[61] 在处理现代东方事物的过程中,像琼斯这样早期的职业东方学家只有这两个任务要完成,然而我们今天却不能指责他们以**西方**的官方身份出现在东方时所受到的限制。他们要么是法官,要么是医生。甚至埃德加·吉内,这位更多地是以隐喻的方式而不是以现实的方式写作的人。也隐隐约约地意识到了这种类似于医生和病人之间的不平等关系。"亚洲有预言家",他在《宗教之特性》(Le Génie des religions)一书中说,"欧洲有医生"。[62] 关于东方的知识起步于对古代文本的全面研究,在此之后才能将这些文本应用于现代东方。面对现代东方显而易见的衰败以及政治上的无能,欧洲的东方学家们发现有责任挽救东方已经丢失的、昔日的辉煌,以"推进"现代东方的"改良"。欧洲人从东方的古代历史中所得到的是一种想象视野(以及成千上万的事实和物品),只有他才能使其发挥最大的效用;他使现代东方向前推进并得到改良——同时,替东方判断什么是最好、什么是最有用的。

拿破仑之前所有东方研究计划有一个突出的特征:人们几乎不知道为了计划的成功实施事先应做些什么样的准备。比如,安格迪尔和琼斯只有在到达东方之后才知道自己该做什么。他们似乎不得不面对整个东方,只有在经过一段时间的仓促应战之后他们才能逐渐将范围缩小，集中到某个特定的区域。而拿破仑则显然不同，他的目标很明确：整个埃及；他做了无与伦比的周详而细密的准备。尽管如此，这些准备却极为公式化，并且可以说，完全是文本性的，这一点值得稍加分析。当拿破仑1797年在意大利准备他的下一次军事行动时，他头脑中考虑的似乎主要有三件事情。第一，尽管英国仍然对他构成威胁，以《坎波福尔米奥条约》（Treaty of Campo Formio）的签订为标志的军事上的巨大成功使他除了转向东方外在其他地方再也找不到可以施展其军事才华的机会。再则，塔列朗[1]此后曾批评他"在新殖民地无所作为"，这一看法，加上极有可能对英国带来伤害，将他的目光引向了东方。第二，从青年时代起，拿破仑就一直向往东方；比如，他年轻时代的手稿中有一份他对马里尼（François Augier de Marigny）的《阿拉伯史》（Histoire des Arabes）所做的评述，而且从他所有的著作和谈话中可以明显地看出，他深深地沉浸在——正如让·狄里（Jean Thiry）所言——亚历山大大帝的东方，特别是埃及的荣光与记忆之中。[63]因此以新亚历山大的身份重新征服埃及的念头自然地进入他的脑海之中，况且这一做法还有一个额外的好处：可以获取新的伊斯兰殖民地，以削弱英国的势力。第三，拿破仑之所以认为埃及计划可以实施是由于无论从策略上、战略上、历史上还是文本上他都对它了如指掌——所谓从文本上了解埃及亦即是说通过欧洲权威学者的著作了解埃

---

[1] 塔列朗（Charles Maurice de Talleyrand-Périgord, 1754—1838），曾任法国外交部长、外交大臣、驻英大使，拿破仑称帝后曾秘密联络沙皇亚历山大一世反对拿破仑。

及,对这一点的意义不可低估。上述一切的意义在于,对拿破仑而言,埃及这一计划首先是在他的头脑中,以后又在其为出征所做的准备中逐渐获得现实可能性的。这种感受事物的方式属于观念和神话的范围,因为它不是从经验现实中收集,而是从文本中获取。因此,他的埃及计划开了欧洲此后与东方的一系列遭遇之先河,在这些遭遇中,东方之专业知识被直接服务于殖民的目的;因为自拿破仑时代开始,东方学家不得不在其忠诚和同情应该给予被征服的东方还是给予作为征服者的西方二者之间做出抉择的关键时刻,总是会选择后者。而对这位帝王本人来说,他所见的东方仅仅是首先由古代文献所记录然后又被东方专家所表述出来的东方,后者对东方的看法乃建立在古代文献的基础之上,这一看法似乎可以有效地取代与真实东方的任何实际接触。

81 拿破仑挑选了数十位"饱学之士"随军出征,他想通过由他建立的埃及研究院的研究人员,对所有相关主题进行研究,为此次埃及远征建立一份活档案,这一点大家耳熟能详,无须赘言。但拿破仑的决定同时还依赖一位法国旅行家沃尔内伯爵(康斯坦丁·德·沃尔内)1787年发表的两卷本著作《埃及与叙利亚之旅》(*Voyage en Egypte et en Syrie*),这一点也许就没有那么广为人知了。除了在短短的个人前言中有一小小插曲告诉读者,由于突然得到一笔钱(遗产继承)使他得以可能实现1783年的东行之外,沃尔内的《埃及与叙利亚之旅》可以说只是一本枯燥乏味的缺乏个性的资料集。显然沃尔内视自己为科学家,其工作永远是将自己所见东西的"状态"记录下来。该书最精彩之处是第二卷中对伊斯兰教的描写。[64] 沃尔内对作为宗教和政治体制的伊斯兰心存敌意;然而,拿破仑却发现沃尔内这一著作及其《论土耳其的现实冲突》（*Considérations sur la guerre actuel de Turcs*）（1788）有着特别重要的意义。因为沃尔内毕竟是一个精明的法国人，并且像其后不久的夏多布里昂和拉马丁一样，将近东视为实现法国殖民野心的一个潜在的舞台。拿破仑获益于沃尔内的是他在书中对法国探险活动在东方所可能遇到的障碍按照难易程度做了逐一列举。

拿破仑在圣赫勒拿岛[1]上向伯特兰（Henri Gratien Bertrand）将军口授的回忆埃及远征的著作《埃及与叙利亚之战》（*Campagnes d'Égypte et de Syrie, 1798—1799*）明确提到沃尔内。他说，沃尔内认为法国的东方霸权有三大障碍，因此法国将不得不打三大战役：第一个是对英国；第二个是对奥斯曼帝国；第三个，也是最艰难的，是对穆斯林。[65] 沃尔内的评价精明而无可挑剔，因为拿破仑明白——任何沃尔内的读者都会明白——对任何想赢取东方的欧洲人而言沃尔内的《埃及与叙利亚之旅》和《论土耳其的现实冲突》都是不可多得的宝贵资料。换言之，沃尔内的著作成了一必备的参考书，它可以缓和欧洲人与东方不期而遇时所可能产生的强烈震撼：阅读这些有关东方的书籍，你在东方就不会迷失方向，你就会将东方控制在自己的股掌之中——这似乎也是沃尔内著作的主题。

拿破仑对沃尔内几乎言听计从，但所采用的方式却很高妙。从法国军队第一次出现在埃及地平线上那一时刻开始，他就千方百计地使穆斯林相信："我们是真正的穆斯林"——正如他1798年7月2日向亚历山大城民所宣告的。[66]（端坐在名

---

〔1〕 圣赫勒拿岛（Saint Helena），南大西洋岛屿名，1815—1821年拿破仑一世被放逐于此岛并死于此岛。

为**东方**的旗舰上）拿破仑身边围着一大堆东方学家,他很好地利用了埃及人对马穆鲁克[1]们的仇视,并且借助了下面这一不无革命性的观念:为了获得平等的机会而对伊斯兰发动一次毫无恶意的、有选择性的战争。给这次远征事件中第一位阿拉伯编年家阿卜德·拉赫曼·贾巴提(Abd-al-Rahman Al-Jabarti)印象最深的是,拿破仑借用学者们的智慧以使其与当地人的接触能够顺利进行——还有,能有机会如此近距离地观察一个欧洲现代学术研究机构的运作也给他留下了深刻的印象。[67]拿破仑在所有场合都试图证明他是在为**伊斯兰**而战;他所说的所有东西都以古兰经式的语言被翻译成阿拉伯文,正如他以命令敦促法国军队永远不要伤害伊斯兰人的感情一样。(试将拿破仑在埃及的策略与1513年西班牙人晓谕印第安人的文件《训谕令》〔*Requerimiento*〕中所用的策略相比:"对于那些冥顽不化者,我们将抓走你本人以及你的妻子儿女,使他们为奴,如果陛下〔西班牙国王和王后〕下达命令,将卖掉他们,处置他们;我们将拿走你们的财物并且尽我们所能使一切不幸和灾难降临到你们头上",等等,等等。[68])当拿破仑认识到自己的力量似乎不足以让人们相信这一点时,他试图迫使当地的伊玛目、卡迪、穆夫提和乌里玛[2]们对古兰经做有利于法国军队的解释。为了达到这一目的,在阿扎尔(Azhar)任教的60位乌里玛被请到军营,受到高规格的接待,然后被包围在拿破仑对伊斯兰和穆罕默德心存仰慕、对古兰经——他似乎对其非常熟悉——心怀敬

---

〔1〕 马穆鲁克(Mameluke),1250—1517年间统治埃及的军人集团成员。
〔2〕 伊玛目(imam,清真寺中领教众做祈祷的人;卡迪(cadi),依伊斯兰教法进行宗教审判的法官;穆夫提(mufti),伊斯兰教法说明官;乌里玛(ulema),穆斯林国家有名望的神学家或教法学家。

意的一片颂扬和阿谀声中。这一招果然奏效，不久开罗人似乎就失去了对占领者的厌恶之心。[69] 拿破仑在离开埃及之前曾严格教导其代理人克勒伯（Jean-Baptiste Kleber）一定要通过东方学家以及能被赢获的伊斯兰宗教领袖来管理埃及；任何其他政治举措代价都过高，都将是不明智的。[70] 雨果在《拿破仑颂》（"Lui"）这首诗中曾这样极力颂扬拿破仑东方远征所获得的成功：

在尼罗河边，我再次发现他的身影。
他在火光中迎来了埃及的黎明；
他皇冠上的宝珠将东方照亮。

征服者，饱含激情，以雷霆般的声威和神迹，
震惊了这块布满神迹的土地。
老酋长们将这位年轻谨慎的新首领的声名传扬；
人们在他前无古人的强力面前诺诺唯唯；
目晕耳眩的古老部落对这位
穆罕默德般的西方尊神维止维仰。[71]

如此巨大的成功之基础只有在军事远征**之前**才有可能奠定，也许只有一个除了书本所载和学者之言以外对东方没有任何先在经验的人才有可能奠定。将一个完整的研究机构带在身边的想法，正是这一从文献资料出发认识东方的姿态之显著特征。这一姿态反过来又被具体的革命性政令（特别是拿破仑三年芽月十日——1793 年 3 月 30 日——所颁布的政令：在国立图书馆设立**公立学校**以教授阿拉伯语、土耳其语和波斯语[72]）所加强，其目的是为了以理性消除神秘，使再深奥的知识也能

得到体制化的研究和传授。因此，拿破仑的随军翻译中有许多人是东方学家西尔维斯特·德·萨西的学生，后者自1796年6月开始一直是这所公立东方语言学校第一位也是唯一一位阿拉伯语教师。萨西后来几乎成了欧洲所有著名东方学家的老师，在欧洲他的学生统治这一领域达七八十年之久。许多人被派上了政治的用场，其中好几位曾随拿破仑出征埃及。

但处理穆斯林问题只是拿破仑统治埃及计划的一个方面。另一方面是使其完全开放，使其彻底暴露在欧洲研究者的面前。埃及一直是一块神秘朦胧的土地，作为东方的一个组成部分它到这时为止一直只能通过早期旅行家、研究者和征服者的第二手资料加以了解，而此后，埃及将成为法国学术研究的一部分。这里同样显露出这一计划文本化的与图式化的姿态。拥有众多化学家、历史学家、生物学家、考古学家和文献收藏家的埃及研究院实际上成了拿破仑军队的"学术部"。其攻击性并不比作战部小：将埃及转变为现代法国；与阿贝·勒·马斯克里耶（Abbé le Mascrier）1735年的《埃及述》（Description de l'Egypte）不同，拿破仑试图囊括一切。几乎从进占埃及的第一刻开始，拿破仑就要求研究院召开会议，进行实验——用今天的话来说，开始其发现事实的使命。最重要的是，所说、所见与所研究的一切都要求被记录下来，这些东西实际上也确实被记录了下来：1809—1828年间发表的长达23卷的《埃及志》实际上是一个国家对另一个国家集体掠夺的记录。[73]

《埃及志》的独特之处不仅在于其规模或其编撰者学识的渊博，而且在其对研究对象的态度，现代东方学研究深感兴趣的正是这一态度。由研究院秘书让－巴普迪斯特－约瑟夫·福里耶[1]执笔的《历史前言》开篇即表明,在"处理"埃及时,研究者同时也是在与一种不含任何杂质的文化、地域和历史意义进行直接较量。埃及位于非洲与亚洲、欧洲与东方、记忆与现实之关系的焦点。

> 地处亚非之间且与欧洲有便利交通的埃及占据着这块古老大陆的核心位置。这个国家给人们带来的只是辉煌的记忆;它是艺术的故都并且保存有无以计数的杰作;其主要寺庙和王宫至今犹存,尽管那些相对于其历史来说毫无古老可言的建筑早在特洛伊战争之前即已建成。荷马、莱克格斯(Lycurgus)、梭伦(Solon)、毕达哥拉斯(Pythagoras)和柏拉图都去埃及学过科学、宗教和法律。亚历山大曾在那里建立过一个豪华的城市,它在很长时间内具有商业霸主的地位,曾亲眼目睹庞培(Pompey)、恺撒、马克·安东尼(Mark Antony)和奥古斯都(Augustus)在此为罗马的命运和整个世界的命运生死相搏。因此这一国家有资格抓住那些掌握着许多民族之命运的英雄人物的注意力。
>
> 不论在西方还是亚洲,没有哪一民族在获得相当强力之后不将目光转向埃及,这在某种程度上被视为一种自然的选择。[74]

因为埃及无处不显露出对艺术、科学和政治的重要性,它必然

---

[1] 让-巴普迪斯特-约瑟夫·福里耶(Jean-Baptiste-Joseph Fourier,1768—1830),法国数学家、埃及学家。

会成为具有世界历史意义的行动之舞台。于是，通过赢取埃及，一个现代强权的力量自然就得到显现并在世界历史中占据一席之地；埃及自身的命运将由欧洲来决定。此外，这一强权还会创造新的历史，这一历史的基本要素是由那些与荷马、亚历山大、恺撒、柏拉图、梭伦和毕达哥拉斯这些曾经为东方带来过荣耀的人物相比也毫不逊色的人物来界定的。简言之，东方乃作为一套价值体系而存在，这一价值体系并非与其当代现实相联，而是与欧洲遥远的过去相联，后者与东方进行过接触，而且这一接触的价值已有定评。这是我所说的文本化的、图式化的态度的一个极好例证。

福里耶在其后一百多页的篇幅里以同样的方式继续他的描述（附带提一句，每一页都有一平米见方，似乎只有如此庞大的书页才能与此计划的巨大规模相配）。然而，他必须在这一自由弥散的过去中为拿破仑的远征行动找到合理的根据。他绝不会放弃戏剧性这一有用的视角。心中装着欧洲读者和自己正在论说的东方人物，他这样写道：

> 人们对法国人到了东方这一消息给整个欧洲带来的强烈震撼仍然记忆犹新……这一庞大计划的构想是静悄悄地进行的，其准备工作如此密不透风，以至处于焦虑和警戒状态的敌手们对此毫无觉察；只有当这一行动以迅雷不及掩耳之势实际进行时，他们才明白，它已经被构想，被准备，并且得到了成功的实施……

不仅如此，这样一个富于戏剧性的**戏剧性行动**还会使东方受益：

> 这一曾将其知识传送到如此多民族的国家，今天却深陷愚昧之中而无力自拔。

只有大英雄才能将上述所有因素聚合在一起，福里耶接下来描述的正是这一点：

> 拿破仑充分认识到了这一事件对欧洲、东方和阿拉伯之间的关系，对地中海航运以及阿拉伯命运可能产生的影响……拿破仑想为东方提供有用的欧洲范例，并且改善其居民的生活，同时为他们带去一个高度发达的文明所拥有的一切便利。
>
> 如果不将其计划继续扩展至艺术和科学的领域，上述这一切将无法实现。[75]

将一个地区从其现在的愚昧状态复兴为以前曾有过的辉煌状态；以现代西方的方式对东方施以教化（为了使东方自身受益）；低调处理军事强力的作用以将在对东方进行政治统治的过程中所获取的知识聚合在一起；对东方进行表述，在完全承认其在历史上的地位、其对帝国战略的重要意义以及其作为欧洲附庸之"自然"角色的同时，赋予东方以形式、身份和定义；以"贡献现代学术"为名对殖民占领中收集起来的所有东方的知识加以美化，并且认为在此过程中当地人根本没有蒙受什么羞辱，只不过被作为某个文本的前文本看待，而这一文本对当地人是无足轻重的；使欧洲人获得可以随心所欲地对东方的历史、时代和地理发号施令的感觉；将新的专业领域体制化；建立新的学科；对视野中（与视野外）的一切进行分类、排列、概括、制表、索引和记录;对东方的本质、性情、心性、习俗或风格的每一细节进行概括并且从此概括中抽象出一个万世不变的规律;最重要的是,将活的现实加以裁割后塞进物质文本之中,因东方似乎没有什么东西能抵挡自己的强力而占有(或认为自己占有)其现实:东方学计划的这些方面在《埃及志》中都完全得到实现,它使拿破仑以西方知识和强力为工具,用完全东方学的方式吞并埃及的计划得以实现,并在这一计划实施的过程中得到加强。因此福里耶在结束其前言时宣称:历史将会记住"埃及如何成为实现其〔拿破仑〕光荣和梦想的戏剧舞台,如何可以用来防止人们遗忘这一不同寻常的事件得以发生的全部条件"。[76]

这样,《埃及志》就断定埃及历史或东方历史没有自己的连贯性、身份和意义。于是,《埃及志》通过将埃及历史与世界历史——只不过欧洲历史之委婉说法而已——直接等同而用自己所记录的历史取代了埃及或东方的历史。对东方学家而言,将事件从湮没无闻的状态拯救出来,等同于将东方转变为供自己表述东方的戏剧舞台:这几乎与福里耶所说的一字不差。况且,用现代西方语言描述东方这一霸道十足的做法,可以将东方从默默无闻的模糊状态(除了对自己辉煌但未曾得到清晰界定的过去的朦朦胧胧的哀悼感之外),提升到欧洲现代科学的清晰状态。在欧洲现代科学中,这一新东方的作用是确证由布封[1]所提出的动物分类规律——比如埃蒂安·乔弗

---

[1] 布封(Georges Louis Leclerc Buffon, 1707—1788),法国博物学家,曾任法国植物园主任、皇家博物馆馆长,著有《自然史》(合著),曾提出"风格即人"的著名论点。

罗伊·圣-希拉尔在《埃及志》有关生物学的部分就是这么做的。[77]或者用作"欧洲风俗的鲜明对照"[78]：用东方人"耽于享乐的怪癖"来突出西方风俗的清醒和理智。或者——让我们再引述一种用途——促使人们在欧洲人身体内寻找使木乃伊的熏制得以成功进行的那些东方生理特征，以使那些为了荣誉而战死疆场的法国人的遗骸能够成为拿破仑东方行动的活见证。[79]

然而拿破仑进占埃及在军事上的失败并没有同时导致其整个埃及计划或其他东方计划的失败。占领行动通过拿破仑在埃及所建立的话语体系对欧洲东方经验的现代化产生了直接的影响和推动，对这一话语体系的建立起着支配作用并且使其得到传播的东西包括埃及研究院和《埃及志》。正如夏尔-卢克斯（Charles-Roux）所总结的，一个"恢复了繁荣、为开明的管理所复活"的埃及"将会使其文明之光远播于东方四邻"。[80]一点不假，其他欧洲强国将会与法国奋力相争，特别是英国。但如果想沿着欧洲之东方使命这一共同的传统继续前进——尽管欧洲内部存在着小纷争、不体面的竞争甚或公开的战争——就必须创立新的计划、新的视野、新的事业，以将古老东方的其余部分与富有征服欲的欧洲精神相结合。于是，在拿破仑之后，东方学所使用的话语发生了剧变。其中的现实主义倾向得到加强，它不仅仅成为一种表述的方式，更成为一种语言，实际上成为一种**创造**的方式。与**母语**（*langues mères*）——安东尼·法布赫·多利弗（Antoine Fabre d'Olivet）用这个词指称那些对现代欧洲通俗语言而言已被淡忘的、处于潜伏状态的源头——一起，东方被重构，重组，精制，简言之，由于东方学家的努力而得到**再生**。《埃及志》成为将东方呈现给欧洲的所有深入努力的样板，有了这一样板，就可以将东方完全吸收到欧洲之中并且——最重要的是——消除或至少是削弱和降低其陌生性与——就伊斯兰而言——敌意。因为伊斯兰的东方此后将作为显现东方学家力量的范畴而出现，而不是作为显现伊斯兰民族的力量及其自身历史的范畴而出现。

因此，拿破仑的远征引发了一系列文本的诞生，从夏多布里昂的《巴黎到耶路撒冷、耶路撒冷到巴黎巡游记》(*Itinéraire de Paris à Jérusalem, et de Jérusalem à Paris*) 到拉马丁的《东方之行》(*Voyage en Orient*) 到福楼拜的《萨朗波》(*Salammbo*)，以及雷恩的《现代埃及风俗录》和理查德·伯顿的《麦地那和麦加朝圣记》(*Personal Narrative of a Pilgrimage to al - Madinah and Mecca*)。这些著作之所以可以被联结在一起，不仅因为它们有着东方知识与东方经验之共同背景，而且因为它们在学术上都依赖于东方这一孕育了这些文本的母体。如果这些作品到头来只不过是对人们想象中现实东方人应该具有的样子的一种精心编织出来的、高度个人化的摹仿，这一具有讽刺意味的结果绝非来自那些想象性概念本身所具有的力量，也非来自于欧洲实际控制东方的力量——这两种力量的原型分别是卡廖斯特罗[1]，在欧洲兜售东方的大骗子，和拿破仑，东方的第一位现代征服者。

艺术作品和文学作品并非拿破仑远征的唯一产物。除此之外，显然也更有影响的是，还有科学研究方面的计划，其主要代表是厄内斯特·赫南完成于1848年并为其赢得"沃尔内奖"(the Prix Volney)——我认为绰绰有余——的著作《闪语

---

[1] 卡廖斯特罗（Count Alessandro di Cagliostro，1743—1795），意大利江湖骗子、魔术师和冒险家，流窜欧洲各大城市，因触犯刑律被判无期徒刑。

之比较体系和一般历史》(*Système comparé et histoire générale des langues sémitiques*);以及地域政治方面的计划,其主要代表是费迪南-马利·德·雷赛布[1]的苏伊士运河计划与英国1882年对埃及的占领。这两类计划之间的差异不仅在于其规模而且在于其东方学信念的性质。赫南确信他的著作再造了东方,实际上也的确如此。另一方面,雷赛布却总是对他的计划从古老东方所发掘出来的新异性感到有点儿吃惊,这一感觉几乎感染了所有的人,对他们来说苏伊士运河于1869年的开通绝非一般的事件可比。在1869年7月1日的《旅行指南》(*Excursionist and Tourist Advertiser*)杂志中,托马斯·库克(Thomas Cook)以毫不逊色于雷赛布本人的热情写道:

> 11月17日,人们将举行盛大的仪式庆祝本世纪最壮丽的工程的开通,几乎所有欧洲王室都将派代表参加这一辉煌的庆典。无疑场面将极为壮观。在欧洲和东方之间开凿一条水道的梦想几个世纪以来一直萦绕在希腊人、罗马人、撒克逊人和高卢人的心头,但直到最近现代文明才有可能将赶超古代法老的想法付诸实践,后者经过几个世纪的艰苦努力曾在两大海域之间建立过一个通道,其遗迹至今犹存……与这一〔现代〕工程有关的一切都具有令人吃惊的巨大规模,只要稍微浏览一下出自歇瓦利耶·德·圣斯陀阿斯(Chevalier de St. Stoess)之手的描述这一工程的小

---

[1] 费迪南-马利·德·雷赛布子爵(Vicomte Ferdinand-Marie de Lesseps, 1805—1894),法国外交官、工程师,退出外交界后组成苏伊士运河公司,监管苏伊士运河工程。

册子我们对其规模即可获得一个大致的了解；令人惊讶的还有费迪南·德·雷赛布这位伟大的天才——由于他的坚韧、胆识和远见，几个世纪以来的梦想终于成了可感可触的事实……这一计划将西方和东方国家更紧密地联结在一起，并因而将不同时代的人类文明联结在一起。[81]

将古老的观念与现代方法相结合，将不同的文化（这些文化与19世纪发生着不同程度的关系）聚合在一起，将现代西方的技术力量和学术意愿真正加于像东方和西方这样原本稳定而各自为阵的地域实体之上：这就是库克所构想的，也正是雷赛布在各种期刊、演讲、说明书和信件中所极力宣扬的。

从渊源和谱系来说，费迪南有着幸运的起点。他的父亲马修·德·雷赛布（Mathieu de Lesseps）曾随拿破仑来到埃及并且在法国军队于1801年撤出埃及后，在那儿又待了四年（作为"法国的非官方代表"，约翰·马洛〔John Marlowe〕这样说[82]）。费迪南后来在许多著作中提到了拿破仑自己对开挖运河的兴趣，但由于专家们提供给他的信息有误，他从未认为这一想法是现实可行的。受到运河开凿计划——包括法国的黎塞留（Richelieu）和圣西门空想主义者们（Saint-Simonians）的计划——曲折历史的影响，雷赛布于1854年重返埃及，开始着手进行这一历经15年之久才最终完成的计划。他没有工程方面的经验。是对自己作为建设者、鼓动者和创造者的坚定信念使他毫无畏惧，勇往直前；他在外交和理财方面的才能得到了埃及人和欧洲人的支持，他似乎已经获得了完成这一事业必备的知识。也许更有用的是他学会了怎样使其赞助者们认识到他们的行为对世界历史所具有的重要意义，并且让他们明白他的"精神思考"（pensée morale）——他这样称呼自己的计划——的真正目的。"你们可以预见"，他在1860年这样告诉他们，"东方与西方的靠近给世界文明和人类发展将会带来多么大的推动。世界在期待着你们采取一个伟大的行动，而你们应该回应世界对你们的这一期待。"[83]与这样的观念相适应，雷赛布为其于1858年组建的投资公司取了一个饱含激情和雄心的名字："万国公司"（Compagnie universelle）。1862年，法国科学院（Académie française）曾为一部描写苏伊士运河的史诗颁奖。奖金得主波尔尼耶（Henri de Bornier）对此计划做了下面这一极为夸张的描述，而这一描述与雷赛布自己所想望的几无二致：

> 干活去呀！法兰西的兄弟们，
> 为全世界开辟这条新的道路！
> 这里留下过你们先辈英雄们的足迹；
> 像他们一样，
> 在金字塔下勇敢无畏地斗争，
> 四千年的历史在凝视着你们！
>
> 是的，为全世界！为亚洲和欧洲，
> 为那些被黑夜笼罩的遥远国土，
> 为狡诈的中国人和半裸的印度人；
> 为那些快乐，自由，仁爱和勇敢的民族，
> 为那些邪恶的民族，为那些受奴役的民族，
> 为所有那些被上帝遗忘了的民族。[84]

每当雷赛布被要求为运河开凿所需的庞大人力物力提供合理证

明,他的雄辩和机敏善变就得到最充分的表现。一大堆统计数据会源源不断地从他嘴里冒出;他还会同样广博地征引希罗多德和海航方面的统计数据。在1864年的日志条目中,他援引并且赞同喀西米尔·勒孔特(Casimir Leconte)的观点:异乎寻常的生活会激发人异乎寻常的创造力,异乎寻常的创造力会产生异乎寻常的壮举。[85]这些壮举有其自身的合理性。尽管不可避免地会面临着挫折和失败,尽管会付出重大的代价,运河这一将会给欧洲处理东方的方式带来巨大变化的事业值得人们一试。这一不同寻常的计划的成功实现将会证明反对者们的错误,将会改变整个东方的命运,实现墨守成规的埃及人、狡诈的中国人和半裸的印度人从未实现过的梦想。

1869年的开通典礼像雷赛布的整个策划过程一样完美地体现了他的这些想法。很长时间以来,他的演讲、信件和宣传手册处处充满着热情洋溢、令人振奋、具有戏剧效果的词汇。人们可以发现他不断在说(总是以第一人称复数形式):我们创造,我们奋斗,我们裁决,我们实现,我们行动,我们确认,我们保存,我们推进;他不断重复说:没有什么能阻止我们,没有什么是不可能实现的,没有什么比实现"最终的结果,伟大的目标"更重要——他构想、设计并且最后实现了这一目标。当教皇特使在11月16日的典礼上向聚集在此的各界名流发表讲话时,他对雷赛布的运河为人类心智和想象所开辟的空间极尽溢美之词:

> 可以确定无疑的是,已经鸣响的这一时刻不仅是本世纪最盛大的时刻之一,也是人类历史上最伟大、最具有决定意义的时刻之一。在这一连接着非洲和亚洲的地方,在这一人类的盛大节日,在这一庄严的世界主义的时刻,地

球上的所有民族都在同声欢呼，所有民族的旗帜都在空阔明亮的蓝天下快乐地飘扬，高耸的十字架和灿烂的新月交相辉映，这么多的奇迹，这么强烈的对比，这么多美好的梦想都变成了可感可触的现实！在这些奇迹之中，汇聚着这么多供思想家探索的主题，这么多现时的乃至未来的欢乐，这么多光荣的希望……

地球上的两极正在互相靠近；在互相靠近中，互相认识；在互相认识中，所有的人都成为那唯一的上帝的孩子，在兄弟般的友爱中快乐地战栗！啊，西方！啊，东方！大家走到一起来，互相注视，互相认识，互相致敬，互相联结……

在物质现象背后，思想家的目光开凿出一个超越了人的探测范围的空间，在无边的天际，旋转着人类最高的命运，最光荣的征服，最不朽的信念……

〔上帝！〕祈求您神圣的气息吹拂过这片水面！祈求您神圣的气息从西方飘到东方，再从东方飘到西方！噢，上帝！沿着这条道路，为不同的民族一一赐福吧！[86]

整个世界似乎都在向这一业绩致敬，上帝除了赐福外似乎别无他途。千百年来的隔阂、千百年来的禁忌一下子消除殆尽：十字架俯视着新月，西方已经来到东方，而且从此再也不会离开（直到1956年7月纳赛尔[1]宣布运河收归国有）。

在苏伊士运河这一事件中我们看到了东方学思想以及，更

---

[1] 纳赛尔（Gamal Abdel Nasser，1918—1970），埃及总统（1956—1970），埃及共和国创建者，将苏伊士运河收归国有。

为有趣的是,东方学行为合乎逻辑的结论。对西方而言,亚洲一直代表着遥远、静寂、陌生的异域;伊斯兰乃欧洲基督教桀骜难驯的敌手。为了使其驯服,东方首先必须被认识,然后必须被入侵和占领,然后必须被学者、士兵和法官们重新创造,这些人将古代东方被遗忘的语言、历史、民族和文化重新发掘出来,用作——在现代东方人的视野之外——评判和统治现代东方的工具。模糊性被消除,代之以人为建构的实体;"东方"(the Orient)是学者的一种话语,它代表着现代欧洲近来从仍属异质的东方(the East)所创造出来的东西。雷赛布及其运河最终消除了东方的异质性,其与西方之间的隔阂,其持久的异域色彩。正如陆地间的障碍可以被水道所打通,东方也可以从桀骜不驯的敌手转变为温驯的伙伴。自雷赛布之后,没有人可以再认为东方属于严格意义上的另一世界。只有"我们"的世界,只有相互联结在一起的"一个"世界,因为苏伊士运河的开通挫败了那些固执地认为世界仍然存有差异的狭隘看法。此后,"东方"将成为受人口学、经济学和社会学因素支配的行政概念。对贝尔福这样的帝国论者或者霍布逊(J. A. Hobson)这样的反帝国论者而言,东方,像非洲一样,并不仅仅是某个特殊的地理区域,而且也是"臣属民族"之一员。雷赛布通过将东方"拽进"西方并且最终消除伊斯兰的威胁而抹去了东方的地域特征。将会出现一些新的范畴和经验(包括带有帝国论色彩的在内),东方学最终将使自己与此相适应,然而要真正实现这一点却并不那么容易。

四 危机

说某人或某物有**文本性的**态度也许听起来有点奇怪,然而，如果想到伏尔泰在《戆第德》(*Candide*)里面所抨击的那种观点或者塞万提斯在《堂吉诃德》(*Don Quixote*)里面所讽刺的那种对现实的态度，一个文学研究者对这一术语的理解也许就会容易得多。这些作家对自己这样一种看法感觉非常良好：认为人类所生活的纷纷攘攘、变化莫测、问题重重的世界可以按照书本——文本——所说的去加以理解是错误的；将书本上的东西照搬到现实是愚蠢的或灾难性的。正如你不会用《圣经》去理解，比如说，众议院一样，你也不会用《高卢的阿马狄斯》(*Amadis of Gaul*)去理解16世纪（或今天）的西班牙。但显然，人们一直试图并且确实在尝试着以一种简单化的方式来使用这些文本，因为如果不这样的话，《戆第德》和《堂吉诃德》将不再能够像今天那样对读者产生吸引力了。人们宁可求助于文本图式化的权威而不愿与现实进行直接接触，这似乎是人类一个普遍的弱点。然而，我们要问：这一弱点会永远存在，或者，这些情境会比别的情境更有可能促使文本性态度的盛行吗？

有两种情况会促发文本性态度的产生。一是当人与某个未知的、危险的、以前非常遥远的东西狭路相逢的时候。在这种情况下，人们不仅求助于以前的经验中与此新异之物相类似的东西，而且求助于从书本上所读过的东西。旅行书籍或指南这类文本像人们所能想到的任何书籍一样"自然"，其撰写和使用像任何书籍一样合乎逻辑，原因正在于，当在陌生地方旅行所碰到的不确定性因素威胁到内心的平静时人们往往会求助于文本。许多旅行者都谈到当他们在陌生的国土上旅行时他们所经历的与他们所预期的会出现差异，也就是说与书本所说的不同。当然，旅行书籍或指南的作者之所以写这些书是为了对人们说这个国家的确**是**像书上所写的那种样子或者更好；**是**多姿多彩的，奢华的，有趣的，等等。这两个方面实际上说明的是同一种观念：人、地方和经历总是可以通过书本而得到描述，以至于书本（或文本）甚至比它所描述的现实更具权威性，用途更大。法布里斯·德·堂戈（Fabrice del Dongo）这一人物身上的喜剧性并不在于他没能找到滑铁卢战役，而在于他的寻找方式：他是手捧一本书按图索骥地去寻找的。

促发文本性态度产生的第二种情况是成功的诱惑。如果你读到一本描写凶猛的狮子的书然后果真遇到一头凶猛的狮子（当然，我将这一情境简化了），这可能会激发你阅读这个作者所写的更多的书并且对其信以为真。但如果那本描写狮子的书还教你遇到凶猛的狮子时该怎么做而且所教的办法完全行之有效，那么，其作者不仅会获得更大的信任，他还会受激发尝试写其他类型的书籍。这里面存在着一个非常复杂的相互强化的关系：读者在现实中的经历为其所阅读的东西所决定，但这反过来又影响作家去描写那些为读者的经历所事先确定的东西。于是一本以如何对付凶猛的狮子为主题的书可能会导致一系列以狮子之凶猛、凶猛之源等为主题的书的产生。同样，当文本的主题越来越集中——不再是狮子而是狮子之凶猛——时，我们也许可以预言：被推荐用来对付狮子之凶猛的办法实际上将会**助长**其凶猛，使其显露出凶猛，因为凶猛正是其自身所是的东西，实际上也正是我们所知或**唯一**能知的东西。

我们对一个旨在包含关于真实事物的知识且源于与我刚才所描述的情境相类似的情境的文本无法轻易释手。专业知识被赋予其中。研究院、学术机构和政府的权威可以令其身价倍增。最重要的是，这样的文本不仅能**创造**知识，而且能创造它们似乎想描写的那种现实。久而久之，这一知识和现实就会形成一种传统，或者如米歇尔·福柯所言，一种话语，对从这一传统或话语中产生的文本真正起控制作用的是这一传统或话语的物质在场或力量，而不是某一特定作者的创造性。这种文本由被福楼拜归入"*idée reçues*"（"陈词滥调"）[1]范围的那些先在的信息单元所构成。

让我们根据这些想法再来看一看拿破仑和雷赛布的例子。他们所知道的东方的一切都或多或少来自于那些沿袭东方学传统、在东方学资料库中被归入"陈词滥调"这一范畴的书籍；对他们来说，东方，就像凶猛的狮子一样，是在某种程度上将要被遭遇、被对付的某个东西，**因为**这一东方是由那些描写东方的文本创造出来的。这样一个东方静默无语，可被欧洲用来实现自己的计划，这些计划尽管牵涉到当地居民但却从来无关其实际的痛痒；这样一个东方无法抵抗为其设计好了的计划、形象或描述。在本章前面的部分我曾将西方关于东方的写作（及其后果）与东方的静默之间的关系称作西方强大的文化力量、西方支配东方的愿望所产生的结果及其符号。但这一力量还有另外一个方面，其存在有赖于东方学传统的压力以及这一传统对东方所形成的文本态度；这一方面随心所欲地发展着自身，就像关于凶猛的狮子的书籍一样，除非狮子能够开口与其争辩。拿破仑和雷赛布——我们仅仅从为东方所制订的众多计划中随便挑选出两个——也许根本没有意识到自己所采用的正

---

[1] 福楼拜对那些为人们普遍接受的陈词滥调深恶痛绝，早年曾编一《陈词滥调词典》（*Bibliothèque des idées reçues*）以戏之。译文中凡是在此意义上使用的"陈词滥调"一词都加引号以示区别（书名号中的除外）。

是这样一种视角，它在东方根本无力反抗的、无边的静默中任性而为，主要是因为东方学的话语赋予了他们的活动以意义，使其能够得到理解，使其具有现实性。东方学话语以及产生这一话语的条件——就拿破仑的例子而言，即在军事上比东方要强大得多的西方——把可以在《埃及志》这样的作品中得到描述的东方人以及可以像雷赛布开凿苏伊士运河那样被凿开的东方送到了他们的面前。而且，东方学还使他们获得了成功——至少从他们自己的角度来看是这样，然而这一角度与东方人的角度根本没有什么关系。换言之，他们所取得的成功使东方人和西方人之间实现的是一种如同《陪审团的审判》(Trial by Jury)中那位法官所说的"本人认为，我认为"那样一种单方面的交流和沟通。

一旦我们将东方学视为西方对东方的一种投射和统治东方的一种愿望，我们对其所作所为根本就不会感到大惊小怪。因为正如米歇雷、兰克、托克维尔（Alexis de Toqueville）和布克哈特[1]这样的历史学家可以将他们的叙事作品视为"特殊类型的故事"[87]一样，东方学家几百年来也一直在将东方的历史、性格和命运进行同样的情节化处理。到19世纪和20世纪，东方学研究越来越走向深入，原因首先是，到这时可供想象和实际操作的地域已经越来越小；其次，这一时期东方与欧洲之间的关系，为欧洲寻找市场、资源和殖民地这一一发不可收的扩张活动所决定；最后，东方学自身也完成了从学术话语向帝国主义机制的转化。这一转化的证据可以在我所举的拿破仑、雷

---

[1] 兰克（Leopold von Ranke, 1795—1886），德国历史学家；布克哈特（Jakob Burckhardt, 1818—1897），瑞士历史学家。

赛布、贝尔福和克罗默的例子中轻而易举地找到。他们的东方计划只有在最基本的层面上才可以被理解为具有远见卓识的人——卡莱尔所说的英雄——的行为。实际上,拿破仑、雷赛布、克罗默和贝尔福都远没有那么伟大,没有那么不同凡响,我们只要回想一下德尔贝洛和但丁的计划并且为其安装一个现代化的、有效的发动机(比如19世纪的欧洲帝国)和一个合适的方向就可以明白这一点:尽管人们无法从本体论的意义上将东方抹除(德尔贝洛和但丁也许在某种程度上做到了这一点),但人们确实有办法抓获东方,对付东方,描述东方,修饰东方,急剧地改变东方。

我在此试图表明的是,从仅仅对东方进行文本上的理解、阐述或界定到将所有这些行为实际应用于东方这一转变确实发生了,而且,东方学在此**荒谬的**——如果我可以在字面意义上使用这一词的话——转变中扮演着重要的角色。就严格意义上的学术研究而言(从情感上说,我发现严格意义上的学术研究这一说法过于刻板和抽象,难以理解,然而,从理智上说,未尝不可),东方学做了很多事情。在19世纪这一辉煌的历史时期,东方学产生了自己的学者;它扩大了西方语言教学的数量,扩大了被编辑、翻译和评论的手稿的数量;在很多时候,它为东方提供了具有同情心的欧洲研究人员,这些人对梵语语法、腓尼基钱币学和阿拉伯诗歌这样的东西抱有真正的兴趣。然而——在此我们必须非常清楚地认识到——东方学凌越于东方之上。作为思考东方的一种体系,它总是从具体的细节上升到普遍的问题;对一位10世纪阿拉伯诗人的看法,会被人为提升为关于埃及、伊拉克或阿拉伯这些地方的东方人心性的普遍证据。同样,古兰经中的一首诗也会被视为穆斯林根深蒂固的纵欲倾向的最好例证。东方学假定了一个一成不变的、与西方截然不同的东方（其理由随着时代的变化而变化）。而东方学自身在18世纪之后却是一成不变的。所有这一切使作为东方的观察者和管理者的克罗默和贝尔福应运而生。

  政治和东方学之间的密切联系，或更稳妥地说，来自东方学的东方观念可以用于政治这一可能性，乃一重要然而极为敏感的事实。它在黑人研究或妇女研究这样的领域向人们提出了有关清白或有罪、学术公正或偏私之类的问题。它必然使人们的良心在文化的、种族的或历史的普遍性，以及其用途、价值、客观性程度和基本意图这些方面感到不安。最重要的是，西方的东方学得以繁荣发展的那些政治和文化条件把人们的注意力引向作为研究对象的东方或东方人所处的劣势地位。除了政治上的主人／奴隶关系外，还有什么别的东西能产生安沃尔·阿卜德尔·马勒克（Anwar Abdel Malek）极好地描述的那种东方化了的东方？

97   （一）就**问题的位置**而言……东方和东方人〔被东方学〕作为研究的"对象"，深深地打上了他性（otherness）——代表着所有不同的东西，不管是"主体"还是"对象"——的烙印，然而这一他性却是人为建构起来的，具有本质论的特征……。这一研究"对象"通常是被动的，没有参与能力，被赋予了一种"历史的"主体性，最重要的是，就其自身而言，它是非活性的，非独立的，非自主的：可以被接纳的唯一的东方或东方人或"主体"已经被异化，在哲学的意义上——也就是说，除了自身与自身的关系外——被他人所假定，所理解，所界定。

（二）就**主题**而言，〔东方学家〕对其所研究的东方国家和民族形成了一种本质论的观念，这一观念通过具有鲜明特征的种族类型学而表达自身……并且马上就会从此种族类型学走向种族主义。

对传统的东方学家而言，应该存在着——有时甚至可以用形而上学的话语清晰地加以表达——某种本质，这一本质构成所有被考察的东西不可分割的共同基础；这一本质既是"历史性的"，因为它可以被追溯到历史的最早期，又是非历史性的，因为它将被考察的东西，即研究的"对象"，固定在其不可分割的、没有演变和发展的特殊性之中，而不是将其界定为作为历史演化力之产物和结果的所有其他的东西、民族、国家和文化。

因此，其结果是产生了一种类型学——以现实的特殊性为基础，但却与历史相分离，并因而被设想为无形无体的本质——它将被研究的"对象"转化为另一种东西，研究主体也因此而成为一种超验的存在；我们将会有一个中国人，一个阿拉伯人（又何尝不可以有一个埃及人，等等），一个非洲人，而人——"一般"意义上的人——则成了人类进入历史之后的时期——即古希腊以来的时期——欧洲人的代名词。人们可以看到，从18世纪到20世纪，在人文社会科学领域，特别是在那些与非欧洲民族发生直接关系的领域，马克思和恩格斯（Friedrich Engels）所揭示的少数几个支配性民族的霸权主义与弗洛伊德所揭示的人类中心主义（anthropocentrism）是多么强烈地与欧洲中心主义（Europocentrism）相伴沉瀣一气的。[88]

阿卜德尔·马勒克认为东方学拥有一种历史,这一历史在20世纪晚期的"东方人"看来,将东方学引入了上面所描述的那种困境。现在,让我们简要勾勒一下这一历史在19世纪是如何在欧洲中心主义的影响下逐渐积聚起其力量和权力,即"少数几个支配性民族的霸权主义",如何积聚起其人类中心主义的。从18世纪最后几十年开始至少一个半世纪以来,英国和法国支配着东方学这一学科。琼斯、弗朗茨·葆朴、雅各布·格林[1]等在比较语法学方面做出的重大发现原本是为了研究从东方带回巴黎和伦敦的手稿。几乎无一例外,所有东方学家都是从语言学进入东方学研究生涯的,语言学上的革命性突破不仅产生了葆朴、萨西、布尔奴[2]这样的东方学大师及其追随者,而且产生了一种比较的科学,其前提是:各种语言都有自己所属的语系,其中最大的两个语系是印欧语系和闪含语系。因此,东方学一开始就具有两大特征:第一,一种新近发现的科学的自我意识:东方在语言学上对欧洲有重要的意义;第二,一种倾向:对其对象进行区分,进一步区分,再区分,同时将东方视为一个一成不变的、整一的、具有鲜明独特性的对象。

弗里德里希·施莱格尔——他是在巴黎学的梵语——同时阐明了这两个特征。尽管到1808年发表其《印度的语言和智慧》时施莱格尔实际上已经退出了东方学研究领域,但他仍然认为梵语、波斯语和希腊语、德语二者之间比它们和闪语、汉语、美洲和非洲语言之间的关系更近。而且,印欧语系的简洁和完善程度

---

[1] 雅各布·格林(Jakob Grimm, 1785—1863),德国语言学家,民间文学家,与其弟威廉·格林(Wihelm Grimm)合编著名的《格林童话》。
[2] 布尔奴(Eugène Burnouf, 1801—1853),法国东方学家,语言学家,阿维斯陀经研究专家。

是，比如说，闪语所不具备的。这些概括性的看法并没有给施莱格尔带来什么困难，因为对他来说，像国家、种族、思维和民族这些令人激动的论说对象——从首先由赫尔德所预示的那种逐渐狭窄化的平民主义的视角出发——对人具有终生的诱惑力。然而，施莱格尔从没谈论过活生生的当代东方。当他在1800年说"浪漫主义最登峰造极的表现必须到东方去寻找"时，他所指的东方是《沙恭达罗》(*Sakuntala*)、《阿维斯陀经》和《奥义书》的东方。而闪米特人[1]——其语言是黏着性的，非美学的，机械生硬的——则是异类的，低级的，落后的。施莱格尔关于语言、生活、历史和文学的演讲中到处充斥着这种肆无忌惮的歧视。他说，希伯来语是专为预言和占卜而设的；而穆斯林则恪守着"死板空洞的一神论，消极的一位论（Unitarian faith）"。[89]

施莱格尔对闪米特人和其他"低等"东方人的责难中所体现出来的种族主义倾向在欧洲文化内得到广泛传播。但除了19世纪后期达尔文主义的人类学家和颅相学家之外，这一种族主义并没有像在比较语言学中那样构成一门学科的基础。语言与人种似乎被牢牢地绑缚在一起，"好的"东方永远只属于像昔日印度这样遥远的古代，而"坏的"东方则四处游荡在当今的亚洲、北非的某些部分和整个伊斯兰地区。"雅利安人"[2]被限于欧洲和古代东方的范围之内；正如雷昂·波利亚科夫（Léon Poliakov）所表明的（然而，他从未指出"闪米特人"不仅包括

---

[1] 闪米特人（Semites），旧译闪族，对西亚和北非说闪含语系闪语族诸语言的人的泛称，古代包括希伯来人、巴比伦人、腓尼基人、亚述人等，近代主要指阿拉伯人和犹太人。有时专指犹太人，因此所谓"反闪米特主义"（anti-Semitism）亦即"反犹太主义"。
[2] 雅利安人（Aryans），早期对印欧语系各族人的总称。

犹太人也包括穆斯林人[90]），这种雅利安神话以牺牲"较小"民族为代价，在历史人类学和文化人类学中起着支配作用。

东方学的学术谱系中当然包括戈比诺、赫南、威廉·洪堡（Wilhelm von Humboldt）、斯泰恩达尔、布尔奴、赫穆萨特（Jean-Pierre-Abel Rémusat）、爱德华·亨利·帕尔默（Edward Henry Palmer）、维尔（Gustav Weil）、多泽（Reinhart Dozy）、缪尔（William Muir），这里只是随意地提几个19世纪这一领域的著名人物的名字。它还包括众多的专业研究会：成立于1822年的法国亚洲研究会；成立于1823年的英国皇家亚洲研究会；成立于1842年的美国东方研究会；等等。但人们可能将想象性作品和游记的巨大贡献强行排除在外，这些作品强化了东方学家对东方不同的地域、时代和种族所进行的区分。但这一将文学作品排除在外的做法是不正确的，因为对伊斯兰东方而言，这些作品特别丰富，对东方学话语的建构做出了巨大的贡献。这包括歌德、雨果、拉马丁、夏多布里昂、金雷克（Alexander William Kinglake）、内瓦尔、福楼拜、雷恩、伯顿、司各特、拜伦、维尼[1]、迪斯累利、乔治·艾略特、戈蒂耶[2]等人的作品。稍后，在19世纪末和20世纪初，我们还可以加上道蒂、巴赫斯、洛蒂、T.E.劳伦斯、福斯特[3]。所有这

---

[1] 维尼（Alfred Victor Vigny，1797—1863），法国诗人，剧作家，小说家。
[2] 戈蒂耶（Théophile Gautier，1811—1872），法国诗人，小说家，评论家，首倡"为艺术而艺术"。
[3] 道蒂（Montagu Doughty，1843—1926），英国作家和旅行家，著有《阿拉伯沙漠旅行记》等；巴赫斯（Auguste Maurice Barrès，1862—1923），法国作家；洛蒂（Pierre Loti，1850—1923），法国小说家，海军军官，作品具有异国情调，有描写义和团的小说《北京的末日》等；劳伦斯（Thomas Edward Lawrence，1888—1935），英国军官，学者，世称"阿拉伯的劳伦斯"；福斯特（Edward Morgan Forster，1879—1970），英国小说家，散文家，有小说《印度之行》等。

些作家都对迪斯累利所说的"巨大的亚洲之谜"做了更大胆的描写。这些描写不仅得到了在美索不达米亚（Mesopotamia）、埃及、叙利亚和土耳其这些地方发掘出来的东方文明遗迹的证实，而且得到了对所有东方国家所做的重要地理探测的证实。

到19世纪末，这些成就又进一步得到了欧洲占领整个近东这一行动（奥斯曼帝国的部分地区除外，这些地区1918年后才被吞并）的物质支持。主要的殖民强国仍然是英国和法国，尽管俄国和德国也扮演着一定的角色。[91]殖民首先意味着利益的确认——实际上是利益的创造；包括商业的、交通的、宗教的、军事的、文化的利益。比如，就伊斯兰教和伊斯兰地区而言，英国感到作为一个基督教的强国有保护自己合法利益的权利。为了获取这些利益发展起了一套复杂的机构。在出现了基督教知识促进会（Society for Promoting Christian Knowledge, 1698）和域外福音传播会（Society for the Propagation of the Gospel in Foreign Parts, 1701）这样的早期组织后，又出现了像浸礼传教会（Baptist Missionary Society, 1792）、教会传教会（Church Missionary Society, 1799）、大英及境外圣经会（British and Foreign Bible Society, 1804）、伦敦犹太人基督教促进会（London Society for Promoting Christianity Among the Jews, 1808）等组织。这些传教活动"公开参与了欧洲的扩张"。[92]此外，还可以加上众多的商业学会，学术学会，地理探测基金会，翻译基金会，以及学校、使馆、领事馆、工厂，有时甚至是大规模的欧洲社区在东方的建立，而且"利益"的观念也将深入人心。此后，人们对利益满怀热情，为了保护利益可以不惜一切代价。

至此，我的概括一直很粗略。伴随东方学的学术进展和东方学所助生的政治征服而来的典型经验和情感是什么？首先，人们对现代东方压根儿不像文本所描述的东方这一点大失所望。内瓦尔在1843年8月写给戈蒂耶的信中是这样说的：

> 我已经失去了一个又一个王国，一个又一个地域，宇宙更美丽的那另一半，不久我将再也找不到我的梦想能够栖息的港湾了；但我感到最遗憾的是埃及，它已经面目全非，再也激发不起我的想象，我只能悲伤地将其留在记忆之中。[93]

这是曾经写出《东方之旅》（Voyage en Orient）的作者所说的话。内瓦尔的哀伤是从夏多布里昂到马克·吐温（Mark Twain）的浪漫主义作家（破灭的梦幻，如同阿尔伯特·贝甘〔Albert Béguin〕在《浪漫情调与梦想》〔L'Ame romantique et le rêve〕中所描述的）与旅行于《圣经》所述东方的人们的共同话题。在现实东方的任何直接经历都与歌德的"穆罕默德颂"（Mahometsgesang）和雨果的"再会，阿拉伯姑娘"（Adieux de l'hötesse arabe）所描写的截然不同。现代东方所留下的记忆与欧洲人对东方的美好想象相悖。内瓦尔曾对戈蒂耶说，对一个从没见过东方的人而言，莲花仍旧是莲花；而对他本人来说，却不过是洋葱的一种。就现代东方进行写作要么是揭去文本中所描述的东方形象的神秘面纱，要么是将自己限定在雨果在《东方人》（Les Orientales）原序中所说的那种东方的范围之内：作为一种"形象"或"意念"，作为一种具有"普遍迷惑力"[94]的东方。

如果说个体的醒悟和普遍的迷恋首先回应的是东方学的感

受力，它们同时还包含其他一些我们更熟悉的思维习惯、情感习惯和感知习惯。大脑学会了将对东方的一般理解与对东方的具体经验区分开来；可以说，二者有自己独特的发展道路。在司各特的小说《护身符》(*The Talisman*, 1825)中，肯尼斯爵士(Sir Kenneth)在巴勒斯坦沙漠的某个地方与一个萨拉辛人打成平局；当这位十字军战士后来和他的对手，伪装的萨拉丁，交谈时，这位基督徒发现他的穆斯林对手并不像自己想象的那么坏。然而，他却这样评论道：

> 我坚信……你们这个蒙昧的民族是邪恶的魔鬼的后代，没有它们的帮助你们不可能抵挡上帝勇敢的战士们如此猛烈的进攻而仍然坚守巴勒斯坦这块被赐福的土地。我并不是特指你们萨拉辛人，而是泛指你们的民族和宗教。然而，使我感到奇怪的并非你们是魔鬼的后代，而是你们竟然不以为耻，反以为荣。[95]

因为萨拉辛人确实因为他们的民族可以上溯到埃布里斯，这位穆斯林的卢西弗[1]，而感到自豪。但真正令人好奇的却不是司各特将故事场景设置在"中世纪"所体现出来的历史意识——他让基督教徒以一种19世纪的欧洲人根本不会采用的方式从神学的角度去攻击穆斯林；而是那种居高临下的傲慢态度：从"总体上"谴责整个民族，同时又以一句冷冰冰的"我并不是特指你们萨拉辛人"，试图对这一谴责进行某种程度的缓和。

---

[1] 埃布里斯(Eblis)，伊斯兰神话中的魔王；卢西弗(Lucifer)，早期基督教著作中对堕落以前的撒旦的称呼。

然而，司各特不是伊斯兰专家（尽管身为伊斯兰专家的吉勃曾称赞《护身符》对伊斯兰和萨拉丁的洞察力[96]），他随心所欲地将埃布里斯的角色由魔鬼改变为英雄。司各特的看法可能来自于拜伦和贝克福德，但在此我们只要注意到人们赋予东方事物的普遍特征如何能够顽强地经受起修辞学和存在论意义上的各种变化就足够了。这么说吧，就好比有一个叫作"东方人"的垃圾箱，一方面，西方对东方所有权威的、不知名的、传统的态度都被不假思索地一股脑儿地倒进这一垃圾箱之中；然而另一方面，人们又可以像讲故事时的插科打诨那样谈论与此公共垃圾箱毫无关系的在东方或与东方有关的经验。但司各特作品的结构本身却更加紧密地使这两个方面相互交织在一起。因为事先存在的一般范畴为特定事件限定了活动的空间：不管特定的例外事件有多么例外，不管单个的东方人能在多大程度上逃脱在他四周密置的樊篱，他**首先**是东方人，**其次**才是一般意义上的人，**最后**还是东方人。

像"东方人"如此概括性的范畴可以产生许多非常有趣的变体。迪斯累利对东方的兴趣首先是在1831年的一次东方旅行中产生的。在开罗，他这样写道："然而我的眼睛和心灵为一种与我们自己如此不协调的壮观而感到刺痛。"[97]一般意义上的壮观和激情激发了一种超验感的产生，但他对具体的现实却毫无耐心。他的小说《坦克雷德》到处充斥着种族和地域的陈词滥调；任何问题都是种族的问题，以至救赎只有在东方以及东方民族中才能实现。比如说，在那儿，德鲁兹教徒、基督教徒、穆斯林教徒和犹太教徒可以手拉手肩并肩，因为——有人俏皮地说——阿拉伯人只不过是马背上的犹太人，所有的人都有着东方人的共同本质。联系建立在不同的概括性范畴之间,而不是建立在范畴与其内容之间。东方人生活在东方,过着悠闲自在的东方生活,沉迷于东方的专制和纵欲之中,具有根深蒂固的东方宿命感。像马克思、迪斯累利、伯顿和内瓦尔这样截然不同的作家相互之间几乎可以进行长时间的交谈,可以不加置疑地使用那些概括性的范畴,而不会影响其相互交流和理解。

与祛魅的和概括性的——甚至说是精神分裂的——东方观念相伴随的通常还有另一种特殊性。因为整个东方被概括为一个一般性的对象,它可以被用来作为显示一种特殊形式的怪异性的例子。尽管单个的东方人无法撼动或扰乱赋予其特异性以意义的一般范畴,但其特异性却有着自身的存在价值。比如,福楼拜是这样来描述东方奇观的:

> 有一天,为了娱悦大众,穆罕默德·阿里(Mohammed Ali)的手下人从开罗的集市上带走一个女子,将她放到一家商店的柜台上,在光天化日之下与其交合,而商店的主人则在一旁安静地抽着他的烟斗。
>
> 一天,从开罗到休布拉(Shubra)的路上一个年轻人在光天化日之下与一只大猴子鸡奸——就像在上面的故事中一样,只是为了出风头,以博得人们的笑声。
>
> 不久前死了一个修士——一个白痴——人们一直把他当作一个圣徒;所有的穆斯林女人都跑来看他,与他手淫——他最终精疲力竭而死——这次手淫从早到晚一刻也没停……
>
> 还有下面这样的事实:从前,一个穆斯林圣徒经常赤身裸体地在开罗的大街上行走,只在头上和阴茎上挂着一

103

顶帽子。撒尿时他将阴茎上的帽子摘下来,这时不育的女人们就会跑过来迎受他的尿液。[98]

福楼拜坦率承认这种怪事是不多见的。"所有古老的笑话"——福楼拜指的是"受杖责的奴隶……拐卖女人的贩子……偷东西的商人"这些众所周知的小丑形象——在东方都会获得新的意义。这一意义无法被复制;其妙处只有在现场才能感受到,一旦离开了现场就大为失色。东方被**观看**,因为其几乎是冒犯性的(但却不严重)行为的怪异性具有取之不尽的来源;而欧洲人则是看客,用其感受力居高临下地巡视着东方,从不介入其中,总是与其保持着距离,总是等着看《埃及志》所称的"怪异的快乐"(bizarre jouissance)的新的例证。东方成了怪异性活生生的戏剧舞台。

这一舞台所上演的戏剧非常合乎逻辑地成了文本表现的独特话题。这样,一个完整的循环就完成了:人们在文学文本中所无法预见的东西可以成为学术著作所描述的对象。其特异性可以被移译,其意义可以被解码,其敌意可以被驯化;然而,人们赋予东方的**普遍性**,人们在实际接触东方过程中所产生的醒悟,东方所显示出来的说不清道不明的怪异性,在关于东方的言说或写作中全都得到了重新配置。比如,对19世纪晚期和20世纪早期的东方学家而言,伊斯兰是东方人的典型代表。卡尔·贝克尔(Carl Becker)认为,尽管"伊斯兰"(请注意这一词的高度概括性)继承了希腊的传统,它却既不能抓住也不能运用希腊的人文主义传统;而且,为了理解伊斯兰,人们首先需要,不是将其视为一种"原创性的"宗教,而是将其视为东方人试图运用希腊哲学但缺乏我们在文艺复兴的欧洲所发现的那种动力的一种失败的尝试。[99] 对路易·马西农（Louis Massignon）——他也许是法国现代最著名、最具影响的东方学家——而言，伊斯兰是对基督教肉身成圣说一种系统的排斥，其最伟大的英雄不是穆罕默德或阿威罗伊，而是曼苏尔·哈拉吉[1]——因敢冒天下之大不韪将伊斯兰人格化而被正统穆斯林处死的一位穆斯林圣徒。[100] 被贝克尔和马西农明确排除在外的是东方的怪异性，他们极力拐弯抹角地用西方的话语对其加以消除。穆罕默德被剔除在外，但哈拉吉却被赋予尊荣，因为他自己与肉身成圣的基督心心相印。

作为东方的审判者，现代东方学家并不像他自己所认为甚至是所说的那样只是将其作为研究对象，与其拉开距离。他的默然处之的态度——其标志是用专业知识将同情心包裹起来——深深地打上了我一直在描述的那种东方学的正统态度、视角和心绪的烙印。他的东方并非现实存在的东方，而是被东方化了的东方。一道知识与权力的连续弧线将欧洲或西方的政治家与西方的东方学家联结在一起；这道弧线构成了东方舞台的外缘。到第一次世界大战结束的时候，非洲和东方所构成的与其说是西方的学术场景，还不如说是西方的特权范围。东方学的范围与帝国的范围完全相吻合，是二者之间这种绝对的一致性引发了西方在思考东方和面对东方的过程中所隐含的全部危机。这一危机一直持续至今。

从20世纪20年代开始，从第三世界的一端到另一端，对

---

[1] 曼苏尔·哈拉吉（Mansur al-Hallaj，858？—922），伊斯兰苏菲主义思想家。苏菲主义（Sufism）是一种神秘的伊斯兰信仰与实践（"sufi"在阿拉伯语中意为"神秘的"），试图通过直接的个人经验以感知并认识上帝的神性与知识。

帝国和帝国主义的反应一直是辩证性的。到1955年万隆会议（Bandung Conference）时，整个东方都从帝国主义的控制下获得了政治上的独立，并且必须面对重新组合起来的帝国主义强力，即美国和苏联。另一方面，由于无法在兴起的第三世界中确认出"它的"东方，东方学就必须面对一个具有挑战性的、在政治上被武装起来的东方。在东方学面前敞开着两种选择。其一是好像什么也没有发生似的继续我行我素。其二是使旧的方式适应新的东方现实。但对相信东方永远不会改变的东方学家而言，新东方只不过是被新的**离经叛道的东方人**（dis-Orientals）（如果可以允许我们使用这一新造词的话）引入歧途的旧东方的翻版。只有极少数人考虑过第三种具有修正论色彩的（revisionist）选择——完全废弃东方学。

这一危机的一个标志，根据阿卜德尔·马勒克的看法，不只是"前殖民地（东方）的民族解放运动"完全打破了东方学所形成的消极被动、相信宿命的"臣属民族"形象；此外，还有下面这一事实："专家和普通大众都意识到了东方学学科不仅与其研究对象之间存在着时间上的错位，而且——这一点将是决定性的——其所使用的概念、方法和工具与人文社会科学所使用的概念、方法和工具也存在着时间上的错位。"[101] 比如，东方学家——从赫南到高德兹赫到邓肯·布莱克·麦克唐纳（Duncan Black Macdonald）到居斯塔夫·冯·格鲁恩鲍姆（Gustave von Grunebaum）、吉勃和伯纳德·刘易斯（Bernard Lewis）——将伊斯兰视为一个可与伊斯兰民族的经济、社会和政治分开研究的"文化综合体"（"cultural synthesis"）（霍尔特〔P. M. Holt〕语）。对东方学而言，伊斯兰存在着某种意义，这一意义最简洁的表达可以在赫南的第一部著作中找到：

为了得到最好的理解，伊斯兰必须被还原为"帐篷和部落"。殖民主义的影响，世界形势的影响，历史发展的影响：所有这些之于东方学家正如苍蝇之于顽劣的男孩，被毫不留情地拍死，或只顾自己的玩耍而懒得去管——以免使东方单纯的本质复杂化。

吉勃的经历自身即表明了东方学回应现代东方的两种方式。1945 年，吉勃在芝加哥大学主持哈斯克系列讲座（Haskell Lectures）。他所观察的世界已不再是贝尔福和克罗默所认识的第一次世界大战之前的世界了。数次革命，两次世界大战，无以计数的经济、政治和社会变革毫无疑问地甚至是灾难性地使 1945 年的社会现实有了全新的内涵。然而，我们发现吉勃是这样来开始被他命名为"伊斯兰现代潮流"的这次讲演的：

> 研究阿拉伯文明的学者永远面对着一个强烈的对比：比如说，有些阿拉伯文学之想象与逻辑推理和说明之严谨形成了鲜明对比，即使二者所面对的是同样的对象。不错，穆斯林民族产生过伟大的哲学家，并且其中有一些是阿拉伯人，但他们只是罕见的特例。阿拉伯人的大脑，不管它所思考的是外部世界还是思维过程本身，有一种将事件分离开来作为个体对象看待的强烈癖好。我相信，这是麦克唐纳教授之所以认为东方思维具有"缺乏规律感"这一差异的主要原因之一。
>
> 这也能解释穆斯林人为什么对理性的思维过程心存反感——西方学者对此大感不解〔直到东方学家对此做出说明〕……。因此，对理性思维方式以及与此思维方式密不可分的实用主义伦理的排斥，其根源不在于穆斯林神学家

们的所谓"模糊论"倾向，而在于阿拉伯人的想象具有孤立性和分离性的特征。[102]

这是地地道道的东方学。但即使人们承认他著作的其余部分对伊斯兰的看法确能发人深省，吉勃在开场白中所表现出来的这一偏见对任何想理解现代伊斯兰的人都将是一个巨大的障碍。当用以比较的对象完全缺席时，如何理解所谓的"差异"？我们是不是再次被要求在考察东方穆斯林时认为他们的世界——与我们"相异"的世界——自7世纪以来就一直停滞不前？为什么要像吉勃这样对现代伊斯兰心存如此强烈的敌意，尽管他的理解不光是法官式的简单裁决也有其复杂的一面？如果认为伊斯兰的缺陷与生俱来，无法除去，那么东方学家将会发现自己不得不反对变革伊斯兰的任何尝试，因为根据这一看法，变革即是对伊斯兰的背叛：这正是吉勃的观点。除了重复《李尔王》(*King Lear*) 中的傻瓜所说的"他们会因为说真话而对我加以鞭笞，就像会因为说假话而对我加以鞭笞一样；有时我甚至因为缄默不语而受到鞭笞"之外，东方人如何才能挣脱这些枷锁而进入现代世界？

18年之后，吉勃再次发表演讲，这一次他是以哈佛大学中东研究中心主任的身份说话，其听众是他的英语同胞。他演讲的题目是"区域研究之反思"(Area Studies Reconsidered)，除了回顾其他问题外，他承认，"东方太重要了，不能只留给东方学家"。正如《伊斯兰现代潮流》所宣扬的是第一种即传统的方法，吉勃这次所宣扬的是东方学家所面临的第二种选择亦即新的选择。他这次的演讲意在"反思区域研究"，当然是就西方的东方研究而言，其工作是为学生们以后的"公共生活和事务"打好基础。吉勒说,我们现在所需要的是将传统的东方学家和优秀的社会科学家的工作**结合**在一起:二者将联手进行"跨学科"的研究。然而,传统的东方学家不会将过时的知识应用于东方;不,他的专业知识将会用来提醒他初出茅庐的区域研究同行们注意,"将西方政治体制的心理特点和运行机制应用于亚洲或阿拉伯的现实纯粹是类似于迪斯尼[1]动画般的行为"。[103]

这一看法实际上想说的是,当东方人为反抗殖民统治而斗争时,(为了避免走向迪斯尼主义的危险)你必须认为他们从来没有像"我们"那样理解自治的含义。当有的东方人反对种族歧视而有的却拥护它时,你必须认为"他们归根结底都是东方人",阶级利益、政治形势、经济因素都与此毫不相干。或者像伯纳德·刘易斯那样认为,如果巴勒斯坦阿拉伯人反抗以色列对他们领土的殖民和侵占,那么这只不过是"伊斯兰的回流",或者如一位著名的当代东方学家所言,伊斯兰反非伊斯兰[104]——7世纪伊斯兰的一条神圣原则。历史、政治和经济都无关紧要。伊斯兰就是伊斯兰,东方就是东方,请将左翼、右翼、革命之类的观念统统扔到迪斯尼乐园中去。

如果东方学领域之外的历史学家、社会学家、经济学家和人文研究者对这些翻来覆去的观念和主张感到陌生,其原因是显而易见的。因为正像其一致认定的研究对象一样,东方学不允许别人打破自身的和谐与宁静。但现代东方学家——或区域研究专家,如果使用其新名字的话——并没有消极地将自己限

---

[1] 沃尔特·迪斯尼(Walter Disney, 1901—1966),美国动画片制作者及制片人,创作以米老鼠、唐老鸭为主角的系列短片,1955年创建迪斯尼乐园。

定在语言系科之内。相反,他们从吉勃的建议中获益匪浅。他们今天大多与哈罗尔德·拉斯维尔(Harold Lasswell)所称的政策学(policy sciences)[105]领域的"专家"和"顾问"们结下了难解之缘。因此,比如说,"民族性格分析"专家与伊斯兰体制研究专家之间所形成的联盟,在维护军事和国家安全方面的可能性立即便得到人们的确认,即使不是出于什么别的考虑也是为了方便起见。毕竟,第二次世界大战之后的"西方"面对的是一个聪明的极权主义的敌人,它在易受骗的东方国家(非洲,亚洲,不发达国家)为自己结交了许多盟友。除了依照东方学家所建议的方式去迎合东方人缺乏逻辑的大脑外,还有什么更好的方法能战胜这一敌人?因此出现了像胡萝卜加大棒、进步同盟(Alliance for Progress)、东南亚条约组织(SEATO)等等专横的手段,所有这些都建立在传统"知识"的基础之上,并且对其进行了重新改造,以使其能更好地操纵其假定的对象。

因此当革命风暴席卷伊斯兰东方时,社会学家提醒我们,阿拉伯人有"只说不做"的癖好(addicted to "oral functions"),[106]而经济学家——改头换面的东方学家——则认为,现代伊斯兰既不适合社会主义也不适合资本主义。[107]当反殖民主义的浪潮席卷东方并且实际上将整个东方联成一体时,东方学家诅咒这一运动不仅庸人自扰,而且是对西方民主的一种侮辱。当世界面临着生死相关的问题时——与核毁灭,灾难性的资源短缺,史无前例的争取平等、公正的运动等有关的问题——政治家们却仍旧在利用流行的漫画式的东方形象,其观念不仅来自半瓶子醋的技术官僚,也来自渊博得有些过了头的东方学家。国务院的阿拉伯专家们警告人们阿拉伯人有占领世界的野心。狡诈的中国人、半裸的印度人、懒惰的穆斯林人被描述为贪觊"我们的"慷慨心性的秃鹰,并且当"我们将其输给"共产主义或其怙恶不化的东方本性——二者相差甚微——时受到诅咒。

当代,东方学的这些观念泛滥于媒体和公众头脑之中。比如,阿拉伯人被构想为骑在骆驼上、专门制造恐怖、长着鹰钩鼻的荒淫无耻的好色之徒,他们不劳而获的财富是对人类文明的一种亵渎。人们骨子里头到处隐藏着这样的观念:尽管西方消费者从数量上说只占少数,但他却有权利占有或享用(或二者兼备)世界资源的多数。为什么?因为他,与东方人不同,是人类的真正代表。今天没有什么比安沃尔·阿卜德尔·马勒克所说的"少数几个支配性民族的霸权主义"以及与欧洲中心主义沆瀣一气的人类中心主义更能说明问题了:白皮肤的中产阶级的西方人相信,管理并且占有其他肤色的世界是自己的特权,原因只是"他们"本质上不像"我们"那样具有人性。没有比这更丧尽人性的例子了。

在某种意义上说,东方学的局限,正如我前面所言,乃伴随弃除、抽离、剥光其他文化、民族或地区的人性这一做法而来的局限。但东方学走得更远:它不仅认为东方乃为西方而存在,而且认为东方永远凝固在特定的时空之中。东方学描述东方和书写东方取得了如此巨大的成功,以至东方文化、政治和社会历史的所有时期都仅仅被视为对西方的被动回应。西方是积极的行动者,东方则是消极的回应者。西方是东方人所有行为的目击者和审判者。然而如果20世纪的历史果真在东方、为东方带来了内在的改变,东方学家则只有目瞪口呆的份儿了:他没能认识到,在某种程度上——

> 新的〔东方〕领导人、知识分子或决策者从他们前辈的艰苦努力中吸取了很多教训。他们同时还得益于过渡时期所发生的结构和体制转型以及他们在很大程度上可以自由塑造自己国家的未来这一事实。他们也更为自信,也许还颇具进取精神。他们不再以得到无形的西方审判者的赏识为行动准则。他们说话的对象不再是西方,而是自己的同胞。[108]

而且,东方学家还假定,超出自己文本意料之外的东西并非自己的过错,它要么是东方所发生的外部变乱的结果,要么是由于东方误入歧途。在论说伊斯兰的无以计数的文本——包括集大成的《剑桥伊斯兰史》——中,没有哪一个可以使读者对1948年以来埃及、巴勒斯坦、伊拉克、叙利亚、黎巴嫩或也门发生的事情在心理上有所准备。当关于伊斯兰的教条甚至对最乐观的东方学家也失去其效用时,人们往往求助于东方化了的社会科学术语大杂烩,求助于精英论、政治稳定、现代化和体制发展之类时髦的抽象概念——所有这些都深深打上了东方学智慧的烙印。同时,一个日益扩大的、愈来愈危险的鸿沟将东方与西方分隔开来。

危机的出现加剧了文本与现实之间的差异。然而在我的这一研究中,我不仅想揭示东方学观念的来源,而且想反思其重要意义,因为现代知识分子有理由感到忽视正在向自己侵袭而来的世界的某个部分实际上就是在回避现实。人文研究者常常将注意力过于局限在系科化的研究话题之中。他们既不观察也不学习像东方学这样的学科,这一学科始终如一地怀有把握某个特定世界的**所有**方面之雄心,而不只是像作者或文集这样描述可以被轻而易举地加以区分的单个方面。然而,东方学尽管怀有凌驾于别人之上的渴望,但却与"历史""文学"或"人文学科"这些四平八稳的学科一起,仅仅关涉具有世界性和历史性的情境,并且试图将其隐藏于常常自命不凡的科学主义的背后而以理性的姿态出现于人们的面前。当代知识分子可以从东方学中学会,一方面,如何实实在在地限定或扩大他的学科的论说范围,另一方面,如何探知文本、视野、方法和学科得以发源、成长、兴盛和衰落的人性根源。研究东方学同时也是在构想一些学术途径以处理,比如说,其研究对象,即东方,在历史发展中所面临的方法论问题。但在此之前,我们实际上必须首先考察一下几乎被东方学的范围、经验和结构所彻底消除的那些人文价值。

第二章 东方学的结构和再结构

大约45年前,当先知后裔之首领……与一个女子举行结婚大典时,队伍的前面走着一个年轻人,他在自己的肚子上开了个口,将一大堆肠子拽出来,用一个银盘盛着端在身体前面。典礼结束后,他将肠子放回原处,在床上躺了好些日子才从这一愚蠢而恶心的行为所产生的后果中恢复过来。

——爱德华·威廉·雷恩:《现代埃及风俗录》

……当这一帝国走向衰落时,也许由于君士坦丁堡发生的革命,也许由于接二连三地被瓜分,欧洲列强打着保护国的旗号几乎占领了这一帝国的每一部分,这些地方后来被国际条约正式划入其势力范围;这些根据毗邻国家和边界安全以及宗教、风俗和利益上的相似被明确划定的被保护国……认可了欧洲国家对自己的宗主权。这种宗主权同样被明确划定,主要包括领土与领海权,建立自由城市的权利,建立欧洲殖民地的权利,建立商埠的权利……欧洲列强将军事托管与道德教化的权利强加于其被保护国之上;它打着民族交流与融合的旗号,实际上完全是为了保护其自身的利益……

——阿尔封斯·德·拉马丁:《埃及之行》

一 重新划定的边界,重新界定的问题,世俗化了的宗教

居斯塔夫·福楼拜于1880年去世,没能最后完成《布瓦尔和白居谢》(*Bouvard et Pécuchet*)这部旨在描写知识之衰落与人生之空幻的百科全书式的喜剧小说。然而,其观念的基本轮廓却清晰可辨,并且清晰地体现在小说丰富的细节之中。小说中的两个小职员属资产阶级之列,由于其中的一个意外地得到了一笔数额非常可观的遗产,于是他们从城市中退出,搬到了乡下的一个庄园,随心所欲地过着悠闲自在的生活。从福楼拜对他们经历的描写中可以看出,由于认为自己想做什么就可以做什么("nous ferons tout ce que nous plaira!"),布瓦尔和白居谢快乐地徜徉于农业、历史、化学、教育、考古、文学的理论和实践之中,尽管结果并不总是那么尽如人意;他们就像时间和知识之中的旅行者一样在许多学术领域之中穿行,经历着经验不足的业余爱好者们通常所经历的种种失望、灾难和挫折。他们所穿行的实际上是19世纪的整个幻灭体验,经过这一过程之后,"自命不凡的资产阶级"(bourgeois conquerants)——夏尔·莫哈泽(Charles Morazé)语——到头来成了其自身的平庸和无能的笨拙的牺牲品。所有激情都自我消解为令人乏味的老生常谈,每一学科或知识类型都由希望

和权力的象征变成了混乱、毁灭和哀伤的根源。

在福楼拜对这一令人绝望的末日图景的概括描述中,我们特别感兴趣的有两样东西。两位主人公在讨论人类的未来。白居谢从中看到的是一片"黑暗",而布瓦尔看到的则是一片"光明"!

> 现代人在不断进步,欧洲会通过亚洲而获得新生。人类文明的历史规律是从东方转向西方……两种形式的人性终将融为一体。[1]

在这段话中我们可以明显地听到埃德加·吉内的回声,它表明两位主人公将会开始从激情到幻灭的又一个轮回过程。然而,好景不长。像福楼拜作品的所有其他人物一样,布瓦尔这一预想的计划被现实粗暴地打断——警察突然出现,他因堕落而被控。稍后不久,我们感兴趣的第二样东西出现了。两人不约而同地向对方供认,他们的秘密心愿是重新做抄写员。他们叫人做双人桌,他们买书,买笔和橡皮,并且——福楼拜这样结束他的描写——"开始埋头工作":回到过去的生活。布瓦尔和白居谢从试图探索并且或多或少直接地运用知识,最终回归到了从一个文本到另一个文本机械地转写知识。

尽管布瓦尔的欧洲通过亚洲获得新生这一幻想并没有得到充分的展开,但这一幻想(以及后来出现在这位抄写员桌上的东西)可以从好几个方面得到解释。像两位主人公许多其他幻想一样,这一幻想是**全球性的**,并且是**重新建构的**;它代表着福楼拜所感觉到的19世纪的一大趋势:在幻想的基础上,有时还伴以某种特殊的科学技术,重新建构世界。福楼拜头脑中的幻想包括圣西门(Comte de Sanit-Simon)和傅立叶

（François-Marie-Charles Fourier）的乌托邦，孔德（Auguste Comte）所构想的人类通过科学而再生，德斯丢·德·特拉西（Destutt de Tracy）、卡巴尼（Pierre-Jean-Georges Cabanis）、米歇雷、库赞[1]、蒲鲁东[2]、库尔诺（Antoine-Augustin Cournot）、卡贝（Étienne Cabet）、雅内（Paul Janet）和拉门奈（Félicité-Robert de Lamennais）这些空想主义者、实证主义者、折中主义者、神秘主义者、传统主义者和理想主义者所宣扬的各种技术宗教或世俗宗教。[2]在小说中，布瓦尔和白居谢自始至终拥护这些人所从事的各类事业；由于屡屡碰壁，他们转而寻找新的途径，但结果却同样不如人意。

这些具有修正论色彩的观念其根源是一种特殊形式的浪漫主义。我们不可忘记，大部分18世纪晚期的精神计划与知识计划在很大程度上是重新建构起来的神学——艾布拉姆斯（M. H. Abrams）称其为"自然的超自然论"（natural supernaturalism）；这种思想在19世纪得到进一步的推进，对此福楼拜在《布瓦尔和白居谢》中曾大加嘲讽。因此，再生的观念可回溯到——

> 理性主义和启蒙运动之后……显著的浪漫主义潮流：〔回复到〕基督教故事和教义的刻板戏剧和超理性神话，基督教内在生活的强烈冲突和急剧转折，这一冲突和转折产生了毁灭与创造、地狱与天堂、放逐与回归、死亡与再生、

---

[1] 库赞（Victor Cousin，1792—1867），法国哲学家，教育家，历史学家，系统折中主义的创立者。
[2] 蒲鲁东（Pierre Joseph Proudhon，1809—1865），法国经济学家，无政府主义创始人之一。

失望与欢乐、失乐园与复乐园之间的二元对立……但由于不可避免地生活在启蒙运动之后,浪漫主义作家们在复活这些古老问题时采用了新的方式:他们着手拯救人类历史和命运之大势、既存的范式及其宗教遗产的基本价值,并且对这些东西进行重新建构,使其暂时在理智上能为人所接受,在情感上能切中现实。³

布瓦尔心中所想的——欧洲通过亚洲获得新生——是一影响深远的浪漫主义观念。比如,弗里德里希·施莱格尔和诺瓦利斯(Novalis)曾呼吁其德国同胞,以及全体欧洲人,对印度加以细致的研究,因为,他们说,可能挫败西方文化的物质主义和机械主义(与共和主义)的是印度文化和宗教。从这一挫败中将复活、再生出一个新的欧洲:这一描述明显地充满着圣经关于死亡、再生和救赎的意象。而且,浪漫主义的东方学计划不只是这一普遍趋势的具体例证,它乃促生这一趋势的重要因素之一,雷蒙·史华伯在其《东方的复兴》中令人信服地论证了这一点。但重要的与其说是亚洲,毋宁说是亚洲对现代欧洲的**用途**。因此,任何学会一门东方语言的人,比如施莱格尔或弗朗茨·葆朴,都是欧洲的精神英雄,是将欧洲已失落的神圣使命感重新带回欧洲的游侠骑士。福楼拜所描写的那些世俗宗教在19世纪所承续的正是这一使命感。奥古斯特·孔德——像布瓦尔一样——是以基督教为基础和骨架的世俗后启蒙神话的拥护者和实践者,在这一点上他与施莱格尔、华兹华斯和夏多布里昂相比毫不逊色。

从小说一开始直到其喜剧性的结尾,福楼拜让布瓦尔和白居谢不断接触修正论的观念,将读者的注意力引向人类所有计划中共有的一个缺陷。他心中一片雪亮,潜伏在"欧洲通过亚洲获得新生"这一"陈词滥调"下面的是祸害无穷的傲慢与自大。如果没有空想家们将广袤的地理区域转变为可处理、可操纵的实体这一技巧,"欧洲"或"亚洲"就什么也不是。因此,归根结底,欧洲和亚洲是**我们的**欧洲和**我们的**亚洲——如叔本华(Authur Schopenhauer)所言,我们的**愿望**和**表象**。历史规律实际上是**历史学家**的规律,正如"两种形式的人性"引起人们关注的不是现实性,而更多的是欧洲可以使这一人为的区分貌似必然的能力。至于这句话的另一半——"终将融为一体"——福楼拜讥讽的是科学对现实漫不经心的冷漠态度,它将人类物体拆开、熔化,就像对待冷冰冰的自然物体一样。但他所讥讽的并不是所有的科学:而是满怀热情甚至以救世主身份自居的欧洲科学,它所取得的成功包括挫败革命、战争、压迫以及将大而无当、刻板迂阔的意念不切实际地立即付诸实践这一愚顽不可救药的欲望。这种科学或知识似乎对自己这一根深蒂固的顽癖以及现实对顽癖的反抗浑然无知。当布瓦尔以科学家的角色自居时,他天真地认定科学就是科学,现实就是科学家所说的现实,科学家是傻瓜还是空想家无关紧要;他(或任何与他有同样想法的人)没能看到,东方也许不想再造欧洲,或者欧洲不打算将自己与黄色或棕色的亚洲人平等地融为一体。简而言之,这样一位科学家并没有从他的科学中发现激发其努力并且挫败其雄心的那种权力欲。

当然,福楼拜会让人们注意到他可怜的傻瓜们是注定要陷入这些困境之中的。布瓦尔和白居谢终于认识到最好不要将观念和现实搅和在一起。小说结尾描述两人心满意足地将他们最喜爱的观念忠实地从书本抄写到纸上。知识不再要求应用于现实；知识是不加评论地从一个文本默默转向另一个文本的东西。观念得到千篇一律的宣扬和传播，毫无创新地被重复；它们地地道道地成了"陈词滥调"：重要的不是观念本身，而是它们**存在**，被毫无创意地重复、回应和再回应这一事实。

从福楼拜为《布瓦尔和白居谢》所做的笔记中抽取的这一短短的小插曲以高度浓缩的形式勾勒了东方学现代结构之框架，东方学说到底乃 19 世纪欧洲思想众多世俗的（以及类宗教的）信念之一种。我们已经描述了从中世纪和文艺复兴一直流传下来的关于东方的思想的总体范围之特征，在中世纪和文艺复兴时期，伊斯兰是东方的典型代表。然而，在 18 世纪，出现了许多相互交织的新因素，预示着一个充满激情与狂热的新时期即将来临，其轮廓福楼拜后来在其作品中曾加以重新勾勒。

首先，东方将极大地扩展至伊斯兰地域之外。这一量的变化在很大程度上是欧洲在世界其他部分不断进行探索和扩张的结果。旅行文学、空想乌托邦、精神游记（moral voyages）、科学报告日益扩大的影响使东方引起人们更广泛、更深入的关注。如果东方学的兴起主要归因于这一世纪后 30 年安格迪尔和琼斯成效显著的东方发现，这些发现必须放到更大的背景中去考察：库克（James Cook）和布干维尔[1]，图恩福特（Joseph Pitton de Tournefort）和亚当松（Michel Adanson）的航海旅行，夏尔·德·布罗斯（Charles de Brosse）的《南半球航海史》（*Histoire des navigations aux terres australes*），太平洋地

---

[1] 布干维尔（Louis Antoine de Bougainville，1729—1811），法国航海家，曾进行环球航海考察旅行，所罗门群岛之最大岛屿布干维尔岛，即以他的名字命名。

区的法国商人，中国和美洲的耶稣会传教士，威廉·丹皮尔[1]的探险及其报告，对传说生活在远东，欧洲西部、南部和北部的巨人，南美巴塔哥尼亚人，野蛮人，土著人和人妖所做的无以计数的猜测。但所有这些扩大人们视野的东西都将欧洲牢牢置于特权之中心，将其作为主要的观察者（或者像高尔德斯密[2]的《世界公民》那样，将其作为主要的观察对象）。因为即使当欧洲将目光转向外面的世界时，它对自身文化力量的感觉同时也得到了加强。不仅在欧洲五花八门的印度公司这些庞大的机构中，就是在旅行家的故事中，殖民地也得到创造，民族中心的视角得到保护。[4]

其次，对异国更具见识的一种态度不仅得到旅行家和探险家们的支持，而且得到历史学家们的支持，对他们而言，欧洲经验的有效性可以在与其他更古老文明的比较中显现出来。18世纪历史考古学中出现的被学者们描述为与诸神对峙的那种强大潮流意味着，爱德华·吉本可以以伊斯兰的兴起为参照来考察罗马的衰落，正如维柯可以根据人类早期文明野蛮和充满诗性的特征来理解现代文明一样。尽管文艺复兴时期的历史学家执拗地将东方视为敌人，他们18世纪的同行们却试图以某种不偏不倚的态度处理东方的特异性，并且试图直接处理东方的原始资料，原因或许是这一技巧可以帮助欧洲人更好地认识自己。乔治·萨尔所翻译的古兰经及其导读性的说明即体现出这一变化。与其前辈们不同的是，萨尔试图用阿拉伯的资料来处

---

[1] 丹皮尔（William Dampier, 1652—1715），英国海盗，在南美西海岸和太平洋地区纵横十余年，后为英国海军进行航海探险。
[2] 高尔德斯密（Oliver Goldsmith, 1730—1774），英国诗人，剧作家，小说家，作品有《威克菲尔牧师传》和《世界公民》等。

理阿拉伯历史;而且,他还让穆斯林注释家们自己站出来说话。[5]就萨尔而言,如同在整个18世纪,简单的比照乃比较学科(比较语言学,比较解剖学,比较法学,比较宗教学)之早期阶段,后者后来成为足以令19世纪自豪的一种研究方法。

但在许多思想家中间出现了一种新的趋势:通过内在认同(sympathetic identification)超越比较研究,超越其"从中国到秘鲁"式的全面洞察。这是18世纪所出现的为现代东方学铺平道路的第三方面的因素。我们今天所说的历史决定论是18世纪的观念;像其他思想家一样,维柯、赫尔德和哈曼(Johann Georg Hamann)相信,所有文化之间都存在着有机的、内在的联系,这些文化被某种精神、天性、气氛或民族观念联结在一起,局外人只有通过历史内在认同的方式才能进入某一特定文化。因此,赫尔德的《人类历史哲学论》(*Ideen zur Philosophie der Geschichte der Menschheit*)(1784—1791)全景式地展现了多种不同文化,每一文化对别的文化都充满敌意,要想进入这一文化,观察者必须放弃自己的偏见,而采取一种**移情**(*Einfühlung*)的方式。深受赫尔德和其他历史学家平民论和多元论观念之影响,[6]18世纪的人们可以穿破高耸于西方和伊斯兰之间的教条壁垒,发现自身和东方之间潜含的亲和性。拿破仑是这一(通常是有选择的)内在认同的著名例证。莫扎特(Wolfgang Amadeus Mozart)是另一个例子;其《魔笛》(*The Magic Flute*)(在此作品中,共济会的符码与仁爱的东方幻象交织在一起)和《土耳其后宫的诱骗》(*The Abduction from the Seraglio*)在东方找到了一种特别宽厚慈爱的人性。莫扎特的目光之所以满怀同情地转向东方更多的是因为这一点而不是因为"土耳其式"音乐在当时很时髦。

然而，很难将像莫扎特这种对东方的直觉与前浪漫主义和浪漫主义将东方视为异域奇境这一大的语境分开。18世纪晚期和19世纪早期风行一时的东方学创造了一种非常强烈的时尚。但即使是这一显而易见地体现在威廉·贝克福德、拜伦、托马斯·穆尔[1]和歌德等作家身上的时尚，也无法与对哥特式故事、仿中世纪田园诗以及野蛮民族的辉煌与残酷之幻象的兴趣简单地分开。因此，对东方的表现有时可以与皮拉内西的监狱[2]，或者提埃波罗[3]的豪华场面，或者18世纪晚期绘画中宏伟的异国情调联系在一起。[7]到19世纪，在德拉克洛瓦[4]以及法国和英国许多其他画家的作品中，东方的静态造型（tableau）这一艺术形式得到视觉表现并且有了自己的独特个性（本书非常遗憾地不得不忽略这一方面）。色欲、希望、恐怖、庄严华美、田园般的快乐、旺盛的精力：被18世纪晚期欧洲前浪漫主义、前技术性东方学视为"东方"（形容词意义上）的东西确实具有变色龙般的特性。[8]但随着学院化的东方学时期的到来，这一自由弥散的东方将会受到极大的制约。

为现代东方学结构铺平道路的第四个因素是对自然和人进行分类的欲望。最重要的代表人物，当然，是林奈[5]和布封，但有一种心智过程，它可以将物质上的（迅即就会发展

---

[1] 托马斯·穆尔（Thomas Moore, 1779—1852），爱尔兰诗人和音乐家，拜伦和雪莱的朋友，主要作品有《爱尔兰歌曲集》，其中收有著名的《夏日的最后一朵玫瑰》。
[2] 皮拉内西（Giambattista Piranesi, 1720—1778），意大利铜版画家，建筑师，主要作品有《监狱》和《罗马风景》等。
[3] 提埃波罗（Giovanni Battista Tiepolo, 1696—1770），意大利画家，威尼斯画派代表人物，以大型壁画著称。
[4] 德拉克洛瓦（Ferdinand-Victor-Eugène Delacroix, 1798—1863），法国浪漫主义画家，对印象派和后期印象派有很大影响。
[5] 林奈（Carolus Linnaeus, 1707—1778），瑞典博物学家，近代分类学奠基人之一。

至道德上的、心智上的和精神上的）扩展——扩展乃物质对象之本性——由纯粹的奇观转变为对构成其特征的元素的精确测定，这一点是广为人知的。林奈认为，对一自然类别的描述"必须包括数量，形式，比例和情境"；如果我们看一看康德（Immanuel Kant）、狄德罗（Denis Diderot）或塞缪尔·约翰逊，确实可以发现他们有夸大事物的总体特征、将大量庞杂的物体概约为易于处理、易于描述的少量**类型**的普遍倾向。在自然史、人类学和文化研究中，一个类型总有一独有的**特征**，这一特征为观察者提供命名，并且如福柯所言，"使其派生物得到限制"。这些类型和特征与相关类型和特征一起构成一个整体的系统和网络。因此，

> 每一命名都必须被置于与所有其他可能命名的关系之中。认识某一个体的特征也就是对所有其他个体进行分类——或者是具有这种分类的可能性。[9]

我们发现，在哲学家、历史学家、百科全书编纂家和散文家的作品中，"作为命名的特征"（character-as-designation）是以生理-伦理分类的形式出现的：比如，将人分成野蛮人、欧洲人、亚洲人，等等。这些当然出现在林奈的作品中，但也出现在孟德斯鸠（Montesquieu）、塞缪尔·约翰逊、布卢门巴赫[1]、索马灵（Samuel Thomas von Soemmerring）、康德的作

---

[1] 布卢门巴赫（Johann Friedrich Blumenbach，1752—1840），德国人类学家，生理学家，运用比较解剖学，根据颅骨大小，将人类分成高加索、蒙古、马来亚、埃塞俄比亚和亚美利加五大种系。

品中。生理和伦理特征或多或少地是呈对等分布的：美洲人是"红色的，易怒的，挺拔的"，亚洲人是"黄色的，忧郁的，刻板的"，非洲人是"黑色的，懒散的，马虎的"。[10] 但当这些命名在 19 世纪晚期与作为派生、作为源类型的特征（character as derivation, as genetic type）结合在一起时，它们获得了一种支配性的强力。比如，在维柯和卢梭（Jean-Jacques Rousseau）那里，伦理概括的力量为一种刻板的思维所加强，这种刻板的思维将戏剧性乃至原型性的人物——原始人，巨人，英雄——作为当代伦理、哲学甚至语言问题的来源。因此一说到东方人，人们就会想到其"原始"状态，其基本特征，其特有的精神背景。

上述四个因素——扩张，历史比较，内在认同，分类——乃 18 世纪所出现的思潮，现代东方学特定的知识结构与体制结构即以这些思潮为基础。没有这些东西，我们将会看到，东方学就不可能产生。而且，这些因素产生的效果是将一般意义上的东方，特别是伊斯兰，从基督教西方对其一直在进行的狭隘的宗教细察（与评判）之中解放出来。换言之，现代东方学来自于 18 世纪欧洲文化中所出现的那些世俗化的因素。首先，东方在地域上的进一步东扩以及在时间上的进一步后溯极大地松动甚至瓦解了圣经所确立的框架。参照点不再是基督教和犹太教及其温和适度的时间框架和地域框架，而是印度、中国、日本，以及苏美尔（Sumer），佛教，梵语，波斯教和摩奴教。其次，随着对历史本质理解的进一步加深，以历史的方式（而非以教会政治所说的那种还原论的方式）处理非欧洲和非犹太-基督教文化的能力得到进一步加强；正确地理解欧洲同时意味着客观地理解欧洲与其以前无法到达的历史时期和文化区域之间的关系。在某种意义上说,塞戈维亚的约翰以**会谈**的方式解决东方与欧洲关系问题的设想已经实现,但其方式却完全是世俗化的;吉本可以将穆罕默德处理为一个影响了欧洲的历史人物,而不是将其视为徘徊于魔术和假预言之间的恶贯满盈的魔鬼。第三,对自身文化之外的文化的选择性认同缓和了关于自我和身份的僵化教条,这一教条曾经在严阵以待的信教者与野蛮人之间划下一条深不见底的鸿沟。基督教欧洲的边界不再发挥类似海关的功能;人类联合和人类潜能的观念获得了广泛的——与狭隘的相对——合法基础。第四,当命名和派生的可能性得到进一步的改进,超出了维柯所说的非犹太教的、神圣的民族这一范畴的界限之外时,对人所进行的分类得到系统的倍增;种族、肤色、来源、气质、性格和类型淹没了基督徒与非基督徒之间的区分。

但如果这些相互联系的因素代表着一种世俗化的趋势,这并不意味着从宗教角度对人类历史和命运所做的传统类型划分和那些"既存的范式"被简单地抹除。根本不是这么回事:它们根据刚才所列举的世俗化的框架被重新建构,重新调度,重新分配。任何研究东方的人都不会缺少与这些框架相适应的世俗化词汇。然而如果东方学提供了这种词汇、观念库和技巧——因为这正是18世纪晚期以来东方学之所**做**和所**是**——它同时还保存着一种重构的宗教欲望,一种自然化了的超自然论,此乃东方学话语中根深蒂固的本性。我力图显示的正是植根于东方学家关于自身、关于东方、关于东方学学科的观念中的这一潜在的欲望。

现代东方学家自己认为,他们是将东方从其所认定的默默无闻、孤离隔绝和奇特怪异之中拯救出来的英雄。他的研究将东方已经失去的语言、风俗甚至心性重新建构起来，如同商博良从罗塞塔石碑[1]中重新建构埃及象形文字一样。东方学家所使用的特定技巧——词汇学，语法学，翻译，文化解码——重建、充实、确认了存在于古代东方以及传统语言学、历史学、修辞学和宗教论辩中的价值。但在此过程中，东方和东方学学科都发生了变化，因为它们都不能以其原始的形式存在。东方，甚至东方学家所研究的"古典"形式的东方，得到了现代化，获得了其现代形式；那些传统的学科同样被带进当代文化之中。然而二者都打上了**权力**的烙印——这一权力复活了，实际上创造了，东方；这一权力藏身于由科学进步所带来的新的语言学和人类学技巧之中。简而言之，由于将东方带进了现代性之中，东方学家获得了为其方法和立场进行吹嘘的资本，自己仿佛成了世俗的创世者，就像上帝创造旧世界一样创造出了一个新世界。如果这些方法和立场想要获得超出单个东方学家生命之外的生命力，必须创造一种严格的方法论以使这一世俗传统能够世代相传，这一方法论的连续性不是建立在血缘关系的基础之上，而是建立这一领域的学者所共同拥有的某种话语和惯例，一套普遍接受的观念，简而言之，某种信念体系的基础之上。福楼拜确有先见之明，认识到现代东方学家最终将像布瓦尔和白居谢一样变成抄写员；但在现代东方学的早期阶段，在西尔维斯特·德·萨西和厄内斯特·赫南身上，这一危险还没有显现出来。

---

[1] 罗塞塔石碑（the Rosetta Stone），1799年在埃及罗塞塔镇附近发现的古埃及石碑，其碑文用古埃及象形文字和通俗文字以及希腊文字刻成，该碑的发现和解读为理解古埃及象形文字提供了重要线索。

我的观点是,我们可以对现代东方学理论和实践的本质特征(当代东方学即从中产生)做这样的理解:东方学不是从天而降的关于东方的客观知识,而是从以前继承过来的,为语言学这样的学科所世俗化、重新处理、重新建构的一套结构,而这些结构本身又是自然化、现代化和世俗化了的基督教超自然论的替代品(或变体)。在新的文本和新的观念中,东方被纳入这些结构之中。无疑,琼斯和安格迪尔这样的语言学家和探索者为现代东方学做出了贡献,但现代东方学之所以能够成为一个领域、一组观念、一种话语却主要是因为比他们晚一辈的学者们的努力。如果我们将拿破仑的远征视为促生现代东方学的第一次可贵的努力,我们可以将其筚路蓝缕的英雄们——就伊斯兰研究而言,萨西、赫南和雷恩——视为东方学领域的奠基者,东方学传统的创造者,东方学的前驱者。萨西、赫南和雷恩所做的是为东方学奠定了科学和理性的基础。他们不仅以自己典范性的著作实践了这一点,还创建了一套具有普遍意义的词汇和观念,使得任何想成为东方学家的人都可以使用。他们奠基性的工作可歌可泣。它使科学的术语成为可能;它消除了含混性,用特殊的科学之光照亮了东方;它将东方学家确立为论说东方的权威;它使东方学研究有了连贯合理的基础;它为文化研究建立了一套普遍流通的话语;最重要的是,这些创建者们的工作开辟了一个研究领域和一套观念体系,这些观念体系自身又可以产生一个学者群,其谱系、传统和雄心既为这一领域所独有,又能为普通公众所接受。在19世纪,随着欧洲对东方侵入的逐步加深,公众对东方学的信心也逐步加强。然而如果伴随着信心加强而来的是原创性的丧失,我们根本不应大惊小怪,因为其模式打一开始就是再构和重复。

最后再补充一点：我在本章中所要讨论的18世纪晚期和19世纪的那些观念、机构和人物是欧洲史无前例的殖民扩张活动第一阶段的一个重要组成部分和突出例证。到第一次世界大战结束时，欧洲的殖民地覆盖了地球总面积的85%。说现代东方学一直是帝国主义和殖民主义的一个组成部分，并非危言耸听。然而光这么说还不够；还须进行具体细致的历史分析。我所感兴趣的是揭示现代东方学是怎样与但丁和德尔贝洛的前殖民主义意识不同，成为一种以**积累**为特征的系统学科的。这绝不只是一个学术上或理论上的特征，它使东方学命定地朝着系统地积累人和领地的方向发展。重构一门已经死亡或丢失的语言最终意味着重构一个已经死亡或丢失的东方；同时还意味着，重构的准确性、科学性和想象力可以为军队、政府和官僚机构日后在东方的所作所为奠定基础，铺平道路。在某种意义上说，东方学可以用来证明自己合法性的手段不仅有其学术上或艺术上所取得的成功，而且包括其日后的效用、用途和权威。无疑，就此而言，它值得我们加以认真的思考。

二 西尔维斯特·德·萨西和厄内斯特·赫南：理性人类学和语言学实验室

西尔维斯特·德·萨西生命中的两大乐章一为英雄般的努力，一为对教育和理性之功用的满腔热忱。安东尼－以撒－西尔维斯特1757年生于世代以公证人为业的詹森派教徒之家庭，在一座天主教本笃会（Bendictine）修道院里接受私人教育，一开始学阿拉伯语、叙利亚语和迦勒底语，接着学习希伯来语。尤其是阿拉伯语，为他打开了东方的大门，因为，根

124 据约瑟夫·雷诺（Joseph Reinaud）的说法，是阿拉伯语为人们提供了东方事物——神圣的和世俗的——最古老、最具启发性的形式。[11] 尽管是正统王权的拥护者，他在1769年却被任命为新成立的**现代东方语言**学校的首任阿拉伯语教师，并于1824年接任该校校长。1806年他当选为法兰西学院（Collège de France）教授，尽管从1805年开始他一直是法国外交部的常任东方学家。一开始他在外交部的工作（1811年之前一直是义务的）是翻译法国军队的公报和拿破仑1806年的《宣言》（*Manifesto*），这一宣言希望激发起"穆斯林的狂热"以对抗俄国的东正教。但此后许多年中萨西一直在为法国培养东方语言的翻译人员，以及培养将来的东方学研究者。当法国1830年占领阿尔及尔时，是萨西翻译了对阿尔及利亚人发布的通告；外交大臣定期向他咨询与东方有关的外交问题，有时也得到国防大臣（the minister of war）的咨询。75岁时他接替达西耶（Joseph Dacier）担任人文科学院（Académie des Inscriptions）秘书，同时担任皇家图书馆东方文物部主任。在他漫长而卓越的一生中，他的名字与大革命后法国教育（特别是东方研究）的重建和复兴联系在一起。[12] 1832年，萨西和居维叶一起被加封爵号，成了法国的新贵族。

不仅因为担任了法国亚洲研究会（创立于1822年）首任会长的职务，萨西的名字才与现代东方学的创建联系在一起；也是因为他的工作实际上为东方学研究建立起了一整套文本体系，教学实践，学术传统，以及与公共政策之间的联系。萨西的著作中贯穿着一个与这一学科相伴随的自觉的方法论原则，这对于维也纳会议以来的欧洲还是第一次。萨西总是感到自己正在开创一个具有修正论色彩的重要计划，这一点同样重要。他是一位自觉的开创者，与我们的问题关系更密切的是，他在自己的写作中经常充当世俗化的牧师的角色，他眼中的东方和他的学生则分别充当了他的教义和教众。对萨西心怀仰慕的同代人布罗伊公爵[1]认为萨西的著作将科学家和圣经教师这两种风格融为一体，并且认为萨西是能够调和"莱布尼茨（Gottfried Wilhelm von Leibnitz）的目标与波舒哀[2]的努力"的人。[13]其结果是，他所写的一切东西都是专为其学生所写（就其第一部著作——1799年发表的《一般语法原理》〔Principes de grammaire générale〕——而言，唯一的学生是他的儿子）并且在讲授的时候不是作为创新的著作而是作为对已经做过、说过或写过的最好东西的概括和修正。

　　这两个特点——向学生传授知识的教学需要与以修正和概括的方式重复前人这一公开的意图——是非常关键的。萨西的著作中总有某个声音在说话；他的作品到处充满着第一人称代词，人称限定词，修辞性在场（rhetorical presence）。即使在他最具学术性的著作中——比如一份论述3世纪萨桑王朝钱币的学术笔记——人们也能感到他与其说是用笔在写还不如说是用声音在讲。他在《一般语法原理》写给他儿子的献词中开门见山地说："这本小书的写作是为了你，我亲爱的儿子"——也就是说，我为你写这些（或向你说这些）是因为你需要知道这些，由于找不到合适的东西来教你，我特地为你写了一本。这乃萨西所有著作的基调。直接的言说；实际的功用；不懈的

---

[1] 布罗伊（Achille-Charles-Léonce-Victor de Broglie，1785—1870），法国政治家、外交家，曾任首相、贵族院议员、教育大臣和外交大臣。
[2] 波舒哀（Jacques Bénigne Bossuet，1627—1704），法国主教，极力宣扬天主教，反对新教。

努力；直观有效的理性。因为萨西相信，任何东西都可以得到清晰而合理的表达，不管任务有多么艰巨，主题有多么含混。在他那里，波舒哀的严格，莱布尼茨的抽象人性论，以及卢梭的**语调**，全部熔为一炉。

萨西这种语调的作用是形成一个圆圈，将他自己和他的听众与外在世界隔离开来，就像聚集在封闭教室里的老师和学生可以形成一个封闭的空间一样。与物理学、哲学或古典文学不同，东方研究的问题是神秘难测的；它对那些已经对东方产生了兴趣但想更进一步、更清晰地了解东方的人具有重要意义，而人们之所以求助于教学性的学科也更多地因为其效用而非其吸引力。因此，教师将材料**显示**给学生，而学生所扮演的角色则是接受经过精心挑选和安排的材料。由于东方是古老而遥远的，教师的职责就是将已经从公众视野中消失的东西重新恢复并且加以修正。同时由于无法完全揭示出东方（在时间、空间和文化上）的广博和丰富，需要挑选出其最具代表性的部分。因此萨西将重点放在文选、选集、具有说服力的场景、一般性原则上，这样就可以通过少数几个强有力的例子向学生展示东方的全部特点。这样的例子之所以强而有力，原因有二：其一，因为这些例子可以显示萨西作为西方的东方研究权威的力量，是萨西深思熟虑地将一直隐藏于遥远神秘的东方之中的东西带到了人们的面前；其二，因为这些例子作为一种符号本身就包含着（或东方学家向它们赋予了）表述东方的强大力量。

萨西的所有著作从性质上说都是一种编撰，因此充满说教的繁文缛节和对前人观点煞费苦心的反复修正。除了《一般语法原理》外，他的著作还有：一套三卷本的《阿拉伯文选》（1806和1827），一本阿拉伯语语法学文选（1825），一本阿拉伯语语法（为阿拉伯语专门学校的学生所写）（1810），一本论述阿拉伯语韵律和德鲁兹教派的专题著作，以及与东方钱币、专名、铭文、地理、历史和度量衡有关的大量短论。他翻译过相当数量的东西并且评注过阿布·穆罕默德·哈里里（Abu Muhammad al-Qasim al-Hariri）的两部作品《卡里莱和迪木乃》（Calila and Dumna）和《玛卡梅集》（Maqamat）。作为编辑、回忆录作家和现代学术史家，萨西同样异常活跃。但他对那些不熟悉的学科却几乎没有什么建树，尽管他本人的写作风格非常细致，即使对那些非东方学的方面也采取一种严格的实证姿态。

然而当1802年拿破仑委托法兰西研究院（Institut de France）成立一专门小组，对1789年以来法国科学艺术的发展进行**总体截面式**（tableau générale）描述时，萨西入选其中：他是最严格的专门家和最具历史眼光的泛论家。从后来一般被人们称为"达西耶报告"（Dacier Report）的这一描述中，可以看出萨西对东方学研究的许多偏好与贡献。这一报告的标题——《法国学术之历史截面》（Tableau historique de l'érudition française）——宣示着历史（相对于宗教）意识的产生。这一意识非常具有戏剧性：它认为可以对学术进行，比如说，戏剧场景式的描述，以使人们轻而易举地就能看到其发展的全景。达西耶在向国王提交的这份报告的序言中充分阐明了这一主题。用这种方式对学术发展图景所做的描述，是别的任何试图**一眼**就能瞥见人类知识总体发展的描述所无法企及的。达西耶继续论道，假使以前的人们能完成他们时代的**历史截面**，我们今天也许就不会面临许多杰作被遗失或损毁的局面；这一历史截面的作用在于保存知识并且使人们随时都能利用这些知识。达西耶暗示说,拿破仑的远征为完成这一任务创造了条件,它所产生的结果之一是加深了人们对现代地理知识的了解。[14](正是达西耶报告的整体**话语**使我们看到了**历史截面**描述这一戏剧性形式如何起着与现代百货商店的橱窗和柜台相类似的作用。)

历史截面对理解东方学初创阶段的意义在于,它将东方学知识及其特征外化,同时还对东方学家与其研究对象之间的关系进行了描述。在其本人所写的有关东方学的那一部分——正如在其所有著作中一样——萨西认为自己的工作**揭示、阐明、拯救**了大量湮没无闻的东西。出于什么目的?为了**使其呈献**于研究者们的面前。因为萨西与其所有学术同代人一样,认为学术工作可以为由所有学者共同竖立起来的知识大厦添砖加瓦。知识本质上是对材料的阐明,历史截面的目的是建立一种边沁[1]主义式的展览室(Benthamite Panopticon)。因此学术学科是一种特殊的权力技术(technology of power):它为其使用者(与研究者)提供业已丢失的工具和知识(如果他具有历史学家的眼光的话)。[15]专业化的权力话语与萨西作为东方学先驱者的声名之间的确有着难解难分的关系。作为一个学者,他有着攻克那些无法克服的难题的英雄气概;如果某个领域不存在,他会千方百计地为学生们创造一个新的领域出来。他**创造**了书本、规则和实例,布罗伊公爵这么评价萨西。结果是产生了有关东方的材料,研究东方的方法,甚至连东方人自己也不知道的东方实例。[16]

---

[1] 边沁(Jeremy Bentham,1748—1832),英国哲学家和法学家,功利主义伦理学代表人,认为利益是行为的唯一标准和目的。

与法兰西研究院这一专门小组里面的希腊学家或拉丁学家相比，萨西所付出的努力是令人惊叹的。前者拥有众多的文本、成规和学校；而他却没有，因此不得不着手创建。萨西从无到有的创建工作确实令人着迷；他确实不惜血本。他像其他领域的同事们一样相信，知识是一种观看——在泛视觉的层面上说——的过程，但与他们不一样的是，他不仅必须挑选知识，而且还得将其解码，对其加以阐释，最困难的是，使其变得可用。萨西的贡献是建立了整个学科。作为欧洲人，他到处搜寻东方的资料，他甚至不离开法国就能做到这一点。不管找到什么文本，他都把它们带回；对其进行修复；然后对其加以注释，整理，编辑和评说。结果是，东方学家所构想的那种东方的重要性经过他的手之后变得没有那么重要了；这样，东方学家的东方一旦被萨西带入一个可供传授的静态的封闭话语空间，就再也不愿意进入现实的空间了。

萨西非常明智，不会让自己的观点与实践建立在空中楼阁之上。首先，他总会让人们明白，"东方"自身为什么不能满足欧洲人的趣味、才智，或耐心。萨西确实为阿拉伯诗歌这类东西的效用和益处辩护，但他的真正意思是，阿拉伯诗歌只有经过东方学家的适当转化后才可为人们所欣赏。其理由一般来说是认识论方面的，但也包含着东方学家的自我辩解。阿拉伯诗歌是一个（对欧洲人而言）完全新异的民族所创作出来的，其创作的社会历史文化背景与欧洲人所熟知的迥异；此外，这样一种诗歌所赖以滋生的"公众舆论、偏见、信仰、迷信"，"只有经过长时间的研究我们才有可能弄清"。即使你确实能经受住严格的专业训练，诗歌中所描述的东西对"已经达到更高文明程度"的欧洲人而言大多仍然是不可理喻的。然而，我们所能把握的东西对我们这些习惯隐藏我们的外部特质、我们的身体活动、我们与自然的关系的欧洲人来说仍旧有很大的价值。因此,东方学家的作用在于为他的同胞们提供大量不同寻常的经验,更重要的是,提供一种能够帮助我们理解希伯来人"具有真正的神性"的诗歌文学。[17]

因此,如果说东方学家之所以必不可少是因为他从遥远的东方深潭中为我们捞出了一些有用的珠宝,因为没有他的冥思东方便无以理解,那么,顺理成章的就是,我们不必涉及所有的东方作品。萨西正是以此为基础建立其关于"片段"(fragments)的理论的,而后者正是浪漫主义所普遍关注的话题。东方的文学作品不仅对欧洲人而言本质上是新异的;而且无法引起人们足够持久的兴趣,其写作没有足够的"趣味和批评精神",因而除了作为摘要之外没有其他的价值。[18] 因此,人们要求东方学家通过一系列具有代表性的片段,一些被重新印行、解释、评注并且不断产生新的片段之片段,来**表述**东方。这一表述需要一种特殊的文类;因此文选这一形式就得到最直接、最有效的使用,对萨西而言,文选是东方学的效用与益处之所在。萨西最有名的著作是三卷本的《阿拉伯文选》,它开篇便以两句阿拉伯语诗歌阐说其主旨:"本书会令勤学者心旷神怡,终身受益;/它既有骈句也有散体。"

萨西的选本为欧洲好几代人所广泛使用。尽管选本的内容被声称具有代表性,但它们却掩盖了东方学家对东方所做的审查。其内容的内在秩序,各个部分之间的安排,片段的选择,似乎天衣无缝,从来没有泄露其秘密;人们得到的印象是,如果片段的选择不是根据其重要性,或者根据其时代顺序,或者根据其审美价值(萨西的显然不是),它们一定体现着东方的某种自然特性,或必然性。但即使这一点也从来没有明白地说出来。萨西只是简单地声称他所做的一切都是为了学生,让他们不必费神购买(或阅读)数量庞大得惊人的东方资料。其结果是,读者忘记了东方学家在其中所起的作用,将被文选重新结构起来的东方视为东方之**全部**。客观的结构(东方之实际所指)和主观的再结构(东方学家对东方的表述)被混为一谈。东方学家的理性被强加于东方之上,他的原则也摇身一变为东方自身的原则。东方不再遥远,它就在你的手边;东方不再不可理喻,它可以被教学和传授;东方不再湮没无闻,它被重新发现,尽管在此过程中它的另外一些部分反而变得更加隐秘难见。萨西的选本不仅补充和替代了东方;而且使东方成为东方对西方的一种自然显现。[19]萨西的著作将东方经典化;它使一种经典的文本在学者之中代代相传。

  但比这种文本经典更令人吃惊的是萨西遗留在他的弟子们身上的活的遗产。我们几乎可以将19世纪欧洲所有著名阿拉伯专家的渊源都追溯到萨西。在法国、西班牙、挪威、瑞典、丹麦,特别是德国的大学和研究院中,随处可以碰到他的学生,他们曾经追随于萨西的膝下,通过萨西文选所构筑的静态画面而成长。[20]然而,在承袭其学术遗产的同时,他的弟子们也对他的观点进行了完善和限制。萨西在东方学研究谱系上的创造性在于将东方处理为某种得到重新恢复的东西,之所以要重新建构是因为现代东方的现实混乱而难以捉摸,但却绝不会因其混乱和难以捉摸而放弃对它的重新建构。萨西将阿拉伯人**放置在**东方,而东方自身又被放置在现代学术这一总体画面之中。因此东方学属于欧洲的学术,但在它有资格与拉丁学和希腊学并驾齐驱之前,其材料必须经由东方学家的重新创造。每位东方学家都根据首先由萨西所提供和实施的有关得与失的基本认识论规则重新创造他自己的东方。萨西不仅被视为东方学之父，同时也是这一学科的第一个牺牲品，因为在翻译新的文本、片段和摘录的时候，后继的东方学家们用其重新建构的东方完全取代了萨西的东方。然而他所开创的这一事业仍会继续下去，特别是当语言学产生出萨西从未运用过的那种系统的、体制化的强力的时候。而这正是赫南所取得的成就：将东方与最新的比较学科联系起来，后者最突出的代表是语言学。

萨西与赫南之间的区别是创始与延续之间的区别。萨西是开创者，他的工作代表着东方学作为19世纪一门有着革命浪漫主义根源的学科的产生及其地位。赫南属于东方学的第二代：其任务是加固东方学的既成话语，将其真知灼见系统化，为其确立学术的与世俗的机构。对萨西而言，是他的个人努力创生了这一领域并且赋予了其生命；对赫南而言，是他将东方学应用于语言学并且将此二者应用于他那个时代的学术文化，是他使东方学的学术结构逐渐凝固下来并且变得更加清晰可见。

就赫南这一人物本身而言，他既非彻底的创新者，亦非绝对的因袭者。因此作为一种文化力量或一个重要的东方学家，他无法被简单地还原为他的个人性格，也无法被还原为他所相信的一套图式化的观念。相反，最好将赫南理解为一种动态的力量，像萨西这样的先驱者已经为他创造了机会，然而是他将这些先驱者的成就作为一种通行的货币带入文化之中，他通过自己的努力使这些货币得以流通（并且将其进一步向前推进）。简而言之，赫南必须被理解为一种文化和学术实践，一种在米歇尔·福柯所说的时代档案[21]内制造东方学观点的方式。重要的不仅是赫南所说的内容，还有他的言说方式，他根据自身的背景和训练挑选什么样的东西作为言说对象，将什么与什么联系在一起，如此等等。因此，人们可以描述赫南与他的东方对象、他的时代和读者甚至他自己的作品之间的关系而不必求助于建立在未加辨察的本体稳定性之上的常规（比如，*Zeitgeist*〔时代精神〕，观念史，个人生活与时代之关系，等等）。相反，我们阅读赫南的论述时可以得到这样的印象：他的所作所为是可以得到清晰描述的，是有着明确的时间、空间和文化背景（因此也有着档案价值）的，是面对读者的，同样重要的是，是为了进一步加强他在自己时代的东方学中的位置的。

赫南是从语言学进入东方学的，正是前者极为丰富和显著的文化立场赋予东方学最重要的技术性特征。然而，对任何认为**语言学**是枯燥乏味、微不足道的语词研究的人来说，尼采（Friedrich Wilhelm Nietzsche）所宣称的他本人像19世纪所有伟大的思想家们一样都是语言学家，是会令其大吃一惊的——尽管如果能想起巴尔扎克的《路易·朗贝尔》(*Louis Lambert*)，他也许就不会有这么诧异：

> 讲述语词的生活和历险将会产生一本多么奇妙的书！毫无疑问，对同一事件可以进行多种不同的语词描述；语词在不同的人身上也会产生不同的印象，这取决于它所使用的场合；然而，将语词视为灵魂、肉体和运动之三位一体该有多棒？²²

尼采后来会问，是什么范畴将他自己、瓦格纳（Richard Wagner）、叔本华和雷奥帕尔蒂（Conte Giacomo Leopardi）作为语言学家囊括在一起？这一术语似乎既包括一种能够对语言产生异乎寻常的精神洞见的天赋，也包括创造一种具有美学和历史力量的作品的能力。尽管语言学这一学科于1777年"沃尔夫[1]首先使用**语言研究**（*stud. philol.*）这一名词时"即已产生，然而尼采却力图表明，希腊和罗马典籍的专业研究者们往往并不真正理解他们的学科："他们从未触及**事情的本原**：他们从未将语言学作为问题来论证。"因为仅仅"作为有关古代世界的知识，语言学当然无法永存；其材料是有限的"。[23]语言学家们无法理解的正是这一点。但用以凸显尼采认为值得赞扬的——这一赞扬毫不含糊，也非以我所描述的这种粗略形式出现——那少数几个特异人物的是他们与现代性的深刻联系，而这一联系是从其语言学实践中获得的。

语言学向人们提出许多问题——关于其自身，其实践者，以及现代性。它代表着现代性和欧洲性的一种特殊情形，因为这两个范畴如果不与一个更早的异质文化或时代相联就没有真正的意义。尼采同样将语言学视为某种**创生**之物，一种在维柯的意义上被**创造**出来的人类行为符号，一种与人类发现、自我发现和原创性有关的范畴。语言学是历史性地将人们，就像伟大的艺术家那样，从其所处的时代以及与此时代紧邻的时代分离开来的一种方式，尽管在此过程中人们实际上确认了自身的现代性。

处于1777年的弗里德里希·奥古斯特·沃尔夫和1875年的弗里德里希·尼采二者之间的是厄内斯特·赫南，一位东方

---

[1] 弗里德里希·奥古斯特·沃尔夫（Friedrich August Wolf, 1758—1824），德国古典学者，语言学家。

语言学家，同时也是一个对语言学与现代文化相互关联方式有着复杂而有趣的认识的人。在《科学之未来》(*L'Avenir de la science*)（完成于1848年，但直到1890年才面世）一书中他写道："现代思想的奠基者是语言学家。"对现代思想而言，他在紧接这一句的前一句中说，如果"与理性精神、批判精神、自由精神〔这些东西〕在同一天奠基的不是语言学"，难道还会是别的什么东西吗？他接下去说，语言学既是只有现代人才拥有的一种具有比较性质的学科，又是现代（和欧洲）优越性的象征；15世纪以来人类所取得的每一进步都可归功于语言学。语言学在现代文化中的任务是继续清晰地观察现实和自然并因而将超自然论驱除出去，继续保持与自然科学齐头并进的态势。但更重要的是，语言学使我们对人类生活和事物本质产生一种基本的看法："我，位于一切之中心，呼吸万物之芬芳，判别，比较，组合，推导——以这种方式，我可以直探事物之本原。"语言学家身上显然被罩上了一种强力的光环。赫南是这样来描述语言学和自然科学的：

> 研究哲学就是认识事物；借用居维叶的话来说，哲学是**用理论阐说世界**。像康德一样，我相信没有哪个纯思辨性证明能有数学证明那么有效，能像数学证明那样与外在现实无涉。语言学**正是**研究精神对象的科学。语言学之于人文学正如物理学和化学之于自然科学。[24]

稍后我会再次论及赫南对居维叶以及自然科学的反复引用。现在，应该说明的是，在《科学之未来》的整个中间部分，赫南满怀对语言学的仰慕之情，将其描述为最难以把握的学科，同时又是最精确的学科。在使语言学成为一门确凿可靠的学科的过程中，赫南毫不含糊地将自己与维柯、赫尔德、沃尔夫、孟德斯鸠、威廉·冯·洪堡和葆朴这类与自己相隔不远的语言学前辈，以及著名东方学家尤金·布尔奴（该书就是献给此人的）联系在一起。赫南将语言学定位在他经常说起的人类知识征途之中心，实际上这本书本身就是一部人文学改良论（humanistic meliorism）之宣言，只要看一看该书的副题（"1848年随想"）与1848年面世的其他书籍，比如《布瓦尔和白居谢》和《路易·波拿巴的雾月十八日》，就可以知道这绝非戏言。因此，在某种意义上说，这一宣言以及赫南对语言学的描述——此时，他已经完成那部荣获沃尔内奖的论闪语的大部头著作——注定要将作为知识分子的赫南与1848年所引发的重大社会问题清晰可辨地关联在一起。他竟然选择（语言学）这一在所有学科中与现实关联程度**最低**、在公众中最缺乏**知名度**、最保守和最传统的学科作为构织这种关系的基础，这只能说明赫南的观点是经过深思熟虑的。因为他并非高高在上地面对众人说话，而是作为深思熟虑的专家在说话，正如他在1890年的序言中所言，想当然地接受种族不平等的观念和少数人支配多数人的观念是反自然，反社会的。[25]

但赫南到底通过什么方式才得以将他自己和他所说的话纳入一个如此矛盾的立场之中？因为，一方面，如果语言学不是所有人的学科，不是建立在人类统一和个体价值的前提之上，它又会是什么呢？另一方面，如果语言学家不是残酷地将人分为高等民族和低等民族的人——赫南自己就被证明为属于这样的人，他对作为他的研究对象并因而使其获得专业声名的闪米特东方人心存歧视，这一点已经令其臭名昭著[26]——不是一个专注于像时间性、起源、发展、关系和人类价值这些神秘兮兮的概念的人文批评家,他又会是什么呢?这一问题的部分答案是,正如其早期写给维克多·库赞、米歇雷和亚历山大·冯·洪堡(Alexander von Humboldt)的信件所显示的,[27]作为职业学者和职业东方学家的赫南有着强烈的职业意识,这一意识实际上将他与普通大众分开了。但更重要的,我想,是赫南自己对其在他所认识到的具有更广博的历史、发展和对象的语言学领域中所扮演的东方语言专家这一角色的看法。换言之,在我们看来似乎是矛盾的东西实际上完全在赫南预料之中,与他所构想的自己在语言学、在语言学历史及其创造性发现之中的位置以及他的实际所为完全相符。因此,不应该认为赫南仅仅是**就语言学**而论说,而应该认为他是**以语言学的方式**论说:带着开创者的全部热情,使用着一种经过编码的语言,因为我们对这一声名显赫的新学科关于语言本身的所有宣言都不可能直接或简单地加以理解。

在赫南理解和接受语言学的同时,这一学科也将一套正统的教条法则强加在他的身上。成为语言学家意味着其活动将会首先受制于最近的新发现,这些发现有效地为这一学科奠定了自身独特的认识论基础:我所说的是大概于1780年代开始而于1830年代中期结束的这一时期,赫南在这一时期的后半部分开始接受他的教育。他的回忆录记载了最终导致他完全失去信仰的那一宗教信仰危机是如何在1845年促使他转向学术研究的:这是激发他进入语言学世界的动力。他相信,就个人的层面而言,他的个人生活与体制化的语言学研究难分难解。然而,他决定此后在生活中应像从前一样做一个虔诚的信徒,只不过现在受到他顶礼膜拜的不是神性的基督,而是他所说的

"世俗科学"。[28]

多年之后，1878年，赫南在巴黎大学（索邦〔Sorbonne〕）所做的题为"论语言学转交给诸历史学科的任务"（On the Services Rendered by Philology to the Historical Sciences）的讲演中，举出了世俗科学所能做和所不能做的最好例子。这一讲演最耐人寻味之处在于，当赫南说到语言学时他脑中所想的实际上是宗教——比如，像宗教一样，语言学教给我们关于人类、人类文明和语言起源的知识——其目的只不过是想使听众明白，语言学所传递的信息远没有宗教那么连贯、周密和确实。[29] 由于赫南的历史意识根深蒂固，并且正如他自己曾经所言，其观点具有形态学的特征（morphological），作为一个年轻人他从宗教转入语言研究的唯一途径，是将他从宗教那里获得的历史世界观转移到这一新的世俗科学之中，这一点是合情合理的。因此，"有一种职业似乎值得我为之献出全部生命；这就是通过世俗科学提供给我的那些更充实的方法，对基督教展开批判性探索〔隐指赫南有关历史和基督教起源的庞大计划〕"。[30] 赫南带着仿佛对基督教大彻大悟的热情全身心地投入语言学研究之中。

正是基督教所内在隐含的历史与语言学这一相对新起的学科所提供的历史之间的差异使现代语言学得以产生，赫南深知这一点。因为在18世纪末和19世纪初每当说到"语言学"，我们会明白所说的是一种新语言学，其主要成就包括比较语法，对语言族系的重新分类，以及对语言神性起源说的最终放弃。这些成就或多或少是视语言为一种纯粹人世的现象这一观念的直接结果，这绝非夸大之辞。这一观念一定会风行，一旦人们根据经验发现所谓的神圣语言（主要指希伯来语）既不属于原创性语言也不具有神性起源的话。因此，福柯所说的语言的发现（the discovery of language）乃一世俗事件，它取代了上帝在伊甸园中向人类传授语言的宗教观念。[31] 实际上，这一变化——在此变化过程中，语言之间存在着语源学的、前后承续的亲缘关系的观念，被语言乃一自主自足的王国、其亲缘关系存在于各种层次的内在结构和连贯性之中的观念所取代——的后果之一是，人们对语言起源问题的兴趣急剧衰退。1770年代，也就是赫尔德论语言起源的论文1772年在柏林科学院获奖的年代，谈论这一问题蔚然成风，然而到19世纪的头十年，欧洲学界已经认为不值得再为此问题多费唇舌。

从许多方面来看，在多种意义上说，威廉·琼斯在其《纪念文集》（*Anniversary Discourses*）（1785—1792）中所陈述的或弗朗茨·葆朴在其《比较语法》（*Vergleichende Grammatik*）（1832）中所提出的一个主要观点是，语言之神圣王朝已彻底崩溃，语言神性起源说已穷途末路。简而言之，一种新的历史概念乃应时之需，因为基督教似乎已经无法经受那些会削弱其主要文献的神性地位的经验证据的考验。对一些人来说，正如夏多布里昂所言，尽管新的知识告诉人们梵语比希伯来语更悠久，但传统的信仰仍然无法动摇："哎！对印度文学语言的深入研究竟然发现人类历史大大超出《圣经》所圈定的狭小范围。在不得不经受这一羞辱之前我再一次皈依了基督，对我来说，这是多么幸运啊。"[32] 对另一些人来说，特别是对像葆朴自己这类具有开拓精神的语言学家来说，语言研究有其自身的历史、原则和学问，所有这些都否定了与人类语言乃上帝在伊甸园中所赐这一说法有关的任何观念。正如梵语研究和18世纪后期的扩张似乎将人类文明的最早源头从《圣经》所述土地大大向东扩展了一样，与其说语言存在于外部强力与内部言说者所形成的连续性之中,还不如说语言乃语言使用者自身所创造和完善的一个自足的领域。不存在源语言,正如——除非通过我马上将会谈到的那种方法——不存在简单的语言一样。

对赫南而言,第一代语言学家所留下的这些遗产的重要性是无与伦比的,甚至比萨西所做的更为重要。一谈到语言和语言学,不管是在其漫长生涯的开始、中途还是结尾,赫南都会重复新语言学的经验教训,最主要的是,技术性(相对于神性)语言学实践应该具有的反代代相传、反连续性原则。对新语言学家来说,语言不能被构想为单方向地从上帝发出的力的结果。正如柯勒律治所言,"语言乃人类思想之武库;它既存有代表过去荣誉的战利品,又存有用于未来征战的铠甲"。[33] 伊甸园神赐语言说让位于这样一种探索性的说法:存在一种原型语言(比如印欧语,闪语),其存在不容置疑,因为人们认定这样一种语言无法重现,只能通过语言学过程加以重构。如果说存在一种可作为所有其他语言检验标准的语言的话——这一说法同样是探索性的——那就是作为印欧语最初形式的梵语。所使用的术语也发生了变化:现在语言可分为不同的**语族**(显然借用了生物学和解剖学之分类用语);存在**完美**的语言形式,它不必与任何"真实的"语言对应;还存在一些原初语言,之所以称其为原初语言仅仅因为它所属的语言学话语的功能,而非其特性。

但有些作家狡猾地诡辩说,将源头追溯到梵语和印度事物,从总体上说只不过是用新的谬误取代了希伯来语和伊甸园的谬误。早在1804年,邦雅曼·贡斯当[1]就在其《心之

---

[1] 邦雅曼·贡斯当(Benjamin Constant, 1767—1830),法国小说家,政治家,曾任七月王朝立法委员会主任。

旅》(*Journal intime*)中声称他在自己的《论宗教》(*De la religion*)中不准备讨论印度,因为占有这块土地的英国人和研究这个地方的德国人已经使印度变成了**万物之源**(*fons et origo*);此外,还有法国人:拿破仑和商博良之后的法国人认定世间万事万物皆源于埃及和新东方。[34]这种具有目的论色彩的热情1808年之后又为弗里德里希·施莱格尔著名的《印度的语言和智慧》进一步煽动起来,该书似乎进一步肯定了他本人于1800年所做的东方的浪漫主义是最纯粹的浪漫主义这一断言。

赫南这一代人——在19世纪30年代中期到19世纪40年代末期接受教育的人——从所有这些东方热情中继承下来的观念是,东方是研究语言、文化和宗教的西方学者在学术上所不可缺少的。就此而言,最关键的文本是埃德加·吉内的《宗教之特性》(1832),该书提出东方复兴一说并且将东方与西方置于相互为用的关系之中。我已经指出过这一关系的重大意义,如雷蒙·史华伯在其《东方的复兴》中所详尽地分析的;在此我仅想指出与作为语言学家和东方学家的赫南有关的那些特殊方面。吉内与米歇雷的关联,他们对赫尔德和维柯的兴趣,促使他们各自产生了遭逢新异、陌生、遥远东西的需要,这种遭际的过程就像观众观看戏剧事件在他面前一步一步地展开,或者是信徒目睹着天启在他面前显现。吉内的观点是,东方是被支配的对象,西方则是支配的主体:亚洲有自己的先知,欧洲则有自己的"doctors"(博学之士和医师:这一双关语是他刻意选用的)。在这一遭遇的过程中,新的教义或新的神灵产生了,但吉内实际上想说的是,在此遭遇的过程中,东方和西方都实现了自己的命运,确认了自己的身份。博学的西方人站在一个特别适合他的有利角度对消极、原始、柔弱甚至静默倦怠的东方进行全面观照，然后在此基础上对东方进行**清晰表达**，使东方的秘密在语言学家的学术权威面前——其力量来自于揭示神秘语言的能力——展露无遗：这一学术态度和图景在赫南身上会得到延续。而没能在还只是一个语言学学徒的19世纪40年代的赫南身上得到延续的，是那种过于激烈的戏剧性态度：这一态度在他身上为科学的态度所取代。

对吉内和米歇雷而言，历史不过是一出戏剧。吉内寓意深远地将整个世界描述为一座庙宇，人类历史不过是此庙宇中进行的一场宗教仪式。吉内和米歇雷仿佛**亲眼目睹**了他们所谈论的那个世界。他们可以用与维柯和卢梭描述原始时代人类生活同样辉煌、充满激情和戏剧化的方式来描述人类历史的源头。对米歇雷和吉内而言，毋庸置疑，他们所从事的工作乃欧洲浪漫主义事业这个整体的组成部分："通过史诗或其他重要文类——戏剧，散体罗曼司，或充满幻想的'颂赞'——用适于其时代历史学术情境的方式，对基督教关于堕落、救赎、乐园的恢复、新世界的产生等模式进行彻底重构。"[35] 我想，对吉内而言，神之再生相当于用新神取代旧神的位置；然而，对赫南而言，做语言学家意味着割断与旧基督教神灵的一切联系，其结果是会产生一个自在自足的新学说——可能是科学——并且似乎会获得一个新的位置。赫南的毕生精力都奉献给了这一事业。

他在一篇论语言起源的没有什么特色的文章的结尾非常清晰地表明了这一点：人类不再是一个创造者，创造的时代已经彻底终结。[36] 曾经有过这么一个时代——对这一时代我们仅能猜想而无法证明：人类突然从无声状态被**传送**到语词状态。之后，出现了语言，一个真正的科学家的任务是考察语言的本质是什么，而不是探寻其起源。然而尽管赫南将原始时代的激情创造（这曾经使赫尔德、维柯、卢梭甚至吉内和米歇雷激动不已）排除在外，但却代之以一种新形式的创造，一种作为科学分析之结果的经过深思熟虑的人工创造。在法兰西学院的首次演讲（1862年2月21日）中，赫南声称他系列演讲的目的是为了公众，以使他们有机会亲眼目睹"语言科学的实验室"。[37] 任何阅读赫南著述的人都会明白，这样的声明同时也意含反讽，一个尽管相当微弱但却具有代表性的反讽，更多地是为了取悦听众而非有意耸人听闻。因为赫南所接替的是希伯来语教席，而且演讲的主题是闪米特人对人类文明史的贡献。对"神圣"历史而言，还有什么比用语言学实验室取代神对历史的支配更令人难以忍受的东西？还有什么比宣称东方的当代价值仅仅在于可以用作欧洲学术研究的材料更能说明问题？[38] 萨西以静态画面形式出现的相对冷冰冰的片段在赫南那里将被某种新的东西所取代。

赫南演讲中这一令人振奋的结尾，除了将东方的－闪米特的语言学与将来和科学联系在一起之外，还有另外一个功能。在赫南之前担任这一希伯来语教席的埃蒂安·加特梅（Étienne-Marc Quatremère）身上似乎典型地体现出公众对学者的漫画式想象。赫南在1857年10月《论辩杂志》（*Journal des débats*）一篇纪念性摘要中毫不留情地说，加特梅勤勤恳恳，兢兢业业，学识渊博，但他就像一位干苦力的工人，虽每日都在辛勤劳作，却看不见正在建造的大厦之整体。而这一大厦不是别的，正是"充满人文精神的历史学"，现正处在一砖一瓦地被人们加以建造的过程之中。[39] 加特梅不属于这个时代，但赫南及其事业却注定要属于这个时代。而且,如果东方以前一直独指印度和中国,赫南的抱负是为自己开辟一个新的东方领地,就此而言即闪米特东方。他无疑觉察到了人们对阿拉伯语和梵语不经意但却显然很流行的混同(比如在巴尔扎克的《驴皮记》〔*La Peau de chagrin*〕中,那块预言性护身符上面所刻的阿拉伯文就被误当作梵文),因此他以葆朴对印欧语的研究作为自己研究闪语的楷模,并且争取获得同样巨大的成功:他在1855年为自己那部闪语比较研究专著所写的前言中就是这么说的。[40] 因此,赫南的计划是**以葆朴的方式**将闪语带入强烈关注的中心,还有,**以路易·朗贝尔的方式**将这些被忽视的劣势语言的研究提升到充满激情的新的精神科学的高度。

赫南不止一次地公开断言,闪米特人和闪语是东方学语言研究之**产物**。[41] 由于他所从事的正是这一研究,他在这一新的人工创造中就有着不容置疑的核心地位。但赫南是在什么意义上使用**创造**这一词的呢?这一创造与自然创造,或被赫南和其他人置于语言学实验室以及分类自然科学——主要是被称为解剖学的科学——之中的那种创造有何关联?对此我们不得不进行一些推测。在其整个学术生涯中,赫南似乎将科学在人类生活中的作用想象为(在用译文转述他的话时我尽可能做到准确)"确凿无疑地向人们**告知**(述说或表达)事物的语词〔逻各斯?〕"。[42] 科学赋予事物以话语;然而更妙的是,科学呈现出事物之中潜含的话语,或使其得以呈现出来。新语言学的特殊价值并不在于它与自然科学相类似,而在于它将语词视为自然的对象,正是语言学将其从默默无闻的状态中拯救出来,使其秘密袒露无遗。不要忘了碑铭和象形文字研究中的重大突破是商博良的下面这一发现:罗塞塔碑上的符号具有**语音**和语义要素。⁴³让对象说话，如让语词说话一样，就是赋予它背景价值，为其在受规则支配的规范秩序内找到一个恰当的位置。赫南所用**创造**一词的第一个意义是一种清晰的表达，通过这一表达，像**闪语**这样的对象就可以被视为某种话语创造。第二，创造还可用来指被科学家所阐明和凸显的背景——就闪语而言指的是东方的历史，文化，种族和思想。最后，创造指的是一种分类系统的形成，凭借这一系统可以将被观察对象与其他类似对象放在一起加以比较；赫南希望通过"比较"在闪语和印欧语之间形成一个复杂的纵向聚合（paradigmatic）关系网。

我在上面之所以如此强调赫南相对而言已为人所忘却的闪语研究，有几个重要的原因。首先，闪语是赫南失去基督教信仰后首先转向的研究领域；我在上面已经描述了他如何转而以闪语研究替代其宗教信仰，并且不将其与过去而将其与将来联系起来的做法。闪语研究是赫南所从事的第一次完备的东方学研究和科学研究（完成于1847年，发表于1855年），既为他后期的基督教起源和犹太历史研究打下了基础，也是它的一个组成部分。如果不就其成就而单就其意图而言——有趣的是，语言学史或东方学史方面的权威著作或当代著作很少关注赫南的成就⁴⁴——他将其论闪语的著作视为语言学研究上的大突破是可以成立的，在往后的岁月里每当涉及自己对宗教、种族和民族主义等问题的看法（多为不受欢迎的看法）时他总是对此成就津津乐道。⁴⁵比如，每当赫南对犹太人或穆斯林人发表什么看法时，总会伴随着对闪米特人的严厉指责（这是毫无根据的，除非以他自己身体力行的那一学科的标准来衡量）。其次，赫南意在使其闪语研究既有益于印欧语言学的发展，又有益于东方学的进一步精细化。对前者而言，闪语是一退化的语言形式，伦理学和生物学双重意义上的退化，而对后者而言，闪语如果不是文化衰退的全部历史见证的话也可以说是它的历史见证之一。最后，闪语是赫南的第一个创造物，他在其语言学实验室里虚构出来的第一个产物，其目的是为了满足他的社会地位感和使命感。我们绝不应忽视下面这一点：对赫南的自我来说，闪语是欧洲（以及他本人）在东方世界以及他所处的时代所具有的支配地位的象征。

因此，作为东方的一个组成部分，闪语既不完全是一种自然对象——比如说，某个种类的猴子——也不像人们曾经所认为的那样完全属于非自然对象或神性对象。闪语居于二者之间，其存在的合法性在于其与正常语言（通常是指印欧语）相比的特异性，它之所以被视为一种怪僻的甚至匪夷所思的现象，部分是因为它得以展现自身和得到分析的场所是图书馆、实验室和博物馆。在其著作中，赫南采用了一种被居维叶和乔弗罗伊·圣-希拉尔**父子**这样的自然科学家所采用的主要来自书本知识和自然观察的论说语调和分析方法。这是论说风格方面的重要成就，因为这使赫南能够前后一贯地利用**图书馆**，而非原始状态的资料或神学法令，还有**博物馆**——前者可以作为理解语言的概念框架，后者可以用来展示、研究和传授实验室中观察得出的结果。[46] 赫南一直将正常状态的人类事实——语言，历史，文化，思想，想象——转化为某种特别离经叛道的东西，因为它们属于闪米特人和东方，因为其最后归宿是被人们在实验室中加以分析。于是闪米特人就被归结为偏执的一神论者，他们没有神话，没有艺术，没有商业，没有文明；他们的意识狭隘而僵化；总而言之，他们乃"人类劣根性之渊薮"。[47] 同时，赫南想让人们明白他所说的是一种原始类型，而非现实存在的真实类型(尽管他自己也并非完全遵守这一点,因为他著作的许多地方都以远非科学公正的方式谈到了现代犹太人和穆斯林人)。[48]因此我们看到,一方面,他将人简化为标本,另一方面,他又用某种标准对其加以改造,使标本永远只能成为标本,只能成为语言学和科学研究的对象。

《闪语之比较体系和一般历史》中到处散见着赫南对语言学和解剖学之间联系的思考,以及这些联系如何可以用于研究人类历史(诸历史学科)——后者对赫南来说具有同样的重要性。但我们首先应该考虑的是二者之间的明显联系。赫南这一东方学著作在结构和类型上受到居维叶和乔弗罗伊·圣-希拉尔比较解剖学方法的影响,我想这么说并非错误或夸大其词。语言学家和解剖学家都旨在探讨那些在自然界无法直接获取或观察的事物;一幅骨骼和一张肌肉线描图,与语言学家纯粹通过假想建构起来的闪语或印欧语原型一样,都是实验室和图书馆的产物。一个语言学文本或解剖学作品与自然(或现实)的关系和博物馆中展示哺乳动物或器官标本的展室与自然的关系大体相似。文本或展室所展示出来的,与萨西的许多东方文选一样,都是夸大了的截面,其目的都在于展示科学(或科学家)与其对象之间的关系,而非对象与自然之间的关系。当你阅读赫南有关阿拉伯语、希伯来语、阿拉姆语[1]或原始闪语的论述时,你读到的是一种强力,通过这一强力,东方学语言学家从图书馆中任意收集人类语言的实例,并且用文雅的欧洲语言对其进行加工处理,指出其在语言、民族和文明方面的优

---

[1] 阿拉姆语(Aramaic),闪语之一种,公元前9世纪通行于古叙利亚,后来一度成为亚洲西南部的通用语,犹太文献及早期基督教文献多以此语写成。

劣、粗陋和不足。其语调和时态千篇一律地用的是现在时，以使你获得一种亲临其境感：仿佛那位学者或科学家就站在我们面前的演讲台或实验台上对他所讨论的材料加以创造、限制和评判。

当赫南清楚地觉察到解剖学可以用稳定可见的符号将对象归类而语言学却无法做到这一点时，[49]他为如何实现这种亲临其境感而忧心如焚。为了实现这一目的，语言学家必须使特定的语言学事实以某种方式与具体的历史时期相对应：这样才有归类的可能性。然而，正如赫南常常说的，语言学的时间和历史却到处充满着空白、巨大的断裂、假想的时期。因此，语言学事件是在非线性、本质上不连续的时间层面中发生的，语言学家必须以某种特殊的方式对其加以控制。这种方式，正如赫南这一论述东方语言的闪米特分支的著作所充分显示的，是比较性质的：印欧语被视为有生命力的、**有机的**、正常的，闪语则被相应地视为**无机的**。[50]时间在这种比较归类中被空间化，这一归类本质上以有机语言和无机语言之间严格的二元对立为基础。因此，一方面，印欧语代表有机的、可以根据生物学方式再生的过程，另一方面，闪语则代表无机的、本质上不可再生的过程：最重要的是，赫南不容置疑地表明，这样一种专横的判断是东方学语言学家在实验室中得出的，因为只有受过严格训练的专家才能做出他所关注的那种区分。"因此我们不允许闪语有自我再生的能力，但这并非否定它们有发生变化或得到修正的必要性——可以说，它们比人类其他意识形式更具有这一必要性。"[51]

然而，除了这一激烈的对立外，赫南头脑中还存在着另一对立，他在其著作第五卷第一章中用了好几页的篇幅坦率地向读者表明了自己的立场。这发生在他介绍圣-希拉尔有关"物种衰退"（degradation of types）观点的时候。[52] 尽管赫南没有指明他引用的是哪位圣-希拉尔，但这一引用本身却足以说明问题。因为埃蒂安·圣-希拉尔和他的儿子伊希多·圣-希拉尔都是声名卓著、影响深远的生物学思想家，在19世纪前半期的法国文学界特别享有盛誉。我们记得，埃蒂安曾随拿破仑远征埃及，巴尔扎克在《人间喜剧》前言中曾提到自己的整个构想受到埃蒂安和居维叶之争的影响；同样还有很多证据表明福楼拜阅读过父子二人的著作并且在作品中使用过他们的观点。[53] 埃蒂安和伊希多都是包括歌德和居维叶在内的"浪漫主义"生物学传统的继承者，对物种的类似、同源和有机**原型**有强烈兴趣，他们同时还是畸态生物解剖学——伊希多称之为畸形学——专家，在此学科中，最骇人听闻的生理变异被视为物种生命所经历的内部退化的结果。[54] 在此我无法探讨生物畸形学的繁难和复杂（及其巨大魅力），尽管只要提到下面这一事实就足以说明问题：埃蒂安和伊希多运用语言学范式所具有的理论力量去解释生物系统内部可能出现的变异。因此埃蒂安的观点是，怪物是相对于常态而言的**变异体**，正如语言中的语词相互之间存在着类同以及变异的关系一样：在语言学中，这一观念至少可以追溯到瓦罗的《论拉丁语》[1]。没有哪个变异体可以被简单地视为无缘无故的例外；相反，所有变异体都进一步肯定了将属于同一类的成员联结在一起的那种正常结构。提出这样的观点在解剖学中是需要胆识的。在其《解剖学》

---

[1] 瓦罗（Marcus Terentius Varro，公元前116—前27），古罗马学者、讽刺作家，《论拉丁语》（*De Lingua Latina*）是他仅存的少量著作之一。

（*Philosophie anatomique*）的"引言"中埃蒂安曾这样说：

> 实际上，我们这一时代的显著特征是，今天，已不再可能将自己严格限定在单个理论的框架之内。孤立地研究一个物体仅能将其带回自身；结果是你永远也不会全面深刻地认识这一物体。但将其放到许多方面相互联系而在另外许多方面又相互分离的许多物体中间去观察，你就会为此物体找到更广泛的联系。首先，你对它的认识会加深，甚至会进一步认清其独特性；但更重要的是，将它放到它自身活动范围的中心去考察，你会发现它在自身周围的世界中究竟有何表现，你同时还会发现它自身的特征是怎样通过对其周围环境做出反应而得以形成。[55]

145　　圣－希拉尔不仅认为对现象进行比较研究乃自己时代（写作该书是在 1822 年）科学研究的独特特征；而且认为，对科学家来说，没有哪一现象不可以参照其他现象而得到解释，不管它有多么离经叛道，多么不合常情。同时请注意圣－希拉尔是如何运用赫南后来在《科学的未来》中所使用的"中心"这一比喻（**自身活动范围的中心**），来描述任何物体一旦被研究它的科学家——甚至包括语言学家——以科学的方式加以**安置**就必然会在自然界中占据着自己独特的位置的。此后，在对象和科学家之间就建立起了一种相互感应的关系。当然，这只能发生在实验室里，而不能发生在别处。这里所说的意思是，科学家拥有某种方式，通过这一方式即使是完全不合常情的现象，也可以用自然的眼光加以观察，以科学的方式加以认识，就圣－希拉尔这段话而言，这意味着无须求助于超自然的东西，只须求助于科学家所建构起来的周围环境。其结果是，自然被重新感知为连续的、和谐连贯的、本质上可以理解的。

因此，对赫南而言，与印欧语系成熟的语言和文化相比，甚至与其他闪米特东方语言相比，闪语的发展乃一种受到阻遏的发展（arrested development）。[56] 然而，赫南的矛盾之处在于，尽管他鼓励我们将语言视为以某种方式与"活生生的自然物"（être vivants de la nature）相对应的对象，他却每时每刻都在向我们证明，他所研究的东方语言，闪米特语族诸语言，是无机的，受到阻遏的，完全僵化的，无力再生的；换言之，他证明闪语不是现实生活中的语言，因为，闪米特人也不是现实生活中的存在。而印欧语言和文化却是现实存在的，有机的，**因为**有语言学实验室的存在。我认为，这一矛盾在赫南的作品中并非微不足道，对他的作品、他的风格和他在那个时代文化中的位置而言，这一矛盾都处于核心地位——像马修·阿诺德、奥斯卡·王尔德、詹姆斯·弗雷泽和马塞尔·普鲁斯特[1]等各具特色的人一样，他为这一时代文化做出了重要的贡献。保持一种能将活生生的现实存在物（印欧语，欧洲文化）和与其相对应的魔鬼般的无机现象（闪语，东方文化）联结、融合在一起的想象视野正是欧洲科学家在其实验室中取得的重大成就。他**建构**，而建构的行为正是帝国强力凌驾于桀骜不驯的现象之上的标志，同时也是对处于支配地位的文化及其"归

---

[1] 奥斯卡·王尔德（Oscar Wilde, 1854—1900），爱尔兰诗人、作家，19世纪末英国唯美主义的主要代表；詹姆斯·弗雷泽爵士（Sir James George Frazer, 1854—1941），英国人类学家、民俗学家和古典学者，著有《金枝》，认为人类思想发展的过程是由巫术、宗教发展到科学；马塞尔·普鲁斯特（Marcel Proust, 1871—1922），法国小说家，意识流小说的主要代表人物之一。

化"行为的一种确认。实际上，说赫南的语言学实验室乃其欧洲中心论的实际场所一点也不过分；但这里需要强调的是，这一语言学实验室不可能在它自身一直在生产和经验的话语和作品之外而存在。因此，即使是被他称为有机的、活生生的文化——欧洲文化——也只不过是在此实验室中由语言学家**创造出来的创造物**而已。

赫南的整个后期生涯都打上了欧洲的和文化的烙印。其成就多种多样，而且声名远扬。我想，他的风格所获得的权威可以追溯到他建构无机事物（或迷失事物）以及赋予这些事物以生命的技巧。当然，他最有名的著作是《耶稣的一生》(*La vie de jésus*)，这开了他里程碑式的基督教历史和犹太民族研究之先河。然而我们必须认识到，《耶稣的一生》和《闪语之比较体系和一般历史》进行的是同一类型的工作，其产生乃源于历史学家所具有的富于技巧地为已经死去的（对赫南来说有双重含义：死去的信仰与被丢失因而也就是死去的历史时期）事物构造出一个历史的能力，这一被构造的历史**似乎**是对现实生活的真实叙述——其矛盾之处显而易见。赫南首先在语言学实验室里构织自己的学说；当这一学说被印成文字时，里面必然蕴藏着其时代文化的强大生命力，这一文化的所有生机、所有科学力量、所有缺乏批评意识的自我陶醉都来自现时代。对这种文化而言，像朝代、传统、宗教、族群这样的谱系划分都只不过是某一理论运作的结果，这一理论的任务是为世界提供知识(to instruct the world)。这一短语借自居维叶，在这么做时，赫南小心翼翼地将科学证明置于经验之上；时间性被贬黜到日常经验这一无益于科学的领域，而文化和文化比较论（种族中心论、种族理论和经济压制的根源）的特殊周期性则被给予远远超出当代道德视野之外的强力。

赫南的风格,他作为东方学家和文人学者的生涯,他与之对话的那个价值环境,他与他那个时代欧洲学术文化和一般文化——总体而言乃自由主义的,排他主义的,专横傲慢的,反人性的——之间特殊亲密的关系:我认为所有这些都具有**禁欲**和科学的特征。他将"世代"(generation)这一概念置于**未来**之领地,而未来在他著名的宣言中是与科学联系在一起的。尽管作为文化史家他可与杜尔哥、孔多塞、基佐[1]、库赞、朱福赫伊(Théodore Jouffroy)和巴朗什(Pierre Simon Ballanche)这些人相提并论,在学术研究上可与萨西、高辛·德·帕斯瓦(Armand-Pierre Caussin de Perceval)、奥扎南(Antoine-Frédéric Ozanam)、傅里耶(Claude Fauriel)和布尔奴这些人为伍,赫南的世界却完全是一个充满男性气息的非常霸道的历史的和学术的世界;这实际上不是一个由父亲、母亲和儿女组成的世界,而是一个由他的耶稣、他的玛克斯·奥勒里乌斯、他的卡利班[2]、他的太阳神(如《哲学对话录》〔*Dialogues philosophiques*〕之"梦想"〔"Rêves"〕部分所描述的最后的太阳神)所组成的世界。[57] 尤为引人注目的是,他拥有自然科学和东方学语言学的力量;他探求其洞见与技巧;他将其用于他的时代生活之中,这一做法常常相当奏效。然而,他的理想

---

[1] 杜尔哥(Anne-Robert-Jacques Turgot,1721—1781),法国经济学家,重农学派主要代表之一;孔多塞(Marquis de Condorcet,1743—1794),法国哲学家,数学家;基佐(François Pierre Guillaume Guizot,1787—1874),法国历史学家,君主立宪派领袖,曾任教育大臣、外交大臣和首相。

[2] 玛克斯·奥勒里乌斯(Marcus Aurelius,121—180),罗马皇帝,新斯多葛派哲学主要代表,宣扬禁欲主义和宿命论;卡利班(Caliban),莎士比亚《暴风雨》中丑陋凶残的仆人。

却是做一个旁观者。

赫南认为,语言学家应该更倾向于**幸福**(*bonheur*)而不是**快乐**(*jouissance*):这一倾向性表达出他对超越于性快感之上的高尚快乐——尽管很乏味——的看重。从理想的角度说,语词属于**幸福**的领域,正如对语词的研究属于幸福的领域一样。就我所知,在赫南已出版的所有著作中,仁慈而有用的角色极少分配给女人。不过有这么一次,赫南认为外国女人(保姆,女仆)在征服者诺尔曼人小孩的成长过程中起了重要作用,借此我们可以解释语言中所发生的变化。请注意为什么助生这一点的功能不是创造性和传播,而是内在变化,一种辅助性的变化。"人",他在同一篇文章的结尾处说,"既不属于其语言,也不属于其种族;他只属于他自己,因为他是自由而合乎道德的"。[58] 人本质上是自由而合乎道德的,但受到种族、历史和赫南眼中的科学这些被学者们强加于其上的条件的限制。

对东方语言的研究将赫南带入这些情境的核心;语言学清晰而具体地揭示出,人类知识只有当一开始是与原始现实相分离,然后,被置于正统教条的紧箍咒中时,才以诗性的方式发生变化[59]——如果我们借用恩斯特·卡西尔(Ernst Cassirer)的说法的话。维柯、赫尔德、卢梭、米歇雷和吉内曾经进行的语词研究,在变为**语言学**的过程中失去了——如谢林[1]所称——其情节及其戏剧呈现的特质。相反地,语言学在认识论上越来越走向复杂化;光有 *Sprachgefühl*(**语感**)并不够,因为语词自身与感觉领域或物质领域——与维柯的看法相反——

---

[1] 谢林(Friedrich Wilhelm Joseph Schelling,1775—1854),德国哲学家,德国古典客观唯心论的代表人物之一。

没有什么关系，而更多地属于受到种族、思想、文化和国家这种在温室里培育出来的观念制约的无影无形的抽象领域。在这一以话语的方式建构起来的被称作东方的领域中，可以做出某些种类的断言，所有断言都具有同样的普遍性和文化有效性。因为赫南的所有努力都旨在否认东方文化——除在语言学实验室中进行人工再生之外——具有再生的能力。人并非文化的产儿；这一直线发展的观念已经受到语言学非常有效的挑战。语言学使人们明白文化为什么是一个建构物，一种**清晰的表达**（articulation）（狄更斯在《我们共同的朋友》〔Our Mutual Friend〕中曾用这一词来描述维纳斯先生〔Mr. Venus〕所从事的工作），甚至是一种创造，然而最多不过是一种准有机（quasi-organic）的结构。

对赫南我们特别感兴趣的是他在多大程度上知道自己是他所属的时代以及具有种族中心论色彩的文化的产物。在对费迪南·德·雷赛布1885年一次讲话的学术应答中，赫南毫不含糊地宣称"一个人头脑过于清醒是多么不幸……与其对残酷的现实保持清醒的意识，不如和众人一样浑浑噩噩"。[60]这一声明过于干脆利落，几乎令人对其真实性产生怀疑。因为赫南在老年时不是常说一个人与其自身的文化、其风尚及其时代精神之间最好保持一种共时性的一致关系，而不是像儿子或父亲这种前后承继的关系吗？在此我们又回到了赫南的语言学实验室，因为是在此实验室中——赫南认为——父子相继相传式的社会责任消退，科学和东方学式的责任占据上风。他的实验室是一种讲台，他作为东方学家站在此讲台上面向世界说话；它对他所做的各种陈述进行调和，给予它们以信心和普遍有效的精确性以及连续性。因此赫南所理解的语言学实验室不仅重新界定了他的时代和他的文化，以新的方式对其予以更新，加以塑造，而且还给予其东方对象以学术连贯性，更重要的是，将他（以及他之后的东方学家）塑造为西方的**文化**英雄。我们也许急于了解，文化中出现的这一新的自主性是否就是赫南希望其语言学的东方主义科学能够给人们带来的那种自由，或者就具有批评意识的东方学历史家而言，这一自主性是否能在东方学与其一般认定的人文对象之间建立起一种以权力而不是以不偏不倚的客观性为基础的复杂的亲和关系。

三　东方的居处和研究：字典编纂和想象的必要条件

当然，赫南有关东方闪米特人的观点与其说属于公众流行偏见和反犹太主义的领域，还不如说属于科学的东方语言学的领域。当我们阅读赫南和萨西时，我们能很容易地观察到文化概括是如何逐步获得科学陈述的铠甲与矫枉研究（corrective study）的氛围的。像许多处于早期发展阶段的学术专业一样，现代东方学将自己所确定的对象牢牢钳制在自己手中，几乎不惜一切代价。这样就产生了一套认知词汇，其作用，就像其风格一样，是将东方置于**一种比较**的框架之中，这一框架与赫南所使用和操作的框架属于同一类型。这种比较极少是描述性的；通常是评判性和解释性的。下面是典型的赫南式的比较：

> 人们看到，在所有民族之中闪米特人似乎是一个简单而不完整的民族。这一民族之于印欧大家族——恕我冒昧——如同铅笔素描之于油画；它缺乏完美的事物必不可少的那种多样性，那种丰富性，那种充盈的生命力。正如

> 那些虽有幸福的童年但长大后却了无生气的人们一样，闪米特人在经历过短暂的辉煌幼年之后再也没能走向成熟。[61]

这里用来衡量闪米特民族的标准是印欧民族，正如当赫南说闪米特东方的智慧从未达到印度－日耳曼民族的高度时所使用的标准是印度－日耳曼民族一样。

之所以采用这种比较的态度，是出于学术的需要还是仅仅是种族中心论和种族歧视的一种改头换面的形式，我们无法绝对断定。我们所能断定的是，二者相互为用，相互支撑。赫南和萨西试图做的是将东方概约（to reduce）为一个平面，使其特征易于考察，将其复杂的人性因素驱除。就赫南而言，他所做努力的合法性存在于语言学之中，其观念原则促使人们将语言概约为一些本原性的要素；此后，语言学家就能够——像赫南和其他人所做的那样——将语言的这些本原要素与种族、思想、性格和气质的本原联系在一起。比如说，赫南就认为自己与戈比诺之间的密切联系的基础是语言学和东方学的共同视角；[62] 在《闪语之比较体系和一般历史》的后期版本中，他吸取了戈比诺作品的部分观点。因此，研究东方和东方人时所使用的比较与西方和东方之间所存在的本体论意义上的明显的不平等就成了一回事。

这一不平等的主要特征值得加以简要概括。我提到过施莱格尔对印度的热情及其随后对印度——当然也包括伊斯兰——热情的消退。很多早期东方爱好者对东方的兴趣，始于满怀热情地将东方视为对欧洲思维习性和精神状况一种有益的**变乱**。人们过高地评价了东方的泛神论，其精神追求，其稳定，其悠久，其淳朴，等等。比如说，谢林在东方的多神论中找到了犹太-基督一神论的雏形：在亚伯拉罕身上可以见到婆罗贺摩[1]的影子。然而几乎无一例外的是，这种过高的评价马上即被相反的评价所取代：东方一下子可悲地成了非人道、反民主、落后、野蛮等的代名词。钟摆从一个方向摆向了另一个方向：从过高的评价一下子走向过低的评价。作为专业学科的东方学即源于这些极端对立的观点，源于建立在不平等基础上的补偿和修正，这些不平等观念被公众文化中类似的观念所孕育并且孕育了类似的观念。实际上，与东方学有关的这种限制和重构可以直接追溯到这一不平等之中，借此，东方的相对贫困（或财富）就可以像在语言学、生物学、历史学、人类学、哲学或经济学中那样得到学术的、科学的处理。

于是，这一不平等以及它所带来的特殊悖论就得到了东方学这一现实学科的尊崇。通常，人们在进入这一领域时是将其作为处理他所面临的东方问题的一种方式的；然而同样常见的是，他所受的东方学训练，可以说，不仅开阔了他的眼界，而且使他所面对的东方日益显露出其庐山真面目，远没有一开始所见到的那么引人注目。除此之外难道还有什么更好的方式能够解释，比如说，威廉·缪尔（1819—1905）或汉恩哈特·多泽（1820—1883）著作中所体现出的巨大努力及其对东方、伊斯兰和阿拉伯的强烈反感？具有代表性的是，赫南是多泽的支持者之一，正如我们在多泽四卷本的《西班牙伊斯兰史》（*Histoire des Mussulmans d'Espagne, jusqu'à la conquête de l'Andalousie par les Almoravides*）（1861）中可以发现赫南对

---

[1] 婆罗贺摩（Brahma），亦称梵天、梵，印度教主神之一，为创造之神和众生之本。

闪米特人的指责一样——该书 1864 年合成一卷出版时声称犹太人最初的上帝不是耶和华而是贝尔[1]，其证据不仅可以在麦加找到，而且几乎俯拾皆是。缪尔的《穆罕默德传》(*Life of Mahomet*)(1858—1861)和《哈里发的兴起与衰落》(*The Caliphate, Its Rise, Decline and Fall*)(1891)至今仍被视为真实可靠的学术丰碑，然而，当他说"穆罕默德之剑和古兰经是人类文明、自由和真理最顽固的敌人"[63]时，实际上已经为他的研究对象定下了基调。同样的论调也可在阿尔弗莱德·赖亚尔的作品中找到，他是深受克罗默赞许和引用的作家之一。

尽管东方学家在评判其材料时并没有多泽和缪尔那么明目张胆，然而上述不平等原则却时刻在发挥着影响。将东方或东方人的形象——似乎是经过重构的形象——拼合在一起仍然是专业东方学家的任务；不错，片段，比如萨西发掘出的那些片段，可以提供材料，但叙事形式、线索和轮廓却是作家主观建构起来的，对他们来说，学术研究的要义在于用井然有序的编年、描画和情节取代东方桀骜难驯的（非西方的）历史。高辛·德·帕斯瓦三卷本的《伊斯兰教兴起前之阿拉伯史：自穆罕默德时代开始至所有部落皈依伊斯兰法时为止》(*Essai sur l'histoire des Arabes avant l'Islamisme, pendant l'époque de Mahomet et jusqu'à la réduction de toutes les tribus sous la loi musulmane*)(1847—1848)是一非常专业化的研究，其资料依赖于其他东方学家（当然，主要是萨西）为这一领域整理出来的**内在**可用的文献或欧洲东方学图书馆中所收藏的文献——

---

[1] 贝尔（Baal），迦南人和腓尼基人所信奉的主神。

比如令高辛获益匪浅的伊本·赫勒敦[1]的著作。高辛的观点是，穆罕默德使阿拉伯人统一为一个民族，伊斯兰本质上乃一政治性工具，而绝非精神性工具。高辛力图使庞杂混乱的材料呈现出清晰的轮廓。因此从这一研究中所呈现出来的是一单一的穆罕默德形象，这一形象在其作品的结尾处（在写到穆罕默德的死之后）得到准确生动的细节描画。[64] 既不是魔鬼，也不是卡廖斯特罗之原型，高辛笔下的穆罕默德是人，作为政治运动的伊斯兰（这是对伊斯兰最合适的称谓）历史中的人，在某种意义上说，是人们对他的反复引用将他无端拔高，使他脱离具体文本而成为抽象的符号。高辛力图使其对穆罕默德的描写做到巨细无遗；因此作为先知的穆罕默德被加以客观冷静的观照，剥离了其身上巨大的宗教力量以及可能会吓倒欧洲人的所有残留的强力。这里的关键是，作为一个生活于具体时代和地域的人物，穆罕默德身上的神性被削弱，其目的是为了显示其作为现实的人的庐山真面目。

在非专业领域有一个与高辛的穆罕默德相类似的形象，那就是卡莱尔笔下的穆罕默德，一个完全不顾这位先知自身时代和地域的历史和文化背景而被强行用来说明自身观点的穆罕默德。尽管卡莱尔引用了萨西的论述，但他的著作却显然出自一个为真诚、英雄主义和先知这类一般性观念进行辩护的人之手。他的态度不无启发性：穆罕默德不是传奇人物，不是可耻的酒色之徒，不是训练鸽子从耳朵里啄豌豆的可笑的小魔术师。相反，他是一个有真正理想和自我信念的人，尽管他同时

---

[1] 伊本·赫勒敦（Ibn Khaldun, 1332—1406），阿拉伯历史学家、社会学家和哲学家，写有北部非洲穆斯林史巨著《历史导论》。

还是一本"枯燥乏味，乱七八糟，粗陋，拙劣；翻来覆去，拐弯抹角，绕来绕去，盘根错节；最粗陋，最拙劣——简言之，愚蠢得令人难以忍受"[65]的书——指的是古兰经——的作者。尽管卡莱尔本人并非清晰优雅文风的典型代表，但他却将上述东西断定为将穆罕默德从边沁主义的功利标准中拯救出来的途径，这些功利的标准可能将穆罕默德和他本人都拖下水。然而，穆罕默德是位英雄，从野蛮的东方被移植到了欧洲，这一将东方断定为野蛮的做法与麦考利爵士1835年著名的"备忘录"（"Minute"）如出一辙，此备忘录断言"我们的属民"从我们身上学到的比我们从他们身上学到的要多得多。[66]

换言之，高辛和卡莱尔都向我们表明，我们不必对东方产生过度的恐慌，因为东方人的成就无法与欧洲相比。东方学和非东方学的视角在这里走到了一起。因为无论是在19世纪早期语言学革命之后形成的东方学这一具有比较性质的领域内部还是外部，无论是在流行的定型形象还是在卡莱尔这类哲学家为东方制造出的形象，以及麦考利式的定型形象中，东方在心智上都是臣属于西方的。作为供研究或思考的材料，东方身上带有先天不足的所有印记。形形色色的理论奇想都试图用东方来证明自己。纽曼主教，根本不是什么了不起的东方学家，曾将东方伊斯兰作为他旨在为英国介入克里米亚战争[1]辩护的1853年系列演讲的基础。[67]居维叶发现东方对他的著作《动物王国》（*Le Règne animal*）（1816）有用。东方是巴黎众多沙龙津津乐道的话题。[68]对东方观念的参照、借用和改编数量之多

---

〔1〕克里米亚战争（the Crimean War），1853—1856年俄国与英、法、土、撒丁王国之间的战争。

不胜枚举，但究其实质，早期东方学家和西方的非东方学家所实现的是一种适合于盛行的、起支配作用的文化并能满足其理论需要（以及紧随其后的实际需要）的简化了的东方模式。

东方与西方这种不平等的伙伴关系也偶有例外，或者说，如果不是例外的话，也是一种有趣的错位。卡尔·马克思1853年在分析英国在印度的统治时提出了亚细亚经济体系这一观念，紧接着认为英国的殖民干涉、劫掠和公开暴行践踏破坏了这一体系。他连篇累牍地反复讨论这一问题，并且越来越确信：英国甚至在毁灭亚洲的同时，也有可能在那里发动一场真正的社会革命。马克思的风格让我们直面这一难题，即我们在面对东方社会带有历史必然性的急遽变革阵痛时，要收敛起作为同类对他们的天然蔑视之情。

> 尽管目睹无数勤勉安宁的专制社会组织土崩瓦解、陷入痛苦的深渊、失去其文明传统和世代相传的生活方式在情感上令人难以接受，但我们不可忘记，这些田园牧歌般的社会群体，尽管有着平和安宁的外表，却一直是东方专制主义的坚实基础；它们将人的心性闭锁在尽可能狭小的圈子里面，使其沦为迷信的驯服工具，为其套上传统规则的枷锁，剥夺其所有的壮美和历史活力……

> 不错，英国在印度斯坦发动革命仅仅受最肮脏利益的驱使，而且其所采用的方式是愚蠢的。但问题并不在此。问题在于，人类是否可以不必在亚洲进行激烈的社会革命而同样能完成自己的使命？如果不能的话，不管英国犯下什么罪行，她也只是不自觉地充当了这一革命的历史工具。

因此，不管毁灭一个古老世界这一残酷的场景会给我们的个人情感带来多大痛苦，以历史的眼光来看，我们有权利同歌德一起感叹：

> Sollte diese Qual uns quälen
> Da sie unsere Lust vermehrt
> Hat nicht Myriaden Seelen
> Timurs Herrschaft aufgeziehrt？ [69]

（难道这一痛苦让我们饱受折磨
只因为它给我们带来更大的快乐？
难道不是由于帖木儿的统治
我们的灵魂才被无限度地吞噬？）

这里引用的歌德的诗句——它是马克思痛苦能产生快乐这一观点的一个证明——来自其《东西诗集》，它使我们找到了马克思东方观点的来源。这种观点具有浪漫主义甚至救世论的色彩：作为人文研究材料的东方没有作为浪漫主义救赎计划之组成部分的东方重要。因此马克思的经济分析与标准的东方学行为完全相吻合，尽管从马克思的分析中显然可以看到他的博爱、他对人类不幸的同情。然而，当马克思的社会经济理论淹没在下面这一标准的古典形象中的时候，最终占据上风的却仍然是浪漫主义的东方学视野：

> 英国在印度必须完成双重使命：一个是毁灭性的，另一个是再生性的——亚洲社会的毁灭与西方社会物质基础在亚洲的再生。[70]

使毫无生气的亚洲实现再生当然是地地道道的浪漫主义东方学观念，但当这一看法来自感到无法心安理得地忘记人们所遭受的痛苦的同一作者之手时，这一断言却多少有些令人困惑。它迫使我们首先追问，马克思在亚洲所遭受的损失与受到他谴责的英国殖民统治之间所建立的道德均衡，是如何向我们一直在讨论的东西之间古老的不平等关系倾斜的。其次，它迫使我们追问人类同情到底藏身何处，当东方学的视野占据上风时，人类同情又跌落到了大脑的哪个角落。

这立即使我们意识到，像19世纪早期许多其他思想家一样，东方学家用以构想人性的基础要么是总体的集体无意识，要么是抽象的一般概括。东方学家既无讨论个体的兴趣也没这一能力；相反，人为建构的实体，其根源也许可以追溯到赫尔德的平民论，获得了支配性的地位。有东方人，亚洲人，闪米特人，穆斯林人，阿拉伯人，犹太人，有众多的种族、心性、国家，以及诸如此类的东西，其中有些是我们在赫南作品中所发现的那种学术操作的产物。同样，"欧洲"与"亚洲"或"西方"与"东方"之间古老的区分将所有可能的人性类型聚集在一个非常宽泛的标签之下，并且在此过程中将其简化为两个终极的、一般性的抽象形式。马克思也不例外。一般意义上的东方比现实存在的人类实体更容易用来证明他的理论。因为在东方与西方之间，如同一个意识到许诺日后必须兑现的宣言一样，只有毫无特色的普遍性才有价值，或者说才会存在。不存在其他的交流形式，即使是受到严格限定的形式。

马克思仍然能有一些同情心，仍然能认同于——即使只有一点点——可怜的亚洲，这说明在那些定型化的标签取得控制权、在他转向歌德那里吸取东方智慧之前一定有什么事情发生了。就好像个体（就我们的话题而言，是马克思）可以在亚洲身上发现总体性的某种预备形式——发现这一形式并且屈服于它在其情感、情绪和感觉上所施加的压力——只有当他在不得不使用的词汇中遇到一种更可怕的压制力时才会将这种总体形式放弃。这一压制力所起的作用是阻断并且驱除同情心，与此相伴随的是一种言简意赅的盖棺论定：他们并不觉得痛苦——由于他们是东方人，因此处理他们的方式必须与我们一直在使用的方式不一样。因此，一旦遇到由东方学学科所建立并且得到所谓合适的"东方"知识（比如，歌德的《东西诗集》）证实的这类盖棺定论，那阵突如其来的感伤便会消失得无影无踪。一旦遇到东方学学科甚至东方学艺术字典编纂式的强制行为，情感的词汇便会荡然无存。经验会被字典编纂式的界定所驱除：我们在马克思论述印度的文章中可以看到这一现象的发生，在此，最后的结局是某种东西迫使他匆匆回归歌德，回到东方化了的东方。

当然，在一定程度上说，马克思是在为他的社会经济革命理论寻找根据；但同时他似乎也能驾轻就熟地利用已经成形的文献，这些文献被东方学凝聚在一起，控制着与东方有关的所有理论，其控制力甚至超出了东方学领域之外。在第一章，我曾试图阐明这种控制力是如何一直贯穿在欧洲文化史的发展进程之中的；在本章我想阐明的是，在19世纪，支配着东方学话语的现代专业词汇和实践在东方学家或非东方学家手里是如何制造出来的。萨西和赫南分别代表着东方学建构文本以及以语言学为基础进行论说这两种不同的方式，结果是使东方获得了一种话语身份，这一话语身份使其与西方相比处于一种不平等的位置。在以马克思为例来说明非东方学家的人道关怀如何首先被东方学的一般概括所瓦解然后又为其所取代的过程中，我们发现自己不得不考虑东方学特有的字典编纂式的、体制化的凝聚和强化过程。每当讨论东方时，你都会碰到一种由一些无所不能的界定所组成的可怕的机制，自动地想为你的探讨提供有效性根据；我们要问的是，这一机制究竟是什么？既然我们必须显示这一机制是如何独特地（并有效地）运行于那些否则便与其相悖的个人经验中，我们同时必须显示，在此过程中，**它们**（个人经验）身归何处，**它们**又是以何种形式呈现出来的？

这是一个非常复杂且非常难以描述的过程，其复杂性和难度丝毫不亚于任何一门成长中的学科击败其竞争对手，并且为其传统、方法和机构赢得权威以及为其述说、个性和动机在文化上获得普遍合法性的过程。但我们可以通过对东方学为了自身的目的而使用以及为了一般读者而表达出来的那种具有代表性的经验的确认，大大简化这一过程的复杂性。从本质上说，这些经验是我所描述的萨西和赫南式的经验的一种延续。但尽管这两位学者所代表的完全是一种充满书卷气的东方学，因为二者对**现实**的东方所涉甚少，然而我们必须注意到，还存在另一种传统，其合法性乃建立在通过居处和接触现实的东方而获得的特定经验和事实的基础之上。当然，安格迪尔、琼斯和拿破仑的远征确立了这一传统的最初轮廓，这些无疑会对所有后来的东方主义式的居处者产生影响。这些早期经验打上了欧洲强力的印记：居处东方就是过着一种享有特权的生活，不是作为普通公民，而是作为欧洲的代理人，他们的帝国（法国或英国）将东方**控制**在其军事，经济，最重要的是，文化的强力之中。这样，居处（to reside）东方的现实行为及其在学术上所取得的成果就融入到了我们在赫南和萨西身上所发现的那种以文本为基础的充满书卷气的传统之中：这两种类型的经验结合在一起将产生一个令人生畏的资料库，没有谁能够——甚至连马克思也不能——挑战其权威，没有谁可以绕开它而另辟蹊径。

东方的居处在一定程度上涉及个人经验和个人证据。这些经验和证据是否对东方学资料库的形成与巩固有所贡献，取决于它们如何从纯个人的文件转化为在东方学学科中起支配作用的符码。换言之，文本必须发生从个人陈述向权威陈述的转变；欧洲人在东方的居处和经验必须摆脱，或至少是尽量减少，充满热情的纯传记式的描述而转向下面这样一种描述：它可以成为东方学家，特别是后来的东方学家，更深入的科学观察和描述的源泉和基础。因此，至少有一件事情是我们能够预料的：对东方的个人情感将比在马克思那里更明显地向权威的东方学陈述转化。

因此我们的处境就为下面这一事实所充实和复杂化：在整个19世纪，东方，特别是近东，是欧洲人最爱游历和书写的地方。而且，以个人性的东方经验为基础，欧洲出现了数量非常庞大的东方风格的文学作品群。一说起这个话题，人们马上便会想到福楼拜；迪斯累利、马克·吐温和金雷克是另外三个明显的例子。但我们感兴趣的是两类文学作品之间的差别：第一类从个人经验转变成了专业的东方学；第二类尽管同样以个人的居处和经验为基础，但却仍然置身于"文学"而非科学之列——我下面想探讨的正是这一差异。

在东方的欧洲人**总是**产生这样一种意识：与周围环境格格不入；居处者与周围环境之间的关系是一种不平等的关系。但值得注意的主要是下面这样一种意识和意图：自己来到东方有何目的？为什么要将自己定位在东方，尽管来到东方只是为了获得——比如在司各特、雨果和歌德这些作家身上所体现出来的——不必离开欧洲就能获得的那种非常具体的经验？我们发现这些意图自身即呈现出几种不同的类型。第一类作家：他们意在使其在东方的居处服务于为专业东方学提供科学材料这一特殊的目的，因此将在东方的居处视为科学考察的一种形式。第二类作家：他们有着同样的目的，但却不像第一类作家那么心甘情愿地为了非个人化的东方学断言而牺牲其个人经验的独特性。这些概括性的断言在其作品中也会出现，但却尽量使其不影响个人风格的独特性。第三类作家：对他们来说，真实或隐喻意义上的东方之旅象征着自己深深眷恋并且急于实施的某个计划的最终完成。因此其文本乃建立在为这一计划所激发和充实的个人美学的基础之上。第二类和第三类有比第一类大得多的施展个人意识——或至少是非东方学的意识——的空间；反过来说，如果以爱德华·威廉·雷恩的《现代埃及风俗录》作为第一类的杰出代表，将理查德·伯顿的《麦地那和麦加朝圣记》归入第二类，用内瓦尔的《东方之旅》代表第三类，那么，我们便会清晰地看出它们在容许权威意识可以占有多大活动空间这一点上存在着很大的差异。

然而，尽管存在着差异，这三种类型却并不像人们可能想象的那么互不相干。我们也没能为其找到最"纯粹"的代表作品。比如，三个类型的作品都深深依赖于欧洲意识所具有的自我中心的强力。在所有情况下，东方只是欧洲观察者眼中的东方，更有甚者，在包含雷恩《现代埃及风俗录》的这一类中，那种东方学的自我简直昭然若揭，尽管作者力图做到无偏无私。而且，某些母题一直在三个类型中同时出现。东方作为众所瞻望之圣地就是其中的一个；东方作为一种场景或者说**活的静态画面**（*tableauvivant*）是另一个。当然，这些类型中的所有作品都试图赋予这块地方以某种特征，但令人最感兴趣的却是作品的内在结构在多大程度上与对东方的**总体阐释**（或这种阐释的企图）相符。毫不奇怪，在大部分情况下，这一阐释是对东方的一种浪漫主义的再结构，一种再想象，这种再结构和再想象将东方拯救出来，并将其带入现代。于是，为东方创造出来的每一阐释、每一结构都是对它的再阐释、再结构。

交代这一点之后，我们再回过头来说说这些类型之间的差异。雷恩论埃及的书有着深远的影响，经常被人阅读和引用（比如福楼拜就是其中之一），为作者在东方学研究领域赢得赫赫声名。换言之，雷恩之所以获得权威不仅仅因为他所说的内容，而且因为他所说的东西可以被应用到东方学的身上。他作为有关埃及或阿拉伯的一种知识资源被人引用，而伯顿或福楼拜之所以一直为人阅读，除了因为其关于东方的知识外更主要的是因为他们是伯顿和福楼拜。作者效应在雷恩的《风俗录》中没有在其他类型中那么强烈，因为他的著作被传播到东方学的专业领域，为这一领域所加强，通过这一领域而得到体制化。像雷恩作品这样的专业著作的权威地位必须服从这一专业领域以及研究对象的需要。但要做到这一点并非易事，或者说必然会碰到一些问题。

雷恩的经典著作《现代埃及风俗录》（1836）是一系列的作品和两阶段的埃及居处（1825—1828 和 1833—1835）的有意识的结果。我们在此之所以强调"有意识"一词是因为尽管雷恩想告诉人们他的研究和描述是直接的、未加修饰的、中

159

立的，但它实际上却是经过反复增删（他最初所写与他最后所发表的迥然不同）和苦心经营的产物。除了他一丝不苟的勤勉和他在古典研究和数学——后者在某种程度上可以解释他著作显著的清晰和简洁——方面的才能之外，他的出生和背景中似乎没有什么东西使他命定要来到东方。他的序言为我们理解他在书中到底做了些什么提供了一系列有趣的线索。他去埃及原本是为了学阿拉伯语。然后，在对现代埃及做过一些札记后，有用知识传播协会（Society for the Diffusion of Useful Knowledge）的一个委员会鼓励他撰写一部系统性的著作介绍这一国家及其居民。这一著作由一系列随意的观察转变成了一部经过特定编排的有用知识的文献，可以方便地为任何想了解某个异域社会本质的人所使用。序言清楚地表明，这样一种知识在某种程度上必须处理那些已经存在的知识，同时还必须为自己塑造一个特别有效的个性：在此雷恩充当的是一个微妙的论辩家。他首先必须表明他所做的是前人要么不能做要么没有做的，然后还必须表明，他有能力获得真实准确的信息。这样他的特殊权威才能够产生。

尽管雷恩在序言中不厌其烦地谈到一位姓罗素（Russell）的博士有关"阿勒坡"[1]人的描述（一部已被遗忘的著作），但他所面临的最主要威胁和竞争对手显然是《埃及志》。然而当雷恩在一个长长的脚注中提到这部作品时，他为它加上了引号，不无轻蔑地称它为论述埃及的"了不起的法国作品"。**那部**作品，雷恩说，既过于哲理化，过于笼统，也过于粗心；而雅各布·布克哈特的著名研究仅仅将一些众所周知的埃及知识

---

[1] 阿勒坡（Aleppo），叙利亚西北部城市。

汇集在一起，而这些众所周知的东西乃"一个民族的道德风尚最不可靠的检验标准"。与法国人和布克哈特不同，雷恩能够将自己置身于当地人中间，像他们一样生活，遵守他们的习俗，并且"避免被陌生人怀疑为……一个没有资格进入他们中间的人"。为了防止人们误以为自己的著作缺乏客观性，雷恩接下去说他时刻遵循着古兰经**所说的话**（强调部分由他自己所加），并且时刻意识到一个本质上与我们相异质的文化的差异之处。[71] 因此，尽管雷恩自我的一半自由徜徉于毫不设防的穆斯林海洋之中，但其自我潜在的另一半则继续拥有评述、获取、占有周围一切东西这一隐秘的欧洲强力。

东方学家可以摹仿东方，但反过来却不行。因此我们必须将他所说的关于东方的东西理解为在一种单向交流的过程中所做出的描述：**他们**在说在做，而**他**则在观察和记录。他的权力在于既充当——好比是——当地说话者的角色，又充当秘密记录者的角色。而他所记下的东西是准备成为有用的知识的，不是为他们，而是为欧洲及其到处蔓延的机构。因为这正是雷恩的作品为什么从不会让人们遗忘的一个原因：那个自我，那个穿行于埃及的习俗、礼仪、节日、童年、成年和葬仪之中的第一人称代词，实际上既是东方的一个面具，又是东方学用以捕获和传送否则便无法获得的宝贵信息的一种手段。作为叙述者，雷恩既是展览品又是展览人，赢得了双方的信任，显示出两种欲望：赢得友谊（或表面看来如此）的东方欲望和获取权威的有用知识的西方欲望。

最佳地体现出这一点的是序言最后一个由三部分组成的片段。雷恩在此片段中描写了他的主要信息提供者和朋友阿赫默德（Ahmed），后者既是他的同伴又是激发他好奇心的源头。两个人都假装雷恩是位穆斯林；然而只有当阿赫默德受雷恩大胆摹仿行为的激励而克服了其恐惧之后，他在清真寺里才能够装模作样地和雷恩一起祈祷。在这一象征着成功的最后行为出现之前出现过两个场景，在这两个场景中，阿赫默德分别被描述为一个吃玻璃的怪物和一个多配偶论者。从这一片段的三个组成部分都可以看出，雷恩和穆斯林之间的距离越来越大，尽管表面上看似乎越来越小。作为穆斯林行为的——好比说——中介者和翻译者，雷恩进入了穆斯林的世界，但进入的程度只是停留于能用典雅的英语散文来描述这一世界，这一点也许不无讽刺意义。我们之所以觉得他的信仰不真诚，其实质在于他具有伪装的信教者和特权的欧洲人这两种身份，而后者无疑暗中削弱了前者。于是，对一个行为怪僻的穆斯林的所作所为表面上看起来真实可靠的报道，却被雷恩弄成了**所有**穆斯林信仰的核心。雷恩没有想过他与阿赫默德和其他为他提供信息的人的友谊是否真诚。重要的只是，报道看起来准确、全面、不带感情色彩；让英国读者确信雷恩从没受到异端邪说的影响；最后，雷恩的文本为了科学的有效性而消除了描写对象身上的人性。

这本书的编排和结构正是为了达到这些目的，它不仅叙述了雷恩居处埃及的经历，而且可以服务于东方学的再结构及其所有细节。我想这是雷恩著作的主要成就。就组织结构而言，《风俗录》遵循的是18世纪小说，比如说菲尔丁[1]的小说的惯常模式。该书开篇描写埃及这一国度及其环境，接下来几章描写的是其"个人特征"和"幼年与早期教育"。在最后描写其

---

[1] 菲尔丁（Henry Fielding, 1707—1754），英国小说家，剧作家，英国现实主义小说奠基人之一，《汤姆·琼斯》是其代表作。

"死亡与葬仪"之前,花了25章的篇幅描写其节日、法律、特色、工业、魔术和家庭生活。从表面上看,雷恩的论述是按照时间顺序不断向前发展的。他将自己描写为人一生所要经历的主要生活阶段和场景的观察者:他所采用的模式是一种叙事性的模式,如同在《汤姆·琼斯》中一样,包括主人公的诞生,冒险经历,婚姻,以及潜含的死亡。只不过在雷恩的文本中叙述者是永不变化的;然而,其叙说对象,即现代埃及,却经历着人类个体的生命发展历程。这一逆转,即某一单个个体赋予其自身一种无时间的特性,而赋予其社会和民众以人的生命周期,只是该书好几个操作策略之一,它们使在国外的旅行获得超出单纯叙述之外的特质,将质朴的文本转变成展示异国情调的百科全书以及供东方学挥枪弄棒的战场。

雷恩对材料的控制不仅体现在他戏剧化的双重在场(假穆斯林和真西方人)和他对叙述主体和对象的控制之中,而且体现在他对细节的运用之中。每一章每一节的前面都有一些毫无新意的总体评论。比如,"众所周知,一个国家在礼仪、习俗和个性方面显著的特异性可以归结到这个国家物质上的特异性。"[72]接下来的描写可以很好地印证这一点——尼罗河,埃及"极为宜人"的气候,农民们"一板一眼"的劳作。然而作者并非由此简单地转向后面事件的叙述,而是补以很多细节,结果是人们通常所期待的那种叙事高潮并没有出现。换言之,尽管雷恩文本的大致轮廓与人的生老病死的叙事序列和因果序列相符,然而在此过程中引入的细节却阻断了叙事的进程。从一般性的看法,到对埃及人性格某一方面的描述,到对埃及人童年、青年、壮年、老年的叙述,雷恩总是用非常具体的细节以**阻遏**叙事的平稳过渡。比如说,我们在听到埃及有宜人的气候之后不久即被告知，埃及人很少有长命的，原因是致命的疾病，缺医少药，以及闷热难耐的夏季。随后我们又得知，夏季的酷热"刺激埃及人〔未加限定的泛称〕沉溺于感官享乐之中"，然而不久又大肆描写开罗的建筑、装饰、喷泉和船闸，并且辅以图表和线描图。当某一叙事线索重新出现时，它显然仅仅是作为一种固定的程式而出现的。

阻遏叙事顺序——这一叙事顺序显然正是雷恩文本虚构性之所在——的东西是大量压倒一切的描述性语句。雷恩的目的是用排山倒海般的细节让埃及和埃及人的所有特征都完全暴露在读者面前，令其无处藏身。作为报告者，他试图提供大量带有施虐受虐狂色彩的花边新闻：穆斯林苦行僧的自宫，法官的残忍，穆斯林中存在的宗教与放纵的混合，力比多激情的过剩，等等。然而无论事件有多么奇怪，多么有悖常情，无论我们多么迷茫于其令人头晕目眩的细节，作为作者的雷恩却无所不在，他的任务是将一块一块的碎片连缀起来，让我们能够继续前行，尽管只是歪歪斜斜地前行。在一定程度上说，他通过充当埃及人而做到了这一点，不过这一埃及人却能够在话语上控制穆斯林教徒们不幸陷溺其中的那些激情。但在更大的程度上说，雷恩之所以有能力控制丰富散乱的题材，令其节制有序，原因在于他与埃及生活和埃及现实冷冰冰地保持着距离。

最具象征性的时刻发生在第六章"家庭生活（续）"中。雷恩在前面的章节已经采纳了对埃及人生活的各个方面从头到尾体验一番这一叙事成规，在结束对一个埃及家庭的公共房间和习惯（他将空间世界和社会世界混合在一起）的旅程之后，他开始讨论家庭生活隐秘的一面。紧接下来他"必须对婚姻和婚礼做一番描述"。像他通常所做的那样，这一描述是从一个一般性的看法开始的:"一个男人到了一定的年龄,又没有正当的理由"而不结婚,"对埃及人来说是不可思议的,甚至会影响他的名声"。没有任何过渡,这一看法被当地人应用在雷恩自己身上,于是人们认为他因没有成家而应该感到内疚。接下来他用了很长的一个段落描述他所受到的结婚的压力,对这些他总是一口回绝。最终,在一位当地朋友甚至许诺要为他筹划一桩门当户对的亲事却遭到雷恩的回绝后,整个序列在一个句号和一个破折号之后戛然而止。[73] 接下来他以另一个一般性的看法而开始了他的下一个总体描述。

在此,我们不仅可以看到用枝枝蔓蔓的细节将主要叙事线索以典型雷恩式的方式突然打断,而且可以看到将作者与东方社会的再生产过程坚定地、清晰地分离开来的努力。他所描述的不愿意加入当地社会的小小叙事插曲突然中断:他似乎在说,**他的**故事无法继续,因为他没有进入家庭生活的隐秘层面,因此他只好悄然退出。通过拒绝与人类社会的联姻,他确实消除了自己作为一个人类主体的资格。因此他只好继续保留着作为伪装的参与者的权威身份并且不断加强其叙事的客观性。如果我们以前知道雷恩是一个假穆斯林,我们现在也会知道,为了成为东方学家——而不是东方人——他不得不放弃家庭生活的感官快乐。而且,他也不得不抹去自己身上人的生命发展历程的痕迹。只有以这种否定性的方式,他才能够保留作为一个观察者的超然于时间之外的权威。

雷恩必须在"方便舒适"地生活与完成对现代埃及人的研究二者之间做出选择。他所做选择的结果,显然使他获得了对埃及人进行界定的能力,因为假使他真的成了他们中间一员的话,他的观察视角将不再可能像字典编纂那么纯净无私。因此,雷恩通过两种重要而急迫的方式赢得了学术上的可信性和合法性。首先,通过干预人类生活通常所具有的发展进程的方式:他运用了大量细节,通过这些细节,那位域外观察者可以引入大量信息并且将其聚合在一起。好比说,埃及人首先被开膛破肚,然后又被雷恩以一种警世的口吻拼合在一起。其次,通过远离东方埃及的现实生活的方式:他使动物的嗜欲臣服于传播信息的需要,不是有关埃及并且服务于埃及的信息,而是有关欧洲的总体学术并且服务于这一学术的信息。他之所以在东方学研究领域赢得赫赫声名,正在于他既能将学术意愿加在纷纭的现实之上,又能实现从他现实的居处之地向他的学术空间有意识的转向。要想获取、形成和散播他那种有用的知识,只有通过这种否定性的方式才有可能实现。

雷恩的其他两部重要著作,他从未完成的阿拉伯语字典和他枯燥乏味的《天方夜谭》翻译,进一步加强了由《现代埃及风俗录》所奠基的知识体系。在后期的这两部著作里,他作为创造主体的个体性完全消失,正如写作叙事作品的想法也完全消失了一样。雷恩本人仅仅以注释者和重译者(《天方夜谭》)以及没有个性的字典编纂者的权威面貌出现。雷恩由与其研究对象同时代的创作者变成了——作为研究古阿拉伯和古伊斯兰的东方学家——这一时代的残存者。但引起人们兴趣的是残存的形式。因为作为学者,雷恩的遗产对东方并没有什么价值,而只对他自身所在的欧洲社会的各种机构有价值。这些机构要么是学术性的——正式的东方学研究会、研究所和公共机构——要么以非常特殊的方式置身于学术之外,这一点体现在雷恩之后居处东方的欧洲人的作品中。

如果我们在阅读雷恩的《风俗录》时不是将其视为东方知

识的总汇，而是将其视为试图建构东方学学术结构的一种努力，那么我们会发现它是非常富于启发性的。雷恩身上个性化的自我向学术权威的臣服，正好与众多东方研究会所体现出来的关于东方知识的日益专业化与体制化相对应。英国皇家亚洲研究会于雷恩著作出版前十年成立，但其联络委员会——这一委员会的"目标是收集与（东方）艺术、科学、文学、历史和考古有关的消息和情报"[74]——却大大受益于经雷恩处理过的信息。至于像雷恩这样的著作的传播，不仅有众多有用知识协会这样的机构，而且，在一个当原有的旨在帮助与东方有关的商业和贸易的东方学计划已经筋疲力尽的时代，还有众多专业化的学术研究会，结果是产生了一系列试图显示客观学术研究的潜在价值（如果不是实际价值的话）的著作。于是，法国亚洲研究会有个项目就这样来陈述其目的：

> 编撰或出版对研究那些由〔东方语言〕专任教师们所教授的语言来说有用或必不可少的语法著作、字典和其他入门书籍；通过捐赠或其他方式资助法国或国外同类研究著作的出版；对手稿进行收集，或对那些可以在法国找到的手稿进行全部或部分复制，对其进行翻译或摘录，通过印刷而增加其数量，使那些地理、历史、艺术和科学著作的作者们辛勤耕耘的成果能够为普通公众享用；通过对亚洲文献的定期收集，使普通公众注意到与东方有关的科学、历史或诗歌作品以及那些不断在欧洲创作出来的同类作品，使其注意到那些与欧洲有关的东方事实，注意到所有与东方民族有关的发现和研究：这些就是亚洲研究会所提出的目标。

东方学系统地将自己建构为获取东方材料并且将其作为一种专门知识而传播的学科。人们复制、出版各类语法著作，搜集原本，增加这些文本的数量并且使其得到广泛的传播。雷恩的著作正是为了服务于这一系统，也为了进入这一系统，因此不惜牺牲自我和个性。他同样提供了让其著作可以在东方学资料库中得以长期保存的方式。萨西曾说，将会出现这样一个"博物馆"——

> 一个藏有各种物品、绘画、原本、地图、游记的巨大资料库，向所有愿意投身于〔东方〕研究的人开放；让每位研究者都可以感受到自己仿佛魔术般地置身于，比如说，一个蒙古部落或中国的某个民族之间，不管他的研究对象到底是什么……可以说……在有关……东方语言的入门书籍出版之后，没有什么比这一博物馆的奠基更重要的事了，我将这一博物馆看作是对那些字典的活评论或活 *truchement*。[75]

Truchement 来源于阿拉伯语的 *turjaman*，意思是"翻译者""中介者"或"代言人"。一方面，东方学力图尽可能准确、尽可能广泛地搜集有关东方的知识；另一方面，又力图使这些知识能满足西方的需要，因此使用了许多控制性符码、分类、标本、周期性观察、字典、语法、评论、编辑、翻译等方式对这些知识加以过滤，所有这些结合在一起就形成了对东方的一种模拟，并在西方、为西方从物质上对东方加以复制。简而言之，东方将由一群科学工作者从勇敢的旅行者和居处者个人性的、有时甚至是经过篡改的经验转变为一种非个人性的权威界定。它将由具有连续性的个体经验转变为一种没有围墙的想象的博物馆,在这一博物馆中,所有那些从遥远异域和诸多不同的东方文化中聚集起来的东西都被归入**东方的**这一范畴之下。它将由在探险、传教、军事和商业活动中零零星星地搜集起来的一大堆碎片重新转换、重新结构为字典编纂式的、图书馆式的、分门别类化了的以及**文本化了的**东方学意义。到19世纪中叶,正如迪斯累利所言,东方已经变成一种谋生之道,在这里,人们不仅可以重新构造、重新复活东方,而且可以重新构造、重新复活自己。

四 朝圣者和朝圣行为,英国和法国

欧洲的每位东方旅行者或居处者都一直不得不防止自己受到东方令人不安的影响。雷恩在一开始书写东方时就对其进行了重新设置和重新定位。东方生活的怪异性及其奇特的历法、充满异域情调的空间构成、佶屈聱牙的语言、乖僻的道德观念,在作为具体的事物用规范的欧洲散文形式表现出来的过程中,被大大地简化了。一点不假,在将东方东方化的过程中,雷恩不仅对其进行了界定而且对其进行了编辑;除了他本人的同情心之外,他还从中剔除了那些也许会扰乱欧洲人感觉的东西。在大多数情况下,东方似乎打破了性观念上的一切规范;正如雷恩特别急于表达的那样,由于过度的"性自由",与东方——或至少是雷恩笔下的埃及——相关的一切东西都是对家庭生活、卫生保健和性爱规范的一种威胁。

但除了性的威胁外还有许多其他类型的威胁。所有这些将欧洲人在时间、空间和个人身份上的谨慎和理性慢慢消磨掉了。人们在东方突然遭遇到无法想象的古老，不近人情的美，无边无际的土地。这些东西如果是被思考或书写而不是被直接经验的话，也许就不会破坏其，比如说，诗情画意。在拜伦的《异教徒》("Giaour")中，在歌德的《东西诗集》中，在雨果的《东方人》中，东方是一种可以使人获得解脱的形式，是一个充满创造机会的地方，歌德在其《逃亡》("Hegire")一诗中为此定下了基调——

> 北方，西方和南方，分崩离析，
> 王冠已爆裂，帝国在战栗。
> 逃走吧，逃向东方这块纯净的土地
> 品尝一下那些酋长们所创造的奇迹！

> （Nord und West Süd zersplittern,
> Thrones bersten, Reiche zittern,
> Fluchte du, in reinen Osten
> Patriarchenluft zu kosten!）

人们总是**转向**东方——"我将以我纯洁正直之躯回归人类最深的本原"——将其视为对人们所想象的一切美好事物的最终实现和确认：

> 神就是东方！
> 神就是西方！
> 北方和南方的土地
> 在他温柔的抚摸中生息。

(Gottes ist der Orient!

Gottes ist der Okzident!

Nord und südliches Gelände

Ruht im Frieden seiner Hände.)[76]

东方,及其诗歌、气氛和潜能,曾在哈菲兹[1]这样的诗人的笔下得到过表现——歌德曾认为它 unbegrenzt(无边无际),比欧洲人更古老,更年轻。雨果在其"穆夫提的战斗呐喊"("Cri de guerre du mufti")和"帕夏[2]的苦痛"("La Douleur du pacha")[77]诗中也认为,调和东方人的凶残与过度忧郁的不是现实生活的恐惧或迷乱,而是沃尔内和乔治·萨尔,他们充满睿智的著作将东方蛮荒的壮丽转变为可供天才诗人们使用的信息。

雷恩、萨西、赫南、沃尔内、琼斯这样的东方学家(《埃及志》更不必说)以及其他先驱者们所提供的东西,在文学界得到了具体的运用。现在我们必须回想一下前面讨论过的那三种类型的处理东方并以在东方的实际居处为基础的作品。严格的知识要求将作者的个人感受从东方学著作中涤除:因此才有了雷恩自我清理的行为,才有了我们所列举的第一类作品。至于在第二类和第三类作品中,显然存在着一个自我,这个自我臣服于写作主体,这一主体的任务是对真正的知识加以处置(第二类),或者是支配并调和我们所读到的有关东方的一切(第三类)。然而,从19世纪的开始到结束——亦即,拿破

---

[1] 哈菲兹(Hafiz,1320—1389),波斯诗人,用波斯古诗体创作了大量富有哲理并充满浪漫主义精神的诗篇。
[2] 帕夏(Pacha),原指奥斯曼帝国各省的总督,后亦用来泛指旧时土耳其的显赫人物。

仑之后——东方一直是一个供人朝觐的圣地，属于现实东方学（如果不总是学术东方学的话）范围的每一主要著作的形式、风格和意图都来自于朝圣（pilgrimage）的观念。就像在我们一直讨论的众多东方学写作中一样，位于朝圣这一观念核心的也是恢复性重构（自然的超自然论）这一浪漫主义的观念。

每位朝圣者都以各自不同的方式观照事物，但朝圣行为所能代表的东西是有一定限度的，不管它采用哪种形式，不管它能揭示出什么样的真理。所有前往东方的朝圣都曾经穿越，或者说不得不穿越，《圣经》所述的土地；实际上，这些朝圣大多试图重新经历犹太－基督教或希腊－罗马现实的某些部分，或者从广袤富饶的东方将其发掘出来。对这些朝圣者而言，东方化了的东方，东方学家的东方，受到了双重的限制，因为任何人都无法回避《圣经》、十字军、伊斯兰、拿破仑和亚历山大这些令人生畏的先驱者的存在。一个学术化的东方不仅制约着朝圣者的玄思和奇想；先前存在的东西也会在当代旅行者和他的写作之间造成障碍，除非像内瓦尔和福楼拜使用雷恩时那样，将东方学著作与以前的资料彻底分开并且将重点放在美学上。东方学写作所受的另一方面的限制来自东方学学术研究。像夏多布里昂这样一位朝圣者曾傲慢地声称他的东方之行完全是出于自身的目的："我寻找的是意象：仅此而已。"[78]福楼拜、维尼、内瓦尔、金雷克、迪斯累利、伯顿，他们所进行的朝圣行为都是为了消除先前存在的东方学资料中的朽气。他们的写作将形成新鲜的东方学经验库——但是，正如我们将会看到的，即使如此，这些计划也常常（但并不总是）会向东方学式还原论举手投降。原因是复杂的，与朝圣者的本性、其写作模式及其著作试图采用的形式等因素有关。

19世纪的个体旅行者眼中的东方是什么样的？首先请让我们考虑一下说英语的人和说法语的人对这一问题的不同看法。对前者来说，当然，东方就是印度，英国所占领的一个现实区域；因此穿越近东的目的是为了最终到达自己的主要殖民地。于是，可供想象的空间已经受到了政治现实、领土合法性和行政权力的限制。司各特、金雷克、迪斯累利、艾略特·华伯顿（Eliot Warburton）、伯顿甚至乔治·艾略特（比如在其《丹尼尔·德伦达》〔Daniel Deronda〕中），像雷恩本人以及在他之前的琼斯一样，都是这样一些作家，对他们来说，东方受到了，好比说，物质占领和物质想象的局限。英国击败了拿破仑，驱除了法国：英国人眼中所见的是从地中海直到印度这样一个连绵不断的帝国领地，到19世纪80年代已经完全为英国所控制。书写埃及、叙利亚或土耳其，恰如在这些地方旅行一样，其实质是在一个政治意志、政治管理、政治控制的王国之中漫游。领土的压力极为紧迫，甚至对迪斯累利这样一位无拘无束的作家而言也同样如此，其《坦克雷德》不仅是在东方天空中戏耍的一只云雀，而且是将实际力量施加于实际领土之上的一次敏锐的政治管理实践。

与此相反，法国的朝圣者在东方处处遭逢着急剧的失落感。法国对他所来到的这个地方没有政治上的控制权。地中海不断响起法国失败的回声，从十字军直到拿破仑。后来被人称为"开化使命"（la mission civilisatrice）的行动，在19世纪肇始时其用意是在政治上与英国的殖民扩张一争高下。其结果是，自沃尔内以降，法国的朝圣者们所规划、所想象、所酝酿的地方主要局限在**他们的头脑中**；他们制订计划，试图在东方举办一场典型法国式也许甚至是典型欧洲式的音乐会，为此音

170

乐会谱写乐曲的人他们认为当然非自己莫属。他们的东方是由记忆、感伤的废墟、遗忘的秘密、诡秘的交流和几至精湛绝伦的生存风格所组成的东方，对这一东方所做的最富文学性的描述可以在内瓦尔和福楼拜的作品中找到，二者的作品都与一个出自想象的、无法实现的（除非以审美的方式）特征牢牢地联系在一起。

这一点在某种程度上对学术性的法国东方旅行者来说同样成立。他们大多对《圣经》所描述的过去或十字军感兴趣，正如亨利·波尔多（Henri Bordeaux）在其《东方旅行者》（Voyageaurs d'Orient）中所论。[79]在这些名字里面我们还必须加上（根据哈桑·奴提〔Hassan al-Nouty〕的建议）下面这些人：包括加特梅在内的闪语专家；死海探险家索尔西（Louis-Félicien-Joseph Saulcy）；作为腓尼基考古学家的赫南；腓尼基语研究者朱达斯（Auguste Judas）；研究安萨利人（Ansarians）、伊斯玛仪人（Ismailis）和塞尔柱人（Seljuks）的卡塔法戈（Jpseph Catafago）和德弗雷马利（Charles Défrémery）；探测朱迪亚[1]地区的克勒芒-加诺（Charles Clermont-Ganneau）以及主要研究帕尔米铭文（Palmyrian epigraphy）的沃居埃（Marquis de Vogüé）。此外，还有从商博良到马利耶特（Auguste-Édouard Mariette）的整个埃及学家群，这一学者群后来还包括马斯佩罗（Gaston Maspero）和勒格汉（Georges Legrain）。为了表明英国的实利与法国的幻想之间的差异，回想一下画家卢多维克·勒皮克（Ludovic Lepic）在开罗所说的话是有价值的，他在1884年（英国占领

---

〔1〕朱迪亚（Judea），古巴勒斯坦南部地区，包括今巴勒斯坦南部和约旦西南部。

埃及后两年）悲哀地评论说："东方在开罗已经死去。"只有赫南，这位永远现实的种族论者，才能容忍英国对阿拉伯民族主义骚乱的镇压，这一骚乱，他凭借自己超人的智慧说："有失人类文明的体面。"[80]

19世纪的法国朝圣者们与沃尔内和拿破仑不同，他们与其说寻找的是一种科学的现实，还不如说寻找的是一种奇异然而却具有特殊吸引力的现实。这显然适用于自夏多布里昂开始的文学朝圣者们，他们在东方找到了与其自身的神话、迷恋和要求心心相印的东西。在此我们可以注意到，所有朝圣者，特别是法国的朝圣者，在其作品中是如何处理东方、如何用某种急迫的方式为其所从事的工作寻找合法根据的。只有当书写东方有某种额外的认知目的时，自我的倾泻才有可能受到控制。比如，拉马丁写他自己，同时也写作为进驻东方的强力的法国；后一方面减弱并最终控制着由**他的**灵魂、**他的**记忆和**他的**想象施加在他的风格上的急迫要求。没有哪位朝圣者，不管是英国的还是法国的，能像雷恩那样如此无情地控制着自己及其对象。甚至伯顿和劳伦斯，前者刻意制造了一个穆斯林式的朝圣而后者则制造了一个他所称的**背离**麦加的反向朝圣，其所表达的大量历史、政治和社会的东方学观念在对自我的控制上也远没有雷恩那么有力。这就是为什么伯顿、劳伦斯和道蒂处于雷恩和夏多布里昂二者之中间位置的原因。

夏多布里昂的《巴黎到耶路撒冷、耶路撒冷到巴黎巡游记》（1810—1811）详细记录了他游历北美之后于1805—1806年进行的这次东方之行。该书数百页的篇幅是对作者"永远只说我自己"这一宣称的有力证明，以至司汤达（Stendhal）——他本人根本算不上一个自我克制的作家——将夏多布里昂这次旅行在学术上之所以失败的原因归结为他"令人恶心的自我中心"。夏多布里昂将一大堆个人目的和假设带到东方，胡乱地卸载在那里，接下来随心所欲地去摆弄东方的人民、地域和思想，似乎没有什么东西可以阻止他飞扬跋扈的想象。夏多布里昂是作为一个被结构的**符号**而不是一个真正的自我来到东方的。对他来说，波拿巴是最后一位十字军战士；而他自己则是"带着前代朝圣者的观念、目的和情感离开祖国来到这片神圣土地上旅行的最后一位法国人"。但还有其他的理由。平衡：在到过北美新世界、见识过其大自然的雄伟壮阔后，他需要通过访问东方及其知识上的雄伟壮丽来最终完成自己的研究；在研究过罗马和凯尔特的古代文明后，对他来说所剩下的就只有雅典（Athens）、孟菲斯和迦太基[1]的废墟了。自我完善：他需要重新装备其意象库。对宗教精神重要性的确认："宗教是所有人都能理解的通用语言"，而没有什么地方比东方更适合于对这一通用语言进行观察的了，甚至在像伊斯兰这样一种相对低级的宗教占统治地位的地方也同样如此。最重要的是，不按事物原有的样子而按夏多布里昂假定它们应该有的样子去观察事物：《古兰经》乃"穆罕默德之书"；它"既不包含人类文明的原则，也不包含能推动人性发展的箴言"。他继续写道，"该书"逐渐变得类似于天马行空式的任性而为，"既没表达对专制的仇恨也没表达对自由的热爱"。[81]

对夏多布里昂这样一位如此矫情的人而言，东方是一块斑驳破烂的画布，等待着他去修复。东方阿拉伯人是"再次

---

[1] 孟菲斯（Memphis），古埃及城市，废墟在今开罗之南；迦太基（Carthage），古代北非一奴隶制国家，在今突尼斯境内。

堕入野蛮状态的文明人"：因此，毫不奇怪，当他看到阿拉伯人想讲法语时，夏多布里昂就像鲁滨逊·克鲁索（Robinson Crusoe）第一次听见他的鹦鹉开口说话时那么兴奋不已。不错，确实存在像伯利恒（Bethlehem）（其词源意义夏多布里昂完全弄错了）这样的地方，在此人们可以再次发现一个真正文明——也就是说，欧洲文明——的幻象，但这样的地方终究是少而又少的。人们到处碰到东方人，阿拉伯人，其文明、宗教和礼仪是如此低级、野蛮、与欧洲相对立，简直没有重新征服的价值。他辩说道，十字军战士不是侵略者；他们的行为只不过是奥玛入侵欧洲的一种翻版。况且，他补充说，即使十字军果真是侵略行为，它们所提出的问题也超出了普通伦理问题的范围之外：

> 十字军东征不仅仅是为了传送基督的圣物，它更多地是为了弄明白究竟哪种信仰会取得最后的胜利：是这样一种信仰，它乃人类文明的敌人，为无知〔当然，这就是他心中的伊斯兰〕、暴政和奴役推波助澜，还是另外一种信仰，它在现代人中重新唤醒了古代智者的天才，并且彻底地消灭了奴役？[82]

这是对下面这样一种将在欧洲写作中获得几乎令人无法忍受、仅次于盲目接受的权威地位的观念第一次意义深远的表达：欧洲教导东方认识自由的意义，夏多布里昂和他之后所有的人都相信这一意义是东方人，特别是穆斯林人，一无所知的。

> 自由，他们一无所知；礼节，他们根本没有：强力是

他们唯一的真神。当他们长时期没有遇到执行公理和正义的征服者时，就好像一群没有指挥官的士兵，一群没有执法官的市民，一个没有父亲的家庭。[83]

原来早在1810年欧洲就有了一位以1910年的克罗默那种口吻说话的人，声称东方人需要征服，并且根本就没意识到西方对东方的征服不是征服，而是使其认识到自由的意义这一观点有什么违背常情的地方！夏多布里昂借以表达这一看法的是浪漫主义的救赎观念：基督教肩负着某种使命——复活一个死去的世界，加快这一世界对其自身潜能的认识，而这一堕落的、没有生气的世界的潜能只有欧洲人才能将其辨察出来。对一个旅行者而言，这意味着在现实的巴勒斯坦他必须处处以旧约和福音书为指导；[84] 只有这样才能将东方从其现代堕落状态中拯救出来。然而，夏多布里昂并没有感觉到下面这一事实有什么反讽意味：他的旅行和他的想象将不会向他显示出有关现代东方人及其命运的任何东西。对东方而言，重要的只是，它让什么在夏多布里昂身上发生，它允许他的精神做什么，它在多大程度上允许他揭示他自身、他的观念和他的期望。他如此关切的自由到头来只不过是将他自己从东方充满敌意的废墟中解脱出来。

这一解脱直接将他带回到想象和想象性阐释的领域。对东方的描述被帝国主义自我强加到东方身上的规划和模式所消除，这一自我丝毫也不掩饰自己的强力。如果说在雷恩的著作里我们看到这一自我被迫销声匿迹，以使东方能显露出其本来面目，那么，在夏多布里昂身上，这一自我在冥思它所创造的奇迹的过程中首先遭遇的是自我瓦解，接下来又得到了再生，并且比以前更强大，对其强力和阐释力更加津津乐道。

> 当你在朱迪亚旅行，首先，巨大的厌倦感会攫住你的心；但当你穿过一个又一个荒寂之地，看到广袤无垠的空间在你面前伸展，这种厌倦感会慢慢消失，你会感受到一种隐秘的恐惧，这一恐惧不仅不会使你的灵魂处于压抑状态，而且还会给予它勇气，激发你身上潜含的天才。异乎寻常的奇迹出现在地球上各个地方：火辣的毒日，狂暴的雄鹰，不开花而能结实的果树；诗歌中所描写的一切，《圣经》所描述的所有景象，都在此出现。每一名字都蕴藏着一个秘密；每一洞穴都宣示着未来；每一绝顶都回响着预言的余音。上帝自己已经向我们宣示过这些国土的神迹：干涸的激流，纵裂的岩石，开敞的墓室，是神迹的明证；沙漠似乎仍震慑于恐怖的余威。可以说，自从它聆听到上帝永恒的声音以来，还一直无力打破这一沉寂。[85]

这一段落的思维过程是耐人寻味的。对帕斯卡式恐怖（Pascalian terror）的体验不仅没能减弱你的自信，反而神奇地激发起你的自信。这块贫瘠的土地顽强不屈地站在你的面前，就像一个受到神灵启发的文本毛遂自荐地准备接受一个非常强大并且不断巩固的自我的详细审察一样。夏多布里昂已经超越了当代东方尽管令人惊异然而却不无卑微的现实，以使自己可以与其处于一种创造性的关系之中。在上面这一段落的结尾处，他已不再是一个现代人，而是一个或多或少与上帝同时代的预言家；如果朱迪亚沙漠自从聆听过上帝的声音之后就一直沉寂不语，也只有夏多布里昂能够听到这一沉寂，理解它的意义,并且——呼唤他的读者——使沉睡的沙漠重新开口。

使夏多布里昂在《勒内》(René)和《阿达拉》(Atala)中得以表述和阐释北美的秘密,以及在《基督教之特性》(Le Génie du Christianisme)中得以表述和阐释基督教的那种天才般的直觉和同情,在《巡游记》中更是大展其能。作者处理的不再是自然的原始和罗曼蒂克的感伤:在此,他所处理的是永恒的创造和神性的原创,因为这些东西首先积存于《圣经》的东方,并且一直潜伏下来,未受丝毫玷染。当然,它们无法被简单地加以把握;它们必须由夏多布里昂来期望和实现。《巡游记》想实现的正是这样一种雄心勃勃的目标,在这一文本中,夏多布里昂的自我必须被彻底重构才能完成这一任务。与雷恩不一样,夏多布里昂试图**消费**东方。他不仅滥用它,还代表它并且为它说话,不是在历史之中而是超越于历史之外,在一个人的、神人完全合一的、世界的无时间的维面之中。因此,在耶路撒冷,在他想象的核心和他朝圣的终点,他能使自己与各种各样的东方——作为犹太的、基督的、穆斯林的、希腊的、波斯的、罗马的,还有法国的东方——和睦相处。他为犹太人的艰难处境所打动,但他只不过是用这些东西来显明他的总体想象。他们的困境还有另外一个功能是:困境使他作为一个基督徒的复仇心理得到了安慰。上帝,他说,已经选定了一个新的民族,但却不是犹太人。[86]

然而,他对残酷的现实还做了一些其他方面的妥协。如果说耶路撒冷在他的《巡游记》中是被当作超现实的终极目标的话,那么,埃及为他提供的则是现实政治的材料。他对埃及的看法恰好是对他朝圣看法的一个补充。神奇的尼罗河三角洲激发他做出了下面这一断定:

> 我发现只有我们伟大祖国的光荣历史才配得上那些神奇的原野;我看到一个新的文明的遗产已由天才的法国人带到了尼罗河两岸。[87]

但这些看法是以一种怀旧的方式表达出来的,因为夏多布里昂相信在埃及他可以将法国的缺席,等同于统治一个快乐民族的自由政府的缺席。此外,在耶路撒冷之后,埃及似乎只能成为某种聊以自慰的精神上的替代物。在对其可悲的现状进行政治评述后,夏多布里昂问了自己这样一个与历史发展所引起的"差异"有关的普遍问题:这一堕落、愚笨的"穆斯林"乌合体为何竟然能够在得到希罗多德和狄奥多拉[1]如此景仰的那些天差地别的统治者们所占有的同一块土地上生存下来?

在对埃及发表了这样的告别辞之后,他去了突尼斯,迦太基遗址,最后回到了法国。然而,他在埃及所做的最后一件值得我们注意的事情是:由于他只想从远处眺望金字塔(而不想实际接近),于是煞有介事地派遣一位仆人走到那里,将他(夏多布里昂)的名字刻在石头上,并且为这一行为辩解道:"作为一个虔诚的旅行者,你不得不实现你所有的小小心愿。"对他的这一无聊之举,我们当然仅能付诸一笑。然而,如果将其与《巡游记》的最后部分联系起来看,这一行为就不像初看起来那么简单了。在反思自己以流浪者的身份对"所有危险和所有辛酸"所进行的长达20年之久的研究计划时,夏多布里昂非常遗憾地注意到他的每一部作品实际上都是他现实存在的

---

[1] 狄奥多拉(Siculus Diodorus),古希腊麦加拉学派哲学家。麦加拉学派是古希腊小苏格拉底学派之一,由麦加拉(Megara)人欧几里得(Euclid)创立。

某种延伸和反映。作为一个既没有家园也没有获得家园可能性的人,他发现自己早已历经沧桑。如果上天让他永远安息,他说,他将默默致力于竖立一座"献给我的祖国的纪念碑"。然而,他在人世所能留下来的东西只有他的写作:因此,如果他的名字能永存人们的记忆之中,有了这些作品就足够了;但如果不能,则似乎太多了。[88]

这些使我们明白夏多布里昂确有将名字刻上金字塔的兴趣。我们将会看到,他对东方充满自我中心色彩的回忆,一直在不知疲倦地试图为我们展示他的自我经验。对夏多布里昂来说,写作是一种生存的方式,对他来说,如果他还活着,任何东西都必须经由他的手的抚触,哪怕远处的一块石头也不例外。如果说雷恩的叙事秩序为科学的权威和大量的细节所打乱,那么,夏多布里昂的叙事就被转换成了一个自我中心的、无拘无束的个体的武断意志。雷恩会使他的自我屈服于东方学的规范,而夏多布里昂则会使他关于东方的每一观点都完全屈服于他的自我。然而两人都不会认为其后继者们会做得像他们一样地成功。雷恩的作品有着一个技术性学科所具有的非个人性特征:他的作品会被使用,但却不会被人认为充满个性。另一方面,夏多布里昂看到,他的写作,就像将名字刻在金字塔上这一行为一样,将揭示出其自我的意义;如果不能做到这一点,如果他无法通过写作来延长他的生命,那么,这些作品将成为完全多余的东西。

即使夏多布里昂和雷恩之后的所有东方旅行者都不可避免地会受到二人作品的影响(在某些情况下,甚至是逐字逐句的复制),但二人的遗产却典型地代表着东方学的命运及其局限。你要么像雷恩那样以科学的方式写作,要么像夏多布里昂那样以个人化的风格说话。前者所存在的问题在于其中隐含着这样一种趋势：自信可以对一般现象进行非个人化的总体描述，以及不从东方而从西方观察者的角度出发去认识东方现实。个人化表达的问题在于，它不可避免地会堕入一种将东方与私人幻想等同起来的立场，即使这一幻想从美学的角度而言实际上具有相当大的普遍性。当然，在两种情况下，东方学都极大地影响了描述和概括东方的方式。但这一影响一直——甚至直到今天——试图预防的是某种既不过于笼统也不过于私人化的东方意识。要想通过东方学了解东方人——作为现代世界的现代居住者的东方人——的生活现实或社会现实，是徒劳的。

其理由很大程度上可以在我所描述的这两种选择——雷恩的和夏多布里昂的，英国的和法国的——所产生的影响中找到。知识，特别是专业知识的增长是一个非常缓慢的过程。知识的增长绝非仅仅是个逐渐增加或积累的过程，而是一个在所谓研究成规之内所进行的选择性集聚、移置、滤除、重排和固持的过程。在19世纪，像东方学这类知识的合理性不是来自于宗教权威——启蒙运动之前是如此——而是来自于对前人权威的诉求和征引。自萨西开始，博学的东方学家所采取的是一种科学家的姿态，他们对一系列文本片段进行考察，然后对其进行编辑和整理，使其成为古代遗迹的还原器，也许还会将一系列片段放在一起构成一幅完整的画面。其结果是，东方学家相互之间都以同样的相互征引的方式对待同行们的著作。比如，伯顿在处理《天方夜谭》或间接处理埃及时，会**通过**雷恩的著作，征引雷恩的前辈，并且对其提出挑战，尽管后者给他带来了很大的权威。内瓦尔的东方之旅是拉马丁式的，而后者则又是夏多布里昂式的。简而言之，作为一种不断增长的知识，东方学主要从这一领域的前辈们的著作里汲取营养。即使有新的材料出现，东方学家在对其加以判断时，也往往借用前人的视角、观念和权威论说（如学者们经常所做的那样）。于是，萨西和雷恩之后的东方学家会以一种非常严格的方式重写萨西和雷恩；夏多布里昂之后的朝圣者们也会以同样的方式重写夏多布里昂。现代东方的现实被系统地排除在这些复杂的重写之外，特别是当内瓦尔和福楼拜这样天才的朝圣者们，宁可相信雷恩的描述也不愿睁眼看一看、用脑想一想直接呈现在自己面前的现实的时候。

在与东方有关的知识体系中，东方与其说是一个地域空间，还不如说是一个被论说的**主题**（*topos*），一组参照物，一个特征群，其来源似乎是一句引语，一个文本片段，或他人有关东方著作的一段引文，或以前的某种想象，或所有这些东西的结合。对东方的直接观察或详尽描述只不过是由与东方有关的写作所呈现出来的一些虚构性叙事，这些虚构叙事相对于另外一种类型的知识体系来说必然处于次要的地位。在拉马丁、内瓦尔和福楼拜那里，东方是对经典材料的再呈现，这一呈现受一种能激发读者兴趣的美学意志和行政意志的支配。然而，在这三位作家中，东方学或东方学的某一方面是被人为断定的，尽管，正如我前面所言，叙事意识在此起着至关重要的作用。我们将会看到，尽管这一叙事意识具有非常独特的个性，它最终，像布瓦尔和白居谢一样，仍然会明白朝圣归根到底不过是一种抄写和复制的行为。

当拉马丁1833年开始其东方之行时，他正是这么做的，将东方视为自己一直梦寐以求的东西："东方之行乃我内心生活的伟大篇章。"他是一大堆复杂的倾向、同情和偏见的混合体：他恨罗马人和迦太基人，他爱犹太人、埃及人和印度人，他声称自己将成为为这些人写作的但丁。在一首告别法国的诗中列举了他计划在东方做的事情之后，他来到了东方。一开始，他遇到的所有东西都要么进一步证实了他诗中的预言，要么满足了他进行类比的嗜好。比如，赫斯特·史丹霍普夫人（Lady Hester Lucy Stanhope），夫人是沙漠中的塞西[1]；东方是"我的想象之父"；阿拉伯人是原始的民族；《圣经》诗歌刻在黎巴嫩的土地上；东方证实了亚洲诱人的博大和希腊相对而言的微渺。然而，当他到达巴勒斯坦后不久，他却不可救药地沉迷于对东方的想象之中。他断称迦南（Canaan）平原在布桑和洛兰[2]的作品中表现得最好。他曾经将他的旅行称为一种"翻译"，现在则被转变为一种祈祷，这一祈祷更多地作用于他的记忆、灵魂和心性，而不是他的眼睛、大脑或精神。[89]

这一坦率的宣称完全冲淡了拉马丁进行类比和重建的（狂放）热情。基督教是一个想象和回忆的宗教，由于拉马丁将自己视为虔诚信徒的典型代表，因此他全身心地投入到了想象和回忆之中。他的具有偏向的"观察"不胜枚举：他所见到的一个女人让他想起《唐璜》（*Don Juan*）中的艾德依（Haidée）；耶稣和巴勒斯坦之间的关系就像卢梭和日内瓦之间的关系；现实世界的约旦河没有它在人的灵魂中引起的"神秘"重要；东方人，特别是穆斯林，是懒惰的，其政治变幻莫测，充满激情，但缺乏远见；另一个女人让他想起夏多布里昂《阿达拉》

---

[1] 塞西（Circe），一译喀尔刻，希腊神话中能变人为畜的女巫。
[2] 布桑（Nicholas Poussin, 1594—1665），法国画家，法国古典主义绘画奠基人，晚年作品多以神话和《圣经》为题材；洛兰（Claude Lorrain, 1600—1682），法国风景画家，革新古典风景画，善写大自然的诗情画意。

中的一个段落；无论塔索还是夏多布里昂（他们的旅行似乎对拉马丁的自我中心能起到某种警醒的作用）都没能正确理解圣地巴勒斯坦——诸如此类。他在论及阿拉伯诗歌时满怀自信，对自己对这一语言一无所知丝毫也没有感到有什么不适。对他来说重要的只是，他的东方之行能向他揭示出东方为何是"信仰和奇迹之地"，能揭示出他是这片土地的西方代言人。他在宣告下面这一点时丝毫也没有自我解嘲的意味：

> 阿拉伯这块土地是充满奇迹的土地；一切皆根源于此，所有轻信或狂热的人在此都可以成为预言家。[90]

他变成了一位预言家，仅仅因为他曾居处东方这一事实。

在其作品的结尾，拉马丁实现了自己到作为时间和空间之起点和终点的圣地去朝圣的目标。他已对外在现实进行了足够的内在化，因此可以安然地退回到纯思辨、孤寂、哲学和诗歌之中。[91]

他试图超越于纯地理的东方之上，于是他变成了后期夏多布里昂的翻版，将东方看成是个人的（或至少是法国的）地域，随时准备接受欧洲强力的处置。拉马丁从真实时空中的旅行者和朝圣者，变成了一个在权力和意识上与整个欧洲相认同的超个人的自我。他所看到的是一个处在不可避免的瓦解过程中的东方，被欧洲强权所攫取并被其神圣化。因此，在拉马丁看来，当欧洲将其强力施加于东方之上时，东方得到了再生：

> 这种宗主权同样被明确划定，主要包括领土与领海权，建立自由城市的权利，建立欧洲殖民地的权利，建立

商埠的权利……

拉马丁并非到此而止。他越走越远,将东方,即他刚刚看到过的和刚刚到过的地方,简化为"没有领土、**祖国**、权利、法律或安全的国度","焦躁不安地等待着"欧洲的"庇护"。[92]

在东方学所构想的关于东方的所有观念中,严格地说,没有哪种观念有拉马丁的那么彻底。对拉马丁而言,东方朝圣不仅涉及一个傲慢自大的意识向东方的侵入,而且由于这一意识不得不屈服于施加在东方身上的非个人化的、严格的控制,实际上还涉及这一意识的消除。东方的现实身份萎缩为一组连续的片段,萎缩为拉马丁的重述与评说,这些重述和评说日后将被聚拢起来,成为对拿破仑世界霸权梦想的一种重新表述。如果说雷恩的个体性消融进了他对埃及人所做分类的科学框架之中,那么,拉马丁的意识则彻底打破了这些分类的界限。在此过程中,他重复了夏多布里昂的旅程及其想象视野,而目的却是为了能够超越这些视野,进入雪莱和拿破仑式的抽象空间,在此空间里,世界和人群的运动就像牌桌上的扑克牌那样杂乱无章。在拉马丁的作品中,东方只剩下一个没有实质内容的空架子。东方的地缘政治现实被他的种种计划所遮盖;他所到过的地方,他所遇到的人,他所经历的事情,在经过他傲慢的概括和简化后只剩下一点隐隐约约的影子。最后一丝独特性在"政治概括"中也被消磨殆尽,拉马丁就这样结束了《东方之行》全书。

我们必须将拉马丁超越的准民族主义的自我主义与内瓦尔和福楼拜相对照。后二者的东方作品在他们的全部著作中占有至关重要的地位,其地位远比《东方之行》在拉马丁全部著作中的地位重要。然而，像拉马丁一样，此二人来到东方之前都阅读过大量古典作品、现代文学作品和东方学学术著作；对于这一点，福楼拜比内瓦尔要坦率得多，后者在其《灵女》(Les Filles du feu)中很不坦率地声称自己所知道的关于东方的一切仅仅来自于学校教育所留下的记忆。[93]但他的《东方之旅》却与这一声言完全相悖，尽管他的这一作品所显示出的东方史料知识远没有福楼拜的那么系统和学科化。然而，更重要的是下面这一事实：与19世纪任何其他东方旅行者相比，这两位作家更多地是以个人的和审美的方式处理其东方之行（内瓦尔在1842—1843年，福楼拜在1849—1850年）的。首先两人都是天才，都完全沉浸在欧洲文化中那些有利于形成一种尽管乖僻然而却满含同情的东方看法的方面，这一点绝不是无关紧要的。内瓦尔和福楼拜都属于马里奥·普拉兹（Mario Praz）在其《浪漫的创痛》(The Romantic Agony)里所描述的那类思维和情感群体，对这一群体而言，异域的意象，施虐受虐趣味（普拉兹称之为algolagnia）的养成，对恐怖、对"致命女人"（Fatal Woman）的看法、对神秘主义的痴迷，所有这一切结合在一起促成了戈蒂耶（他本人也迷恋东方）、斯文伯恩、波德莱尔和于斯曼[1]等人作品的产生。[94]对内瓦尔和福楼拜而言，克里奥帕特拉、莎乐美和伊希斯[2]这样的女性人物有着特殊的重要性；在其东方作品及其东方旅行中，他们极力颂扬并强

---

〔1〕斯文伯恩（Algernon Charles Swinburne，1837—1909），英国诗人，评论家，无神论者；于斯曼（Joris Karl Huysmans，1848—1907），法国小说家，早期拥护自然主义，后转向现代派，作品有神秘主义和宗教色彩。

〔2〕莎乐美（Salomé），《圣经》故事中希罗底（Herodias）之女，以舞取悦于父希律·安提帕（Herod Antipas）王，被赐予所求圣约翰之首级。克里奥帕特拉和伊希斯见前注。

化了这一富于传奇性、富于启发性、富于想象性的女性人物类型,这一点并非偶然。

除了其总体文化态度外,内瓦尔和福楼拜还带给东方一种个人神话,这一神话所关注的东西甚至其结构本身都有赖于东方。二人都为吉内等人所界定的那种东方复兴所打动:他们都试图寻找寓言般古老和新异的东方所能为西方提供的那种激发力。然而,对二者来说,东方朝圣所寻求的都是某种相对个人化的东西:如让·布鲁诺(Jean Bruneau)所言,福楼拜试图在一个孕育了众多宗教、想象和古典文化的地方寻找自己的"家园";95 内瓦尔像斯泰恩笔下的约里克[1]一样,试图寻找——或者不如说追随——的是他个人情感和梦想的踪迹。因此,对两位作家而言,东方是一个**已经经历过**(*déjà vu*)的地方,一个实际旅行结束后经常回想的地方,它具有所有重要的审美想象所共有的那种典型结构。对二者来说,东方的丰富性是取之不尽、用之不竭的,尽管我们在其东方作品中也常常会发现失望与大梦已觉之类的情绪。

内瓦尔和福楼拜对19世纪东方学研究的重要意义在于,他们的作品既与我们一直在讨论的那种东方学联系在一起并且建立在它的基础之上,又与其保持着清醒的距离。首先是他们作品的范围这一问题。内瓦尔的《东方之旅》乃旅行笔记、速写、故事和片段的集合体;他对东方的痴迷同样见于他的《述异集》(*Les Chimères*)、他的书信、他的某些

---

[1] 斯泰恩(Laurence Sterne,1713—1768),英国小说家,其代表作《感伤旅行》全名为《约里克在法国和意大利的感伤旅行》(*A Sentimental Journey Through France and Italy by Mr.Yorick*)。

虚构小说和其他散体作品之中。福楼拜东方之行之前和之后的作品都饱含着他的东方情愫。东方出现在他的《旅行记》(*Carnets de Voyage*) 和《圣安东的诱惑》(*La Tentation de Saint Antoine*) 的第一版（和两种后期版本）之中，也出现在其《希罗底》(*Hérodias*)、《萨朗波》以及我们能够见到的无数笔记、小说提纲和未完成的故事之中，布鲁诺对此曾做过非常精彩的研究。[96] 在福楼拜的其他作品中也有东方学的回声。总之，内瓦尔和福楼拜都长期精心研究过东方材料并且将其吸收进了他们各自美学计划的特殊结构之中。然而，这并不是说东方对他们的作品来说无关紧要。正好相反——相对于雷恩（两人都无所顾忌地借用他的东西）、夏多布里昂、拉马丁、赫南、萨西而言——他们笔下的东方与其说是被抓握、被借用、被简化、被编码还不如说是被经验，被作为一个充满丰富可能性的博大空间而加以美学的和想象的利用。对他们来说，重要的只是他们的作品——作为一个独立的、审美的和个人的事实——的结构，而不是有效地支配或控制东方——如果有人果真想这么做的话——的途径。他们的自我从未将东方吞噬掉，也没有将东方与关于东方的文献和文本知识（简言之，东方学）完全等同。

因此，一方面，他们的东方作品的范围超越了正统东方学的局限。另一方面，他们作品的主题也有超出东方和东方学之外的内容（尽管他们以自己的方式对东方进行了东方化处理）；对东方以及关于东方的知识所呈现出的局限和所提出的挑战有着非常清醒的认识。比如，内瓦尔认为他必须赋予他所见的东西以活力，因为，他说：

那片天空与海洋永恒常在；东方的天空与爱奥尼亚[1]的天空每天清晨都施与对方以神圣的爱吻；但大地一片死寂，因为人们已将大地杀死，而诸神也已从中逃离。

既然东方诸神已经逃离，因此东方如果要存活，就必须借助于他（内瓦尔）的努力。在《东方之旅》中，叙事主体充满着生机与活力，穿行于东方现实的迷宫之中，身藏——内瓦尔告诉我们——两个阿拉伯词的法宝，一为 tayeb，代表赞同，一为 mafisch，代表反对。这两个词使他能够有选择地面对这一对立的东方世界，面对这一世界并且揭示其秘密法则。他倾向于认定，东方乃"充满梦想与幻象的国度"，正如他在开罗到处见到的面罩一样，其下面所隐藏的是深不见底的女性欲望。与雷恩一样，内瓦尔发现有实际经历伊斯兰婚姻的必要，但与雷恩不同的是，他果真与一位当地女性建立起了联系。他与扎伊娜（Zaynab）的关系并不只是出于社交的需要和义务：

> 我必须与一位纯真的年轻姑娘结合，她出生在这块神圣的土地上，此乃我们最初的家园；我必须将自己全身心地浸润在鲜活生动的人性温泉之中，我们父辈们的信仰与诗情之花正是赖此温泉的滋养才得以绽放！……我愿意将自己的生活安排得像小说一般，我心愿使自己置身于那些积极果敢的英雄们所经历的情境之中，他们不惜一切代价在自身周围创造出一幕幕宏伟的戏剧，一句话，我渴望行动。[97]

---

[1] 爱奥尼亚（Ionia），小亚细亚西岸中部的古称，据说约公元前 11 世纪爱奥尼亚人移居此地，因而得名，曾为古希腊工商业和文化中心之一。

内瓦尔将自己完全献给东方，与其说他所创造出的是小说化的叙事，毋宁说是一种永不消退的意图：使心灵与现实行动融为一体——尽管这一意图永远也无法得到充分的实现。这一反叙事（antinarrative）、这一泛朝圣（parapilgrimage）的行为是对书写东方的前辈作家们所构想的那种话语定式的一种极大的偏离。

内瓦尔以现实的姿态、满怀同情地与东方联结在一起，自由地徜徉于其丰富性及其文化氛围（一种具有鲜明女性气质的文化氛围）之中，特别是置身于埃及这一作为所有智慧之源的"神秘而可企及的"母体之中。[98] 他的诸多印象、梦想和记忆与以东方风格表达出来的华丽、优雅的叙事交织在一起；埃及、黎巴嫩和土耳其旅行的严酷现实与精心设计的心灵漫游相互融合在一起，似乎以一种隐秘的方式在重复着夏多布里昂《巡游记》的行程，尽管远没有后者那么傲慢，那么张扬。对此，迈克·布托（Michel Butor）曾做过这样精彩的评述：

> 在内瓦尔看来，夏多布里昂的旅行仅流于外表，而他自己的则经过精心筹划，〔不仅关注中心，而且〕关注附设的偏殿……这使他得以通过平行类比的方式揭示出那些为中心所遮藏和陷扼的所有维面。当徘徊于开罗、贝鲁特或君士坦丁堡的街头或郊外的时候，内瓦尔总是静静地等待着有可能将罗马、雅典和耶路撒冷〔夏多布里昂《巡游记》所描写的主要城市〕连成一片的暗道的出现……
>
> 正如夏多布里昂所记述的那三个城市是相互联结在一起一样——罗马通过其帝王和教皇将雅典和耶路撒冷的遗迹聚集在一起——内瓦尔的暗道……也是交互贯通的。[99]

即使是"哈里发智者的故事"("The Tale of the Caliph Hakim")和"黎明女王的故事"("The Tale of the Queen of the Morning")这两大被假定能够代表一种持久、坚实的叙事话语的故事性段落也似乎将内瓦尔从"表层"的现实推开,使其一步一步地进入一个由悖论和梦幻组成的内在世界。这两个故事处理的都是多重身份的问题,其主题之一是乱伦;二者都使我们回到内瓦尔笔下由变化不定的梦幻组成的东方世界,这些梦幻超出了确定性和物质性之外,永无止歇地繁衍着自身。当旅行结束,内瓦尔在回欧洲本土的路上途经马耳他(Malta)时,他认识到自己正处身于"这个既了无生气又骚动不安的国度,而东方于我只不过是一个未醒的美梦,梦醒之后,仍然会回到沉闷的白日"。[100] 他的《东方之旅》有许多段落借自雷恩的《现代埃及风俗录》,然而,再坚定的信念在内瓦尔那不断碎裂的、千疮百孔的东方面前也会变得荡然无存。

我想,内瓦尔的旅行记为我们提供了两个极好的文本,使我们得以明白他为何要将他的东方和任何与东方学的东方相似的东西分离开来,尽管他的作品在一定程度上有赖于东方学。首先,他有着不加选择地积聚经验和记忆的强烈愿望:"我产生了理解整个大自然(外国女人)的需要。这是那里的生活给我留下的纪念品。"第二是在第一种基础上的进一步展开:"梦想与疯狂……**东方**的欲望。欧洲在升起。梦想已实现……她。我已逃离,我已消遁……东方的航船。"[101] 东方象征着内瓦尔对梦幻的寻求以及处于这一寻求之核心的漂泊的女人,这两者既作为一种欲望,又作为一种失落。"东方的航船"有点神秘难解,或许指作为装载东方之船的女人,或许指内瓦尔自己为东方所造之船,即他的散体东方**旅行记**。在此两种情况下,东方都被等同于忆念性的**不在场**。

除此之外,我们怎么可能解释像《东方之旅》这样一部如此富于创造性和独特性的作品,为何竟然如此不假思索地大段借用雷恩,不动声色地将雷恩的描述视为自己的描述?答案似乎是,由于没能找到稳定可靠的东方现实,由于没能实现自己系统地再现东方的意图,内瓦尔只好使用已经经典化了的东方学文本的权威。在他的旅行之后,大地继续沉静在一片死寂之中,除了在《东方之旅》中有过非常草略的片段性表现之外,他的自我仍然和从前一样地麻木和颓丧。因此东方似乎属于一个否定性的领域,唯一能装载它的航船似乎是失败的叙事,混乱的编年,以及对学术著作的直接转写。至少内瓦尔并没有尝试过以全身心地臣服于法国东方设计的方式去拯救自己的计划,尽管他的一些论说确曾求助过东方学。

与内瓦尔被抽空了的东方这一否定性的想象视野相比,福楼拜的视野显然更具物质性。他的旅行笔记和书信向我们揭示出,他小心翼翼地对东方的事件、人物和社会背景进行报道,并且能从**怪异性**中得到快乐,从未尝试过对出现在他面前的杂乱无章的东西进行简化处理。他的作品所关注的是那些引人注目的东西,并用精心设计的语词将其表现出来:比如,"碑刻和鸟粪是埃及仅有的两个能使人感到有生命存在的东西"。[102]他的趣味走向怪僻,其所采用的形式常常是与极端的优雅结合在一起的极端的粗鄙甚至是丑陋和龌龊。然而作者不仅观察到了这种特殊的怪僻的存在,而且还对其进行了研究,并且最终使其成为小说的一个核心因素。福楼拜作品中随处可见的对立,或如哈利·列文(Harry Levin)所言的矛盾——灵与肉,莎乐美与圣约翰,萨朗波与圣安东[103]——完全可以从他在东方的所见所闻,以及由于有选择地研习而在东方发现的存在于优雅的知识和粗俗的肉欲之间的伙伴关系之中找到合理的根据。在上埃及(Upper Egypt),他为古代埃及艺术,它的优雅风范,它的蓄意放浪所倾倒:"如此下流的画作为何竟然在如此久远的时代即已出现?"东方所回答的问题究竟在多大程度上多于它所提出的问题?从下面这段引文中可以窥其一斑:

> 您〔福楼拜的母亲〕问我东方是否与我的想象相符。是的,完全相符;不仅相符,它甚至大大超出了我褊狭的大脑之所想。我已经发现并且描述出了模模糊糊地存在于我的大脑之中的一切东西。事实取代了假想——如此美妙,以至常常令我产生这样的幻觉:仿佛一下子走进了久已被淡忘的梦想。[104]

福楼拜的作品如此复杂,如此博大,试图对其做任何简单的描述都将是非常粗略、极不完整的。然而,借助于其他书写东方的作家们所创造的大的语境,福楼拜东方学的某些主要特征还是可以被清晰地描述出来的。即使考虑到坦率的个人性写作(书信,旅行记,日记)与正式的文学性创作(小说,故事)之间的区别,我们仍然可以这么认为:福楼拜的东方视野乃植根于对一个"想象性替代物"向东向南不断求索的过程之中,这一想象性替代物"意味着绚丽的色彩,与法国乡野风景灰蒙蒙的色调形成对照。它意味着令人激奋的壮观而非单调乏味的老生常谈,新奇神秘将取代老掉牙"。[105]然而,当他实际来到东方,所得到的印象却是破败和衰颓。因此,像任何其他类型的东方学一样,福楼拜的东方学也充满了复活论的色彩

(revivalist)：他必须为东方带来生机和活力，他必须把东方带给他自己以及他的读者，而要想完成这一使命，他必须借助书籍和眼睛对东方进行文本的或实际的体验，并且用语言将这些体验描写出来。就此而言，他的东方小说是一种殚精竭虑的历史重构和学术重构。《萨朗波》中的迦太基以及圣安东的狂热想象实乃根源于福楼拜对有关东方的宗教、战争、仪式和社会的材料（大部分来自于西方）的广泛阅读。

在正式的文学创作中留存下来的，除了福楼拜如饥似渴的阅读所留下的痕迹外，主要是对东方旅行的记忆。他在《庸见词典》(*Bibliothèque des idées reçues*) 中曾认为东方学家是"一个到处旅行的人",[106] 不过，与大部分旅行者不同，福楼拜对其旅行加以了巧妙的运用。他的大部分经历都以一种充满戏剧性的形式表现了出来。他不仅对所见到的东西感兴趣，而且——像赫南一样——对**怎样**见到这些东西感兴趣：东方，有时令人恐惧但大部分时候非常诱人的东方，似乎主动地展现在他的面前。而福楼拜是其最好的观众：

> ……卡斯尔·安尼（Kasr el-'Aini）医院。保存完好。克洛·贝（Clot Bey）的大作——至今仿佛仍能感受到他的存在。梅毒病人；在阿拔斯的马穆鲁克（Abbas's Mameluke）病房，好几个人臀部患有此症。在医生的指令下，他们站在床上，解开裤带（就像军队操练一样），用手指掰开肛门以显露里面的疮疤。巨大的漏斗状；有一个肛门里面还长了毛。一个老头的阴茎完全没有皮；秽气熏得我直往后缩。一个佝偻病患者：双手向后蜷缩，指甲长得像爪子；瘦骨嶙峋，活像一具骷髅；身体的其余部分

也瘦得出奇,头上长满灰白的麻风。

> 解剖室:……桌上有一具阿拉伯人的尸体,已被开肠破肚;漂亮的黑发……[107]

这一令人恶心的场景与福楼拜小说的许多其他场景相互联系在一起,在这类场景中,疾病就像在手术台上那样清晰地呈现在读者面前。他对解剖和美的强烈兴趣让我们回想起,比如说,《萨朗波》的最后场景,这一场景在马多(Matho)之死中走向高潮。在这些场景中,恶心或同情感被彻底地压了下去;重要的只是对细节的精确描写。

福楼拜东方之行最著名的时刻与库楚克·哈内姆有关,这是他在哈尔法谷(Wadi Halfa)邂逅的一个著名的埃及舞女和交际花。他读过雷恩对**阿尔美**(almehs)和**哈瓦尔**(khawals)——分别指舞女和舞男——的描写,然而,使他能够立即把握并享受这位**阿尔美**的职业和她的名字之间所存在的近乎玄奥的悖论的想象力却来自他自己而不是雷恩。(在《胜利》〔Victory〕中,约瑟夫·康拉德〔Joseph Conrad〕将重走福楼拜的老路,让其音乐家女主人公——阿尔玛〔Alma〕——对阿克塞尔·黑斯特〔Axel Heyst〕既具有难以抵挡的诱惑力,又不时使其陷入危险的境地。)Almehs 在阿拉伯语中指的是有学问的女人。这一名称在保守的 18 世纪埃及社会指那些能够熟练地背诵诗歌的女人。到 19 世纪中叶,这一称号被用来指那些既当舞女又当妓女的人。库楚克正是这样的人,福楼拜在看完她跳的"蜂舞"后就和她上了床。她无疑是福楼拜好几部小说中的女性人物的原型,她满含风情,感觉细腻,并且(根据福楼拜的看法)粗俗得可爱。令福楼拜特别喜欢的是,她似乎对他没有任何过分的要求,她床上的虱子"令人恶心的臭气"与"她身上散发出的檀香"混杂在一起,令他如痴如醉。旅行结束后,他在写给路易斯·柯雷(Louise Colet)的信中说:"东方女人不过是一部机器:她可以跟一个又一个男人上床,不加选择。"库楚克的麻木和放荡激发了福楼拜无尽的遐想,久久萦绕在其心头,这不禁使我们想起《情感教育》(l'Education sentimentale)结尾处的德斯洛里耶(Deslauriers)和弗雷德里克·莫罗(Frédéric Moreau):

> 而我则几乎未曾合眼。我长时间地观察这个漂亮尤物的睡态(她打鼾,头倚在我的臂弯里;我用食指抚弄着她项链下的肌肤),对我来说这个夜晚真是一个无尽的美梦——这是我为什么不愿离去的原因。我想起了在巴黎妓院中的许多夜晚——沉睡的记忆纷至沓来——我同时也想她,想她的舞,她的歌声,这些歌对我来说仅仅是一些声音,没有意义,甚至也分辨不出歌词。[108]

这位东方女人给福楼拜提供了一个玄想的机会;他为她的自足,为她情感上的无拘无束,还有她躺在他身旁让他得以胡思乱想这一行为本身而着迷。库楚克与其说代表的是一个活生生的女人,还不如说是代表着美妙而无法用语言表达的女性气质,她是福楼拜的萨朗波和莎乐美以及令他的圣安东难以自持的所有女性肉欲诱惑的原型。像示巴女王(她也跳"蜂舞")一样,她可以说——假使她能够这么说的话——"我不只代表一个女人,我代表着全人类"。[109] 从另一角度看,库楚克是令人心烦意乱的欲望的象征,她无边无际的旺盛性欲特别具有东方的特征。她在尼罗河上游的家所处的位置在结构上与《萨朗波》中达妮（Tanit）——作为**万育**（Omniféconde）女神的代表——的面罩所藏之处相似。[110] 然而，像达妮、莎乐美和萨朗波自己一样，库楚克注定要堕落，无育，无嗣。她以及她所居住的东方世界在多大程度上进一步强化了福楼拜自己的无育感和荒瘠感下面这段话可见一斑：

> 我们有庞大的乐队，五彩斑斓的调色盘，众多的资源。我们也许知晓比以前要多得多的花招和伎俩。不，我们所缺少的是内在的原则，事物的灵魂，事物的理念本身。我们记录，我们旅行：空无一物！空无一物！我们成为学者，考古学家，历史学家，医生，鞋匠，文人墨客。这一切有什么好？心在何处？灵在何处？生命的液浆又在何处？从哪里开始？往哪里去？我们精于吸吮，我们善于舌尖的吻戏，我们通宵达旦地抚弄：但毫无实质！射出精液，孕育生命吧！[111]

福楼拜的所有东方经历，不管是令人激动的还是令人失望的，几乎毫无例外地将东方和性编织在一起。在编织这一联系的过程中，福楼拜既非表现西方的东方态度中这一长盛不衰的母题的第一人，也非其最突出的代表。实际上，这一母题本身极为单一并且一成不变，尽管与任何其他人相比福楼拜的天才也许赋予了这一母题以最崇高的艺术表现。东方为什么似乎不仅一直暗示着丰饶而且暗示着性的希望（和威胁），毫无厌倦的肉欲，无休无止的欲望，深不可测的生育本能？人们当然可以对此做出种种猜测：尽管我的论述不时会涉及这一话题，但这却不是我此处所要分析的主要问题。然而，你必须承认这一问题的重要性，因为它在东方学家那里引发出了许多复杂的反应，有时甚至会产生令人惊异的自我发现，而福楼拜则是可以用来说明这一问题的有趣的例子。

东方将他抛回到他自己人性的和技术的资源之中。它并没有对他的在场做出反应，正如库楚克没有对他的在场做出反应一样。像他之前的雷恩一样，福楼拜在东方的现实生活面前感到力不从心，格格难入，也许是越来越不愿意介入其中。这当然是福楼拜身上长期存在的问题；在他去东方之前即已存在，在离开东方之后依然存在。福楼拜对这一困难直言不讳，而解决这一问题的灵药则是在其作品中（特别是在像《圣安东的诱惑》这样的东方作品中）强调对材料进行百科全书式的处理，其代价是无法进入其实际生活。实际上，圣安东只不过是这样一个人：对他来说，现实就是一系列的书籍、盛大的场景和仪式，充满诱惑地在他的眼前展现，但他只能冷眼旁观而无法进入其中。福楼拜全部学识的结构形式——正如米歇尔·福柯敏锐地注意到的那样——就像一个戏剧性的、充满诱惑与魅力的图书馆，处于人们冷漠的注视之中，[112] 携带着福楼拜对卡斯尔·安尼医院（梅毒患者的军事操演）和库楚克蜂舞的记忆。然而，更关键的是，圣安东是一个禁欲者，因此对他来说一切诱惑都主要是性的诱惑。在经受住了每一危险的诱惑的考验之后，他最终获得一瞥生命的生物过程的机会；他因能够目睹生命诞生的过程而迷乱，这一场景福楼拜在东方逗留期间一直无缘得见。然而，正因为圣安东的迷乱，使我们对这一场景的阅读带有某种反讽的意味。最终赐予他的东西——**变成**物质、变成生命的欲望——至多不过是一种欲望而已：是否能够实现，是否能够得到满足,我们无从得知。

尽管满含智慧和热情,尽管对新东西有着如饥似渴的兴趣,然而,福楼拜在东方感受到的首先是,"你对它的兴趣越集中〔越仔细〕,你越发不能抓住它的总体";其次是,"所有细碎的东西都有其自身的位置"。[113] 从积极的意义上说,这产生了**一种戏剧性的**形式,但却一直不允许西方人的全面介入。在某种层面而言,对福楼拜来说这一障碍是个人性的,他设想出了一些处置的方法,其中的一些我们已经讨论过。在更一般的层面而言,这当然是东方学学科在**认识论**上所存在的难题。在其东方之行的某一时刻,他考虑过这一认识论挑战将会引发的问题。如果没有他所称的那种精神和风格,大脑就会"迷失在恋古之中"而找不到方向:他所指的是一种一丝不苟的古物癖,在此过程之中,异质的和新奇的东西仍会形成一种话语,符码,最终成为他后来在《庸见词典》中所嘲弄的那种老生常谈。在这种态度的影响下,世界将会"被规范为一所高等学府。教师将会成为法律。所有的人都将以同样的面目出现"。[114] 与这样一种强加的学科相比,他无疑感到自己对新异材料,特别是他多年以来所经历和阅读的当地材料的处置绝对要更胜一筹。至少,他自己的处理方式为直接在场感、想象和天赋留下了活动的空间,而在那种考古式的处理中,除"学术"之外的任何东西都被挤压了出去。福楼拜比其他大部分小说家更熟悉系统的学术,这一学术的产物及其结果:这些产物可以在布瓦尔和白居谢的不幸中清楚地看出来,但同样有可能在东方学这样的学术领域中充满喜剧性地呈现出来,后者所具有的文本性态度正属于他所说的"陈词滥调"的范围。因此,你可以充满活力和个性地对这一世界加以建构,或者根据非个人化的学术规则对其进行无休无止的复制。在这两种情况下,就东方而言,人们都坦率地承认,东方世界是在**我们**西方世界的正常情趣、情感和价值之外的另一个不同的世界。

在其所有小说中,福楼拜都将东方与沉溺于性幻想的逃避主义联系在一起。爱玛·包法利(Emma Bovary)和弗雷德里克·莫罗都因日思夜想在其乏味(或烦人)的小资产阶级生活中所没有的东西而身心交瘁,这些东西不断在其白日梦中出现,包裹在东方的老生常谈之中:闺房,公主,王子,仆人,面罩,舞女和舞男,冰冻果露,油膏,等等。这些东西我们很熟悉,并非因为它们令人想起福楼拜本人的东方之行及其对东方的痴迷,而是因为这些东西再一次让我们想到他在东方和自由性爱之间所建立起来的联系。我们还可能认识到,对19世纪的欧洲而言,随着资产阶级的观念日益取得支配地位,性在极大程度上被加以规范化。一方面,根本不存在"自由的"性爱,另一方面,性在社会中被套上了一层由法律、道德甚至是政治和经济组成的具体而令人窒息的责任之网。正如众多的殖民地可以用作——除了使欧洲都市经济获益外——流放忤逆的子孙、过剩的青少年人口、穷人和其他不顺眼的人的地方一样,东方这个地方也可以使人找到在欧洲无法得到的性体验。实际上,1800年之后书写东方或游历东方的欧洲作家没有谁心中未存此念:福楼拜,内瓦尔,伯顿和雷恩只不过是其最突出的代表而已。在20世纪,人们可以想到纪德(André Gide)、康拉德、毛姆(W. Somerset Maugham)等很多人。他们所寻找的——我认为这无可非议——常常是一种不同的性爱,也许是更多一些自由,而更少一些内疚;但是,如果被足够多的人重复,即使是这一追寻的行为也可能(而且确实)像学术本身那样变得规范一致。最终,"东方的性"像大众文化中其他类型的商品一样被标准化了,其结果是读者和作家们不必前往东方就可以得到它,如果他们想得到它的话。

确定无疑的是,到19世纪中叶,法国像英国和其他欧洲国家一样,迅速产生了福楼拜一直在担心的那种知识行当。大量文本被创造出来,更重要的是,到处出现了宣扬和传播这些文本的组织和机构。科学史与知识史研究者们发现,19世纪所涌现的那些科学领域和学术领域其组织结构既严谨又极具包容性。学术研究成为一种规范化的活动;信息交流、研究课题以及研究模式的选择都得到了规范化。[115] 致力于东方研究的机构是这一场景的一个组成部分,当福楼拜宣称"所有的人都将以同样的面目出现"时他肯定考虑到了这一点。东方学家不再是有着狂热兴趣的业余天才,如果他是这样的天才,他就难以被人视为严谨的学者。做东方学家意味着在大学中接受东方研究学科的专业训练(到1850年,欧洲各主要大学都建立了这样那样比较完备的东方研究学科),意味着旅行资助(各种各样的亚洲研究会、地理探险基金会或东方翻译基金会)。在东方学领域内以及普通大众之中,对非个人性经验和非主观印象式的东方学学术研究的正式确认,都意味着科学。

除了学术研究中对东方问题的这种规范和限定之外,还有列强(这是人们对欧洲诸帝国的称呼)对东方特别是黎凡特地区日益增强的兴趣。自1806年奥斯曼帝国与大不列颠之间签订《恰那克条约》(*Treaty of Chanak*)以来,"东方问题"一直是困扰欧洲的主要问题之一。英国对东方的兴趣比法国更实在,但我们不可忘记俄国在东方的活动(1868年占领了撒马尔罕〔Samarkand〕和布哈拉〔Bokhara〕;跨里海铁路

〔Transcaspian Railroad〕也正在全线打通），也不可忘记德国和奥匈帝国的活动。然而，法国在北非的种种干预行动并非其伊斯兰政策的全部。1860 年，在黎巴嫩马龙教派[1]和德鲁兹教派的冲突（拉马丁和内瓦尔已经预见到这一冲突）中，法国支持基督教，而英国则支持德鲁兹教。因为处于所有欧洲东方政策之核心的是少数民族的问题，欧洲列强以各自不同的方式纷纷声称保护并代表他们的"利益"。犹太教徒，希腊和俄罗斯东正教，德鲁兹教徒，切尔卡西亚人（Circassians），亚美尼亚人（Armenians），库尔德人（Kurds），基督教的众多小教派：所有这些方面欧洲列强在设想以及建构其东方政策时都得到了研究、规划和设计。

我之所以提到这些问题，只不过是为了能够对 19 世纪后半期淹没了作为一种研究对象以及一个地理区域的东方的那些层层相叠的利益、官方学术、体制化的压力保持清醒鲜活的意识。即使是最无关紧要的旅行书籍——实际上在 19 世纪中叶以后这种书籍数以百计[116]——也对公众的东方意识起着强化作用；一道深深的分界线将单个的东方朝圣者所遭逢的赏心乐事、奇闻异谈、业绩壮举（其中包括一些美国旅行者，比如马克·吐温和赫尔曼·梅尔维尔〔Herman Melville〕[117]）与学术旅行家、传教士、政府官吏和其他专业人员的权威报告区分开来。这一分界线显然存在于福楼拜的头脑中，正如它必然存在于任何对东方不只是具有纯文学兴趣的人的意识之中。

从总体上说，英国作家对东方朝圣究竟意味着什么比法国

---

[1] 马龙教派（Maronites），黎巴嫩的天主教教派，其创始人马龙是 5 世纪叙利亚修道士。

作家有更为明确和更为清醒的意识。印度是衡量这一意识的一个有用的现实标准，于是地中海和印度之间的所有领土也就获得了其相应的重要性。因此，即使像拜伦和司各特这样的浪漫主义作家也经常对近东持有一种政治性的视野，对如何处理东方与欧洲的关系有着一种极为好斗的意识。司各特在《护身符》和《巴黎的罗伯特伯爵》（Count Robert of Paris）中的历史意识，使他将这些小说的背景分别设置在十字军时代的巴勒斯坦和11世纪的拜占庭，而同时对欧洲列强在海外的行动方式又能继续保持精明的政治意识。人们一下子就能看出，迪斯累利《坦克雷德》的失败，也许是由于其作者对东方政治与英国殖民机构的利益体系过于熟悉；坦克雷德想去耶路撒冷的真诚愿望，一下子使迪斯累利陷入对一个黎巴嫩的部落酋长如何试图从政治上利用德鲁兹人、穆斯林人、犹太人和欧洲人这一做法复杂得近乎荒唐的描写之中。到小说结尾处，坦克雷德探索东方的愿望多少有些消退，因为在迪斯累利对东方现实的物质想象中，没有什么东西可以滋养朝圣者多少有点异想天开的冲动。甚至从未亲自到过东方的乔治·艾略特在其《丹尼尔·德伦达》（1876）中也无法做到既在犹太教中维持与欧洲的东方朝圣行为相对应的活动，又能在英国现实的复杂性对东方计划有着决定性影响的时候不至于迷失在这些复杂性之中。

因此，每当东方母题对英国作家来说主要不是一个文学风格的问题时（比如菲兹杰拉德的《鲁拜集》〔Rubáiyát〕或莫瑞尔〔James Justinian Morier〕的《伊斯法罕的哈吉巴巴历险记》〔Adventures of Hajji Baba of Ispahan〕），作家的个人幻想就不得不面对一系列巨大的阻力。没有哪个英国作家的东方著作可与夏多布里昂、拉马丁、内瓦尔和福楼拜的相匹敌，正如雷恩的东方学前辈——萨西和赫南——要比他本人清晰得多地意识到他们所写的东西在多大程度上是一种全新的创造一样。这些作品——比如金雷克的《旅行记》(*Eothen*)(1844)和伯顿的《麦地那和麦加朝圣记》(1855—1856)——只不过刻板地按照时间顺序忠实地记录下作者的所见所闻，似乎作家所描述的是去东方集市的一次采购旅行，而不是一次充满冒险的活动。金雷克浪得虚名的作品不过是对这位英国绅士傲慢自大的种族中心论以及对他眼中的东方所做的令人厌倦、毫无特色的描述的一种可怜的罗列。该书的目的显然是为了证实东方旅行对"塑造你的性格——也就是说，你的身份"很重要，然而实际上，到头来只不过是进一步强化了"你的"反犹太情绪、排外情绪和普遍的种族歧视。比如说，我们被告知，《天方夜谭》这么富于活力和创造性的作品不可能仅仅出自"东方人"之手，因为东方人在创作方面只不过是"一个了无生气的死物——一具精神的木乃伊"。尽管金雷克对自己没有任何东方语言知识这一点供认不讳，这一无知却丝毫也没能限制他对东方、东方文化、东方心性和社会进行全面的概括。当然，他对东方的态度大部分受到了前人的影响，但有趣的是，他在东方的实际经历居然极少能对他的观点产生什么影响。像许多其他旅行者一样，他的兴趣更多的在于对自己和东方（了无生气——精神的木乃伊）进行重新塑造，而不是经历东方的现实。他所遇到的一切东西只不过进一步强化了他认为与东方人打交道的最好方式是恐吓这一看法，然而，有什么东西比一个傲慢的西方自我能更有效地实现这一恐吓呢？在独自穿越沙漠前往苏伊士的途中，他因自己的自足和力量而沾沾自喜："我来到了这片非洲沙漠，**是我自己，不是别人，把握着我的生**

活。"[118] 东方的作用仅仅在于满足金雷克自己把握自己这一相对来说毫无用途的目的。

像他之前的拉马丁一样，金雷克毫不犹豫地将自己的优越感建立在自己国家的优越感的基础上，差别仅在于，对这位英国人而言，与法国相比，他的国家目前有能力进占更多的东方地域。福楼拜极为准确地看到了这一点：

> 在我看来，英国占领埃及的野心已昭然若揭。亚丁湾（Aden）已布满了军队，只要沿着苏伊士运河，英国兵将会轻而易举地在某个晴朗的早晨抵达开罗——消息两个星期之后传到法国时将会举国震惊！请记住我的预言：欧洲一旦显露出危机的初步征兆，英国将会占领埃及，俄国将会占领君士坦丁堡，而我们，则会使自己葬身在叙利亚的群山之中。[119]

尽管金雷克自诩自己的观点非常独特，然而这些观点所表达的却主要是一种公众的和普遍的愿望；他的自我成了表达这一愿望的工具，而绝非其主人。他的写作中没有证据能够表明他试图创造出一种关于东方的新观点；他的学识和人品都不足以令其做到这一点，这是他和理查德·伯顿之间的主要差别。作为旅行者，伯顿是一位真正的冒险家；作为学者，他可以与欧洲任何东方学家相比；作为社会名流，他清楚地意识到必须与那些墨守成规的教授们相抗争，这些人在处理欧洲学术时过于拘谨刻板而失去了自己的个性。伯顿的所有著作都证明了他的这种好斗性，他对敌手们的轻蔑在《天方夜谭》的译序中暴露无余，臻于极致。他力图表明自己比任何其他专业学者知道得更多，比他们拥有更多的细节，在处理材料时比他们有更多的机智、策略和洞见，在这么做的过程中他似乎得到了一种特殊的天真的快乐。

正如我前些时候所言，伯顿以其个人经验为基础的作品处于由雷恩所代表的东方学类型和由我一直在讨论的法国作家们所代表的类型之中间位置。他的东方叙事作品是作为朝圣行为结构起来的，就其《米甸重游》(*The Land of Midian Revisited*)而言，其朝圣的对象是那些有时具有宗教意义有时具有政治意义的地方。他作为这些作品中的主要人物而出现，既位于这些神奇的东方冒险活动的核心（像法国作家们那样），又是东方社会和习俗的权威评论家和超然局外的西方人（像雷恩那样）。他被托马斯·阿萨德（Thomas J. Assad）正确地视为维多利亚时代一组具有强烈个体意识的东方旅行家中的第一个（其他两个是布兰特〔Wilfred Scawen Blunt〕和道蒂），阿萨德立论的基础是上述三位作家的作品与下面这些作家的作品在语调和才智上所存在的差异：奥斯顿·拉亚尔德（Austen Layard）的《尼尼微和巴比伦遗址大发现》(*Discoveries in the Ruins of Nineveh and Babylon*)（1851），艾略特·华伯顿的《新月与十字架》(*The Crescent and the Cross*)（1844），罗伯特·克仁（Robert Curzon）的《黎凡特修道院游记》(*Visit to the Monasteries of the Levant*)（1849），以及（这一作品他没有提及）萨克雷（William Makepeace Thackeray）典雅幽默的《柯恩希尔至大开罗旅行记》(*Notes of a Journey from Cornhill to Grand Cairo*)（1845）。[120] 然而，伯顿给我们留下的东西不是个体意识所能完全概括的，其原因是，在他的作品中我们可以找到个体意识与对欧洲（特别是英国）这一在东方的帝国主义强权强烈的民族认同意识之间的冲突。阿萨德敏锐地指出，伯顿是一个帝国论者，尽管他满含同情地将自己与阿拉伯人联系在一起；但更关键的是，伯顿既将自己视为权威的反抗者（因此他将东方确认为一个能使人摆脱维多利亚时代道德权威束缚的地方），又将自己视为在东方的潜在的权威代言人。令我们感兴趣的正是**如何**才能将这两种相互对立的角色调和起来，使其和谐共存。

这一问题最终归结为有关东方的知识的问题，这也就是为什么我们对大半个19世纪东方学的结构和再结构的描述以讨论伯顿的东方学结束的原因。作为一个旅行探险家，伯顿设想自己能分享生活在他所居处的土地上的人们的生活。他在试图成为一个东方人时，远比劳伦斯做得成功；他不仅毫无破绽地说着其语言，而且能够深入到伊斯兰的心脏地区，并且伪装成一位印度穆斯林医生完成了到麦加的朝圣。然而，伯顿最不同寻常的特征是，我认为，他对人类社会生活受规则和符号支配的程度有着异乎寻常的清醒认识。他渊博的东方学识——这实际上体现在他的著作的每一页中——都表明他深知东方，特别是伊斯兰，是由信息、行为和信仰组成的系统，做东方人或穆斯林人也就是用某种方式认识某些事物，而这一切当然都受到其特定的历史、地理和社会发展状况的制约。因此，他对其东方之行所做的描述向我们表明，他对这些东西具有清醒的意识并且能够用一条叙事线索将其串联起来：没有哪位对阿拉伯和伊斯兰的了解不及伯顿的人能够像他那么投入地实际完成到麦加和麦地那的朝圣。因此我们在他的作品中读到的就是一个由于成功地吸取了一个异质文化的信息和行为系统而能富于策略地游刃于其中的人的历史。

196

伯顿的自由在于恰到好处地摆脱了其欧洲文化的束缚而能像东方人那么生活。《朝圣记》中的每一情景都显示出他克服了作为一个外国人在一个陌生的地方旅行时所碰到的障碍。他能够做到这一点是因为为了实现这一目的他掌握了与一个异质社会有关的足够多的知识。

没有哪位就东方写作的作家能像伯顿那么突出地让我们感受到，对东方所做的概括——比如，有关阿拉伯人"卡伊夫"（*Kayf*）观念的部分或有关东方人的大脑如何同样适合于教育的部分（这显然意在对麦考利头脑简单的断言予以回击）[121]——来自于通过亲自居处东方、亲眼目睹东方、真心诚意地试图从当地人的视角去看东方人的生活而获得的知识。然而，显而易见，伯顿的作品还体现出另一种意识，一种对东方生活的所有复杂情况进行断言和支配的意识。伯顿的每一脚注，不管是在《朝圣记》还是在《天方夜谭》的译文中（以及在其长长的"后记"〔"Terminal Essay"〕中[122]），都意在炫示他对这一有时有些令人瞠目结舌的东方知识系统的良好把握。因为即使是在伯顿的作品中我们的面前也从来没有直接**呈现**出一个东方；有关东方的一切是通过伯顿学识渊博的（经常是小心谨慎的）干预行为而呈现出来的，这不禁使我们想起为了实现叙事的目的他是怎样煞费苦心地实际体验着东方的生活。也正是由于这一事实——因为在《朝圣记》中这的确是事实——伯顿的自我意识才得以提升到一个超越于东方之上的位置。在这一优越的位置，他的个体意识必然遭遇到来自帝国的声音，而且实际上与其融合为一，而后者本身是一个由许多规则、符码和具体的认知习性所组成的庞大系统。因此，当伯顿在《朝圣记》中告诉我们"埃及是一个有待赢取的宝藏"，"是东方摊放在欧洲野心面前最诱人的奖品,甚至连金角湾[1]也不例外"时,[123]我们必须认识到,这位高度个性化的东方知识大师的声音是如何有助于形成并且逐渐融入了欧洲统治东方的野心这一宏大的声音的。

  伯顿将这两种声音合而为一预示着一些东方学家兼帝国代言人的人的作品的产生,比如劳伦斯,帕尔默,贺加斯(David George Hogarth),杰特鲁德·贝尔(Gertrude Bell),罗纳尔德·史多斯(Ronald Storrs),圣约翰·菲尔比(St. John Philby)和威廉·吉福德·帕尔格拉夫(William Gifford Palgrave)——这里还只是随便提到几位英国作家。伯顿著作这一双向的意图既使他的东方居处服务于科学观察的目的,同时又不肯轻易地为此目的而牺牲自己的个性。这两个意图中的后者必然使他屈服于前者,因为——这一点会越来越明显——他是一个欧洲人,对他来说,他所拥有的那种有关东方社会的知识是为欧洲人、为对由许多规则和实践所组成的社会有着清醒的自我意识的欧洲人而设立的。换言之,作为一个身在东方的欧洲人,作为一个博识的欧洲人,必须看到并且明白东方乃受欧洲支配的一个领域。因此,作为欧洲或西方有关东方的知识体系的东方学,就与欧洲对东方的支配合而为一,而这一支配有效地压制着伯顿那类作家的个人风格所具有的独特性。

  伯顿在个人性的、货真价实的、充满同情心和人文精神的东方知识的发展道路上不惜一切地与欧洲权威、老旧的东方知识相抗争。在19世纪试图对众多知识领域和生活领域进行恢复、重构和拯救的历史发展过程中,东方学——像所有其他受

---

[1] 金角湾(the Golden Horn),博斯普鲁斯海峡南口西岸土耳其欧洲部分的细长海湾,构成伊斯坦布尔港口的一部分。

浪漫主义激发的学术领域一样——发挥着重要的作用。因为这一领域不仅从富于灵感的观察印象体系发展为福楼拜所称的规范的学术领域,它还将伯顿这样令人敬畏的个性论者概约为帝国书记员这样的角色。东方从一个地理空间变成了受现实的学术规则和潜在的帝国统治支配的领域。像赫南、萨西和雷恩这样的早期东方学家的作用是使他们的著作和东方一起**登上舞台**;其后的东方学家,不管是学术性的还是想象性的,牢牢地控制着这一舞台。再后来,当需要对这一舞台进行规划和管理时,人们认识到机构和政府要比个人更擅长于这一管理的把戏。这就是19世纪东方学留给20世纪的遗产。现在,我们必须尽可能准确地考察20世纪东方学——从肇始于19世纪80年代的西方入侵东方这一漫长的过程中滋生——是如何成功地实施其对自由和知识的控制的;简言之,东方学是如何被完全形式化并且不断复制着自身的。

第三章 东方学的现状

> 人们看见他们双臂搂着他们的偶像,就好像搂着瘫痪的大孩子。
>
> ——居斯塔夫·福楼拜:《圣安东的诱惑》

> 征服地球——这至多只意味着将其从那些肤色与我们不同或鼻子比我们稍平的人那里抢走——并非一件令人愉快的事,如果你反复思考它的本质的话。唯一能解救它的东西只有理念。行为背后的理念;不是虚情的矫饰而是理念;以及对此理念的绝对信赖——某种你能够创立、向其致敬并且甘愿为其牺牲的东西……
>
> ——约瑟夫·康拉德:《黑暗的心》

一 隐伏的和显在的东方学

在第一章,我试图以英国和法国在近东、伊斯兰和阿拉伯的各种经验为代表,来指明**东方学**一词所涉理论和实践的范围。

我试图从这些经验中分辨出东西方之间所存在的密切——也许甚至是最密切——而丰富的关系。这些经验是更广泛的欧洲或西方与东方之间的关系的组成部分，但给东方学带来最大影响的却似乎是西方人在与东方接触时一种几乎是恒在的冲突感。东方西方之地域区分，强弱优劣之力量层级，已完成的工作的范围，赋予东方的独特特征：所有这些都证明了东方和西方之间强行的想象性和地域性区分的存在，这一区分历经好几个世纪之久。在第二章，我的视点逐渐集中起来。引起我兴趣的是被我称为现代东方学的早期发展阶段，它始于18世纪末和19世纪初。由于我不打算将我的研究变成对现代西方东方研究的发展历史编年史式的流水叙述，于是我将重点放在描述东方学的兴起、发展、研究机构并且考察其得以形成和发展的学术、文化和政治历史背景（直到大约1870或1880年）上。尽管我对这一阶段的东方学的兴趣包括为数很多的学术性著作和想象性作品，但我绝不敢斗胆声称我的描述是完备详尽的，我仅能对构成这一领域的典型结构（及其观念倾向）、它与其他领域的联系以及它的一些最具影响力的学者的著作勾勒出一个基本的轮廓。此处我的主要观念前提是——而且以后一直会是：学术研究领域——即使最怪僻的艺术家的作品也同样如此——是受制于社会，受制于文化传统，受制于现实情境，受制于学校、图书馆和政府这类在社会中起着稳定作用的机构的；其次，学术性和想象性写作从来就不是自由的，而是受其形象、假设和意图的限制的；最后，拥有学术形态的东方学这样一门"科学"所带来的进展并没有我们经常设想的那么具有客观性。简言之，我迄今为止的研究试图描述的是使东方学成为内在一致之物的那种**机制**（economy），尽管在使这一机制成为一种想法、概念或形象的同时，**东方**这个词在相当大的程度上无法摆脱西方文化的影响。

我明白这些前提不可能不引起争议。大多数人一般都认定，学术和学术研究是不断向前发展的；我们感到，随着时间的推进、信息的积累，随着方法的完善，随着后继学者对前辈学者的不断超越，它们会越变越好。此外，我们怀有一个关于创造的神话：人们相信，艺术天才，一个具有原创性的人，或一个强有力的人，可以超越其时代和地域的局限而将富于创造性的新作品呈现在世界面前。这样的观念自有其存在的合理性，否认这一点将是无济于事的。然而，即使再富天才和灵思的大脑在特定的文化中也不可能不受到一些限制，正如伟大的天才对前人已做和现世已有的东西总会心存景仰一样。前人的作品，某一学术领域已积淀和凝固下来的东西，任何学术事业所具有的集体合作的性质：光是这些，更不必说经济和社会的背景，就会削弱单个学者的创造性。东方学这样的领域有着不断累积的、集体合作的性质，特别是当我们考虑到它与传统学术（古典研究，《圣经》研究，语言学研究）、公共机构（政府，贸易公司，区域研究会，高等院校）和各种与陌生地域有关的写作（旅行记，探险记，幻想作品，异域风情描述）之间的联系时，这一性质越加突出。其结果是，在东方学中达成了一种普遍认同：某些东西、某些话语方式、某些作品类型得到了东方学家们的一致接受。他们将自己的著作和研究建立在这些东西之上，而这些东西反过来又对新的作家和学者们形成很大的压力。东方学因而可以被视为一种规范化（或东方化）的写作方式、想象方式和研究方式，受表面上适用于东方的各种要求、视角和意识形态偏见的支配。东方通过一些具体的方式被教学，被研究，被管理，被评判。

于是，东方学中出现的东方是由许多表述组成的一个系统，这些表述受制于将东方带进西方学术、西方意识，以后又带进西方帝国之中的一整套力量。如果说对东方学的这一界定似乎更多的是从政治的角度着眼，我认为，其原因正在于东方学自身乃某些政治力量和政治活动的产物。东方学是一种阐释的方式，只不过其阐释的对象正好是东方，东方的文化、民族和地域。其客观性发现——无数致力于研究这一学科的学者们的工作，他们编辑并翻译文本，编织语法体系，编撰词典，重构过去的历史时代，生产确实可靠的学问——受制于并且一直会受制于下面这一事实：它所具有的真理，如同由语言所表达出来的任何真理一样，乃体现在语言表述之中，而语言的真理，尼采曾经认为，只不过是——

> 一组灵活变换的隐喻、转喻和拟人——简言之，一个人类关系的集合，这些关系以诗性的方式和修辞的方式得到加强、转置和美饰，并且，在经过长期使用后，对某一民族而言似乎成了牢不可破的、经典性的、不可或缺的东西：真理本质上只是幻象，不过人们经常忘记它的这一幻象本质。[1]

有人也许会认为尼采的这一观点具有过多的虚无主义色彩，但它至少可以使我们注意到下面这一事实：西方意识中的东方一词后来逐渐被附加上了各种各样的意义、联系和引申的内涵，而这些附加物并不必然指涉现实的东方，而仅仅指涉与这一术语有关的研究领域。

因此，东方学不仅是西方论说东方的确实学说，它还是一种深具影响力的学术传统（当东方学一词用以指称被人们称为东方学家的那类专业学者的研究领域的时候），以及由旅行家、贸易公司、政府机构、军事远征、小说及异域探险记的读者、自然史研究者和朝圣者所共同确定的一种兴趣范围，对这些人来说，东方是一种关于特定地域、民族和文化的特殊知识类型。因为东方的东西已经变得习以为常，牢牢地控制着欧洲的话语体系。在这些习以为常的东西下面潜伏着关于东方的一套学说；这一学说通过许多欧洲人的经历而得以形成，所有这些人都将注意力集中在东方人的性格、东方的专制主义、东方的纵欲之类所谓的东方本质上。对任何19世纪的欧洲人而言——我想这一说法几乎可以不加任何限定——东方学正是这样的一种真理体系，尼采意义上的真理体系。因此有理由认为，每一个欧洲人，不管他会对东方发表什么看法，最终都几乎是一个种族主义者，一个帝国主义者，一个彻头彻尾的民族中心主义者。如果我们偶尔能想起人类社会——至少是那些发展程度较高的文化——在处理"异质"文化时除了帝国主义、种族主义和民族中心主义外几乎没有提供任何别的东西，这一说法所带给我们的痛苦也许会稍许减轻。因此，东方学助长了试图对欧洲和亚洲进行更严格区分的总体文化压力并被其助长。我的意思是，东方学归根到底是一种强加于东方之上的政治学说，因为与西方相比东方总处于弱势，于是人们就用其弱代替其异。

我们在进入第一章后不久既已做出上述假定，接下来的所有篇幅几乎都是为此假定提供部分证明。东方学这样一个"领域"——在现实东方找不到其对应物——的出现本身即暗示着东方与西方之间的力量对比。西方有关东方的著作数目非常庞大，它们当然可以表明西方与东方相互关系的程度和实质，但显示西方力量最关键的是西方人的东进（自18世纪末开始）与东方人的西进不能相提并论。撇开西方军队、传教团体、商人、科学与考古探险的目标一向是东方这一点不说，单是1800年到1900年间从伊斯兰东方到欧洲旅行的人数，就根本无法与从欧洲到东方旅行的人数相比。[2] 而且，东方去往西方的旅行者其目的主要是为了学习，出于对发达的西方文化的景仰；而西方去往东方的旅行者的目的，正如我们已经注意到的，则完全是另一码事。此外，据估计，1800至1950年间西方出版的有关近东的书籍即有6000种之多；而东方关于西方的书籍则根本无法与此数字相比。作为一种文化工具，东方学中到处充满着强力、活动、评判、求真愿望和知识。东方是为西方而存在的，或至少无以计数的东方学家是这么认为的，这些东方学家对其研究对象的态度要么是家长式地强加于其上要么是肆无忌惮地凌驾于其上——当然，那些古典研究者除外，对他们来说，"古典的"东方是**他们**而不是令人叹惜的现代东方引以为荣的资本。于是，西方学者的工作得到了许多东西的加强，而这些东西在现实的东方社会中却找不到其对应物。

东西方之间的这一不平衡显然是不断变化的历史模式的产物。从8世纪到16世纪，伊斯兰一直处于政治的和军事的黄金时期，一直支配着东方和西方。接着，权力中心发生了西移，直到20世纪晚期才似乎又有回归东方的趋势。我在第二章对19世纪东方学的描述止于这一世纪晚期一个特殊的历史阶段，当此之时，东方学似乎正准备开始其以为殖民扩张服务为目的的新的历史使命。现在我想描述的正是这一计划和这一时刻，特别是因为它会为我们理解20世纪东方学的危机和东方政治力量和文化力量的复苏提供某种重要的背景。

我曾多次提及作为一种与东方有关的观念、信仰、老生常谈或学术体系的东方学与西方总体文化思潮之间的联系。而19世纪东方学的一个重大发展是将有关东方的基本观念——其纵欲，其专制倾向，其乖异的思维，其不求精确的习性，其落后——凝固为独立的、牢不可破的连贯整体；因此读者可以非常容易地将作家所用的**东方**一词确认为一种有关东方的特定信息体。这一信息体似乎具有着道德的中立性和客观的有效性；它似乎拥有与历史编年或地理位置相对等的认识论地位。于是，就其最基本的形式而言，东方材料是任何个人发现所无法真正违背的，并且似乎无法对其完全加以重新评价。相反，众多19世纪学者的学术性著作和作家的想象性作品使这一知识体越来越清晰，越来越详细，越来越实体化——并且与"西方学"的区别越来越明显。然而，东方学观念可以与一般哲学理论（比如那些关于人类历史和文明历史的理论）相互为用并且能够用来传播哲学家们经常所说的那些世界假说（world-hypotheses）；而且，从许多方面来说，职业的东方学家往往急于借用其他学科和思想体系的语言和术语来表达他们的看法和观点，他们的学术研究，他们对当代问题深思熟虑的想法。

实际上，我试图进行的是下面这样一种区分：一种几乎是无意识的（当然是无法感触的）确信——我称其为**隐伏的**东方学——与一种对东方社会、语言、文学、历史等所做的明确陈述——我称其为**显在的**东方学——之间的区分。有关东方的知识中所出现的任何变化几乎都无一例外地可以在显在的东方学中找到；而惰性、稳定性和持续性则或多或少地永远存在于隐伏的东方学之中。在我第二章所分析的19世纪作家中，其有关东方的观念之间的差异可以被毫无例外地概括为显在的差异，大多是形式和个人风格方面的差异，极少基本内容方面的差异。他们几乎原封不动地沿袭前人赋予东方的异质性、怪异性、落后性、柔弱性、惰怠性；这就是为什么每位书写东方的作家，从赫南到马克思（从意识形态的角度而言），或者说，从最严谨的学者（雷恩和萨西）到最富想象力的作家（福楼拜和内瓦尔），都认为东方需要西方的关注、重构甚至拯救的原因。东方被排斥于欧洲科学、艺术和商业发展的主流之外。因此，不管人们赋予东方的价值是好是坏，这些价值似乎都只不过是西方对东方某种高度专业化的兴趣的产物。这是从大约19世纪70年代直到20世纪早期的基本情况——但首先请允许我举一些例子以资说明。

与西方相比，东方落后、堕落并且无法与西方相对等的观点，在19世纪早期最容易与种族不平等的根源在于生物基础的不同这一观点联系在一起。因此，我们在显在东方学中可以找到居维叶《动物王国》、戈比诺《论人类的不平等》(*Essai sur l'inégalité des races humaines*)、罗伯特·诺克斯（Robert Knox）《人种》(*The Human Races*) 所做人种分类心甘情愿的追随者。在这些观点中还可以加上达尔文主义追随者们的观点，它们似乎强调将人类分成进步的和落后的或欧洲-雅利安的和东方-非洲的两大类这一做法的"科学"有效性。因此，帝国主义的问题——这一问题在19世纪晚期支持帝国主义的人和反对帝国主义的人之间引起了激烈的争论——就引发了将人种、文化和社会分为进步与落后（或臣属）两种的做法。比如，约翰·西雷克（John Westlake）的《国际法原理散论》(*Chapters on the Principles of International Law*)（1894）

认为,地球上"未开化的"(一个具有强烈东方学色彩的词,别的且不说)地区应该被进步力量合并或占领。同样,卡尔·彼得斯(Carl Peters)、雷奥波·德·索绪尔(Leopold de Saussure)和查尔斯·谭波(Charles Temple)这些作家的观点也依赖进步/落后这一在19世纪晚期的东方学中处于如此核心位置的二元区分。[3]

与所有那些被赋予诸如落后、堕落、不开化和迟缓这些名称的民族一样,东方人是在一个生物决定论和道德-政治劝谕的结构框架中被加以审视的。因此,东方就与西方社会中的某些特殊因素(罪犯,疯子,女人,穷人)联系在了一起,这些因素有一显著的共同特征:与主流社会相比,具有强烈的异质性。东方人很少被观看或凝视;他们不是作为公民甚至不是作为人被审视和分析,而是作为有待解决的问题,有待限定或——当欧洲殖民强力公开觊觎他们的领土时——有待接管的对象。问题的关键在于,将某物称为东方这一命名过程本身即涉及一明确的评判,就居住在所谓腐败的奥斯曼帝国的民族而言,涉及一隐含的行动计划。既然东方人乃臣属民族之一员,就必须使其臣服:道理就这么简单。这一评判和计划最**经典的例子**(*locus classicus*)可以在古斯塔夫·勒庞(Gustave Le Bon)的《民族进化的心理法则》(*Les Lois psychologiques de l'évolution des peuples*)(1894)中找到。

但隐伏的东方学还有其他功能。如果说这一观念群允许人们将东方人与那些发达、文明的强力分离开来,如果"古典的"东方可以用来为东方学家及其对现代东方人的漠视提供根据,那么,隐伏东方学还可以促使人们形成一种特别男性化的世界观(其危害是显而易见的)。我在讨论赫南时顺带提到过这一点。东方男性被分离出他所生活的整个社群之外,许多东方学家,遵循雷恩的做法,在考察这一社群时带有某种类似于轻蔑和恐惧的情感。况且,东方学自身是一个彻头彻尾的男性领域;像现代社会为数众多的专业领域一样,它在考察自身及其对象时戴着性别歧视的有色眼镜。这在旅行家和小说家的作品中尤为明显:女性通常是男性权力幻想的产物。她们代表着无休无止的欲望,她们或多或少是愚蠢的,最重要的是,她们甘愿牺牲。福楼拜的库楚克·哈内姆是这些漫画式形象的原型,这些形象在色情小说(比如彼埃尔·卢易斯〔Pierre Louÿs〕的《阿芙罗狄忒》〔*Aphrodite*〕)中极为常见,这些作品经常将东方作为引发其兴趣之源。更有甚者,男性化的世界观在东方学家的实践中常常走向静止,僵化,一成不变。他们否定东方和东方人有发展、转化、运动——就该词最深层的意义而言——的可能性。作为一种已知并且一成不变或没有创造性的存在,东方逐渐被赋予一种消极的永恒性;于是,即使当人们在肯定的意义上说到东方时,也使用的是诸如"东方的智慧"这类静态描述性的用语。

这一静态的男性东方学在19世纪晚期从一个隐含的社会评价转变成了一个确凿的文化评价,呈现出许多不同的形式,特别是在探讨与伊斯兰有关的问题的时候。比如,像利奥波德·冯·兰克和雅各布·布克哈特这样著名的文化史家就曾对伊斯兰提出过激烈的批评,仿佛他们所处理的不是一个人格化的抽象物(an anthropomorphic abstraction)而是一个具体的宗教-政治文化,对这一文化进行深层概括既有可能又有必要:兰克在其《世界史》(*Weltgeschichte*)(1881—1888)中说到伊斯兰时,认为它被日耳曼-罗曼诸民族所击败;布克哈特在其"历史断章"（Historische Fragmente）（未发表的札记，1893）中说到伊斯兰时，认为它可怜、空乏而微不足道。[4]更富才华和激情地表现出这一点的是奥斯瓦尔德·斯宾格勒，他有关"巫术人格"（Magian Personality）（其典型代表是穆斯林东方人）的观点将《西方的没落》（*Der Untergang des Abendlandes*）（1819—1922）一书与该书所提倡的文化"形态"融为一体。

这些广为传播的观点建立在东方作为真实可感的力量在当代西方文化中几乎完全缺失这一现象的基础之上。东方总是处于与西方格格不入的局外人以及弱势的西方合作伙伴的双重位置，原因当然是多方面的。尽管西方学者对当代东方人或当代东方的思想文化运动有所认识，然而这些要么被视为必须由东方学家去激活、由东方学家带入现实的一种沉默的、隐伏的存在，要么被视为一种文化上和心智上的无产者，只能充当东方学家自命不凡的阐释活动的对象，充当东方学家表演高人一等的法官、博学家、强大的文化意志力这类角色的工具。我的意思是，在有关东方的讨论中，东方是完全缺席的，相反，人们总能感到东方学家及其观点的在场；然而，我们不可忘记，东方学家之所以在场其原因恰恰是东方的实际缺席。这一替代与错位的事实显然给东方学家施加了某种压力：在作品中将东方简化，即使他已经花过大量时间试图对其加以揭示和阐明。如果不这样的话，又怎么能够解释人们与韦尔豪森（Julius Wellhausen）和诺尔德克（Theodor Noldeke）联系在一起的那种学术生产类型以及那些几乎完全不尊重其所选对象的空泛而概括的陈述？于是，诺尔德克就可以在1887年宣称，作为东方学家，他的全部工作是进一步确认他对东方民族的"鄙夷之心"。[5]像卡尔·贝克尔一样，诺尔德克是希腊文化的爱好者，但令人奇怪的是，他对希腊的热爱却是通过表达对东方的厌恶而显示出来的，这一点多少有些滑稽，因为不管怎么说，后者毕竟是他的学术研究对象之一。

一项非常有价值和洞察力的东方学研究——雅克·华登伯格（Jacques Waardenburg）的《西方之镜中的伊斯兰》（*L'Islam dans le miroir de l'Occident*）——考察了在伊斯兰形象形成过程中至关重要的五位人物。华登伯格所用的"镜子"这一隐喻对19世纪晚期和20世纪早期的东方学来说是合适的。他所讨论的每位著名东方学家的著作对伊斯兰的看法都带有极大的偏见——其中四个甚至是心存敌意——仿佛每人都将伊斯兰视为其自身缺陷的反射器。每位学者学识都极为渊博，对东方学的贡献都是独一无二的。这五位东方学家代表着大约自19世纪80年代开始到两次世界大战这一段时期内东方学的最高成就。然而，伊格纳兹·高德兹赫对伊斯兰宽容其他宗教的欣赏被他对穆罕默德的人格化和伊斯兰过于外向的神学和法律的反感所削弱；邓肯·布莱克·麦克唐纳对伊斯兰之虔诚及正统学说的兴趣为他对伊斯兰所产生的异端邪说感所削弱；卡尔·贝克尔对伊斯兰文明的理解使他将其视为一个令人遗憾地落后的文明；斯奴克·赫格伦涅（C. Snouck Hurgronje）对伊斯兰神秘论（他将此视为伊斯兰之核心）的细致研究使他过于严重地估计了其缺陷；路易·马西农对穆斯林神学、神秘激情和诗歌艺术的非凡认同，却令人奇怪地使他不肯饶恕伊斯兰对肉身成圣这一观念的顽强抵抗。他们在研究方法上的明显差异没有他们在伊斯兰问题上的一致认同那么重要：认为伊斯兰内在地低人一等。[6]

华登伯格的研究还有另外一个优点：表明了这五位学者享

有一共同的学术与方法论传统,这一传统有着真正跨国的一致性。自从1873年召开第一次东方学大会后,这一领域的学者们对同行的研究和其他人的存在有了非常直接的了解。华登伯格还强调得很不够的是,19世纪晚期的大部分东方学家在政治上也有着相互牵连。斯奴克·赫格伦涅从伊斯兰研究直接转为荷兰政府处理印度尼西亚穆斯林殖民地的顾问;麦克唐纳和马西农作为伊斯兰问题专家得到了从北美到巴基斯坦殖民当局们的广泛咨询;还有,正如华登伯格所言(遗憾的是过于简短),这五位学者对伊斯兰形成了一种具有内在一致性的看法,这一看法广泛地影响着整个西方世界的政府部门。[7]对华登伯格所言我们必须补充的是,这些学者们所做的实际上是最后完成并进一步完善了自16世纪和17世纪以来即已存在的一种趋势:不仅将东方作为一个含糊的文学问题来处理,而且——根据马松-乌塞尔(P. Masson-Oursel)的说法——将其视为"一个农场(un ferme),以完全吸取其语言价值,以深入其习俗和思想,以撬开其历史秘密"。[8]

我在前面说到过像但丁和德尔贝洛这样差异如此之大的作家对东方所进行的包容与同化活动。这些努力与19世纪晚期已经成为欧洲一种令人畏惧的文化、政治和物质事业的活动显然不同。19世纪"争抢非洲"的殖民活动当然绝非仅仅限于非洲。对东方的入侵也并不完全是一个紧跟着对亚洲多年的学术研究而来的突发的戏剧性事件。我们必须考虑的是一个漫长而缓慢的渐进过程,通过这一过程,欧洲,或者说欧洲的东方意识,将自身从文本的和冥思的状态转变为政治的、经济的甚至是军事的状态。根本的变化是空间和地域的变化,或者,就东方而言,是对地域和空间的理解的变化。将欧洲之东的地域空间命名为"东方的"这一长达几个世纪之久的做法部分地是政治性的。部分地是宗教性的，部分地是想象性的；它并不表明在东方的实际经验与有关东方的知识之间有着必然的联系，但丁和德尔贝洛当然也并没认为他们对东方的看法有多么了不起，只不过表明他们的观点可以在一个很长的**学术**（并非现实存在的）传统里找到证据。但是当雷恩、赫南、伯顿和19世纪数以百计的欧洲旅行者和学者讨论东方时，我们立即就能注意到他们对东方和东方事物摆出了一副远为亲密甚至一种类似于所有者的姿态。在由东方学家重构起来的那种古典的并且在时间上常常是极为遥远的形式中，在现代东方被经验、被研究或被想象的现实形式中，东方这一**地域空间**被渗入，被详加研究，并且被控制。西方对东方如此霸道的长期控制逐渐累积起来，其结果是将东方由异域空间转变成了殖民空间。对19世纪后期来说，重要的不是西方**是否**已经渗入并控制了东方，而是英国和法国究竟是**怎样**认识它们的这一行为的。

写作东方的英国作家——英国的殖民官员更甚——所面对的是这样一个领地：英国在这块领地上的权力毫无疑问确实在上升，尽管从表面上看当地人更多的是受到法国和法国思维方式的吸引。然而，就东方的现实空间而言，英国确实在场，而法国除了充当能让东方乡巴佬开开眼界的妖冶的荡妇这一角色之外并没有什么在场的痕迹。没有什么能比克罗默爵士对此所发表的议论更好地表明空间态度上的这一质的差异了，他本人对此看法特别得意：

> 法国文化为什么对亚洲人和黎凡特人具有特别的吸引力，其原因是显而易见的。它实际上比英国文化和德国文

化更有吸引力，更有甚者，它更易于摹仿。试将矜持拘谨、腼腆羞涩、不善社交、心胸狭隘的英国人与热情活泼、见多识广、不知羞涩为何物、10分钟内就能与任何邂逅的人建立起亲密感情的法国人做一比较。蒙昧无知的东方人无法认识到，不管怎么说，前者具有真诚之美德，而后者却常常只是在装模作样。他冷眼斜睨英国人，却急不可待地扑进法国人的怀抱。

性的影射此后多少变得有些理所当然。法国人是微笑、机智、优雅和时尚的象征；英国人则代表着沉稳、勤勉、实际和精确。克罗默的观点当然是建立在英国在埃及的稳固地位和与此形成鲜明对照的法国对埃及现实没有任何实际影响力的基础之上的。克罗默继续说道：

> 缺乏判断力的埃及人未能见到隐藏于法国人思维深处的谬误，或者说，与英国人或德国人的内在沉稳相比他们更倾向于法国人的外在灵智，这有什么可奇怪的呢？让我们再来看一看法国管理体制在理论上的完美程度，看一看其精雕细刻的细节，看一看其显然旨在为每一可能出现的意外情况所做的防备。试将这些特点与英国人的实用体制相比，后者为几个主要问题制定了规则，但却把大量细节留给个人去补充完善。蒙昧无知的埃及人自然会喜欢法国人的体制，因为从外表上看它更完美，更易于实际应用。而且，他也未能认识到，英国人希望精心建构一个与他所要处理的事实相符的体制，而将法国的管理体制应用于埃及的主要困难在于，事实常常不得不去迎合已经建立起来的体制。

由于英国在埃及的实际在场，由于这一在场的目的——根据克罗默的观点——与其说是为了训练埃及人的大脑不如说是为了"塑造其性格"，因此，顺理成章的是，法国人短暂的吸引力如同那些"有些扭捏作态"的漂亮少女的魅力，而英国人的吸引力则属于"一个冷静的成年妇人的魅力，她也许具有更多的道德价值，但却缺乏迷人的外表"。[9]

在克罗默沉稳的英国保姆和卖弄风情的法国少女这一对比下面隐含着英国在东方的特权地位。"他〔英国人〕所要处理的事实"比多变的法国人所能达到的任何东西都更复杂，更有趣，因为这些事实是为英国所控制的。在他的《现代埃及》（1908）出版后两年，克罗默在其《古典与现代帝国主义》（*Ancient and Modern Imperialism*）中进一步详细申述了自己的观点。与罗马帝国主义公开施行的具有民族同化主义色彩的、开拓性的、压制性的政策相比，英国的帝国主义对克罗默来说更易于接受，尽管它在某种程度上更为软弱。然而，在某些方面，英国人的态度是足够明确的，尽管"在一个相当模糊、邋遢但却深具盎格鲁－撒克逊特征的风气之后"，他们的帝国似乎在"全面的军事占领或〔对臣属民族而言〕民族主义原则"二者之间犹疑不决。但这一犹疑不决最终只停留于学术的层面，因为实际上，克罗默和不列颠都已经决定反对那一"民族主义原则"。于是，我们的注意力转向了其他事情。首先是大英帝国不想令人失望。其次，当地人和英国人之间的通婚不如人意。第三——我认为是最重要的——克罗默认为大英帝国在东方殖民地的在场对东方人的思想及其社会有着即使不是灾难性的也可以说是持久性的影响。他用以表达这一影响的隐喻几乎是神学性的，因为西方深入广袤东方大地的观念在克罗默的头脑中是如此强烈，他说,"西方曾以其浓烈的科学气息吹拂并且留下永久印记的国度","永远不可能恢复其本来面目"。[10]

然而,就这些方面来说,克罗默绝非始作俑者。他所看到的东西和他表达这些东西的方式对其帝国政府和学术群体中的同行而言都早已是一种普遍的共识。这一点对乔治·柯曾[1]、斯维滕汉(Sir Alexander Swettenham)和卢加德(Frederick Dealtry Lugard)这些和克罗默一样曾担任过殖民总督的人来说显然是成立的。特别是柯曾勋爵,他总是说着带有帝国主义色彩的混合语(lingua franca),他甚至比克罗默更无顾忌地从军事占领、从一个庞大的地域空间为一高效的殖民主人占有的角度来描述英国与东方的关系。对他来说,他曾经说过,大英帝国不是一个"野心勃勃的客体",而"首先和首要地是一个强大的历史、政治和社会事实"。1909年,他提醒那些来牛津大学参加帝国新闻研讨会的代表们说:"我们在这里集训并且为你们选送总督、管理人员和法官、教师、传教士和律师。"对帝国功能这一几乎是教化性的看法,对柯曾来说,有着特定的亚洲背景,正如他所言,亚洲使"人们驻足思考"。

> 有时我喜欢将这一庞大的帝国组织想象为像丁尼生[2]式"艺术之官"那样的巨大结构,其基础已经由英国人的双手所奠定并且必须受到他们的维护,但其石柱却必须由英国的殖民地来充当,而由此基础和石柱支撑起来的则是

---

[1] 乔治·柯曾勋爵(Lord George Nathaniel Curzon, 1859—1925),英国外交家,曾任英国驻印度总督(1898—1905),外交大臣(1919—1924)。
[2] 丁尼生(Alfred Tennyson, 1809—1892),英国诗人,其作品形式完美,音韵和谐,辞藻华丽,曾被封为桂冠诗人(1850年)。

一个硕大无比的亚洲的屋顶。[11]

214　　心中怀有这一丁尼生式艺术之宫的柯曾和克罗默都是1909年成立的一个专门委员会的热心成员,这一委员会受命创建一所东方研究学校。除了满怀忆念地声称假使懂得当地语言,他前往印度的"毫无收获的旅行"(famine tours)将会大大受益之外,柯曾极力想使东方研究成为英国东方职责的一个组成部分。1909年9月27日,他告诉上议院说:

> 我们对东方民族的语言及其习俗、情感、传统、历史和宗教的认识,我们理解也许可以称为东方之天才的能力,是我们在将来得以继续保持已经赢得的地位的唯一基础,为了巩固这一地位,应该不惜一切代价引起帝国政府或上议院的注意。

五年之后,在伦敦市政府就这一主题召开的一次讨论会上,柯曾再一次强调了自己的这一看法。东方研究并不是可有可无的奢侈之举;而是,他说——

> 帝国的重要职责。我认为在伦敦创立这样一所学校(东方研究学校——后来成为伦敦大学的东方与非洲研究学院〔London University School of Oriental and African Studies〕)对帝国来说乃必要之举。我们当中那些以这种或那种方式在东方待过几年的人——我们一直将其视为我们生活中最快乐的部分,我们一直认为我们在那儿所做的事情,不论大小,是英国人的肩膀所能承担的最崇高的职责——感到,

我们的国家在此方面做得还很不够，急需弥补其差缺；而伦敦那些在经济资助或任何其他形式的积极而实际的资助下致力于弥补这一差缺的人，将会为帝国做出重大贡献，促进这一事业以及人类善良愿望的发展。[12]

在很大程度上，柯曾的东方研究设想合乎逻辑地来自于英国对其东方殖民地长达一个世纪之久的实际统治以及潜含于这一实际统治下面的基本原则。边沁和穆勒父子关于英国在东方（特别是印度）的统治的观点影响深远，并且有效地抑制了过多的控制和翻新；相反，正如埃里克·史多克斯（Eric Stokes）令人信服地表明的，实利主义与自由主义和福音主义（evangelicalism）结合在一起作为英国在东方统治的基本原则所强调的，是一个用诸多法律手段武装起来的坚强有力的行政制度、一套与边界和土地租赁这类事情有关的学说，以及一个无所不在、无法概约的帝国权威的合理性与重要性。[13] 整个体制的基石是不断完善关于东方的知识，以便当传统社会急速向前发展并且转变为现代商业社会时，英国的父权控制和税收都不会遭受损失。然而，当柯曾有些笨拙地将东方研究称为帝国的"必要之举"时，他却是在将英国人和当地人进行交往和维持其各自位置的动态关系静态化。自威廉·琼斯爵士的时代开始，东方一直既是英国所统治的地域又是其所认知的对象：在地理、知识和权力之间已经实现了一种微妙的结合，而英国在此结合中一直处于支配地位。声称"东方是一所不授学位的大学"——如柯曾所言——也就是以另一种方式说东方需要西方学者以及西方强力的永远在场。[14]

但我们不得不考虑其他的欧洲强力，比如法国和俄国，它们一直（也许是潜在地）威胁着英国的在场。柯曾当然明白所有主要欧洲强力都像英国那样对整个世界虎视眈眈。地理学从"枯燥迂阔"的学科——柯曾指的是那些现在已被排除在地理学研究对象之外的东西——向"所有学科中最具国际性"的学科的转变所显露出来的正是西方这一新的普遍倾向。因此，柯曾1912年在他担任会长的地理研究会（the Geographical Society）上说下面这番话时并不是无缘无故的：

> 一个彻底的革命已经发生，不仅在地理学的教学方法方面，而且在公众舆论方面。我们今天已将地理知识视为整个人类知识的基本组成部分。在地理学的帮助下——没有任何其他方式可以做到这一点——我们才能理解伟大自然力的运作，人口的分布，商业的进步，疆界的拓展，国家的形成，以及人类在各方面所取得的辉煌成就。
>
> 我们将地理学视为历史学的帮手。……地理学也是经济学和政治学的姊妹学科；任何试图研究地理学的人都明白，偏离地理学领域之时也就是跨越地质学、动物学、民族学、化学、物理学以及几乎所有相关学科的边界之日。因此，有理由认为，地理学是最首要的学科之一：它是形成正确的公民概念的必要因素之一，它是造就一个公众社会中的人的必不可少的条件。[15]

地理学实际上是东方知识的物质基础。东方所有隐伏不变的特征都建立并且植根于其地理特征之上。因此，一方面，地理学意义上的东方为其居民提供滋养，为其特征提供保证，为其独特性提供界定；另一方面，地理学意义上的东方又吁请西方的注意，即使只是为了使东方成其为东方，西方成其为西方——如同系统的知识如此经常地显露出的那些悖论一样。对柯曾来说，地理学的国际性特征正是其对整个西方世界的普遍意义之所在，后者对世界其他部分的关系是一种公开觊觎的关系。然而，这一以地理学为基础的渴望还可能以一种试图发现、揭示和建构人类知识的貌似客观公正的道德面貌出现——比如约瑟夫·康拉德《黑暗的心》(*Heart of Darkness*)中的马洛（Marlow）在供认自己幼年查阅地图的激情时就是如此。

> 我会一连几个小时地查看南美、非洲或澳洲，并且迷失在探险的所有光荣梦想之中。那时，地球上还有许多空白地区，当我在地图上看到一个特别吸引我的地方时（但它们似乎全都如此），我会用手指着它说，我长大后一定要去这里。[16]

在马洛说这番话之前大约70年，拉马丁一点儿也没有因为地图上的空白区域实际上为当地人所居住而感到苦恼；从理论上说，当瑞士-普鲁士国际法权威埃默尔·德·瓦托尔（Emer de Vattel）1758年吁请欧洲国家占领那些仅为游牧部落居住的领土时，[17]他头脑中也没有任何保留。重要的是要为单纯的占领寻找一个堂而皇之的理由，将对更多地域空间的渴望转变为与地域空间和发达民族或未开化民族之间特殊关系有关的一套理论。但对这一寻找理论根据的过程做出过贡献的显然还有法国人。

到19世纪末，法国的政治和学术环境足以使地理学和地理假说对全体国民都产生吸引力。欧洲的整体舆论氛围是宜人的；这一氛围的形成当然离不开大英帝国所取得的成功。然而，对法国以及思考这一问题的法国思想家而言，英国似乎总是对法国在东方的成功起着阻碍作用。在普法战争（Franco-Prussian War）之前，法国对东方存有大量的政治热望和幻想，而且并不仅仅限于诗人和小说家。比如，圣－马克·吉拉尔丹（Saint-Marc Girardin）1862年3月15日在《东方与西方》（*Revue des Deux Mondes*）杂志中就曾这么写道：

> 法国在东方有许多事情可做，因为东方对她抱有很大的期望。它要求她做的甚至超出了她的能力范围；东方心甘情愿地把自己的未来托付给法国，而这对法国和东方而言都是一个巨大的危险：之所以说对法国是个危险，是因为法国一旦准备对那些正在遭受苦难的人民的利益负责，她往往要承担许多她无力承担的义务；之所以说对东方是个危险，是因为所有等待别人来决定其命运的人都无法把握自己，除非自己把握自己的命运，否则，一个民族永远不会受到人们的尊敬。[18]

对这样一种观点，迪斯累利无疑会说——正如他经常所做的那样——法国对叙利亚（这是吉拉尔丹所书写的"东方"）仅仅有着"情感上的兴趣"。"那些正在遭受苦难的人民"这一虚构性的说法拿破仑当然也使用过，当他从埃及人的角度出发呼吁埃及人起来反抗土耳其和伊斯兰的时候。在19世纪30、40、50和60年代，受苦受难的东方人已经局限在叙利亚基督教少数教派这一范围之内。找不到"东方"请求法国拯救的记录。这么说也许更加符合事实：法国之所以不想实际进入东方是因为有英国横在其通向东方的道路上，因为即使法国果真感到有拯救东方的职责（有些法国人确实是这么想的），她想跨越英国以及英国所控制的从印度到地中海的广大地域的可能性实际上微乎其微。

1870年普法战争给法国带来的最引人注目的后果之一，是各式各样地理研究会的勃兴，以及重新苏醒的获取领土的强烈愿望。1871年底，巴黎地理研究会（Société de géographie de Paris）声称自己不再局限于"科学猜想"的范围。它敦促人们不要"忘记一旦我们不再参与……文明征服野蛮的竞争，我们先前的优势就会受到威胁"。吉罗姆·德邦（Guillaume Depping），后来人们所称的地理学运动的领导者，1881年曾断言在1870年普法战争中"取得胜利的是中学教师"，他的意思是说，这场战争的真正胜利是普鲁士的科学地理学对法国在战略上的拖泥带水的胜利。官方的《政府公报》（*Journal Officiel*）连篇累牍地刊发探讨地理探险和殖民冒险的优点（和好处）的文章；人们可以在同一期公报内读到德·雷赛布谈论"非洲的机遇"的文章和加尼耶（Francis Garnier）有关"蓝河（Blue River）探险"的文章。随着对科学和文明成就的民族自豪感与基本的利益动机之间的联系被敦促、被引导至支持海外殖民的方向，科学地理学不久即让位于"商业地理学"。用一位热心此道的人士的话来说，"地理研究会的形成是为了破除我们对自己国家的盲目爱恋"。为了有助于做到这一点，人们设想出了许许多多的方案，包括儒勒·维尔纳（Jules Verne）所列举的那些方案——后者"令人难以置信的成功"显然将科学思维推向了逻辑的高峰：比如，"一次环绕地球的科学探险运动"，在北非海岸南面建造一个新海的计划，以及把阿尔及利亚与塞内加尔用铁路——"一条钢铁绸带",如其策划者们所称——"连接"起来的规划。[19]

19世纪后30余年法国的扩张论热潮大多因弥补法国在普法战争中的失败,以及同样重要的,与英国在海外所取得的成功一争高下这两个明确而强烈的愿望而起。由于后面这一愿望是如此强烈,也由于产生这一愿望的英法相争的传统有着如此长久的历史,法国似乎被英国弄得焦虑不安,急于在与东方相关联的任何方面赶超英国。于是,当法国印度支那研究会(Société académique indochinoise)在19世纪70年代晚期为自己重新制定目标时,认识到了"将印度支那纳入东方学领域"的重要性。为了什么?为了将交趾支那(Cochin China)转变为"法国的印度"。军界人士将与普鲁士战争中法国在军事和商业双方面的弱势归咎于实质性殖民领地的缺失,更不必说在海外殖民扩张方面长久以来显然一直处于英国的下风这一令人难堪的事实了。"西方民族的扩张力",一位著名地理学家拉伦西耶·勒奴里(La Roncière Le Noury)这么写道:"这一扩张力的傲慢的动机,它的构成元素,它对人类命运的影响,将会成为未来历史学家们极好的研究课题。"然而只有当白种人培养起旅行的强烈兴趣——这是其所谓的心智优越性的一个标志——殖民扩张才有可能发生。[20]

从这类主题之中产生了将东方视为有待开发、耕耘和保护的地域空间这一普遍认同的观点。由此产生了大量描述东方的农业意象和性意象。加布里耶·夏尔姆(Gabriel Charmes)1880年所写的下面这段话即是其典型代表:

> 到我们不再出现在东方、我们在东方的位置由其他欧

洲强国所取代的那一天，我们在地中海的商业，我们在亚洲的未来，我们在南部港口的贸易，都将彻底终结。我们国民收入最丰富的源泉之一将会枯竭。〔重点为笔者所加〕

另一位思想家勒罗伊－波利叶（Leroy-Beaulieu）进一步申述了这一观点：

> 当一个社会自身已达到高度成熟的状态并且拥有巨大的力量时，它就会走向殖民，就会繁殖后代，就会保护别人，就会赋予其发展以秩序，会赋予它所产生的新社会以活力。殖民是社会生理学中最复杂、最精致的现象之一。

这一将自我繁殖等同于殖民的做法把勒罗伊－波利叶引向下面这一多少带着些邪气的观念：现代社会如果要进一步增强其活力，必须"将这一社会内部充满活力的活动向外倾泻和延伸"。因此，他说：

> 殖民就是一个民族的扩展力；它的繁殖力；它在空间上的扩大和激增；就是将宇宙或宇宙的一部分完全纳入这一民族的语言、习俗、观念和法律之中。[21]

这里的关键是将东方这类弱势或不发达地区的空间视为某种等待着法国对其产生兴趣、吁请法国的侵入和激活——简言之，等待着法国的殖民——的东西。地理概念——不管是字面意义上的还是隐喻意义上的——将由边界和疆域所造成的分离的实体重新连成一体。像德·雷赛布这样既具眼力又具幻想的实业家一样——其计划是将东方和西方从地理边界的限制之中解脱出来——法国的学者、管理人员、地理学家和商人们将他们充满活力的活动一股脑儿地倾泻到倦怠而柔弱的东方。法国有各种各样的地理研究会,其数量及会员人数超出了欧洲总数的一半;有像法国亚洲委员会(Comité de l'Asie française)和东方委员会(Comité d'Orient)这样强大的组织;有各种各样的学术社团,比如亚洲研究会,其组织及成员深深扎根在众多的大学、研究机构和政府部门之中。这些组织以各自不同的方式使法国对东方的兴趣更加真实,更具实质。当法国在19世纪后20年中勇敢地承担起其国际职责时,几乎长达一个世纪之久的对东方的消极研究(现在看来如此)不得不走向它的终结。

英国和法国的兴趣发生实际冲突的唯一地区是现在已变得毫无希望的奥斯曼帝国,在此地区,这两大对手之间的冲突已经形成了连贯的、具有鲜明特色的稳定模式。英国控制着埃及和美索不达米亚;通过与当地(软弱的)首脑达成的一系列类似虚构的无形条约,控制着红海、波斯湾和苏伊士运河,以及地中海和印度之间的大部分中间区域。另一方面,法国则似乎命中注定要在东方徘徊摇摆,只能不时屈尊俯就重复像雷赛布的苏伊士运河那样的成功计划;这些计划大部分是修造铁路的计划,比如多多少少要穿越英国殖民领地的那条叙利亚-美索不达米亚铁路。此外,法国视自己为基督教少数教派——比如马龙教派,迦勒底教派(Chaldeans),聂斯托利教派[1]——的保护者。然而,英国和法国已从原则上达成协议,一旦时

---

[1] 聂斯托利教派(Nestorianism),基督教的一个派别,因信奉聂斯托利(Nestorius)所倡导的基督"二性二位"教义而得名。

机成熟，有必要对土耳其的亚洲部分进行瓜分。第一次世界大战之前和之后的秘密外交热衷于将近东首先划分出势力范围，然后再划分为托管区（或占领区）。在法国，地理运动黄金时期所形成的扩张情绪大多把注意力放在瓜分土耳其亚洲部分的计划上，这一关注是如此强烈，以至1914年的巴黎竟为此"发动了一场壮观的新闻运动"。[22] 在英国，许多委员会被任命，以研究并就瓜分东方的最好途径提出建议。从班森委员会（Bunsen Committee）这样的专门委员会中将会产生一些英法联合小组，其中最有名的是由马克·赛克斯（Mark Sykes）和乔治·彼各（Georges Picot）领导的小组。这些计划的规则是地域均分，它们还有一个目的是刻意缓和英法之间的敌对状态。因为，正如赛克斯在一备忘录中所言：

> 很清楚……阿拉伯的觉醒是迟早的事，而且，如果这一觉醒对我们来说不是一种祝福而是一种诅咒的话，法国和我们自己都应该达成更好的相互理解。……[23]

敌意并没有消除。旨在民族自决的威尔逊计划（Wilsonian program）又使其雪上加霜，这一计划，正如赛克斯本人将会注意到的，似乎削弱了欧洲诸强之间所形成的殖民和瓜分方案的整体框架。鉴于20世纪早期近东的命运掌握在欧洲列强、当地王权、各种各样的民族主义党派和运动以及犹太复国主义者之手，这里似乎并非讨论其整个聚讼纷纭的迷宫般的历史的合适场所。与我们的问题关系更密切的是蕴涵其中的特殊认识论框架，东方即通过这一框架被西方所观看，西方列强也正是以此框架作为其行动的参照。因为尽管存在着许多分歧，英国和法国都将东方视为一地域的——以及文化、政治、人口、社会和历史的——实体,他们相信自己对其命运有着从传统上沿袭下来的控制权。东方对他们而言并非突然的发现,也不仅仅是历史的偶然,而是欧洲东部的一块地方,其主要价值必须由欧洲的话语方式来统一定义,特别是因把东方塑造为现在这个样子而为欧洲——欧洲的科学、学术、理解力和行政管理——赢得声名的那些话语方式。而这正是现代东方学的成就——这一成就的取得是由于东方学的刻意经营还是无意暗合是无关紧要的。

20世纪早期,东方学主要通过两种方式将东方呈现于西方的面前。其一是借助现代学术及其在众多专业领域、大学、专业研究会、探险组织和地理组织、出版界的具体运行机制所产生的传播力。所有这些,如我们所见,都建立在前辈拓荒学者、旅行家和诗人们的赫赫权威的基础之上,这些人的努力一经积淀和凝聚即形成了一个典型的东方;对这一东方系统的——或正统的——理论表述即形成我们一直在讨论的那种隐伏的东方学。就任何意欲对东方的重要性进行表述的人而言,隐伏的东方学为他提供了一种清晰表述的能力(enunciative capacity),这一能力可以被使用,或者说,被唤醒,并且被转化为可以用于具体情境的明确话语。因此,当贝尔福1910年向众议院发表关于东方的演讲时,他头脑中一定想着他那一时代通行的语言之中所存在的那些清晰表述的能力,借助这些能力那些被人们称为"东方"的东西就可以得到命名、可以被谈论而不至面临含糊不清的过多危险。但像所有清晰表述的能力以及这些能力所构成的话语一样,隐伏的东方学本质上是极为保守的——也就是说,着力于自我保存。它代代相传,成为文化的一个组成部分，像几何学或物理学那样成为一种论说相关现实的通用语言。东方学并非将自身存在的赌注压在其开放性以及东方对它的接受上面，而是压在作为其核心组成部分的对东方的权力欲望所具有的内在一致性上。正是通过这种方式，东方学才得以经历众多的革命、世界大战和殖民帝国的瓦解而继续存活下来。

东方学将东方呈现于西方面前的第二种方式是一种重要会合的结果。数十年来，东方学家们一直在论说东方，他们翻译各种文本，他们对各种文明、宗教、王朝、文化和心性——作为由于其新异和怪僻而被隐隔于欧洲之外的学术研究对象——做出解释。东方学家，像赫南或雷恩一样，是一个专家，其工作是为他的同胞们阐释东方。东方学家与东方之间的关系本质上是一种阐释的关系：站在一个遥远的、几乎无法理解的文明或文化丰碑的面前，东方学研究者通过对这一难以企及的对象的翻译、充满同情的描绘和内在把握而减弱这一含混性。然而东方学家仍然无法进入东方，不管东方表面上看来是多么可得到理解，但它仍然被遮隔于西方之外。人们认为这一文化上、时间上和地域上的距离深不可测、神秘难寻、充满性的诱惑：像"东方新娘的面纱"或"神秘莫测的东方"一类的词语已经进入到了公众语言之中。

然而，东西方之间的距离在整个19世纪又一直处于不断缩小的过程之中，这与上面所说的几乎构成一个悖论。当东西方之间商业上、政治上和其他实际存在的冲突进一步增加时（其方式我们一直在讨论），在以"古典"东方研究为基础而建立起来的隐伏的东方学教条与旅行家、朝圣者、政治家等人所清晰地表述出来的对在场的、现代的、显在的东方的描述二者之间却形成了某种张力。在某个无法精确认定的时刻,这一张力导致了两种类型的东方学的会合。这一会合可能——这仅仅是一个推测——发生在自萨西开始的东方学家致力于向政府描述现代东方的真实面目之时。在此,受过特殊训练并且装备精良的专家扮演着下面这样一种特殊的角色:东方学家可以被视为西方强力构想东方政策的特殊代理人。每位知识渊博(但并没有渊博到无以复加的地步)的欧洲东方旅行者都感到自己是已经成功地穿越了含混性这一幕幛的西方人的典型代表。这一点对伯顿、雷恩、道蒂、福楼拜以及我一直在讨论的其他主要人物而言显然都是成立的。

当西方所攫取的东方领土进一步增加时,西方人对一个显在的、现代的东方的寻找就显得越来越急迫和紧要。因此,被东方学专业研究者们界定为东方"本质"的东西尽管不时与作为被管理和被统治对象的现实东方发生着冲突,但在很多情况下却是对后者的进一步确认。当克罗默在现实生活中统治着成千上万的东方人的时候,他关于东方的理论——从东方学积淀下来的传统中得出的理论——在实践中得到了很好的证明。这一点对于法国在叙利亚、北非和其他法属殖民地的经历来说同样成立。但隐伏的东方学学说与显在的东方学经验之间的会合没有什么时候能比第一次世界大战结束后法国和英国为了瓜分土耳其的亚洲部分而对其所做的全面考察更具戏剧性。在这一戏剧性情境中,被摊放在手术台上的是一个"欧洲病夫"(Sick Man of Europe),其所有的缺点、特征和身形在此手术台上都一览无余。

东方学家,由于掌握有特殊的知识,在此手术中起着无法估计的重要作用。当英国学者爱德华·亨利·帕尔默1882年被派往西奈（Sinai）以考察那里的反英情绪及其在阿拉伯叛乱中所可能起到的作用时，已经对他作为打入东方**内部**的秘密代表这一重要角色有过种种暗示。帕尔默在执行任务的过程中被杀身亡，但他只是为大英帝国完成同样使命的众多使者中最不成功的一例，这一使命已经成为降临在区域研究"专家"身上的严肃而苛刻的工作的一个组成部分。另一位东方学家贺加斯，也就是被适切地命名为《深入阿拉伯》（*The Penetration of Arabia*）（1904）[24]的这一旨在描述在阿拉伯的探险活动的著名著作的作者，在第一次世界大战中被任命为设在开罗的阿拉伯办事处（the Arab Bureau）的负责人也并非毫无目的之举。像杰特鲁德·贝尔、劳伦斯和圣约翰·菲尔比这些东方专家由于其对东方和东方人的精通和透彻了解，而被作为帝国的代理人、东方的朋友、备用政策的拟订者派往东方这一点也绝非偶然。他们形成了一个——劳伦斯曾这么称——"群体"（band），这一群体在整体观念上相对立但在个性方面却有着相似性：比如，强烈的个体性，对东方的同情和直觉认同，对在东方的个人使命自视甚高，刻意养成的怪异性，对东方的最终否定和舍弃等。对他们来说，东方就是他们对东方的直接和特殊经验。在这些人中间，在帝国消失并且将其统治权转交给其他候选人之前，东方学理论以及处理东方的现实实践早已获得了其最终的欧洲表现形式。

　　这些个性主义者并非学术研究专家。我们不久将会看到，他们乃东方学术研究的受惠者，根本就不属于东方学家的正式和专业队伍之列。然而，他们的作用并非削弱学术性的东方学，也非对其进行颠覆，而是使其变得更加现实有效。在这一群体和谱系中，有像雷恩和伯顿这样的人，既由于他们百科全书式的博闻杂览，也由于他们在面对或书写东方人时所明显显示出来的精确的、准学术性的知识。他们以对隐伏东方学的详尽阐述取代了对东方的正规课程学习，因为前者在他们那个时代具有帝国主义色彩的文化中显然是一种非常普遍的倾向。他们的学术参考框架由威廉·缪尔、安东尼·贝汶（Anthony Bevan）、马格利乌斯（David Samuel Margoliouth）、查尔斯·赖亚尔（Charles Lames Lyall）、布朗（Edward Granville Browne）、尼克尔逊（Reynold Alleyne Nicholson）、盖伊·勒·史均奇（Guy Le Strange）、罗斯（E. D. Ross）和托马斯·阿诺德（Thomas Arnold）这些人奠定，同时也直接遵循以雷恩为代表的那一批学者的学术脉络。他们的想象性视野主要由他们卓越的同代人吉卜林所提供，后者在歌唱维持"对棕榈和菠萝的统治"时所具有的热情是令人难忘的。

英国和法国在这些问题上的差异与其在东方的历史完全相符：英国人实际控制着这一地域；而法国人则只能哀叹印度以及位于印度和欧洲之间的领地的丧失。到19世纪末，叙利亚成了法国殖民活动的焦点，但即使是在叙利亚，法国在人员的质量或政治影响的程度上都无法与英国相比，这已是普遍的共识。英国和法国在奥斯曼帝国的竞争甚至在汉志（the Hejaz）、叙利亚和美索不达米亚这样的地方都可以被感觉到——但在所有这些地方，正如埃德蒙·布雷蒙（Edmond Bremond）这样目光敏锐的人所观察到的，法国的东方学家和区域研究专家在才智和策略运用上都比他们的英国同行们要稍逊一筹。[25]除了偶尔出现像路易·马西农这样的天才外，法国没有可与英国的劳伦斯、赛克斯或贝尔相比的人物。但却有像埃蒂安·弗朗丹（Étienne Flandin）和富兰克林－布庸

（Henry Franklin-Bouillon）这样坚定的帝国主义者。1913年在巴黎法语同盟（Alliance française）所发表的演说中，克雷萨蒂伯爵（Comte de Cressaty），一位毫无顾忌的帝国主义者，宣称叙利亚乃法国自己的东方，是法国政治、道德和经济利益的所在地——这些利益，他补充说，在这一"帝国主义侵略四处蔓延的时代"，必须加以保护；然而，克雷萨蒂也注意到，尽管法国在东方有许多商贸和实业公司，尽管当地法语学校学生的人数远非其他语言学校所能企及，但法国在东方不可避免地将面临受人摆布的命运，不仅受到英国的威胁，而且受到奥地利、德国和俄国的威胁。如果法国要继续阻止"伊斯兰的回流"，最好必须控制住东方：这一观点由克雷萨蒂提出并且得到了参议员保罗·杜梅（Paul Doumer）的附议。[26]这些看法在许多场合被重复，法国第一次世界大战后在北非和叙利亚也确实做得不错，但是，法国人仍旧感到他们与英国一向引以为自豪的那种对新兴的东方民族和从理论上说独立的东方领土所拥有的特殊的、具体的实际控制无缘。也许，人们一向感觉到的现代英国东方学和现代法国东方学之间所存在的差异归根到底是一种风格上的差异；对东方和东方人进行归纳和概括的重要性，对长期存在于东西方之间的差异的感觉，对西方统治东方的快意认同——所有这些在两大传统中都存在。因为，在构成我们通常称为"专门知识"（expertise）的众多要素中，最明显的一个要素就是风格（style），它是以传统、机构、愿望和才智等形式表现出来的特定现实环境的产物。我们接下来要讨论的正是这一决定性要素，这一我们在20世纪早期英国和法国的东方学中显然可以感觉得到的现代新发展。

二 风格，专门知识，想象视野：东方学的现世性

吉卜林笔下的"白种人"（the White Man）形象出现在好几首诗中，出现在像《金姆》（Kim）这样的小说中，出现在如此多的流行语句中，以至令人对其讽刺性虚构的性质产生怀疑；作为一种理念，一种性格类型，一种存在方式，"白种人"似乎曾使许多身在国外的不列颠人受益。他们皮肤的颜色使人们一眼就可以将其从当地人的汪洋大海中确凿无疑地分辨出来，但对那些周旋于印度人、非洲人或阿拉伯人之中的不列颠人而言，同时还存在着某种自己归属其中并且可以从其经验与精神宝库中吸取营养的知识，存在着对有色人种承担行政责任这一长久的传统。当吉卜林为"白种人"在殖民地所开创的"道路"而欢呼时，他所描写的正是这一传统，它所获得的光荣及其所面临的艰难：

> 啊，这就是"白种人"所走出的道路
> 当他们开疆拓土之时——
> 脚踩乱石，头顶荆棘
> 双手无傍无依。
> 我们已经路上这条道路——暗湿且布满风霜的道路——
> 指引方向的是我们所选择的星辰。
> 噢，当"白种人"走出一条接一条的大道时
> 他们心中怀想的是整个世界！[27]

"开疆拓土"的使命只有通过"白种人"之间的精诚合作才能

完成，作者以此隐指欧洲人面临着在殖民地上相互敌对的危险；因为如果相互协调的努力失败，吉卜林的"白种人"是准备大动干戈的："为我们自己以及我们的子孙争取自由／但这一努力如果失败，那就不惜一战。"隐藏在"白种人"遵从领袖号令这一行为下面的总是诉诸武力、杀戮别人并且被别人杀戮的明确愿望。为其使命提供堂皇借口的是对知识的不懈追求；他是一个"白种人"，但却并非只求实利，因为他"所选择的星辰"可能会对现世的利益不屑一顾。当然，许多"白种人"常常对他们在那条"暗湿且布满风霜的道路"上究竟要寻求什么心存疑虑；当然，他们中的很多人一定会对他们的肤色为何使他们在人类居住的这一世界的大部分地区享有特殊地位和权利感到大惑不解。然而，对吉卜林以及在感觉方式和修辞方式上受他影响的人们而言，做"白种人"是一自动确认的行为。你之所以成为"白种人"是因为你**生来就是**"白种人"；更重要的是，由于生来即"受饮那杯圣水"，在"白种人的时代"过着一种注定是无法改变的生活，你几乎没有时间对起源、因果和历史逻辑之类的问题进行自由思考。

因此，做"白种人"既是一种观念又是一个现实。它涉及一种对白人世界和非白人世界经过周密分析之后而采取的立场。它意味着——在殖民地——以某种特定的方式说话，根据一套特定的规则和符码行事，甚至是有选择地感受到某些特定的事物。它意味着特定的判断，评价，姿态。它是一种权威形式，在它的面前，非白种人，甚至是白种人自己，都不得不温顺地俯首称臣。就其所采取的公共形式（殖民政府，领事机构，商贸组织）而言，它是用以表达、传播和实施殖民政策的中介机构，在此机构内，尽管允许一定程度的个人自由，但处于主导地位的是做"白种人"这一非个人化的普遍信念。简言之,做"白种人"是一种非常具体的存在方式,一种把握现实、语言和思想的途径。它使一种特定的风格得以产生。

吉卜林自身的存在不可能只是一种偶然;他笔下的"白种人"也同样如此。这样的观念以及产生这种观念的人具有许多复杂的历史文化背景,其中至少有两个方面的背景是为19世纪的东方学历史所共有的。一个是对事物进行总体归纳和概括的文化习性,通过这些归纳和概括,现实被划分为各种不同的类型:语言,种族,肤色,心性,而每一类型并非一种中性的命名,而更多的是一种评判性的阐释。隐含在这些类型下面的是"我们"与"他们"之间的二元对立,前者总在侵蚀着后者(甚至走到使"他们"完全沦为"我们"的工具的地步)。这一对立不仅为人类学、语言学和历史学所强化,而且必然为达尔文主义物竞天择适者生存的理论所强化,同时还为——这一点具有同样的决定意义——所谓高等文化的人文修辞策略所强化。赋予赫南和阿诺德这类作家以对种族进行归纳概括权利的是他们文化中已经定型的人文传统的基本特征。"我们的"价值(可以说)是自由的,富含人文性的,正确的;这些价值得到纯文学、高雅学术、理性探索这一传统的支撑;作为欧洲人(和白人),每当这些价值的优点得到颂扬时,"我们"即分享着拥有这些东西的快乐。然而,由不断重复的共有价值所形成的人与人之间的这种伙伴关系在将一些东西包含进自身之中的同时也将另外一些东西排除在外。对得到阿诺德、罗斯金、穆勒、纽曼、卡莱尔、赫南、戈比诺或孔德等人辩护的关于"我们的"艺术的每一观念而言,在将"我们"牢牢联结在一起的那一链条的某个内在环节形成的同时,另一个局外环节就被相应地排除在外。尽管此乃这种修辞策略的必然结果，然而，不管它在何时何处出现，我们都必须记住，对19世纪的欧洲而言，使恢宏的学术文化大厦得以建立的背景，可以说，是现实中出现的局外事物（殖民地，贫穷者，违法者），它们在这一文化中的角色是确定那些与**它们**的本质不合的东西。[28]

"白种人"和东方学所具有的另一共同背景是二者控制着相同的"领域"，对这一领域所包含的特殊行为模式、学术模式和支配模式乃至仪式有着清醒的认识。比如说，只有西方人才可以论说东方，正如只有"白种人"才可以命名有色人种或非白色人种一样。东方学家或"白种人"（二者通常可以互换）所做的每一陈述都传达出对存在于白色人种与有色人种或西方与东方之间不可逾越的鸿沟的清醒认识；更有甚者，每一陈述里面都鸣响着将有色的东方人限定在作为**白色西方人的研究对象**的位置——而非相反——这一经验、学术和教育传统的回声。每当人们处于拥有权力的位置——比如说，像克罗默那样——东方人都会被归属于这样一种规则体系之中：其原则只是为了确保东方人从来不会被许以独立地统治自己的权利。这里隐含的前提是，既然东方人对自治一无所知，他们最好维持目前这种状态，这样对他们自己有好处。

既然"白种人"，像东方学家一样，身负对有色人种加以圈定和控制的使命，因此他感到有责任对他所考察的领域进行确定和重新确定。叙事性描述的段落通常与重新归纳出来的对叙事有破坏作用的界定性和评价性段落交替出现；这是以吉卜林的"白种人"为面具的东方研究专家们的作品所具有的典型风格和特征。劳伦斯1918年在给理查兹（V. W. Richards）的信中这样写道：

> ……阿拉伯激发了我的想象。这是一个极为古老的文明，它将那些我们家喻户晓的神祇以及我们毫不犹豫地加以接受的大部分华丽装饰物清除在外。禁物欲的教义是一个很好的教义，它显然也牵涉到某种道德上的苦修。他们关注当下，热爱平静的生活，不追求柳暗花明或峰回路转的境界。这部分地是他们在心智和道德上已走向疲惫的表现，一个已耗尽心神的民族，为了避免陷入困境，不得不抛弃如此多的东西，这想起来就令人害怕；然而，尽管我决不赞同他们的看法，但我却不谴责他们的做法，相反，我认为我能理解他们，能从他们的角度出发看待自己以及其他外国人。我知道我对他们来说是个陌生者，并且会永远如此；然而我无法相信他们，正如我无法转向他们的生活方式一样。[29]

我们可以在杰特鲁德·贝尔下面这段话中找到与此相类似的视角，尽管所论说的对象也许完全不同：

> 这种状态〔即阿拉伯人生活在"战争的状态"〕持续了好几千年，那些读到过沙漠深处的民族的最早记录的人将会告诉我们这一点，因为可以回溯到最早的记录，而阿拉伯人在其后的数千年中没有从经验中得到任何智慧。[30]

对此，我们还应该加上她另一处更深入的评论，以作为上面这一评说的注脚，这一次是关于在大马士革（Damascus）的生活经历：

> 我开始朦朦胧胧地意识到一个伟大的东方城市文明究竟意味着什么，其居民如何生活，他们又在想些什么；我已能和他们和睦相处。我相信我作为英国人的事实帮了大忙。……五年之前我们即已走向世界之巅。差异非常明显。我想这在很大程度上是由于我们在埃及的政府所取得的成功。……俄国的失败起了很大作用，但我想柯曾勋爵在波斯湾和印度的强硬政策所起的作用更大。不了解东方的人不会明白这些东西是怎样相互联成一体的。可以毫不夸张地说，假使当时英国人的使命在喀布尔（Kabul）受阻的话，英国游客在大马士革的大街上一定不会这么顺畅的。[31]

在诸如此类的陈述中，我们立即注意到，"阿拉伯"或"阿拉伯人"有着离群索居、自我设限和总体上说铁板一块的特点，这使个体阿拉伯人无法留下可供描述的生活史的痕迹。激发劳伦斯想象力的是阿拉伯人的清晰，既作为一种意象，又作为一种假定的生活哲学（或态度）：在这两种情况下，劳伦斯所集中关注的阿拉伯人都似乎是从一个经过净化的非阿拉伯人的视角观察到的，就此视角而言，阿拉伯人所拥有的那种本身并没有意识到的原初单纯性是被外在的观察者，即我们所说的"白种人"，所确定的。然而，阿拉伯人的这种单纯性——这从本质上说与叶芝[1]对拜占庭的想象是相符的，叶芝写道，在那里

---

[1] 叶芝（William Butler Yeats, 1865—1939），爱尔兰诗人，剧作家，1923年诺贝尔文学奖获得者。

> 火焰没有禾柴加添，燧石没有火镰燃点，
> 没有风暴的侵扰，只有从火焰中产生的火焰，
> 在那里，只有与肉身俱来的心境降临
> 而狂暴的所有复杂形式都消失得无影无踪。[32]

——是与阿拉伯人的顽固性联系在一起的，似乎阿拉伯没有参与历史发展的一般进程。具有悖论意味的是，对劳伦斯而言，阿拉伯人似乎已经在长期的固持中耗尽了自身。因此，阿拉伯文明的悠久历史所起的作用是将阿拉伯人缩炼还原成一些本质的特征，并且在此过程中使其在道德上逐渐衰耗。留给我们的只是贝尔的阿拉伯：只有几千年的经验而没有智慧。于是，作为一个集合性的实体，阿拉伯人并没有积聚起存在论意义上的甚或是语义的厚度。从"沙漠深处的民族的记录"的一端直到另一端，除了劳伦斯所提到的那种起损耗作用的还原和缩炼外，阿拉伯人似乎丝毫未变。于是我们将得出这样一种假定：如果某个阿拉伯人感受到欢乐，如果他因儿女或父母的死而感到悲伤，如果他觉察到政治专制的不公，那么，这些经验必然要从属于以阿拉伯人的身份存在这一纯粹、素朴和持久的事实。

这种状态的原初性至少在两个层面上同时存在：其一，**在定义中**，这一层面是概约性的；其二（根据劳伦斯和贝尔），**在现实中**。然而，这一绝对的巧合自身并不只是一种巧合。首先，这一巧合只能通过一套既可用来抵达事物的本质，又可用以避免偶然性、环境或经验之干扰的词汇和认识论工具被外在于这一文化的人所制造出来。其次，这一巧合是方法、传统和政治共同作用的必然结果。这两个方面在某种程度上都消除了

抽象的类型——东方人、闪米特人、阿拉伯人，东方等**特定**类型——与所有人都生活于其中的普遍人类现实，亦即叶芝所说的"建立在野蛮基础上的无法控制的神秘"之间的界限。学术探察者把标记为"东方人"的这一类型与现实生活中可能碰到的任何具体东方人混为一谈。多年以来沿袭下来的传统已经赋予谈论闪米特精神或东方精神之类问题的话语以某种合法的地位。政治上的良好判断力教导我们，用贝尔的精彩用语来说，在东方，所有的东西都"联成一体"。因此，东方与生俱来的原初性**就是**东方本身，每一处理或书写东方的人最终都不得不转向这一观念，就好比转向的是不受时间或经验限制的永恒的检验标准一样。

有个很好的途径可以帮助我们理解所有这些是如何具体运用于与东方有关的白人机构、专家和顾问之中的。对劳伦斯和贝尔来说，要紧的只是，他们对阿拉伯人或东方人的参引，隶属于一个可被确认的、权威的表述传统，这一传统能把所有具体细节纳入自身的体系之中。但是，我们可以更进一步追问，"阿拉伯人"、"闪米特人"、或"东方人"又来自何处？

我们已经提到，在19世纪，在赫南、雷恩、福楼拜、高辛·德·帕斯瓦、马克思和拉马丁这些作家那里，对"东方"的普遍概括是如何从每一东方事物所假定具有的代表性那里汲取其力量的；东方的每一构成元素都展示出东方性，程度如此之强烈，以至作为东方人的身份特征压倒了任何与其相对立的特征。东方人首先是东方人，其次才是具体的人。这种根本的类型划分自然为那些以后溯和下溯的方式看待物种类型的科学（我更倾向于称其为话语）所加强，人们假定这是从生物发育和物种进化的角度对物种类型的每一成员所做的解释。因此，在"东方人"这样广泛通行的名称里面存在着一些更具科学性的有效区分；其中的大多数区分主要建立在语言类型的基础之上——比如闪语，达罗毗荼语（Dravidic），含语（Hamitic）——但它们立即便可从人类学、心理学、生物学和文化学中得到支持。比如，在赫南那里，"闪米特"这一语言学意义上的概括可以从解剖学、历史学、人类学甚至地质学的类似观念中得到支持。因此"闪米特"不只可以被用作一种描述或命名；它还可以被运用于任何历史事件和政治事件的综合体，以将具体的事件浓缩概括为既先于这些事件又内在于这些事件的一个内核。因此，"闪米特"是一个超时间、超个体的范畴，旨在根据某个先在的"闪米特"本质来预测每一具体的"闪米特"行为，并且根据某一共有的"闪米特"要素来阐释人类生活和活动的所有方面。

对19世纪晚期欧洲人文文化中这些相对而言比较苛刻的观念情有独钟，似乎显得有些令人难解，除非人们能够记住：语言学、人类学和生物学这些学科的魅力在于它们是经验性的，而不是思辨性或超验性的。不错，赫南的"闪语"（闪米特人），像葆朴的印欧语一样，是一个人为建构的客体，但是，鉴于诸具体的闪米特语言在科学上具有可理解性，在经验上具有可分析性，因此人们认定作为一种原型形式，它是合乎逻辑的、必然的。因此，在试图形成一种原型的、原初的语言类型（以及文化、心理和历史类型）的过程中，人们同时还"试图确定一种基本的人类可能性"，[33] 具体的人类行为即完全从此可能性中产生。这一尝试将是不可能实现的，如果不同时假定——用古典经验论的话来说——心灵与肉体乃相互依赖、不可分割的实体，二者一开始即为一组特定的地域、生物和准历史条件所决定的话。[34] 一旦受到这组条件——当地人无法使用这些条件来发现自身或是对自身进行内省——的限定，就再也无法从中脱身。东方学家对古典的偏向即得到这些经验论观念的支持。在对"古典"伊斯兰教、佛教或波斯教的所有研究中，他们，像乔治·艾略特笔下的卡索邦博士一样，感到自己的所作所为"如同一个古代的幽灵，在世界上游荡，试图从精神上恢复以前的模样，尽管眼中所见的只是一片废墟和沧海桑田般的巨变"。[35]

假使这些有关语言、文化和种族特征的观点仅仅只是欧洲科学家和学者之间所进行的学术论争的一个小小侧面，我们也许会将其视为一个无关紧要的案头剧式的点缀而弃置不顾。然而，问题的关键在于，这一论争所使用的话语和论争本身都流传甚广；在19世纪晚期的文化中，如同莱昂内尔·特里林（Lionel Trilling）所言，"受不断兴起的民族主义和不断蔓延的帝国主义所激发、为不彻底的片面理解的科学所助长的种族理论，几乎取得了无可争辩的地位"。[36] 种族理论，关于原初起源和原初分类、现代堕落、文明之进展、白种（或雅利安）民族之命运、获取殖民领地之需要的观念——所有这些都是这个时代特殊的科学、政治和文化聚合体的构成元素，其最终趋向几乎毫无例外地总是试图将欧洲或欧洲民族提升到支配非欧洲民族的位置。同时，人们一般都同意，根据由达尔文本人所认可的一种经过奇怪变形的达尔文主义理论，现代东方人是东方以前所具有的辉煌时代衰变之后所剩下的残迹；人们对东方古代或"古典"文明的感知是通过其衰微而混乱的现代形式实现的，但这一看法必须依赖下面这些前提：其一，拥有非常精妙的科学技巧的白人专家能够完成筛选和重建的工作，其二，由一些具有高度概括性的类型（闪米特人，雅利安人，东方人）组成的一套词汇所指涉的不是虚构物，而是一连串表面上具有客观性的、得到普遍认同的现实区分。因此，对什么是东方人所能做和所不能做的东西的评论可以得到由下面这些人所表达出来的那种生物学"真理"的支持：查尔斯·迈克尔（Charles Michel）的文章《从生物学角度看我们的对外政策》("A Biological View of Our Foreign Policy")（1896），托马斯·亨利·赫胥黎（Thomas Henry Huxley）的著作《人类社会的生存竞争》(The Struggle for Existence in Human Society)（1888），本杰明·基德（Benjamin Kidd）的《社会进化》(Social Evolution)（1894），约翰·克罗泽尔（John B. Crozier）的《现代进化过程中的学术发展史》(History of Intellectual Development on the Lines of Modern Evolution)（1897—1901）以及查尔斯·哈维（Charles Harvey）的《英国政治的生物学》(The Biology of British Politics)（1904）。[37]人们假定，如果语言之间的差异有语言学家所说的那么大的话，那么，语言使用者——他们的思维、文化、可能性甚至他们的身体——之间也存在着同样大的差异。而且，这些差异背后隐藏着一种本体论和经验论的真理，这一真理的力量令人信服地呈现在关于起源、发展、个性和命运的研究之中。

这里所强调的是，这一关于种族、文明和语言之间显著差异的真理是（或被假定为）根本性的，无法消除的。它直达事物的本原，它断定人们无法从起源以及起源所产生的类型中逃离；它设定了人与人之间的现实边界，不同的种族、国家和文明即建立在此边界的基础之上；它迫使人们的想象脱离像欢乐、痛苦、政治组织这样共同的、普遍的人类现实，迫使人们将注意力回溯并下溯至那不变的源头。科学家在研究中无法逃脱这样的源头,正如东方人无法逃脱"闪米特人""阿拉伯人"或"印度人"这样的抽象类型划分一样,这些类型将东方人目前的现实——衰微的、被殖民的、落后的现实——排除在外,除非作为供白种研究者进行说教的对象。

专业化的研究赋予人们许多特殊的便利。我们记得雷恩既能以东方人的面目出现又能保持学术上的客观公正。他所研究的东方人实际上成了**他自己**的东方人,因为他不仅将其视为实际生活中的人,而且将其视为出现在他的叙述中的对象。这一双重的视角隐含着一个根本的矛盾。一方面,现代东方生活着各种各样的人;另一方面,这些人——作为供研究的对象——又被概括为"埃及人","穆斯林人",或"东方人"这样的抽象类型。只有学者才能够觉察并且处理这两个层面之间的差异。前者总是呈现出多种多样的面貌,然而,这一多样性又总是受到限制,被向后、向下抽象概括为某种**基本的**终极形式。每一现代的、当地的行为都被归入这一原初的终极形式之中,而这一原初形式在此过程中又得到进一步的加强。这种向原初形式的"发送"正是东方学的**基本准则**(*discipline*)。

雷恩所具有的既能将埃及人处理为现实生活中的人又能将其作为具有**独特特征**(*sui generis*)的类型的能力不仅来源于东方学的上述基本准则,而且来源于人们对近东穆斯林或闪米特人所形成的得到普遍认同的观念。没有哪个民族能像东方闪米特人那样可以使人们将当代人与其原初形式结合在一起。当代犹太人和穆斯林人,作为东方学的研究对象,只有从其原初起源入手才能得到理解:这曾经是(而且在某种程度上仍然是)现代东方学的基石。赫南将闪米特人视为发展受阻的例子,从功能的角度而言,这意味着在东方学家眼中,没有哪个现代闪米特人,不管他在多大程度上认为自己是现代的,可以摆脱其起源施加在他身上的强大制约力。这一功能性制约力既作用于时间的层面,也作用于空间的层面。没有哪个闪米特人在时间的发展上能超越于其"古典"时期之外;没有哪个闪米特人可以撼动他的帐篷和他的部落所处的荒野的和沙漠的环境。"闪米特人"现实生活的每一方面都可以,而且应该被回溯至"闪米特人"这一原初的阐释类型之中。

这种参照系——通过这一参照系,每一具体的现实行为都可被简化还原为少数阐释性的"原初"类型——到19世纪晚期已具有相当大的现实制约力。公共管理领域中的官僚习气已移植到了东方学之中。整体体系比单个实例更有用,单个人之所以有意义主要在于他可以作为某个抽象类型的具体例证。我们必须把东方学家所扮演的角色想象为一个小职员,不断地将各种各样的具体卷宗归入一个贴有"闪米特人"标签的大文件柜中。得益于比较人类学和原始人类学领域的近期发现,一个像威廉·罗伯逊·史密斯(William Robertson Smith)这样的学者可以根据近东居民宗教实践的形式和内容将其归入一个大的类型之中,并且对其亲缘关系和婚姻习俗进行描述。史密斯的工作所具有的力量在于它对闪米特人进行了清晰而彻底的解神秘化(demythologizing)处理。伊斯兰教和犹太教所呈现给世界的那些象征性的障碍被弃置一边;史密斯使用闪语语言学、神话学和东方学以"建构……一幅与所有阿拉伯现实情形相符的社会发展的假想画面"。如果这一画面能够成功地揭示出以图腾崇拜或动物崇拜为基础的一神论所具有的先在的并且仍然具有影响力的根源,那么可以说,这位学者取得了成功。史密斯认为，这一点并不因"来源于穆罕默德的那些东西竭尽全力为这一古老异教信仰的所有具体细节披上了一层面纱"[38]这一事实而转移。

史密斯有关闪米特人的研究涵盖了神学、文学和历史学等领域；他在进行自己的研究时对东方学家的研究有着充分的认识（比如，可以参见史密斯1887年对赫南《以色列民族史》〔*Histoire du peuple d'Israël*〕的猛烈抨击），更重要的是，他的研究旨在为人们理解现代闪米特人提供帮助。因为，我认为，史密斯是将"作为专家的白种人"与现代东方联系在一起的学术链条中的关键一环。没有史密斯，被劳伦斯、贺加斯、贝尔和其他学者作为关于东方的专门知识而传送的那种经过抽象概括的智慧根本就不可能产生。而且，如果没有对"阿拉伯现实"的直接体验，像史密斯这样一位具有古典倾向的学者连他现在一半的权威也不可能获得。在史密斯身上，是对原初类型的"把握"与看出隐藏在当代东方经验现实背后的一般真理的能力的结合，使他的著作有了现在这种分量。而且，正是这一特殊的结合预示了那种使劳伦斯、贝尔和菲尔比得以建立其声名的专业风格的产生。

像在他之前的伯顿和查尔斯·道蒂一样，史密斯游历了汉志（Hejaz）地区，时在1880年至1881年。阿拉伯地区一直是特别受东方学家青睐的地方，不仅因为穆斯林人视伊斯兰教为阿拉伯地区的**独特风色**（*genius loci*），也因为汉志从历史的角度而言正如从地理的角度而言一样贫瘠而落后；因此，阿拉伯沙漠就被视为这样一块地方：人们可以以完全相同的形式（以及相同的内容）描述其过去和现在。在汉志，你可以不加分别地谈论穆斯林人、现代伊斯兰、原初伊斯兰。史密斯可以将他从闪语研究所赢得的权威带入这一缺乏历史基础的词汇之中。我们从他的评论中听到的是一位将**所有**论说伊斯兰教、阿拉伯人和阿拉伯地区的前辈学者的观点统括在一起的学者的声音:

> 穆罕默德教的特征是,所有民族情感都具有宗教层面的内涵,甚至穆斯林国家的整个政治和社会形式都包裹在宗教的外衣之中。但如果由此假定真诚的宗教情感渗透进了所有以宗教形式为自己提供合理论证的东西之中则将是一个错误。阿拉伯人的偏见根源于一种保守主义,这种保守主义比他对伊斯兰的信仰更加根深蒂固。实际上,这位预言家的宗教有一个重大的缺陷,它使自己如此轻易地屈服于使其教义首先得到宣扬的那个民族的偏见,而且将如此多野蛮且过时的观念置于自己的保护之下,这些观念甚至穆罕默德本人也无法看出有什么宗教价值,只不过为了促进他的教义的传播而将其纳入自己的体系之中。然而,许多对我们来说最能体现穆罕默德教的东西在《古兰经》中却找不到根据。[39]

这段精妙的逻辑推理最后一个句子中的"我们"一词清晰地显露出"白种人"的优越视角。这一优越的视角使"我们"可以在第一个句子中说穆斯林国家的所有政治和社会生活都被"包裹"进了宗教的外衣之中(伊斯兰的特征因而可以被归结为集权和专制),也使我们在接下来的第二句中可以说宗教只不过是穆斯林教徒一个堂而皇之的借口(换言之,所有穆斯林从本质上说都是伪君子)。第三句声称伊斯兰教——尽管坚守阿拉伯人的信仰——并没有真正改变阿拉伯人根深蒂固的前伊斯兰保守主义。作者并没有就此而止。因为如果说伊斯兰作为一个宗教是成功的，那是因为它糊里糊涂地让这些"地地道道"的阿拉伯偏见得以滋生；这样一种策略（我们现在站在伊斯兰的角度可以看出它不过是一种策略）的形成必须归咎于穆罕默德，他归根到底是一个冷酷无情的阴谋家。但所有这些在最后一句中都或多或少被消除，这时史密斯使"我们"确信他关于伊斯兰所说的一切都是无效的，因为西方对伊斯兰教本质的理解根本上与"穆罕默德教"的本意不符。

逻辑的同一律和不矛盾律显然并没有捆住东方学家的手脚。在他们身上起支配作用的是东方学的专门知识，这一专门知识建立在一种集体形成的不容辩驳的真实性的基础之上，东方学家凭借自己手中哲学和修辞学的武器完全能够把握住这一真实性。史密斯可以毫无顾忌地谈论"阿拉伯人空泛、实用以及……本质上具有非宗教性的思维习惯"，谈论作为"系统构造的虚假学说"的伊斯兰教，谈论"对伊斯兰信仰——这一信仰体系建立在繁文缛节和无味重复的基础上——产生敬意"的不可能性。他对伊斯兰的攻击并不是从相对主义的立场出发的，因为他很清楚，欧洲和基督教的优越性是实际存在而不是想象出来的。归根到底，史密斯的世界观是二元的，这一点可以从下面这段话中看出来：

> 阿拉伯旅行者与我们自己的极为不同。从一个地方不断移向另一个地方简直只会令他心烦，他并不能〔像"我们"那样〕感受到这一过程的快乐，他对饥饿和劳累抱怨不已〔而"我们"却不会〕。你永远无法说服东方人从骆驼背

上下来后还有比立即蜷缩进毯子中歇息、抽烟喝水更值得做的事。而且，阿拉伯人几乎不会为风景所打动〔但"我们"会〕。40

"我们"这样，"他们"那样。究竟是哪位阿拉伯人，哪位伊斯兰教徒，何时，怎样，根据什么样的标准：所有这些对史密斯在汉志的考察和经历来说似乎都是无关紧要的。重要的只是，人们所知或所能了解的有关"闪米特人"和"东方人"的一切不仅得到已有资料的证实，而且得到了现实的证实。

20世纪英国和法国著名东方学家的研究就是从这样一种强制性的框架之中产生的——通过这一框架，现代"有色"人就被牢牢地与由白种欧洲学者所形成的有关该有色人种的语言学、人类学和宗教原型的普遍真理联结在一起。这些专家同时还将其私人神话和困惑带入这一框架之中，这些私人神话和困惑在道蒂和劳伦斯这样的作家那里已经得到相当多的关注和研究。每人——布兰特，道蒂，劳伦斯，贝尔，贺加斯，菲尔比，赛克斯，史多斯——都相信他对东方事物的看法是个人性的，是从与东方、伊斯兰或阿拉伯的个人性遭遇中自然产生的；每人都表达了对有关东方的官方知识的轻蔑。"这里毒辣的阳光使我成为一个阿拉伯人"，道蒂在其《阿拉伯沙漠旅行记》(*Travels in Arabia Deserta*)中写道："但却从没迫使我成为一个东方学家。"然而，他们最终都（布兰特除外）表露出西方传统上对东方的敌意和恐惧。他们的观点、他们的宏观概括完善了现代东方学的学术风格并且使其具有了个性特征。（道蒂在上引讽刺东方学的同一个地方曾经这样写道："我们几乎可以为闪米特人画这样一幅肖像：他们蹲在阴沟里，眼睛碰到地面，额头碰到天。"⁴¹）他们行动，他们承诺，他们根据这些概括对公共政策提出建议；而且，显然具有讽刺意味的是，他们在其自身的文化中获得了白种东方人的身份——尽管，就道蒂、劳伦斯、贺加斯和贝尔而言，他们在处理东方的过程中并没有（像史密斯那样）彻底鄙弃东方。对他们来说要紧的只是维持"白种人"对东方和伊斯兰的控制。

一种新的动态关系从此计划中产生了。人们要求东方研究专家做的不再只是"理解"：他们必须使东方表演，东方的力量必须被吸纳进"我们"的价值、文明、兴趣和目标之中。关于东方的知识被直接转化为实际的活动，活动的结果是产生了关于东方的新的思潮和行动。但这些东西反过来又要求"白种人"对东方进行一种新的控制，不过不是以东方研究专家的身份，而是作为当代历史、东方现实（这一现实，由于是他所引发的，因此只有他才能做出恰当的理解）的创造者。东方学家现在已融入到了东方历史之中，与其难解难分，成了东方历史的塑造者，成了东方在西方人眼中的典型符号。下面是对这一动态关系的简要说明：

> 一些英国人——以基钦纳[1]为典型代表——相信，阿拉伯人反抗土耳其的叛乱将帮助英国在与德国作战的同时击败其盟友土耳其。他们有关阿拉伯语民族的本性、力量和国家的知识使他们相信这类叛乱的结果将是令人愉快的：并且指出了其特征和方法。于是他们让它发生，让

---

[1] 基钦纳（Lord Horatio Herbert Kitchener, 1850—1916），英国陆军元帅，曾残酷镇压南非布尔人，第一次世界大战时任陆军大臣。

人相信它会得到英国政府的帮助。然而,麦加长官(the Sherif of Mecca)的叛乱最终令大多数人大吃一惊,并且发现其盟友们对此毫无准备。它所激起的情感反应非常复杂,它既使人交友也使人树敌,就在这一复杂的冲突过程中,其计划流产了。[42]

这是劳伦斯自己对其《智慧的七大支柱》(*The Seven Pillars of Wisdom*)第一章所做的概括。"一些英国人"的"知识"在东方激发了一个运动,其"计划"带来了非常复杂的后果;这一新的、复活了的东方所具有的模棱两可性,它所带来的半真半想象、半悲剧性半喜剧性的结果成了专业写作的主题,成了一种新形式的东方学话语,这一话语提出了对当代东方的新的想象视野(vision),这一想象视野不是作为对东方的一种叙事呈现,而是代表着它所有的复杂性、疑难和破灭的希望——通过这一想象视野,白人东方学家对东方做出了预言性的、明确而清晰的界定。

叙事呈现为想象视野所挫败——这一点即使在《智慧的七大支柱》这样具有如此明确的叙事特征的作品中也同样成立——我们在雷恩的《现代埃及风俗录》中已经遇到过这种情况。对东方的全面概括(描述,历史性记录)与对东方所发生事件的叙述之间的冲突存在于好几个层面之中,涉及好几个方面的问题。由于这一冲突在东方学话语中经常以新的面目出现,在此值得对其稍加分析。东方学家居高临下地审视东方,目的是为了把握呈现于他面前的整个画面——文化、宗教、心性、历史、社会。为了做到这一点,他必须借助一套抽象的类型(闪米特人、穆斯林心性、东方,等等)以看清每一细节。

由于这些类型从根本上说具有概括性并且行之有效，由于人们或多或少假定没有哪个东方人能以东方学家同样的方式了解自己，任何与东方有关的想象视野的连贯性和力量，最终都必须依赖于那些有能力这样做的人、机构或话语。任何总体想象视野从根本上说都是保守的，我们已经注意到，上述观念一直保留在西方近东观念的历史中，尽管可以找到许多与其相冲突的证据。（实际上，可以说，这些观念本身即产生了能证明其有效性的证据。）

东方学家是这种总体想象视野的主要代言人；雷恩是下面这一做法的典型例证：某一个体相信能够使自己的观念甚或自己之所见，服务于对被大家普遍认定为属于东方或东方民族的整体现象进行某种"科学"解释的急迫需要。因此，想象视野，正如19世纪晚期东方学中常见的那些科学类型一样，是静态的：没法求助于"闪米特人"或"东方心性"之外的东西；这是一些终极性的类型，它们将东方人各种各样的具体行为限定在这一领域的总体范围之内。作为一个学科，作为一个专业，作为一种专门的语言或话语，东方学将赌注押在整个东方能永久长存上面，因为如果没有"东方"也就不会有"东方学"这种连贯的、可以理解的、被清晰地表达出来的知识体系。因此，东方属于东方学，正如人们假定存在着某种属于（或关于）东方的信息一样。

在这一"共时本质论"（synchronic essentialism）[43]——我之所以称其为想象视野是因为它假定可以对整个东方进行一种全景式的观照——的静态系统内，存在着一种持久的压力。压力的来源是叙事，因为只要一显示东方细节的运动或发展，历时性（diachrony）就被引入这一系统之中。曾被视为稳定的东西——东方一直被视为稳定、不变和恒久的代名词——似乎一下子变得不那么稳定了。不稳定暗示历史,连同它颠覆性的细节、它变革的大潮以及它成长、衰落或急剧变动的趋势,在东方是可能存在的,且这种可能也是合理的。历史以及对历史进行表述的叙事认为,用想象视野来概括这一点是不合适的,如果将"东方"视为一个绝对本体论意义上的类型,它就会失去任何现实变化的可能性。

而且,叙事是书面历史用以抵抗顽固存在的想象视野的特有形式。当雷恩拒绝为他自己以及他所提供的信息勾勒线性发展的轮廓时,他察觉到了叙事的危险性,因此他宁愿采用百科全书或字典编纂这种横截面式的想象视野。叙事肯定人具有出生、成长和死亡的历时发展能力,肯定机构和现实具有变化的趋势,肯定现代性和当代性最终将获得超越"古典"文明的可能性;更重要的是,它认定想象视野对现实的支配不过是一种获取权力的愿望,一种寻找真理和解释的愿望,而不是历史的客观趋势。简言之,叙事为单一的想象视野网络引入一种对立的视点、角度和意识;它打破了想象视野所具有的阿波罗式的和谐与宁静。

当东方受第一次世界大战的影响被推上历史舞台时,上面的这一任务是由"作为代理人的东方学家"(Orientalist-as-agent)来完成的。汉娜·阿伦特(Hannah Arendt)敏锐地观察到,与政府官员相对应的是帝国主义的代理人,[44] 也就是说,如果被称为东方学的集体学术努力是一个建立在某种保守的东方想象视野基础上的官僚机构的话,那么,这一想象视野在东方的执行者就是像劳伦斯这样的帝国主义代理人。在他的作品中我们可以最清楚地看到叙事历史与想象视野之间的冲突,因为——用他的话来说——"新的帝国主义"试图为"将责任强加到当地民族身上的时代潮流"推波助澜。⁴⁵ 欧洲列强之间的竞争促使东方人开始以积极的态度对待生活，使僵化消极的东方进入充满竞争的现代生活之中。然而，重要的是，绝不能让东方以自己的方式行事或脱离西方的控制，因为存在着这么一个经典的看法：东方人缺乏自由的传统。

劳伦斯的工作之所以具有极大的戏剧性是因为它对下面这样一种系列努力进行了象征性的表达：首先，激发（无生命、无时间、无力量的）东方进入运动状态；其次，为这一运动赋予一个本质上属于西方的形式；第三，将这一被激发起来的新的东方限定在个人想象视野的范围之内，这一个人想象视野所采用的后溯方式里面存在着一种强烈的失败感与泄气感。

> 我意欲创造一个新的国家，恢复它已经失去的影响，为两千万闪米特人的民族思想建造一座神启的梦幻王宫打下基础。……我所得到的印象是，大英帝国所有属地的价值加起来还抵不上一个死去的英国小孩的价值！如果我已使东方恢复了自尊、目标、理想，如果我已使人们更急迫地感受到白种人统治红种人的需要，那么，我已使那些民族在新的联邦中找到了自己的合适位置，在此联邦中，起支配作用的种族将忘掉他们野蛮的成就，白色红色黄色棕色黑色人种将并肩而立，消除睥睨与轻蔑之成见，共同服务于这个世界。⁴⁶

这一切，不管是作为一种意图，一种实际行动，还是作为一种注定无法实现的计划，如果一开始即缺乏白人东方学家的视角的话，是绝不可能发生的：

> 从布莱顿[1]的犹太守财奴、阿多尼斯的崇拜者、大马士革妓院中的浪子身上都可以看出闪米特人对享乐的爱好，从另一个角度来看，这些符号里面又隐含着艾赛尼派信徒[2]、早期基督教徒或最早的哈里发们的自我克制，他们为虚心的人寻找最易于到达天堂的道路。闪米特人即徘徊于寻欢作乐与自我克制二者之间。

支撑劳伦斯这些观点的是一个值得尊敬的传统，这一传统如同一座灯塔，其光柱一直照亮着整个19世纪；当然，位于其光源正中的是"东方"，它足以使人们对其辐射范围之内的所有东西一览无余。犹太人、阿多尼斯的崇拜者、大马士革的浪子与其说象征着一种人性类型，还不如说象征的是被称为闪米特人并且被东方学的闪米特分支联成一体的一种符号领域。在这一领域之内，存在着某些可能性：

> 阿拉伯人可能会死死抓住某个观念不放，就像死死抓住一根绳子一样；因为他们一味盲目忠诚的大脑只能使其成为恭顺的仆人。他们之中也许没有人会逃脱这种束缚，直到最后的结果降临；也没有人会逃避责任、义务和承诺。然后，这一观念消失，工作也告结束——当然是毫无结果。

---

[1] 布莱顿（Brighton），英格兰东南部城市。
[2] 艾赛尼派信徒（the Essenes），公元前2世纪至公元1世纪间盛行于巴勒斯坦的一个犹太教派别，严守律法和教规，过严格的禁欲生活。

他们没有信念,因此可以被随意地带往天涯海角(但却不可能被带往天堂),只要让他们感受到世界的丰富和快乐就可以了;但如果他们在半路上……遇到某一观念预言式的鼓吹者——这一鼓吹者无处安身,只有靠施舍与飞鸟为食——那么他们全都会为了领受这位预言家的启示而抛弃一切财富。……他们像水一样不稳定,而且会像水一样最终淹没一切。自其生命的黎明时期开始,他们一直在用一阵又一阵的浪潮冲刷其肉体的海岸。每一浪潮都跌碎了。……我曾经用某个观念激发起了其中的一个浪潮(绝非最微不足道的)并且令其翻滚向前,一直到达巅峰,然后坍塌跌落在大马士革。这一浪潮在已成事物的抵挡下所残留的冲击物将为下一次浪潮提供物质基础,在恰当的时刻,大海又将泛起汹涌的波涛。

劳伦斯用了"可能会""也许会"和"如果"这些虚拟性的措辞使自己得以进入这一领域之中。于是,在最后一句中他就可以使用"将"这种直陈性的语词,以阿拉伯人操纵者的身份预测其未来。像康拉德笔下的库尔茨(Kurtz)一样,劳伦斯将自己与世界脱离开来,以与新的现实相认同,目的是——他后来说——使自己可以担负起"将作为必然的时代趋势而出现于我们面前的新亚洲……强行纳入既定的形式之中"的职责。[47]

阿拉伯叛乱只有当劳伦斯赋予它意义时才获得其自身的意义;他以这种方式赋予亚洲的意义是一种获胜感,"一种不断扩展自己的心境……在此心境中我们感到我们已经承受了别人的痛苦、经验或人格"。东方学家现在已经成了东方的代表,与雷恩这类早期的参与性观察者(participant observer)大相径庭,对后者而言,东方是某种必须小心翼翼地加以控制的东西。在劳伦斯那里,白种人和东方人之间存在着不可调和的冲突,这一冲突本质上是东西之间的历史冲突在他头脑中的重演,尽管他没有明说。由于意识到自己对东方的权力,意识到自己身上的两面性,但却没能意识到东方存在着某种东西,这一东西可以使他认识到历史归根到底是历史、没有他阿拉伯人照样会处理好与土耳其的冲突,于是,劳伦斯就通过**他的**想象视野将这一叛乱的整个进程(其短暂的成功及其最终的失败)还原为一场无法解决的"持久内战":

> 然而实际上,我们之所以要代表东方是出于我们自身的考虑,或至少是因为它涉及我们自身的利益:要摆脱这一看法只有通过观念上和动机上的装聋作哑才能实现。……
>
> 对我们这些引路人来说,似乎无捷径可寻,这是一条曲折的道路,充满无数隐秘、卑劣的动机,前驱者所做的努力往往被消除殆尽或备遭攻击。[48]

除了这种真切的失败感之外,劳伦斯后来还会加上一种有关那些将胜利果实从他身上窃走的"老人们"(the old men)的理论。无论如何,对劳伦斯来说,重要的只是作为白人专家,作为多年以来所形成的关于东方的学术智慧和大众智慧的继承者,他能够使自己的存在方式屈服于他们的方式,此后将充当的是推动"新亚洲"运动的东方预言家的角色。如果——不管出于什么原因——这一运动没能取得成功(被他人窃取,其目标被背叛,其独立梦想被打破),值得关注的也只是**劳伦斯**的失望（而不是别的东西）。因此，劳伦斯根本没有迷失在相互冲突的事件大潮之中，相反，他使自己彻底认同于亚洲争取新生的斗争。

如果说埃斯库罗斯在作品中哀悼的是亚洲的损失，内瓦尔表达的是对东方并没有他想象的那么富于魅力的失望，那么，劳伦斯则使自己**变成了**这一哀泣的大陆以及一种极具喜剧性幻灭色彩的主体意识本身。最终，劳伦斯——不仅仅归功于洛威尔·托马斯（Lowell Thomas）和罗伯特·格雷夫斯（Robert Graves）——以及劳伦斯的想象视野成了东方所面临的问题的象征：简言之，劳伦斯通过在读者和历史中散布他的认知经验而为东方承担起了责任。实际上，劳伦斯呈现在读者面前的东西是一种赤裸裸的专业权力——也就是暂时变成东方的权力。所有假定与阿拉伯叛乱有关的历史事件最终都被简化为劳伦斯对这些事件的经验。

因此，在这种情况下，风格不仅仅是对亚洲、东方或阿拉伯人这种巨大的抽象类型进行象征化处理的权力；它同时还是一种移置与归并的形式，借助这一形式，单个的声音就变成了整体的历史，成为——对作为读者或作者的白种欧洲人来说——东方可以被认知的唯一形式。正如赫南为闪米特人的文化、思想和语言展现出了一个可能的领域一样，劳伦斯也以同样的方式勾勒出了现代亚洲的时间和空间（实际上是挪用了其空间）。这一风格的结果是充满诱惑地将亚洲拉到了西方的面前，但仅仅是在一个非常短暂的时刻。最终留给我们的是一种痛苦的距离感，仍然将"我们"与注定要被永远打上陌生与新异标记的东方分隔开来。这一令人失望的结论得到福斯特（E. M. Forster）《印度之行》（*A Passage to India*）结尾的证实，

在此,阿齐兹(Aziz)和菲尔丁(Fielding)试图达成但终究未能达成和解:

> "我们现在为什么不能成为朋友呢?"另一个说,深情地将他拥在怀里。"这是我想要的。这也是你想要的。"
> 但这却不是他们的坐骑想要的——它们突然分道扬镳;也不是他们脚下的土地想要的——在此崎岖的岩石上,只能单骑独行;寺庙、水池、监狱、殿宇、飞禽、走兽、客房,鸿沟无处不在:所有的东西都不想他们成为朋友,它们以成百上千种不同的声音在说:"不,还不到时候",而天空则说,"不,不是合适的地方"。[49]

这种风格,这种简明的界定,是东方永远必须面对的。

尽管充满悲观气息,在其措辞背后却隐含着一种明确的政治信息。东西之间的裂痕——克罗默和贝尔福深知这一点——可以通过西方处于优势地位的知识与权力来弥缝。在法国,劳伦斯的想象视野得到了莫里斯·巴赫斯记录其1914年近东之行的《黎凡特诸国探行记》(*Une Enquête aux pays du Levant*)的补充。像它之前如此多的作品一样,《探行记》是一部概要式的作品,其作者不仅在东方探寻西方文化的资源和源头,而且重复了内瓦尔、福楼拜和拉马丁东方之旅的旧套。然而,对巴赫斯而言,他的旅行中有一新增的政治层面的内容:他试图为法国在东方的建设性作用寻找证明和确凿的根据。然而,在英国和法国的专门知识之间仍然存在着差异:前者试图寻求民族和领土的实际联合,而后者则试图处理的是精神领域中的可能性。对巴赫斯而言,法国在场的最好证据存在于学校之中,在这里，正如他在谈到亚历山大城的一所学校时所说，"可以令人欣慰地看到那些东方小姑娘们〔在她们所说的法语中〕如此欣然地接受了并且精彩地复制着法兰西的**幻想**与**旋律**"。即使那里并不是法国的实际殖民地，法国在那里也并非完全一无所获：

> 在那里，人们对法国怀有如此虔诚和强烈的感情，以至能够吸纳并且缓和我们如此众多的热望和幻想。在东方，我们代表着高贵的精神、正义和理想。英国在那里炙手可热；德国更是有着无上的权力；但我们控制着东方人的灵魂。

在与尧赫斯[1]的激烈论争中，这位著名的欧洲"医生"建议为亚洲注射疫苗以使其能抵抗自身的疾病，将东方人西方化，使东方人与法国建立起有益健康的联系。然而，即使是在这些计划中，巴赫斯的想象视野仍然保留着东西方之间的传统差异，尽管他声称这些差异在不断减弱。

> 我们怎样才能从那些不愿意与传统相隔离、愿意按照自身的规范继续发展、愿意继续接受家庭传统的影响并因而在我们和当地人之间建立起联系的东方人那里为我们自己建立一个现实可行的知识核心？我们怎样才能构想出这样一种观点，它可以为那些有希望被我们〔在东方〕的政治未来所采纳的协议与合约铺设道路？所有这些最终都关涉

---

〔1〕 尧赫斯（Jean Léon Jaurès, 1859—1914），法国社会主义者，左派议员。

到激发这些陌生民族产生与我们的智慧保持接触的兴趣，尽管这一兴趣也许实际上来自于他们对自身民族命运的认识。[50]

最后一句中的强调是巴赫斯自己所加。与劳伦斯和贺加斯（后者《漂泊的学者》〔The Wandering Scholar〕一书是对1896年和1910年两次黎凡特之行的翔实记录[51]）不同，他所描写的是一个只有渺茫可能性的世界，因此，巴赫斯更倾向于认为东方有着自己的发展道路。然而，他之所以承认东西方之间存在着联系（或纽带），是为了使西方得以向东方施加某种持续的知识压力。巴赫斯看待事物不是根据潮流、战争、精神探险，而是出于培养一种知识帝国主义这一微妙而无法消除的愿望和需要。而由劳伦斯所代表的英国的想象视野关涉的则是东方的主流活动，关涉的是在白人专家的引导与控制之下的各种民族、政治组织和运动；东方是"我们"的东方，"我们"的民族，"我们"所控制的领地。法国人比英国人更有可能对精英与大众进行区分，其感受和策略总是建立在少数民族、建立在法国与其殖民地婴儿所形成的精神共同体之中所隐含的压力的基础上。在第一次世界大战期间以及其后，英国"作为代理人的东方学家"（agent-Orientalist）——劳伦斯、贝尔、菲尔比、史多斯、贺加斯——既充当（由雷恩、伯顿、赫斯特·史丹霍普在19世纪所创造的）"专家-探险家-怪人"（expert-adventurer-eccentric）的角色，又充当殖民权威的角色，起着仅次于本地统治者的核心作用：劳伦斯与哈希姆王室（the Hashimites）、菲尔比与沙特王室（the House of Saud），是最为人们熟知的两个例子。英国的东方专门知识所关注的是一致性、正统性和至高无上的权威性；法国两次大战期间的东方专门知识则关注的是异端性、精神联系和怪异性。因此，毫不奇怪，这一时期两位具有代表性的学者是吉勃和路易·马西农，一为英国人，一为法国人；一个对伊斯兰教的"逊奈"[1]观念（或正统观念）感兴趣，另一个则集中关注曼苏尔·哈拉吉这位类似于基督的、充满神智学色彩的苏菲派人物。稍后我会重新回到这两位重要的东方学家。

我之所以在这一节里把注意力如此集中在帝国主义代理人和政策制定者而非专业研究者身上，是为了强调东方学、关于东方的知识、与东方的交流所发生的从学术性态度向**工具性**态度的重大转变。与此转变伴随而来的是单个东方学家态度的转变，他们再也不必——像雷恩、萨西、赫南、高辛、缪勒等人那样——认为自己属于某个有自身内在传统和惯例的专业团体。现在东方学家已成为其所属的西方文化的代言人，他将一种显而易见的两重性压缩进自己的作品中，他的作品（不管采用什么样的具体形式）正是这一两重性的象征表现：西方的意识、知识、科学控制着最遥远的东方地域以及最微细的东方要素。东方学家认为自己完成了东方与西方之间的联合，但主要是通过进一步确认西方在技术上、政治上和文化上处于优势地位的方式。在这样一种联合中，历史如果没有被完全消除的话也受到了根本的削弱。人类历史——东方的或西方的——被视为一种发展潮流、一种叙事类型或一种系统地展现于时空之中的动态力量，被归属于一种充满本质论和理想色彩的东方或西

---

[1] 逊奈（Sunna），即"圣行"，指穆罕默德创教过程中的种种行为及其所默认的弟子的行为。

方概念。由于感到自己站在东西分界线的交汇处,东方学家不仅用极为抽象的概括来进行表述,而且试图将东方或西方生活的每一方面都转变为用以代表与其相对的另一地理区域的直接符号。

东方学家作品中存在的作为专家的自我与作为西方代理人的起证明和观看作用的自我之间的相互交换,以一种视觉性的方式显著地呈现出来。下面是邓肯·麦克唐纳经典性的著作《伊斯兰的宗教态度与生活》(*The Religious Attitude and Life in Islam*)(1909)中的一个代表性片段:

> 阿拉伯人不仅将自己显现为特别容易产生信仰,而且显现为头脑清醒、唯物、敢于怀疑、嘲弄自己的迷信,喜欢对超自然的东西进行检验——所有这些都以一种轻飘得有点奇怪、几近天真的方式表现出来。[52]

这里起支配作用的动词是**显现**,它让我们明白阿拉伯人是为了得到专家的细致考察而向专家显现自身的(不管其是否甘愿如此)。由一系列同位语归属到他们身上的那些性质使"阿拉伯人"的生存方式有着某种空灵性;因此,"阿拉伯人"就被重新放回到"天真的原始"这一现代人类学中常见的非常宽泛的描述之中。麦克唐纳同时还暗示,对这类描述来说,西方东方学家占据着特别有利的位置,其代表性功能正是**显现**那些必须被人见到的东西。这样,所有特定的历史都能够在东方与西方的顶峰或敏感前沿被人们看到。人类生活复杂多变的内容——我一直将其称为作为叙事的历史——与不断循环的想象视野相比要么变得不相干,要么变得微不足道:在这一想象视野中,东方生活的细节仅仅用来进一步确认对象的东方性和观察者的西方性。

如果这种视野在某些方面让我们想起但丁的视野，我们绝不应该忽视在这种类型的东方与但丁的东方之间所存在的巨大差异。在此，人们试图使证据具有（也许是认为它具有）科学性；从其渊源谱系的角度而言，它可以追溯到19世纪欧洲的知识科学与人文科学。而且，东方不是简单的奇迹，不是敌人，也不是异域风情之一种；它是具有重要意义和能量的政治现实。像劳伦斯一样，麦克唐纳不可能将他作为西方代言人的角色与其作为学者的角色真正分离开来。因此，他对伊斯兰的想象视野，正如劳伦斯对阿拉伯的想象视野一样，将对物体的**界定**与做界定的人的**身份认同**混淆在一起。所有阿拉伯东方人都必须与西方学者对东方所建构的那种想象视野相适应，同时也必须适应于西方与东方的特定遭遇，在此遭遇过程中，西方人之所以能重新把握东方的本质是因为对东方天生地有一种陌生感。对劳伦斯而言，就像对福斯特一样，后者带来的是失望与挫败感；对麦克唐纳这样的学者而言，它却是对东方学话语的一种加强。

而且，它使那一话语广泛传播于文化、政治和现实生活之中。在两次世界大战之间的这一时期，正如我们能够从，比如说，马赫（André Malraux）的小说中很容易地判断出的，东西关系得到了广泛而急切的关注。到处可以见到东方人要求政治独立的迹象；当然，在已分崩离析的奥斯曼帝国，这些要求得到了诸协约国（the Allies）的鼓励，并且正如整个阿拉伯叛乱及其余波所清晰地表明的，很快就变得问题重重。东方现在似乎不仅对西方从总体上构成挑战，而且对西方的精神、知识和帝权（imperium）形成了挑战。在对东方进行了长达一个世纪之久的持久干预（和研究）之后，一个试图回应现代性之危机的西方在东方的角色似乎变得比以前远为微妙。有公开占领的问题；有领土托管的问题；有欧洲列强在东方相争的问题；有如何与本土精英阶层打交道、如何对付本土大众运动以及如何处理自治和独立等政治要求的问题；有东西方文明之间相互接触的问题。这些问题促使人们对西方的东方知识进行重新思考。西尔文·列维（Sylvain Lévi）本人——他于1928至1935年间担任巴黎亚洲研究会会长，也是法兰西学院的梵语教授——1925年曾对东西问题的急迫性进行过认真的思考：

> 我们的职责是理解东方文明。当我们面对我们在亚洲的殖民地时，在知识的层面做出同情而明智的努力，以理解异域文明的过去和未来这一人文主义的课题，以一种特殊的方式提到了我们法国人的面前〔尽管英国人也许表达了同样的认识：这是一个**全欧性**的问题〕。……
>
> 这些民族具有悠久的历史、艺术和宗教传统，他们并没有完全丧失对这一传统的感觉，而且可能急于使其一直延续下去。我们已经承担了干预其发展的职责，有时是单方面的强行干预，有时则是回应他们的请求。……我们声称，不管正确与否，自己代表着一个更优越的文明，并且因为这一优越地位所赋予我们的权利——我们不断满怀自信地确认这一权利，以至对当地人而言它已成为一个无可置疑的事实——我们对他们所有本地的传统都提出质疑。……
>
> 于是，每当出现欧洲干预，当地人对自己总会产生

一种绝望情绪,这是一种极为痛苦的情绪,因为他感到他的幸福和安乐——更多的是在精神的层面而非物质的层面——不但没有增加反而实际上已经减少。所有这些都使他的社会生活基础显得非常脆弱,在他的身下破裂,他曾经想用来重建他的生活的那些金色柱石现在似乎不过是一些包裹着锡箔的薄纸板而已。

这种失望在广袤的东方大地上被转变为怨恨,这一怨恨现在即将转化为仇恨,而仇恨正在等待着合适的时机爆发为行动。

如果由于懒惰或缺乏理解导致欧洲没能做出其利益要求它做出的那些努力,**那么这出亚洲戏剧将日益临近其最后爆发之关口**。

正因如此,那种作为一种生活形式和政治工具——也就是说,当我们的利益受到威胁的时候——的科学就将下面这一点视为自己的任务:秘密地渗入当地的文明和生活,以发现其基本价值和持久特征,而不是用欧洲文明一下子窒息当地的生活。我们必须使自己服务于这些文明,正如我们在对待我们在当地交换市场上的其他产品一样。〔强调系作者自己所加〕[53]。

列维毫不费力地将东方学与政治联系在一起,因为西方对东方长期的——或者说,不断延续的——干预是无法否认的,不管是就其对知识所产生的后果而言,还是就其对不幸的当地人所带来的影响而言;这两个方面都会对将来构成威胁。尽管他的人道关怀是显而易见的,尽管他对人类同胞的关心值得尊敬,列维却是以一种不那么令人愉快的方式来想象眼前的这一充满危机的关头的。他想象东方人感到自己的世界受到了一个更优越的文明的威胁;然而其内在动机却不是某种**以自身的方式**寻求自由、政治独立或文化成就的积极愿望,而是怨恨或恶意的嫉妒。列维为解决这一潜在危机所开出的万灵药方是将东方投放市场以供欧洲消费者消费,使其成为恳请他眷顾的众多物品之一种。这样,一下子就可以将东方解救出来(让它认为自己在西方的观念市场上是一与西方"同等"的量),并且可以缓和西方对东方浪潮的恐惧。当然,归根到底,列维的主要观点——以及他最具说服力的自我招认——是,除非对东方采取某种行动,否则,"**这出亚洲戏剧将日益临近其最后爆发之关口**"。

亚洲在蒙受苦难,然而它在蒙难的同时又威胁着欧洲:东西方之间的鸿沟永远存在,不可逾越,从古至今几乎丝毫未变。被列维视为现代东方学中最具权威性的东西在一般文化人士那里得到了更为直接的回应。比如:1925年,法国刊物《月志》(Les Cahiers du mois)曾在著名的知识分子中间进行过一项调查;被调查的作家包括东方学家(列维、爱弥儿·塞纳尔〔Émile Senart〕)以及安德烈·纪德(André Gide)、保罗·瓦莱里(Paul Valéry)和埃德蒙·雅卢克斯(Edmond Jaloux)这样的文学作家。问题涉及东西方之间的关系,提出问题的方式尽管比较冒昧但却合乎时宜,这一点可以体现出这一时期的文化氛围。我们立即就会发现东方学研究领域所宣扬的那种观念现在已经广为流传,成为大家普遍接受的真理。其中有一个问题问的是东方与西方是否无法相互渗入(这一观念来自梅特林克〔Maurice Maeterlinck〕);另一个问题是东方的影响是否对法国思想构成"严重威胁"——亨利·马西斯

（Henri Massis）用语；还有一个问的是西方文化中使西方优越于东方的那些价值是什么。我认为，瓦莱里的回答似乎值得在此加以引述，因为其推理的线索是如此直截了当，而且有着如此根深蒂固的基础——至少对20世纪早期来说是如此：

> 从文化的角度而言，我并不认为东方的影响现在对我们有多么可怕。它对我们来说并不新鲜。我们的艺术和大量知识都起源于东方。我们可以心平气和地接受现代东方带给我们的东西，如果确有新的东西从那里产生的话——这一点我非常怀疑。这一怀疑正是我们的保障和我们欧洲的武器。
>
> 况且，这类问题的关键在于消化吸收。而这正是并且一直是欧洲思维的重要特征。因此，我们的任务是继续保持这种选择、总体把握、将所有东西转化为我们自己的东西的强大力量，正是这些力量使我们成为现在的我们。希腊人和罗马人为我们树立了如何处理亚洲妖孽、如何对其加以理性分析、如何吸取其精华的榜样。……地中海盆地对我来说就像一个封闭的容器，广袤东方的精华一直流归这里，在这里得到提炼和升华。〔强调和省略系作者自己所加〕[54]

如果说欧洲文化从总体上说已经消化吸收了东方，瓦莱里当然明白，东方学是完成这一任务的特殊机构之一。在一个受威尔逊民族自决原则影响的世界里，瓦莱里对以分析的方式将东方的威胁消除这一做法满怀信心。"选择的力量"主要是为了使欧洲首先承认东方乃欧洲科学的源头，然后确认这一源头现在已经被取代。于是，在另外一个与此相类似的场合，贝尔福就可以认为巴勒斯坦的本地居民在这块土地上拥有优先权，但却没有继续保持这一优先权的能力；70万阿拉伯人的愿望，他说，与欧洲殖民运动的命运相比，显得微不足道。[55]

于是，亚洲的突然爆发就显示出会毁灭"我们"的世界这一令人不愉快的可能性；如同约翰·布钦（John Buchan）1922年所言：

> 世界沸腾在一片混乱的强力和无组织的灵智之中。你有没有想过中国的情况？在那里，成千上万思维敏捷的大脑沉溺在花哨浅薄的念头中而无力自拔。没有目标，没有推动力，他们只能做一些徒劳无益的挣扎，而世界则在一旁窃笑。[56]

但如果中国将自身组织了起来（它会这么做的），那就没有什么值得取笑的。因此，欧洲所要做的就是继续使自己成为瓦莱里所说的"一种强大的机器"，[57] 尽可能地从欧洲之外的地方吸取营养，从心智上和物质上将一切转变为自己可以利用的东西，使东方维持一种经过选择的组织化（或非组织化）状态。然而，这一点只有通过使想象视野和分析不断清晰化才能实现。除非使东方继续保持目前的状态，否则其力量——军事的、物质的、精神的——迟早会淹没欧洲。那些强大的殖民帝国、强大的压制系统之所以有存在的必要主要是为了避免出现这一令人害怕的结果。那些被殖民的对象，非洲的、亚洲的、东方的，如乔治·奥威尔（George Orwell）1939年在马拉喀什[1]所见，仅仅

---

〔1〕 马拉喀什（Marrakech），摩洛哥西部城市。

是欧洲人眼中的一种幻象：

> 当你走过这样一个城镇——生活着20万居民，其中至少有两万人几乎一无所有——当你看到这些人如何生活、如何朝不保夕时，你总是难以相信这是人所能生活的地方。所有殖民帝国实际上都建立在这一事实的基础之上。这里的人有着棕色的面孔——而且为数如此众多！他们和你果真是一样的人吗？他们有名字吗？也许他们只不过是一种没有明显特征的棕色物质，像蜜蜂或珊瑚虫那样的单个个体？他们从泥土中诞生，他们挥汗如雨，忍饥挨饿，不久即复归泥土，湮没在无名无姓的墓穴之中，没有人注意到他们的诞生，也没有人留意他们的死去。甚至墓穴自身不久也消散于泥土之中。[58]

除了小作家们（彼埃尔·洛蒂，马马杜克·皮克索〔Marmaduke Pickthall〕等）在其描写异域风情的小说中为欧洲读者塑造的那些充满诗情画意的人物外，欧洲人所了解的非欧洲人全都是奥威尔所描写的那种样子。他要么是个滑稽可笑的人，要么属于某个庞大集体之一分子，在普通或精心修饰的话语中被命名为东方人、非洲人、黄种人、棕色人或穆斯林这样没有鲜明个性特征的类型。对这些抽象类型来说，东方学所起的概括和归纳作用是显而易见的，它将一个文明具体鲜活的现实转变为体现抽象的价值、观念和立场的理想类型，然后再回过头去在"东方"寻找这些类型并且将其转化为通行的文化货币。

如果我们想到雷蒙·史华伯1934年曾为安格迪尔-杜贝隆写了一部精彩的传记——并且开始了那些试图将东方学置入

恰当的文化语境中的研究——我们同时还必须注意到，他所做的与他的艺术家和知识分子同行们所做的形成了鲜明的对照，对后者而言，东方和西方，如同在瓦莱里那里一样，仍然是一种第二手的概括。这并不是说庞德（Ezra Pound）、T. S. 艾略特（T. S. Eliot）、叶芝、亚瑟·韦理（Arthur Waley）、弗诺罗萨（Ernest Francisco Fenollosa）、保罗·克洛德尔（Paul Claudel）（在其《东方知识》〔*Connaissance de l'est*〕中）、维克多·谢阁兰（Victor Ségalen）等人忽视了马克斯·缪勒几十年之前所称的那种"东方的智慧"。而是说，这一文化在看待东方特别是伊斯兰时总是带有一种不信任，这一不信任一直存在于对东方的学术态度之中。这种态度最明显的表现形式可以在瓦伦丁·齐罗尔（Valentine Chirol）——一位积累了许多东方经验的欧洲著名记者——1924年在芝加哥大学所做的题为"西方与东方"（"The Occident and the Orient"）的系列演讲中找到；他的目的是向受过良好教育的美国人表明东方也许并没有他们所想象的那么遥远。他的论点很简单：东方和西方的敌对状态是与生俱来、无法化解的；东方——特别是"穆罕默德教"——是导致这个世界产生"无法逾越的鸿沟"的"世界强力"之一。[59] 齐罗尔演讲的总括性，我认为，从他六次演讲的题目中可以恰当地反映出来："他们的古战场"；"奥斯曼帝国的衰亡，埃及的特殊例子"；"大不列颠在埃及的实验"；"摄政制与托管制"；"布尔什维主义之新因素"以及"几点一般性的结论"。

在齐罗尔这类相当流行的东方描述中，我们还可以加上艾里·福赫（Élie Faure）这一例证，他的观点像齐罗尔的一样，借助的是历史、文化知识以及人们所熟知的白色的西方学与有色的东方学之间的区分。福赫一面说着"内在于东方人冷漠外表中的狂欢性"(因为,与"我们"不同,"他们"没有和平这一概念)这类充满悖论意味的话语,一面又表明东方人的身体是懒散的,东方没有历史、民族或**祖国**这些概念,东方本质上是神秘的——等等。福赫认为,除非东方人学会理性,发展知识和实证的技巧,否则东西方之间不可能进行**沟通**。[60] 对东西方困境更微妙、更学术化的描述可以在费尔南·巴尔登斯伯格(Fernand Baldensperger)的文章"东西精神冲突症结何在"("Où s'affrontent l'Orient et l'Occident intellectuels")中找到,但他同样说到东方人对抽象理念、对精神规约(mental discipline)、对理性阐释有着与生俱来的轻蔑。[61]

这些根源于欧洲文化深处、出自那些确实相信自己可以代表这一文化的作家之口的流行观念(由于充当的是"陈词滥调"的精彩例证),不能仅仅被解释为狭隘的沙文主义的表现。它们并非如此,也正因并非如此,其间所隐含的悖论也就更为明显——这一点对所有那些知道一点福赫和巴尔登斯伯格其他著作的人而言将是显而易见的。它们产生的背景是东方学这一严格的专业性学科所发生的转变,这一学科在 19 世纪的作用是为欧洲恢复人性中已经失落的那一部分,但它在 20 世纪则变成了一种政治工具,更重要的是变成了一套可以被欧洲用来阐释自己以及为自己阐释东方的符码。鉴于本书早些时候已经探讨过的那些原因,现代东方学自身已经带有欧洲对伊斯兰巨大恐惧之印记,而这一点又为两次世界大战期间所面临的政治挑战所加剧。我的意思是,一种相对无关紧要的语言学分科已经转变为一种处理政治运动、管理殖民地、为"白种人"艰难的开化使命提供几近天启般的辩护的话语方式——所有这些都运行于一个据称是自由的文化之中，这一文化自诩具有宽容、多元和开放的规范。实际上，所发生的恰恰与自由和宽容相反：由"科学"所带来的学说和意义被僵化为"真理"。因为如果这样的真理保留用我已指出过的那些方式将东方判定为一成不变的东方的权利，那么，自由就只不过是压制和心性偏见改头换面的形式而已。

在西方文化的内部，人们过去并没有——现在同样没有——真正认识到其文化中所存在的这一反自由的层面，其原因正是本书所试图探讨的。然而，有一点却是令人振奋的：这一反自由的层面不时受到人们的挑战。下面的例子来自瑞恰兹（I. A. Richards）《孟子：多重界定之实验》（*Mencius on the Mind: Experiments in Multiple Definition*）（1932）的前言；我们可以将其中的"中国的"轻而易举地替换为"东方的"而不会面临篡改其含义的危险：

> 要讨论对中国思想日益增进的了解会给西方带来什么影响，注意到下面这一点是十分有趣的：像埃蒂安·吉尔森（M. Etienne Gilson）这样一位很难被视为无知或粗心的作家居然在其《圣托马斯·阿奎那哲学》（*The Philosophy of St. Thomas Aquinas*）英文序言中认为托马斯主义哲学"接受并囊括了人类的全部传统"。这是我们大家共同的思维方式，对我们来说西方世界仍然代表着整个世界〔或这一世界的关键部分〕；但一个无偏袒的观察者也许会意识到，这样一种褊狭的地方主义是危险的。难以确保它不会给我们西方带来灾难。[62]

瑞恰兹提倡根除西方界定系统中所存在的争强好胜的心理，而实行一种他所说的"多重界定"（Multiple Definition），一种真正的多元论。不管我们是否接受他对吉尔森褊狭的地方主义的责难，我们可以接受他下面这一假定：自由人文主义（liberal humanism）——从历史的角度说，东方学是它的一个分支——对使我们能达成真正理解的那种扩大了的以及不断扩大的意义过程而言是一种**障碍**。我们接下来所要讨论的是，在20世纪东方学中——也就是说，就技术性层面而言——是什么东西取代了这一扩大了的意义过程的位置。

三　现代英法东方学的鼎盛

由于我们习惯于将研究东方某个部分或东方生活某个方面的权威人士视为"区域研究"的专门家，因此就难以认识到，直到第二次世界大战前后，东方学家是如何一直被看成是一个运用娴熟技巧制造总括性陈述（summational statements）的综论家（当然，拥有大量专门知识）的。总括性陈述指的是，比如说，在对阿拉伯语语法或印度宗教形成一个相对而言并不复杂的观点的同时，东方学家往往被理解为（并且视自己为）在对整个东方做出陈述，并借此而对东方进行总体性的综合。因此，对单个东方事物的每一具体研究都将以总括的方式同时确认这一事物内在具有的总体东方性。由于人们普遍认为整个东方以某种有机而连贯的方式融为一体，因此，对东方学研究者而言，认为自己所处理的实物证据最终将导致对东方性格、心性、气质（ethos）或世界精神（world-spirit）这类精神性现象更好的理解，这一观点是非常具有说服力的。

在本书前两章的大部分篇幅里,我们对东方学历史的早期发展阶段做出了与此相类似的结论。我们接下来所要关注的是其后期历史发展中所存在的差异,即第一次世界大战之前与之后两个时期之间的差异。对东方学后期发展阶段中的这两个时期而言,正如在其早期发展阶段中一样,东方都具有东方的特性,不管具体情形如何,不管用什么样的风格或技巧对其进行描述;这两个时期的差异在于东方学家用以概括东方的本质和特性的**根据**不同。战前根据的一个极佳的例子可以在斯奴克·赫格伦涅下面这段话中找到,出自他1899年对埃都亚尔·萨肖(Eduard Sachau)《伊斯兰律法》(*Muhammedanisches Recht*)一书所做的评论:

> ……其律法,尽管实际上不得不对这一民族的风俗习惯及其统治者的任性专横不断做出让步,对穆斯林的精神生活却一直有着巨大的影响。因此,它一直是他们,也是我们的重要研究对象,不仅有着与法律、文明和宗教史相联的抽象原因,也有着实际的根源。随着欧洲与穆斯林东方的关系的日益密切,随着穆斯林国家日益受欧洲强权的支配,对我们欧洲人来说,熟悉其精神生活、宗教律法和伊斯兰教义的理论背景就变得愈加重要。[63]

尽管赫格伦涅容许像"伊斯兰律法"这样的抽象物不时屈服于历史和社会的压力,但他更感兴趣的却是这些抽象物在学术上的用途,因为"伊斯兰律法"从总体上说确认了东西方之间的差异。对赫格伦涅来说,东西方之间的差异不只是一种学术的或公众的陈词滥调。完全相反,对他来说,它可以揭示出东西方之间存在的本质的、历史性的权力关系。与东方有关的知识证实、增强或深化了东西方之间这一不平等的关系：欧洲的宗主权（这一用语有着19世纪的鲜明印记）被有效地延伸至亚洲。于是，从总体上认识东方也就是去认识这一不平等的关系，因为这一关系的主动权一直控制在西方人的手中。

与赫格伦涅几乎完全相对应的另一个例子可以在收入1931年出版的吉勃的论文集《伊斯兰的遗产》(*The Lagacy of Islam*)中一篇题名为"文学"("Literature")的文章的结尾部分找到。在描述过18世纪末之前东西间三次偶然的接触之后，吉勃接下来转向了19世纪：

> 沿着这三次偶然接触的线索，德国的浪漫主义者们再次把目光转向了东方，并且第一次有意识地寻找使东方诗歌的真正成就能为欧洲诗歌所接纳的途径。对自身的强力和优势有着新的认识的19世纪似乎断然拒绝了他们的这一设想。今天，事情出现了转机。东方文学再次开始以其自身的特质而得到人们的研究，欧洲对东方也有了新的理解。随着这一认识的普及，随着东方重新恢复其在人文生活方面的恰当地位，东方文学也许会再一次发挥其历史功能，并且帮助我们将自己从狭隘的、压制性的观念中解脱出来，这将使我们进一步认清我们的文学、思想和历史所具有的意义只不过是我们自身特定环境的产物，并不具有普遍的适用性。[64]

吉勃的用语"以其自身的特质"与赫格伦涅欧洲对东方拥有宗主权这一说法所隐含的思维逻辑形成了鲜明的对照。然而，被称为"东方"的东西与被称为"西方"的东西二者之间无法逾越的总体差异在吉勃那里却依然存在。这样的东西是相互为用的,吉勃试图表明我们大可不必像布鲁内蒂耶尔(Vincent de Paul-Marie-Ferdinand Brunetière)那样将东方文学对西方的影响视为"一种民族耻辱",这一尝试显然是值得赞赏的。吉勃认为,正相反,东方可以被视为对西方种族中心论的褊狭和局限所提出的一种人文挑战。

尽管吉勃早期曾求助于歌德**世界文学**(*Weltliteratur*)的观念,但他之提倡东西方之间的相互激发所反映出来的却是战后政治和文化现实所发生的变化。欧洲对东方的控制并没有消失;但——在英国统治下的埃及——已发生了变化:当地人不再冷漠地接受这一现实,而开始越来越强烈地感受到政治独立的迫切需要。在这一时期,英国与扎格卢勒和华夫脱党[1]等之间的关系不断出现麻烦。[65] 而且,1925年以来,出现了世界范围内的经济萧条,这也加剧了吉勃的文章所反映出的那种紧张情绪。但他所表达出的最急迫的信息却是文化方面的。他似乎在向读者说,请大家关注关注东方在帮助西方克服其褊狭性、武断性和局限性中所起的作用吧。

可以看出,从赫格伦涅到吉勃,其赖以立足的基础已经发生了巨大的变化,正如其优先关注的问题发生了巨大变化一样。再也不可能不加质疑地接受欧洲对东方的支配几乎是一种合乎自然的事实这一看法了;再也不可能不加质疑地认定东方

---

[1] 扎格卢勒(Saad Zaghlul Pasha, 1857—1927),埃及政治家,埃及国民党领导人,其于1918—1919年间领导的埃及民族主义运动迫使英国于1922年名义上承认埃及的独立。华夫脱党(Wafd Party),即埃及国民党,一个推动埃及独立和废除君主制度的政党。

需要西方的启蒙。在两次大战期间，人们主要想寻求的是一种能够超越褊狭和恐外心理的文化界定。对吉勃而言，西方需要研究东方是因为这种研究可以将人的精神从枯燥乏味的学术专业化过程中解脱出来，可以缓解过分褊狭和具有过多民族主义色彩的自我中心论所造成的痛苦，可以增加对文化研究真正核心问题的把握。如果说对这一新生的文化自我意识而言，东方更多的是一个伙伴而不是被支配的对象，这首先是因为东方现在比过去向西方提出了更大的挑战，其次是因为西方正在进入一个文化危机的新阶段，这一危机的产生部分根源于西方对世界其他部分控制力的减弱。

因此，在两次大战期间最好的东方学研究中——以马西农和吉勃为其突出代表——我们可以发现有些因素是这一时期所有人文研究所共有的。这样，我前面说过的那种总括性的态度就可以被视为西方纯人文研究中试图对文化进行**整体的**、反实证论的、直觉的、同情的理解这一努力在东方学领域的具体表现。东方学家和非东方学家都从下面这样一种认识出发：西方文化正在经历一个重要的阶段，其主要特征是面临着由粗暴、狭隘、道德沦丧、极端民族主义等恶劣品质所引发的危机。比如说，利用具体文本、从具体到抽象（以理解某一时期的生活全貌并因而理解这一文化）的观念，就是为那些受威廉·狄尔泰（Wilhelm Dilthey）的著作激发的西方人文学者以及马西农和吉勃这样杰出的东方学家所共有的观念。因此，复兴语言学的计划——其代表人物是库尔提乌斯[1]、沃斯雷（Karl Vossler）、

---

[1] 库尔提乌斯（Ernst Robert Curtius，1814—1896），德国考古学家，历史学家，曾领导奥林匹亚遗址的发掘工作。

奥尔巴赫（Erich Auerbach）、斯皮泽（Leo Spitzer）、冈多夫（Friedrich Gundolf）、霍夫曼斯塔尔[1]66——也就可以在马西农对其所称的神秘词汇、伊斯兰教专用词汇的研究给严格的、技术性的东方学语言学研究所提供的激发和促进中找到回声。

但东方学历史发展的这一阶段与同时期欧洲的**人文科学**（*sciences de l'homme*）或**精神科学**（*Geisteswissenschaften*）之间还存在着另一种更为有趣的汇合。我们必须注意到，首先，东方学之外的文化研究更直接回应的是欧洲法西斯主义的兴起对自我扩张的、非道德的、具有技术专门化倾向的人文文化——至少是部分地——所构成的威胁。这一回应将两次大战期间所关注的问题一直延伸到第二次世界大战之后。这一回应具有说服力的学术证据和个人证据可以在埃里希·奥尔巴赫权威性的《摹仿论》（*Mimesis*）以及他对语言学方法论的最后思考中找到。67 他告诉我们，《摹仿论》写于他流亡土耳其期间，主要意在**考察**西方文化在即将失去其完整性与一致性的那一最后历史时期的发展；因此，他为自己规定的任务是以具体的文本分析为基础，对西方文学的历史发展进行总体描述，以揭示其多样性、丰富性和创造性之根源。其目的是对西方文化进行综合，就此目的而言，综合本身与试图进行综合的姿态同样重要，奥尔巴赫相信他所称的"晚期资产阶级人文主义"（late bourgeois humanism）可以使这一目标得到实现。68 这样，具体的例证就被转化为世界历史总体发展进程高度概括化的象征。

对奥尔巴赫而言，积极介入自身文化之外的某一文化或文

---

[1] 霍夫曼斯塔尔（Hugo von Hofmannsthal，1874—1929），奥地利诗人，剧作家。

学这一人文主义传统,具有同样重要的意义——这一事实与东方学直接相关。奥尔巴赫所举的例子是库尔提乌斯,他将其视为全身心地投入浪漫主义文学研究的德国人的杰出代表。因此,奥尔巴赫以引自圣维克多的雨果的《世俗百科》[1]中的一段话来结束自己的思考,并非毫无用心:"发现世上只有家乡好的人只是一个未曾长大的雏儿;发现所有地方都像自己的家乡一样好的人已经长大;但只有当认识到整个世界都不属于自己时一个人才最终走向成熟。"[69] 一个人离自己的文化家园越远,越容易对其做出判断;整个世界同样如此,要想对世界获得真正的了解,从精神上对其加以疏远**以及**以宽容之心坦然接受一切是必要的条件。同样,一个人只有在疏远与亲近二者之间达到同样的均衡时,才能对自己以及异质文化做出合理的判断。

与此同样重要并且在方法论上具有建构作用的另一种文化力量,是社会科学对作为一种分析工具以及从新角度看待熟悉事物的方式的"类型"的使用。人们经常可以在韦伯[2]、迪尔凯姆[3]、卢卡契(Georg Lukacs)、曼海姆(Karl Mannheim)

---

[1] 圣维克多的雨果(Hugo of Saint-Victor,一称 Hugh of Saint-Victor,1096—1141),中世纪著名学院派神学家,他所开创的神秘主义传统使巴黎的圣维克多修道院在 12 世纪声名远扬。与一些同代人不同,他赞成世俗学术,将其视为通向神学玄思的一个途径,在此精神的指导下,他写了《世俗百科》(*Didascalicon*)(约 1127)这一试图集世俗知识之大成的著作,除评解《圣经》外,将重点放在"三科"(语法、修辞、论理),"四艺"(算术、音乐、几何、天文)等世俗理论科学与实践科学上。
[2] 马克斯·韦伯(Max Weber,1864—1920),德国社会学家,政治经济学家,现代社会学奠基人之一。
[3] 爱弥儿·迪尔凯姆(Émile Durkheim,1858—1917),旧译涂尔干,法国实证主义社会学家。

等20世纪知识社会学思想家的身上发现其对"类型"历史所做的描述;[70]然而,我认为,人们没能注意到,韦伯对新教、犹太教和佛教的研究(也许是在无意之间)闯入了一个首先由东方学家所开辟和研究的领域。他的看法在这一领域19世纪的思想家们那里得到了支持,这些人相信东方和西方在经济(与宗教)"心态"(mentalities)方面存在着本体论的差异。尽管他从未彻底研究过伊斯兰教,然而韦伯对这一领域却有着巨大的影响,主要因为他的类型观念说到底只不过是对东方学家许多经典观念的一种"外部"确证,后者对经济的看法从未超出断定东方在贸易、商业和经济理论方面柔弱无力之范围。在伊斯兰研究领域这些陈词滥调实际上持续了好几百年——直到马克西姆·罗丁森(Maxime Rodinson)的重要研究《伊斯兰与资本主义》(*Islam and Capitalism*)在1966年面世。然而,类型——东方的、伊斯兰的、阿拉伯的,诸如此类——的观念却一直保留下来并且不断得到现代社会科学中出现的同类概括、范式和类型的滋养。

我在本书中经常说到东方学家在遭遇或生活在与其自身文化截然不同的文化之中时所体验到的那种疏远感。在伊斯兰东方学和在某种程度上能够证实奥尔巴赫关于疏远的必要性的看法的所有其他人文学科之间所存在的一个显著的差异是,研究伊斯兰的东方学家从未认为其与伊斯兰的疏远能使其获益或有助于更好地理解自身的文化。相反,他们与伊斯兰的疏远只不过进一步强化了欧洲文化的优越感,甚至当他们的反感不仅仅限于伊斯兰而扩展到整个东方——伊斯兰被视为衰落的东方(通常暗含着致命的危险)之突出代表——时也同样如此。这种倾向融入到了19世纪东方学研究的整个传统之中——这也是我本人一向的观点——并且最终成为大多数世代相传的东方学专业训练的权威组成部分。此外，我认为，欧洲学者极有可能继续从《圣经》"起源"的角度看待近东，也就是说，将其视为一个具有无可动摇的宗教影响力和重要性的地方。鉴于其与基督教和犹太教的特殊关系，在东方学家眼中，伊斯兰教这一观念（或类型）永远是异端邪说的**根源**，这一点自然又为对伊斯兰文明在某种程度上仍然充当着基督教西方的对立面的恐惧所加剧。

　　鉴于以上这些原因，两次大战期间的伊斯兰东方学在大体上也有着被奥尔巴赫以及我简要提及的其他学者所概述的那种文化危机感，但发展道路却不尽相同。由于伊斯兰东方学自身还保留着它一开始即具有的那种极具**宗教性**的态度，其发展始终被限定在某些特殊的方法论轨道中。首先，从文化的角度来说，它必须与现代历史社会政治语境以及由新的数据对任何理论或历史"类型"所做的必要修正保持一定的距离。其次，就伊斯兰文化而言，东方学所做的概括（或者说，做出这些概括的可能性）被认为获得了一种新的理论基础；由于人们假定伊斯兰是以东方学家所说（不必参照现实，只需参照一套"经典"的原则）的那种方式而存在，人们同时假定现代伊斯兰只不过是古老伊斯兰得到重新确认的一种变体，特别是因为人们同时还假定对伊斯兰而言现代性与其说是一种挑战还不如说是一种侮辱。（顺带说一句，之所以会出现如此众多的假定和假设，是为了使人们对东方学维持其考察人类现实的独特方式有一个比较清晰的认识和了解。）最后，如果说语言学所具有的综合野心（如奥尔巴赫或库尔提乌斯所构想的），增强了学者们对人与人之间的亲密关系、对人类某些行为原则的普遍性的认识的话,那么,在伊斯兰东方学中,综合则加剧了对伊斯兰中体现出来的东西差异的认识。

因此,我上面所描述的伊斯兰东方学的那些特征到今天依然存在:它与其他人文学科相比(甚至与东方学的其他分支相比)所具有的退步立场,它在方法和意识上的落后性,它对其他人文领域的发展和现实世界历史、经济、社会和政治环境的发展的相对隔膜。[71] 到19世纪末,人们对伊斯兰(或闪米特)东方学的这一滞后已经有所认识,也许是因为一些观察者开始注意到闪米特或伊斯兰东方学为何几乎无法摆脱它原来所具有的那种宗教背景。第一届东方学大会于1873年在巴黎召开,几乎自一开始其他领域的学者们即已明白,从总体上说,闪米特专家和伊斯兰专家在学术上是落后的。在对1873年至1897年召开的所有东方学大会进行综述时,英国学者卡斯特(Robert Needham Cust)是这样来评说东方学的这一闪米特—伊斯兰分支的:

> 的确,这样的大会〔比如那些有关东方学古代闪米特分支的大会〕会推动有关东方的知识的进步。
>
> 然而,同样的说法对东方学的现代闪米特分支来说却并不成立;毋庸讳言,这一领域确实人才济济,但所讨论的题目却毫无趣味可言,只会引起那些落伍于时代的老派学者的注意,与19世纪学术发展的大势不符。这使我想起了普林尼[1]。这一派学者既缺乏现代语言学也缺乏现代

---

[1] 普林尼,有老普林尼(Pliny the Elder)和小普林尼(Pliny the Younger)之分,后者系前者的养子,二人皆为古罗马作家。

考古学的精神，其研究报告读起来更像是出自上一世纪在比较语言学的兴起彻底扫荡经典注释家们的陈词滥调之前讨论希腊戏剧的某一段落或某个元音的重音的大学教师之手。讨论穆罕默德是否会握笔写字又有什么价值可言？[72]

在某种程度上说，卡斯特所描述的这种好古迷古的倾向是欧洲反犹太主义在学术上的一个变体。甚至"现代闪米特人"这一名称——意在既涵盖穆斯林人又涵盖犹太人（其源头可追溯至赫南所开创的所谓古代闪米特领域）——也带有种族主义的色彩，只不过有意识地在张扬与克制之间达到了一种适度的均衡。稍后，卡斯特在其报告中评述了为何在同样的会议中"'雅利安'能提供许多供人思考的材料"。显然，"雅利安"是与"闪米特"相对立的类型，然而，鉴于我前些时候列举过的某些原因，人们感到这种过时的标签特别容易被贴到闪米特人的身上——这一贴标签的做法使整个人类社会付出了多么昂贵的伦理和人性代价，20世纪的历史对此已经有充分的显示。然而，在现代反犹太主义的历史中被强调得还很不够的是，东方学使这种过时的归类和命名得以合法化，而就这里讨论的话题而言更重要的是，这种从学术和知识的角度使这类命名合法化的做法一直延续到了现代时期对伊斯兰、阿拉伯或近东的讨论之中。因为尽管不再可能撰写论述"黑人的思想"或"犹太人的性格"这类学术性（或一般性）论文，但开展对"伊斯兰人的思想"或"阿拉伯人的性格"的研究则是完全可能的——我稍后还会回到这一问题。

因此，为了恰当地理解两次大战期间伊斯兰东方学的学术谱系——其最有趣、最令人满意的体现（这里丝毫没有反讽之意）是马西农和吉勃的经历——我们必须首先能够理解东方学家对其材料所采取的总括性态度，以及与此态度有着强烈文化相似性的那种态度——即在奥尔巴赫和库尔提乌斯这样的语言学家的研究中所体现出来的态度——之间的差异。伊斯兰东方学中存在的学术危机是"晚期资产阶级人文主义"中存在的精神危机的表现；然而，就其形式和风格而言，伊斯兰东方学是将人类所面临的问题与"东方"或"西方"所面临的问题分开来考虑的。于是，人们相信，自由、自我表现和自我发展的问题对东方和西方而言并不是同一码事。相反，伊斯兰东方学家在表达其伊斯兰观时所采用的方式旨在强调他们——以及，人们一致认定，穆斯林——对变化、对东西间的相互理解、对人类社会从古老的原始状态进入现代状态的**抵制**。实际上，人们对这一抵制的感觉是如此强烈，这一抵制力如此普遍存在，以至在阅读东方学家的作品时人们明白他们所惧怕的大灾难并非西方文明的解体，而是分隔东方与西方的界限的消失。当吉勃反对现代伊斯兰国家的民族主义运动时，他之所以这样做是因为他感到民族主义将破坏使伊斯兰得以保持其东方特性的那些内在结构；现世民族主义（secular nationalism）最终将使东方变得与西方无异。然而，吉勃在表达其对民族主义的反对时，之所以能采用一种让人看起来是**站在伊斯兰正统社会的角度说话**的方式，原因在于他在与一个异质宗教相认同时表现出了一种异乎寻常的同情的力量。这一吁请在多大程度上是对站在当地人的角度说话这种东方学旧习惯的一种反拨，它在多大程度上代表着为伊斯兰的真正利益而说话的真诚愿望，这一问题的答案只能到这两种选择的中间地带去寻找。

当然，没有哪位学者或思想家是其由于特定的民族身份或偶然的历史机遇而参与的某一理想类型或学派完美无缺的代表。然而，在像东方学这样一个相对封闭和专业化的传统中，我想每位学者对其所属的民族传统——姑且不说其所属的民族意识——都是会有所认识的，部分地出于有意识，部分地出于无意识。这一点特别适用于东方学，之所以特别如此是因为欧洲民族与这个或那个东方国家的事务有着直接的政治关联：为了引述一个既不属于英国也不属于法国、对自己的民族身份有着相对单纯而清晰的认识的学者的例子，我们马上想到的是斯奴克·赫格伦涅。[73] 然而，尽管我们清楚地认识到个体与类型（或个体与传统）之间可能存在着许多不相吻合的地方，但当我们发现吉勃和马西农并不能作为其所属类型的完美代表时仍然是非常诧异的。也许这么说更为合适：吉勃和马西农并非其所属的民族传统的完美代表，而只不过碰巧符合了他们民族的传统、他们民族的政治、他们民族所属的东方学"学派"内在历史对他们的所有期望。

西尔文·列维曾一针见血地指出过英法两个学派之间的区别：

> 将英国与印度连接起来的政治利益使英国学者对具体的现实问题有着持久的兴趣，并且将表述过去与表述现实紧密地联系在一起。
>
> 　而受古典传统滋养的法国学者所寻求的则是在印度以及中国人身上体现出来的人类心性的普遍性。[74]

认为这一两极对立分别源于一种清醒、实效、具体的研究以及一种具有普遍性、思辨性、充满睿智的研究，也许过于草率。然而，这一两极对立可以用来清晰地说明上述两位学者漫长而卓著的研究生涯，二者一直主导着法国和英美的伊斯兰东方学研究领域，直到20世纪60年代；如果说这一主导有什么意义的话，那是因为每位学者都来自于并且致力于一个有着自我意识的传统，至于这一传统所具有的局限（或者，从学术和政治的角度而言，限度），我们完全可以像列维那样对其加以描述。

吉勃出生在埃及，马西农出生在法国。二者后来都成为虔诚的宗教信徒，与其说他们所研究的是社会毋宁说研究的是社会的宗教生活。二者同时都有着深切的世俗关怀；他们所取得的伟大成就之一是将传统学术研究应用于现代政治世界。然而，他们的研究范围——几乎可以说是他们的研究的内在结构——却迥然相异，要解释这一差异仅仅考虑到其所受的学校教育和宗教教育明显不同这一点显然是不够的。通过对哈拉吉作品的毕生研究——吉勃1962年在一篇纪念马西农的文章中说，马西农"从未停止过在后期伊斯兰文学中寻找其作品的痕迹"——马西农实际上将自己的研究视野引向一个非常宽广的领域，试图为"超越时空的人类精神"寻找证据。马西农的著作涉及"当代伊斯兰生活和思想的每一方面和领域"，他在东方学领域所取得的成就对他的同行而言是一个永久的挑战。吉勃无疑对马西农切入主题的方式满怀钦佩之情——尽管最终并不赞同这一方式：

> ……他的这些主题在某种程度上将穆斯林教徒和天主教徒的精神生活联结在一起〔使他能够发现〕法蒂玛[1]崇拜的宜人之处，并且使他对什叶派思想的诸种表现形式或源

---

[1] 法蒂玛（Fatima，606?—632?），穆罕默德之女，被什叶派（the Shiite）尊为"圣母"。

于亚伯拉罕的宗教以及像"七睡者"（the Seven Sleepers）这样的主题产生特别的兴趣。他有关这些主题的著作由于其独特的品质而在伊斯兰研究中获得了永久的意义。但也正是这些品质使他的研究包括下面这两个方面的内容。其一是客观研究这个一般性的层面，通过对既有的学术研究工具的精湛使用以澄清特定现象的性质。其二是通过个体的主观直觉对客观的数据进行理解、吸收并使其得到转化。前者来自于传统的积淀，后者根源于他的个人特质。要想在二者之间划一明确的界限并不那么容易。

此处暗示天主教徒比新教徒更有可能受到"法蒂玛崇拜"这一主题的吸引，但有一点是明白无误的：吉勃对那些模糊"客观"研究与建立在（甚至是有意识地）"个体的主观直觉"基础上的研究之间的界限的做法心存疑虑。然而，在接下来的一个段落里，吉勃正确地发现了马西农思想的"丰富性"，认为在他的研究中可以发现像"穆斯林艺术的象征性，穆斯林逻辑的结构，中世纪穆斯林经济制度的错综复杂性，以及工匠行会的组织"这样广泛多样的主题；稍后，他还正确地归纳出马西农早期对诸闪米特语言的兴趣的特征，认为"这些简明扼要的研究对门外人而言简直神秘莫测"。然而，吉勃却用这样一段话来结束他的文章：

> 对我们来说，他以自己的例子为他那一时代的东方学家提供的教训是，如果对赋予复杂多样的东方文化以意义和价值的那些活生生的力量没有给予恰当的关注，即使古典东方学也会陷入困境。[75]

当然，这是马西农最大的贡献；的确，当代法国的伊斯兰学（Islamology）（人们有时使用这一词）已经产生了对赋予"东方文化"以价值和意义的那些"活生生的力量"加以确认的传统；我们只需想一想雅克·伯克（Jacques Berque）、马克西姆·罗丁森、伊夫·拉科斯特（Yves Lacoste）、罗杰·阿纳德伊（Roger Arnaldez）这些学者所取得的非凡成就，就可以明白马西农对他们有着多么不可动摇的影响。

然而，在以这种讲述趣闻逸事般的、不系统的方式评述马西农的诸多优点和弱点的过程中，吉勃忽视了马西农身上某些明显的东西，这些东西使其与吉勃判若两人，并且，从总体上看，使其成为法国东方学这一关键发展阶段的完美象征。首先是马西农的个人背景，它极为美妙地印证了列维对法国东方学所做的描述。"人类精神"的概念对产生吉勃以及众多现代英国东方学家的学术和宗教环境而言多少有点陌生；而对马西农来说，"精神"这一作为一种审美存在以及宗教、道德和历史存在的概念，似乎是一种与生俱来的东西。他的家庭与于斯曼这批人过从甚密，从他所写的几乎每一件作品中都可看出他早期教育的文化氛围以及晚期象征主义观念对他的影响，甚至可以看出他所特别感兴趣的天主教教派（以及伊斯兰苏菲派神秘主义）的痕迹。马西农的著作丝毫不刻板，其风格与这一世纪法国的整个学术风格相符。他对人类经验的看法极大地获益于同时代的思想家和艺术家，正是他的风格自身所具有的极为宽广的文化内涵使他的著作与吉勃的迥然相异。他的早期观念产生自一个美学上的所谓的颓废期，但同时也从柏格森、迪尔凯姆和莫斯（Marcel Mauss）这样的人身上汲取了营养。他开始接触东方学时受的是赫南的影响，他年轻时听过后者的多次演讲；他还是西尔文·列维的学生，他的朋友圈子后来还包括保罗·克洛德尔、加布里耶·布奴赫（Gabriel Bounoure）、雅克·马里丹和雷莎·马里丹[1]以及夏尔·德·福可（Charles de Foucauld）这些人物。后来，他还能够吸收像城市社会学、结构语言学、精神分析学、当代人类学和"新历史"（New History）这些相对新起的学科的研究成果。他的文章——更不必说他对哈拉吉里程碑式的研究——恣意优游于整个伊斯兰文学的传统之中；他令人惊叹的博学与随和的性格有时简直让人错以为他乃博尔赫斯[2]笔下的虚构人物。他对欧洲文学中的"东方"主题极为敏感；这也是吉勃的兴趣之一，但与吉勃不同，吸引马西农的既不是那些能"理解"东方的欧洲作家，也不是那些后来被东方学研究者引为例证（比如吉勃曾将司各特的小说用作研究萨拉丁的材料）的欧洲文本。马西农的"东方"与七睡者的世界或源于亚伯拉罕的宗教（吉勃挑出这两个主题作为马西农的伊斯兰观不合常规的突出例证）完全相符：离经叛道，有些古里古怪，与马西农赋予东方（并且在某种意义上使其成为一个研究对象）的那些令人眼花缭乱的阐释才能（interpretative gifts）相呼应。如果说吉勃对司各特的萨拉丁情有独钟，马西农则偏爱作为自杀者、**诗魔**（*poète maudit*）和心理变态者的内瓦尔。这并不是说马西农本质上是一个恋旧的人；相反，他对当代的法国-伊斯兰关系无论是在政治还是文化领域都有着重要影响。他显然满怀激情，相信伊斯兰世界

---

[1] 雅克·马里丹（Jacques Maritain, 1882—1973），法国哲学家，新托马斯主义主要代表。雷莎·马里丹（Raïssa Maritain）可能是雅克·马里丹的妻子。
[2] 博尔赫斯（Jorge Luis Borges, 1899—1986），阿根廷诗人和小说家，代表作有小说集《小径交叉的花园》等。

可以为欧洲所理解,不仅仅通过学术研究,而更多的是靠关注并投身于其全部活动,其中重要的一项是实现东正教与伊斯兰教的相互融合,比如作为这一活动一个组成部分的巴达利亚兄弟会(Badaliya Sodality)就曾得到马西农的热情鼓励。

马西农过人的文学才能有时使他的学术著作从外表上看来似乎是随感而发、过于芜杂,并且常常夹杂着个人的秘思与玄想。这一外部表现形式容易引起误导,实际上很难用来作为他写作风格的恰当描述。他刻意避免对东方学进行他所说的"条分缕析的静态分析",[76]避免将资料、起源、证据和范例等东西一股脑儿地堆积在某一假定的伊斯兰文本或问题上。他处处尝试着尽可能多地展示并激活一个文本或问题的背景,使读者震惊于许多即发的洞见之中,对像马西农这样希望超越学科的和传统的界限以揭示文本中所潜藏的人类心性的人来说,产生这种即发的洞见并非难事。没有哪位现代东方学家能像马西农那样——甚至吉勃也不能,他是在成就和影响方面最能与马西农相匹敌的人——在同一篇文章中如此轻而易举地征引伊斯兰神秘主义者以及荣格、海森堡、马拉美和克尔恺郭尔[1]的著作;当然,也鲜有东方学家能像他那样将这种旁征博引与对具体政治现实的关注结合在一起,他在1952年一篇题名为"东方面前的西方:文化解决方式的优先性"("L'Occident devant l'Orient: Primauté d'une solution culturelle")的文章中曾论及

---

[1] 荣格(Carl Gustav Jung,1875—1961),瑞士心理学家,精神病学家,分析心理学的创始人;海森堡(Werner Heisenberg,1901—1976),德国物理学家,量子力学的主要创立者;马拉美(Stéphane Mallarmé,1842—1898),法国象征派诗人;克尔恺郭尔(Sören Kierkegaard,1813—1855),丹麦哲学家,神学家,存在主义先驱者之一。

这些具体的政治问题。[77]尽管如此,他的知识世界却是一个有着清晰界定的世界。它有明确的结构,自始至终都未曾改变;尽管其参引的范围和对象就丰富性而言几乎无与伦比,那些在其著作中处于核心地位的观念却一直未变。下面就让我们对这一结构与这些观念做一简要描述。

马西农的出发点是源于亚伯拉罕的三个宗教,伊斯兰是其中之一,这是源于以实玛利的宗教,从上帝许给以撒[1]的希望之乡中被驱逐出去的那一民族的一神论信仰。因此,伊斯兰乃一抵抗的宗教(抵抗上帝及其肉身耶稣),然而其中保留着从夏甲的眼泪开始的悲伤。因此,阿拉伯语是眼泪的语言,正如伊斯兰的**圣战**(jihad)观念(马西农明确指出这是赫南所无法看出或理解的伊斯兰英雄史诗的一种表现形式)中有着重要的精神层面的内涵,其使命是既抵抗基督教和犹太教这些外在的敌人,也抵抗异端邪说这一内在的敌人。然而,马西农相信他在伊斯兰里面可以辨认出一股以神秘主义为表现形式的逆流,于是,从此逆流中找出一条通往神性和优雅的道路就成为他的主要学术使命。神秘主义的主要特征当然是其主观性,其中隐含着以个人的、主观的瞬间体验分有神性这一非理性甚至是不可理喻的倾向。于是马西农对神秘主义研究的全部目的就是试图描述将灵魂从正统伊斯兰社会或"逊奈"所强加于其上的那些约束和局限中解脱出来的途径。伊朗的神秘主义者之所以比阿拉伯的神秘主义者更为坚忍不拔,部分地因为他是一个雅利安人(对马西农而言,"雅利安"与"闪米特"这些19世

---

[1] 以实玛利(Ishmael),亚伯拉罕与使女夏甲所生之子,后与其母皆为其父所逐;以撒(Issac),亚伯拉罕和其妻撒拉之子,《圣经》中的希伯来族长。

纪的老标签有其特殊的重要性,如同施莱格尔对这两种语言系统所做的二元区分有其特殊的合理性一样[78]),部分地因为他是一个追求完美的人;在马西农看来,阿拉伯神秘主义近乎华登伯格所说的那种"一元论"(testimonial monism)。对马西农来说,这一神秘主义的典型代表是哈拉吉,后者试图通过寻找——并且最终找到了——为全体伊斯兰所排斥的"受难",而将自己从正统伊斯兰社会中解脱出来;马西农认为,穆罕默德刻意拒绝了将他和上帝分隔开来的鸿沟填平的大好时机。因此,哈拉吉所力图做的就是不惜以牺牲伊斯兰为代价实现与上帝的神秘联合。

伊斯兰正统社会的其余部分生活在马西农所说的"本体论的饥渴"(soif ontologique)之中。上帝以缺席也就是拒绝在场的方式向人类显现着自身,然而,虔诚的穆斯林却将屈服于上帝的意志(伊斯兰)理解为对上帝的超越性的绝对维护,并且无法忍受任何形式的偶像崇拜。在马西农看来,这些观念的核心是"心的赤诚"(circumcised heart),尽管这种赤诚往往表现为穆斯林特有的狂热,但就哈拉吉这样的神秘主义者而言,它也可以激发神圣的激情或对上帝的爱。在这两种情况下,上帝超越的一体性(*tawhid*)都是虔诚的穆斯林必须反复实现和理解的东西,要么通过证实这种一体性的存在,要么通过对上帝神秘的爱:这一点,马西农在一篇文章中说,决定了伊斯兰的"走向"。[79]显然,马西农对伊斯兰神秘主义这种神命观心怀同情,既因为这与他作为一个虔诚的天主教徒的本性最接近,也因为其离经叛道的性质对正统信仰体系所产生的巨大影响。在马西农的心目中,伊斯兰宗教的特点就在于它不停地与这些离经叛道的观念发生牵连,在于其后起性(相对于其他源于亚伯拉罕的信仰而言），其对世俗世界相对贫乏的认识，其用以抵斥由哈拉吉和其他苏菲派神秘主义者所身体力行的那种"心灵骚动"（psychic commotions）的巨大结构，其作为三大一神论信仰体系中唯一幸存的"东方"宗教的孤立地位。[80]

然而，不管这种伊斯兰观以及它的那些"简单变体"（invariants simples）[81]（特别是相对于马西农如此复杂的观点而言）看起来有多么苛刻，马西农对它却并不含什么敌意。在阅读马西农著述的过程中，人们印象最深的是他一再坚持要充分考虑到研究对象的复杂性——他的真诚是不容怀疑的。他在1951年曾写道，他的东方学"既不狂热迷恋异国情调，也不否弃欧洲，而是试图在我们的研究方法和他们的古老文明传统之间实现一种融合"。[82]这种东方学在对阿拉伯或伊斯兰文本的解读实践中蕴涵着超人的智慧；不尊敬马西农的天才和创新将是愚蠢的。然而，我们必须注意到他对这一东方学进行解释时所使用的下面这两个用语："我们的研究方法"和"他们的古老文明传统"。马西农认为他所做的是在两种对立的特质中实现一种综合，然而，让人困惑的却是这一对立之间所存在的那种强烈的不对称性，而不仅仅是欧洲与东方相对立这一事实。马西农的言外之意是，东方与西方之间的差异实质上是现代性与古代传统之间的差异。的确，在他有关政治问题和当代问题的著作中——在此我们能最直接地看出马西农在方法上的局限性——东西之间的对立是以一种极为特殊的方式呈现出来的。

如果从最积极的角度加以解释，马西农有关东西对立的观点可以让人得出西方必须对侵略东方、其殖民主义、其对伊斯兰的无情攻击负重大责任这样的印象。马西农是穆斯林文明不懈的捍卫者，并且正如他1948年后的无数文章和书信所证明的,他支持巴勒斯坦难民,为巴勒斯坦的阿拉伯穆斯林和基督徒的权利进行辩护,反对犹太复国主义,反对——针对阿巴·艾本(Abba Eban)的观点——受到他激烈抨击的以色列"资产阶级殖民主义"(bourgeois colonialism)。[83] 然而,他同时也将伊斯兰东方归入古代而将西方归入现代。像罗伯逊·史密斯一样,马西农不将东方人看作是现代人,而将其视为"闪米特人";这一还原性类型(reductive category)牢牢地控制着他的大脑。比如,当他于1960年和法兰西学院他的同事雅克·伯克在《精神》(Esprit)杂志就"阿拉伯"问题进行对话时,大部分时间花在争论研究当代阿拉伯问题的最佳方式是否是简单地认为阿以冲突的问题实质上是一个与**闪米特**有关的问题。伯克委婉地表示不同意马西农的看法,并且试图让后者接受下面这一可能性:像世界上其他地区一样,阿拉伯也经历了他所说的"人类学意义上的巨大变化"(anthropological variations)——马西农不假思索地否认了这一可能性。[84] 他在理解和描述巴勒斯坦冲突方面所做的不懈努力,尽管充满着强烈的人文精神,却从未真正超越以撒与以实玛利之争——或就其对以色列的责难而言——犹太教与基督教之争的范围。当阿拉伯的城市和乡村被犹太复国主义者所占领时,受到伤害的只是马西农的宗教感情(而不是阿拉伯领土被占这一现实)。

欧洲,特别是法国,被视为**当代**现实的典型代表。部分由于其第一次世界大战期间与英国人相接触的经历,马西农对英国和英国人的策略深感厌恶;劳伦斯以及劳伦斯这一类型的人代表着一种过于复杂的策略,他,马西农,曾与费萨尔(Faisal)一起对这种策略提出过反对。"我与费萨尔……试图从其拐弯抹角的表达中揣测其本意"。英国似乎代表着在东方的"扩张",代表着不道德的经济政策,以及老掉牙的政治观念。[85]而法国人则是更现代的人,试图从东方重新获得已经失落的精神、传统价值等东西。马西农的这一观点,我想,根源于将东方视为治疗西方的良药这一整个19世纪的传统,其最早的源头可以追溯到吉内。在马西农那里,这一传统里面又融入了基督教的同情:

> 在讨论与东方有关的问题时,我们应该求助于一种同情的科学,甚至求助于对东方人的语言结构及其心态结构的"参与",这种参与对我们来说实际上是必不可少的:因为最终这一科学要么能证实我们自己也同样拥有的那些真理,要么能证实我们已经丢失并且必须重新寻回的那些真理。最后,也因为每一存在物都会有其好的一面,而且,那些可怜的被殖民的民族并不只是为我们而存在,而是以其自身的方式并且为其自身〔en soi〕而存在。[86]

然而东方人**自身**却不能欣赏或理解他自己。部分地由于欧洲在他身上的所施所为,他已经失去了他的宗教和他的 *philosophie*(**哲学**);穆斯林人存在着一个"巨大的真空";他们濒临无政府状态和自我毁灭的边缘。于是,将自身与穆斯林捍卫其传统文化、其传统生活及其传统信仰的强烈愿望结合起来,就成了法国的职责。[87]

没有哪位学者,即使马西农这样的学者,能够抵挡他的民族或他所属的学术传统加在他身上的压力。在大量论说东方以及东西关系的作品中,马西农似乎试图修饰然而到头来却只是重复了其他法国东方学家的观点。然而,我们必须承认,这种修饰、个人风格和个人才能最终也许会消除传统和民族氛围以非个人化的方式施加在他身上的那些现实约束。即便如此，就马西农的例子而言，我们同时还必须承认，一方面，他对东方的看法依然会深受传统的影响，打上东方学的深刻烙印，尽管这些看法带有鲜明的个人特征和极大的新异性。在他看来，伊斯兰的东方是精神性的、闪米特的、部落主义的、一神论的、非雅利安的：这些形容词令人想起19世纪晚期人类学的描述。战争、殖民主义、帝国主义、经济压制、爱、死和文化交流这些相对世俗的经验，在马西农看来似乎总需经过形而上的、非人化的棱镜的过滤。于是，它们就成了闪米特的、欧洲的、东方的、西方的，如此等等。这些类型建构起他的世界并且给予他之所言以深刻的意义——至少是对他来说。另一方面，马西农努力为自己在学术世界那些单一并且极为具体的观念中赢得了一个特殊的位置。他重新建构起了伊斯兰，并保护它一方面免遭欧洲的侵害，另一方面免遭其自身的正统社会的侵害。这种以激发者和捍卫者的身份对东方的介入——因为确实是一种介入——象征着他自己接受了东方的差异，也象征着他试图将东方改变为自己想要的样子。这两个方面结合在一起使马西农产生了了解东方并且代表东方这一极为强烈的愿望。他的哈拉吉完美地体现出这一愿望。马西农之赋予哈拉吉以如此过分的重要性表明，首先，这位学者决定将某个人物从滋养这一人物的文化中拔取出来，第二，哈拉吉实际上逐渐成了西方基督徒的永久挑战甚至会令其恼羞成怒，对后者而言信仰并不是（也许不可能是）苏菲派教徒眼中的那种极端的自我牺牲。就这两种情况而言，马西农的哈拉吉都旨在代表、体现被伊斯兰正统学说体系根本排除在外的那些价值，马西农之所以对这一体系进行描述是为了通过哈拉吉以实现对它的超越。

尽管如此,我们却不必立即做出结论说马西农的著作蓄意离经叛道,或者说其最大的缺陷在于其对伊斯兰的表述与"一般"或"普通"穆斯林的信仰不符。一位著名的穆斯林学者曾恰当地指出过后面这一点,尽管并没有明确地将马西农视为这一缺陷的典型代表。[88] 尽管人们极有可能赞同这类观点——因为,如同本书一直试图表明的,伊斯兰在西方**一直**得到人们错误的表述——真正的问题却在于,究竟能否对某个东西进行正确的表述,或者,是否任何以及所有的表述,因其**是**表述,都首先受表述者所使用的语言,其次受表述者所属的文化、机构和政治氛围的制约。如果是后一种情况(我相信如此),那么,我们必须准备接受下面这一事实:一种表述**本质上**(*eo ipso*)乃牵连、编织、嵌陷于大量其他事物之中的,唯独不与"真理"相联——而真理本身也不过是一种表述。从方法论的角度而言,这一事实迫使我们认识到表述(或错误的表述——二者之间的差异至多只是一种程度上的差异)里面包含有一片公共的游戏场(field of play),决定这一游戏场的并不只是某种具有内在一致性的共同对象,而是某种共同的历史、传统和话语体系。这一游戏场并非出自哪位学者的独自创造,但所有学者都对其加以接受并因而在其中找到一个属于自己的空间:单个研究者就是在这样一种游戏场中做出自己独特的贡献的。这些贡献,即使对特异的天才而言,也不过是在此游戏场内对材料进行重新处置的一些策略;即使是对曾经丢失的文本的发现也是在一个早已准备好的语境内进行的,因为这正是发现一个新文本的真正意义所在。因此,每一单个的贡献都是首先使这一游戏场发生变化然后又使其达到一个新的稳定状态,就像一个平面上有20根磁针，第21根磁针的加入首先会使所有其他磁针摇颤，然后又和这些磁针一起形成一个相互协调的新的平衡。

可以说，欧洲文化对东方学的表述在话语上具有某种一致性，这一表述不仅有其自身的历史，而且有其自身的物质（以及体制）基础。如我在论赫南时所言，这种一致性是文化惯例（cultural praxis）的一种表现形式，而文化惯例又是一套用以对东方进行各种各样陈述的体系。我并不认为这一体系是对某一东方本质的错误表述——我压根儿不相信这一点——我认为它像表述通常所做的那样，有着某种目的，顺应某种趋势，有着特定的历史、知识甚至经济背景。换言之，表述有特定的目的，大多数时候能够产生预定的效果，能完成一个或多个任务。表述是一种建构物（formations），或者如罗兰·巴特（Roland Barthes）在论语言的运行机制时所言，是一种变构物（deformations）。东方作为欧洲的一种表述，建构——或变构——在对被称为"东方"的这一地理区域越来越具体的理解和认识的基础之上。研究这一区域的专家之所以要对它进行研究，是因为东方学家这一职业要求他们为自己的社会提供东方形象，东方知识，对东方的洞见。在很大程度上，东方学家向他自己的社会所提供的东方形象（1）打上了他自己的独特烙印，（2）表明了他对东方可以是什么样、应该是什么样的看法，（3）有意识地与别人对东方的看法不一样，（4）为东方学话语提供彼时彼刻最需要的东西，以及（5）与这一时代的特定文化、学术、民族、政治和经济要求相适应。很明显，尽管确实的知识（positive knowledge）不可或缺，但它的作用远非绝对。相反，"知识"——永远不可能是原初的、未经沾染或纯然客观的——只不过是被东方学表述上述五大特征所**传布**和重新传布的东西。

这样看来,与其说马西农是一个被神化了的"天才",毋宁说他是一种擅长于制造某些特殊类型的陈述的体系,这一体系融散进了他所属时代的档案或文化资源这一更大的话语体系之中。我并不认为承认这一点意味着使马西农非人性化,也并非将其纳入庸俗决定论的框架之中。相反,在某种意义上说,我们将会看到的是,人类个体是如何具有并且能够越来越多地获取一种体制化的或超越于人的生物特性之外的文化能力和创造能力的:这无疑是有限的人类个体必须努力寻求的东西,如果他不仅仅满足于在时间和空间中的有限存在的话。当马西农说"我们在某种程度上都是闪米特人"时,他试图表明的是他对他所属社会的看法的适用范围,表明他对东方的看法在多大程度上可以超越法国人或法国社会狭小而偶然的圈子之外。闪米特这一类型从马西农的东方学中得到滋养,但其力量却来自于试图超越这一学科的局限以进入一个更广阔的历史和人类学空间的倾向,似乎只有在此空间内才可以获得其有效性和权力。[89]

马西农对东方的建构和表述至少在一个层面上——如果不说有着无可置疑的有效性的话——有着确凿无疑的直接影响:在职业东方学家中间。如上所述,从吉勃对马西农成就的确认中可以发现(尽管他没有明说),他之所以认为马西农值得讨论是因为他认为马西农的作品开辟了自己作品之外的另一种可能性。当然,我从吉勃纪念马西农的文章中找到的只是一些蛛丝马迹,而非直接的陈述,然而,这些蛛丝马迹显然有其重要性,如果我们现在再转向吉勃本人的学术生涯以作为马西农生涯的对照的话。阿尔伯特·胡拉尼(Albert Hourani)在为英国科学院(British Academy)所写的纪念吉勃的文章(我不止一次提到过）中满含钦敬地概括了吉勃的学术生涯、其主要观点及其研究的重要性：我对胡拉尼的整体评价并没有什么异议。然而，我认为里面缺少了什么东西，尽管这一缺失在威廉·蒲克（William Polk）的文章《介于东方学和历史学之间的汉密尔顿·吉勃爵士》（"Sir Hamilton Gibb Between Orientalism and History"）[90] 中得到了某种程度的补偿。胡拉尼试图视吉勃为个人经历、个人影响的产物；而蒲克——他对吉勃的基本理解远没有胡拉尼那么精细敏锐——则将吉勃视为某一特定学术传统——如果借用蒲克文章以外的措辞，我们可以称其为某种学术规范或学术范式——的集大成者。

如果我们从此粗略的意义上借用托马斯·库恩[1]的这一用语，可以发现"范式"的观念用在吉勃身上很合适，后者，如胡拉尼所提示，从很多方面来说都深深地打上了学术体制化的烙印。吉勃所做或所说的一切，从早期在伦敦到中期在牛津直到担任哈佛中东研究中心主任的最具影响力的时期，都确凿无疑地表明他在体制化的学术机构中能够做到游刃有余。马西农不可救药地是个局外人，而吉勃则是局内人。然而，无论如何，两人分别在法国和英美东方学研究领域达到了名望和影响的巅峰。东方对吉勃来说并不是人们直接接触的一个地理空间；它是人们在学术群体、大学、学术研讨会所规定的范围内所阅读、所研究、所书写的东西。像马西农一样，吉勃以与穆斯林的友谊而自豪，但在他那里，穆斯林人似乎——像雷恩笔

---

[1] 托马斯·库恩（Thomas Kuhn, 1922—1996），美国当代科学史家，其 1962 年出版的《科学革命的结构》（*The Structure of Scientific Revolutions*）首创用"范式"（paradigm）这一概念来描述和概括科学史上所发生的重大变化。

下的穆斯林一样——只是为其所用的工具,而无法影响和决定他的所作所为。其结果是,吉勃成了英国(后来还包括美国)东方学学术框架内的权威人物,成了这样一个学者:其工作是为了有意识地揭示他所属的那一民族的大学、政府和研究机构所形成的学术传统的基本倾向。

证据之一是,在其影响臻于巅峰的那些年月里,人们常常可以发现吉勃在为一些制定政策的机构出谋划策。比如,1951年,他曾为一本题名为《近东与西方列强》(*The Near East and the Great Powers*)的书撰文,在文中,他试图解释扩展英美东方研究计划的必要性:

> ……西方国家与亚非国家的关系已经发生了变化。我们再也无法依赖威望这一似乎在战前思想中起着重大作用的因素,再也不能期望自己稳坐钓鱼台而由亚非或东欧国家的人们主动来到这里向我们学习。我们不得不了解他们,学会在一种有利于相互促进的关系中与他们相处。[91]

这一新关系的模式后来在"区域研究之反思"中得到了详细说明。东方研究与其说被视为学术活动,还不如说被视为制订事关在后殖民时期新近独立的、有可能桀骜难驯的国家的政策的工具。由于对自己对大西洋地区的重要性有着更为明确的认识,东方学家意识到自己将成为政策制定者、商人、新一代学者的引路人。

在吉勃后期观点中,最重要的不是作为学者的东方学家的建设性工作本身(比如,吉勃年轻时代对穆斯林入侵中亚的研究),而是这一研究在公众世界的适用性。胡拉尼说得好:

……他〔吉勃〕明白，现代政府和知识精英们的所作所为，忽视或否弃了其自身的社会生活传统和道德传统，这是他们失败的根源。此后，他的主要努力就旨在通过对过去加以细心研究，以阐明穆斯林社会的特定性质以及位于这一社会之核心的信仰和文化。即使是这一问题他也首先试图主要通过政治的方式来加以考察。[92]

然而，如果没有早期的大量准备，这种后期观点就不可能形成：因此，我们必须从其早期研究入手来理解他的后期观点。最早影响吉勃的人中包括邓肯·麦克唐纳，吉勃显然从他的著作中吸取了下面这些观点：伊斯兰是一具有内在一致性的生活体系，赋予这一体系以内在一致性的与其说是以这种方式生活的人，毋宁说是所有穆斯林人都参与并分有的某种教义体系，某种宗教实践方法，某种秩序观。在穆斯林人和"伊斯兰"教义之间显然存在各种各样的动态关系，然而，对西方研究者而言，重要的只是伊斯兰教义阐释伊斯兰经验的能力，而非伊斯兰经验对理解伊斯兰教义的作用。

对麦克唐纳以及受其影响的吉勃而言，"伊斯兰"作为一个对象（对此对象可以做宽泛的、极具概括性的陈述）在认识论和方法论上所面临的困难是永远无法克服的。麦克唐纳相信在伊斯兰里面可以发现一个更为自命不凡的范畴——东方心态——的多种表现形式。他最有影响的著作（其对吉勃的重要性不可低估）《伊斯兰的宗教态度与生活》开篇第一章即汇集了许多对东方人心性武断的、宣言式的陈述。他开始便说："与西方人相比，东方人对不可见物（the Unseen）这一概念的感受更直接，更真实，我想，这是众所周知并且广为接受的。"

那些"似乎经常扰乱一般法则的起修正作用的巨大因素"实际上并没有扰乱它,也没有扰乱其他支配东方人大脑的具有同样概括性的法则。"东方大脑的本质差异不是对不可见物的轻信,而是在建构可见物体系方面的无能。"另一方面的困难——吉勃后来将其归结为阿拉伯文学之所以缺乏形式、穆斯林人之所以形成以单个事物为中心的现实观的原因——是"东方人的差异并非本性上笃信宗教,而是法则感的缺失。对他来说,不存在不可改变的自然法则"。如果有人提出这一"事实"似乎无法解释伊斯兰科学——西方现代科学有很多东西建立在它的基础之上——所取得的非凡成就,麦克唐纳则只能无言以对了。他继续说道:"显然,对东方人而言,任何事情都有可能发生。超自然的东西离他如此之近以至任何时刻都有可能降临到他身上。"一种偶然的情境——亦即一神论在东方的历史及地域渊源——在麦克唐纳那里竟然成了东西差异之全部,可见麦克唐纳受东方学影响的程度之深。他是这样来概括自己的上述看法的:

> **无法**看到生活的稳定性,将其视为一个整体,**无法**明白一种关于生活的理论必须涵盖所有的事实,**可能**为某单个观念所控制而对所有其他的东西茫然不知——这些,我相信,正是东西方的差异之所在。[93]

这里的观点当然没什么新意可言。从施莱格尔到赫南,从罗伯逊·史密斯到劳伦斯,这些观点不断被重复和再重复。它们代表的是对东方所做的结论,而绝非东方的自然事实。任何像麦克唐纳和吉勃那样有意识地进入一个被称作东方学的专业的人都以下面这种人为的结论作为其研究的基础：东方就是东方，东方有别于西方，诸如此类。因此，对这一领域的精心谋划、刻意修饰以及随之而来的明确表达都进一步维护并强化了这一限制并控制着东方的结论。在麦克唐纳（或吉勃）东方可能为某单个观念所控制这一看法中，看不出有什么嘲讽的意味；二者似乎都未能发现**东方学**自身也存在受制于关于东方之差异的某单个观念的倾向。二者对"伊斯兰"或"东方"这样总括性的命名被当作专有名词使用，并被附加上了各种各样修饰性的形容词以及描述性的动词这一现象，似乎也毫不担心，就好像它们所指称的是实际的人而非柏拉图式的抽象观念。

因此，在吉勃就伊斯兰和阿拉伯所写的所有东西中，一个核心观念是作为令人不得不接受的、超验的东方事实之"伊斯兰"，与作为日常生活经验的东方现实之"伊斯兰"之间的张力，这一点并非偶然。作为一个学者和一个虔诚的基督徒，他所有的投入都在"伊斯兰"，而非由民族主义、阶级斗争、爱与恨这些个人性的经验带入伊斯兰中的那些（对他来说）相对琐碎的问题。这一投入没有什么地方比他在1932年所编并撰写题名文章的论文集《伊斯兰何去何从？》（*Whither Islam?*）中更令他耗费心神的了。（文集还收有马西农论北非伊斯兰的一篇妙文。）吉勃认为自己的任务是对伊斯兰的现状和未来发展道路进行评说。为了完成这一任务，吉勃并没将伊斯兰世界有着鲜明特征的各个区域视为对伊斯兰一致性的违背，而视为它的典型体现。吉勃本人首先提出对伊斯兰的一个初步界定；然后在那篇总结性的文章中力图对其现状及其真正的未来做出宣判。像麦克唐纳一样，吉勃似乎对铁板一块的东方这一观念完全认同，认为其现实情境无法轻易地简化为种族或种族理论；通过对从种族角度进行概括这一做法的价值的完全否认，吉勃超越了前代东方学家中那些最应受到指责的观点。吉勃对伊斯兰的博爱以及容许各种各样的种族和宗教群体以和平民主的方式共存于其学说之中这一做法充满同情。因此，吉勃毫不留情地将犹太复国主义分子和马龙派教徒从伊斯兰世界中剔除了出去，因为他们不愿意接受共存。[94]

但居于吉勃论点核心的是，伊斯兰在伊斯兰东方的所有生活中都处于优先和支配的决定性地位，也许是因为它最终代表着对不可见物而非自然物的独一无二的关注。对吉勃来说，伊斯兰**就是**伊斯兰的正统信仰，也**就是**伊斯兰信徒组成的群体，**就是**生活、整体、可理解性和价值。它还**是**法律和秩序，尽管有圣战论者和共产主义煽动家们令人恶心的扰乱。通过吉勃为《伊斯兰何去何从？》一书所写的文章的冗长描述，我们得知，埃及和叙利亚新设立的商业银行是伊斯兰的事实或伊斯兰进取心的表现；学校和不断增加的识字率也是伊斯兰的事实，如同新闻业、西化和学术社团是伊斯兰的事实一样。在谈到民族主义的兴起及其"流毒"时，吉勃从来不提欧洲的殖民主义。吉勃从未想过如果从对殖民主义的抵抗——不管是政治性的还是非政治性的——这一角度出发也许更容易理解现代伊斯兰的历史，正如他认为他所谈论的"伊斯兰"政府是共和制、封建制还是君主制对他来说似乎无关紧要一样。

"伊斯兰"对吉勃而言是一种上层建筑，既受到政治（民族主义、共产主义煽动、西化）的威胁，又受到那些试图削弱其知识权威的危险的穆斯林意图的威胁。在下面这一段落中，请注意**宗教**以及与宗教有关的词是如何为吉勃的文章定下基调的，其效果如此明显，以至我们不禁对加到"伊斯兰"身上的世俗压力产生恼怒之情：

> 作为宗教的伊斯兰几乎没有失去它的力量，但作为社会生活仲裁者的伊斯兰〔在现代世界〕却正在失去其昔日的光辉；与其并行或超越于其上的新的力量获得了权威，这一权威有时与伊斯兰的传统及其社会习俗发生冲撞，但却在冲撞中奋力前行。如果用最简单的话语来表达这一情境，可以对所发生的事情进行这样的描述。直到最近，普通的穆斯林公民和劳动者一直都没有政治的兴趣或能力；除宗教文学外没有其他类型的通俗文学；没有节日，也没有公共生活，除非与宗教有关；几乎或完全不能看到外面的世界，除非通过宗教的棱镜。**因此，对他来说，宗教意味着一切**。然而，现在，特别是在所有那些发达的国家里，他的兴趣范围得到了扩大，他的活动不再受宗教的局限。大量政治问题涌到他的面前；他阅读或请人为他读各种各样的文章，这些文章也许根本不会涉及宗教问题，其结论也与从宗教观点出发得出的结论迥异。……〔强调系后加〕[95]

不可否认，这一画面有点儿模糊不清，因为与任何其他宗教不同，**伊斯兰是或意味着一切**。我想，作为对人类现象的一种描述，这一不无夸张的说法是东方学所独有的。生活本身——政治、文学、活力、活动、成长——是对这一（对西方人而言）难以想象的东方整体的一种侵扰。然而，作为"欧洲文明的一种补充和反拨"，现代形式的伊斯兰对西方而言却是一个有用的存在：这是吉勃对现代伊斯兰看法的核心。因为

"从最宽泛的历史层面而言,欧洲和伊斯兰之间正在发生的一切可以使西方文明发生新的整合,这一文明在文艺复兴时期开始碎裂,现在正以压倒一切的力量重新获得其统一性"。[96]

与马西农不同——他并不试图隐藏其观点形而上的假想性——吉勃在表达这些看法时是把它们当作客观的知识(他发现这一范畴在马西农那里是缺失的)看待的。然而,按照任何标准来判断,吉勃大部分论说伊斯兰的著作几乎都是形而上的,不仅因为他是把"伊斯兰"这样的抽象概念当作具有明确含义的概念来使用的,而且因为我们从来无法知道吉勃的"伊斯兰"发生在什么样的具体时空环境之中。尽管一方面他沿袭马西农的做法毫无疑问地将伊斯兰置于西方之外,然而另一方面,在他的大部分作品中,我们却可以发现他试图将伊斯兰与西方文明"新的整合"联系在一起。1955年,他对这一内/外问题做了更为清晰的说明:西方从伊斯兰汲取的主要是那些非科学的因素,但即使是这些非科学的因素原本也源于西方;而西方之所以借用伊斯兰的科学,只是因为"自然科学和技术……具有放之四海而皆准的适用性"。[97]最终结果是,伊斯兰在"艺术、美学、哲学和宗教思想"方面仅具有次要的地位(因为这些东西都来自西方),而就科学与技术而言,伊斯兰只不过为那些本质上不属于伊斯兰的东西传入西方提供了一个通道而已。

这种形而上的框架对理解伊斯兰在吉勃思想中到底处于什么样的位置是必不可少的,他40年代的两部重要作品《伊斯兰现代潮流》和《穆罕默德教:一种历史考察》(*Mohammedanism: A Historical Survey*)可以帮助我们进一步澄清这一点。在这两部著作中,吉勃力图讨论伊斯兰的现代危机,弘扬其内在本质,反对修改它的现代企图。我已经提到过吉勃对伊斯兰中出现的现代化潮流的敌意及其对伊斯兰正统信仰的极力维护。现在是讨论吉勃倾向于使用**穆罕默德教**(Mohammedanism)一词而反对使用**伊斯兰教**(Islam)一词(因为他认为伊斯兰教实际上是建立在使徒统绪〔apostolic succession〕这一观念的基础之上,而穆罕默德乃此观念之最完美体现)以及他断言伊斯兰的主导科学是法律——它很早即取代了神学——的时候了。这些有关伊斯兰的断言之所以让人觉得有点奇怪,是因为这些断言不是以伊斯兰的内在证据为基础,而是蓄意以外在于伊斯兰的逻辑为根据。没有哪位穆斯林会称自己为穆罕默德教徒,据我们所知,也没有哪位穆斯林会感到法律具有超越神学的重要性。但吉勃所做的是将作为学者的自己置身于自己所发现的那些矛盾和冲突之中,密切关注"伊斯兰"的某一特定的时刻,在这一时刻,"外在过程与内在现实之间存在着某种潜在的错位"。[98]

于是,东方学家就将表达这一错位并因而表达有关伊斯兰的真理视为自己的任务,而后者从本质上说是他根本无法表达的——因为伊斯兰所隐含的矛盾冲突限制了其自我辨察的能力。吉勃对伊斯兰所做的一般陈述大多将伊斯兰宗教或文化本质上无法把握的那些概念用于伊斯兰:"东方哲学从来未曾欣赏过正义这一希腊哲学的基本观念。"至于东方社会,"与大多数西方社会相反,〔它们〕一般〔更倾向于〕努力建构稳定的社会组织,而不是建构理想的哲学体系"。伊斯兰主要的内在缺陷是"打破了宗教法则与穆斯林上中层社会之间的联系"。[99]但吉勃也意识到伊斯兰从未一直孤离于世界的其他部分之外,因此它与外在世界之间的关系是一种既有联合又包含着一系列的错位、不适和断裂的若即若离的微妙关系。因此,他认为现代伊斯兰是古典宗教与西方浪漫主义观念发生异时接触（disynchronous contact）的产物。面对西方观念的侵袭，伊斯兰社会出现了一个现代学者群，其观点处处显示出绝望，与现代世界不相宜：比如马赫迪[1]主义，民族主义，哈里发的复活等。然而，对现代主义的保守反应同样与现代性不相宜，因为它所带来的只是一种顽固的卢德主义[2]的观点。于是我们要问，伊斯兰究竟是什么，如果它既不能克服其内在的错位又无法令人满意地对付其外在环境的话？答案也许可以在下面这一选自《伊斯兰现代潮流》的关键段落中找到：

> 伊斯兰是一充满生机和活力的宗教，它吸引着数以百万计的人的心灵、思想和良心，为他们确立标准，使其过着诚实、理智、虔诚的生活。已经僵化的不是伊斯兰这一宗教，而是其正统学说，其系统的神学理论，其社会道德体系。它的错位，它最有教养、最睿智的拥护者们对它所感到的不满，对它未来的忧虑，在这些东西之中体现得最为明显。如果一个宗教在其对人的意志所提出的要求与其对其信众的心智所具有的感召力之间存在着无法弥补的鸿沟，没有哪个宗教可以避免走向分裂。对绝大多数穆斯林信徒而言并不存在错位问题这一事实，为正统穆斯林神学家和教法专家拒绝采纳现代主义者所开出的药方提供了借口；然而，现代主义的不断传播却向人们提出警告，改革

---

[1] 马赫迪（Mahdi），伊斯兰教徒所期待的救世主或领袖。
[2] 卢德主义（Luddism），原指1811—1816年间英国手工业工人捣毁机器的运动，后何也泛指反对技术进步和革新之类的保守主张。

和重建的问题不可能被永远搁置一旁。

在试图确定导致伊斯兰走向僵化的根源和原因的过程中，我们还可能找到回答现代主义者所提出但至今仍未能解决的那一问题的线索——这一问题是，如何在不损害其本质要素的前提下找到重建伊斯兰基本原则的途径。[100]

我们对这一段落最后部分的观点已经相当熟悉：它暗示东方学家具有重新建构和重新表述已成为东方学一个传统组成部分的东方的能力，因为人们假定东方自己没法做到这一点。因此，在某种程度上，吉勃的伊斯兰是**先于**它在东方被实践、被研究或被传播的事实而存在的。然而这一假想的伊斯兰又不仅仅出自东方学家的虚构：它乃建立在一个由于自身无法真正存在因而只好**求助于**大批信众的"伊斯兰"的基础之上。"伊斯兰"可以以东方学家对其所做的或多或少具有假想性的表述这一方式而存在的原因是，伊斯兰在东方受到了直接作用于信众心灵的传教者们的篡改和歪曲。只要它不受这些东西的蛊惑，伊斯兰就是安全的；一旦这些力图革新的传教者试图承担为了使伊斯兰获得现代性而对其进行重新表述的（合法）职责，问题也就出现了。这一问题，当然，就是错位。

在吉勃的作品中，错位意味着某种比人们一般认为存在于伊斯兰内部的精神困境远为重要的东西。我想，它为东方学家提供了书写伊斯兰、使伊斯兰合法化、重新表述伊斯兰的特权和根据。错位根本不是吉勃的偶然发现，而是使其得以进入其研究对象的认识论通道，并因而成为他用以考察和书写伊斯兰的参考框架。吉勃书写和重新表述伊斯兰的立场介于伊斯兰对铁板一块的正统信众群的无言感召与误入歧途的政治活动家、绝望的传教者和机会主义改革家们对伊斯兰的纯语言表达二者之间。他的作品要么表达伊斯兰所无法表达的东西,要么表达其传播者们所不愿表达的东西。吉勃所写的东西,一方面,从时间上说具有超前性,因为他容许伊斯兰有在将来的某一时刻说出它现在所无法说出的东西的可能性。然而,另一更重要的方面是,吉勃关于伊斯兰的写作又将伊斯兰先在地设定为一个有着内在一致性的"活生生"的信仰体系,因为他的作品能够抓住在成为穆斯林生活的现实组成部分**之前**作为对穆斯林教徒一种无言感召的"伊斯兰"。

  吉勃作品中的矛盾——因为他既不以伊斯兰正统传教者们实际所说也不以其普通追随者们所可能说的那种方式来谈论"伊斯兰"——在某种意义上说为支配着他的作品并且实际上支配着他在麦克唐纳这样的精神导师身上继承下来的整个现代东方学传统的那种形而上的态度所削弱。东方和伊斯兰具有某一种超现实的、在现象学的意义上被还原了的状态,这使得除了西方的专家外一般人对它只能是望而却步。从西方对东方进行思考的一开始,有件事就是东方一直无法做到的,那就是表述自己。东方的材料只有经过东方学家之手并且经过东方学的烈火煅烧之后才可以信赖。吉勃的作品试图展示伊斯兰教(或穆罕默德教)**本身所是的样子**和**可能会是的样子**。本性和可能性以形而上的方式被——也只有通过形而上的方式才能够被——合而为一。只有形而上的态度才可能使吉勃既不会对马西农客观知识与主观知识的划分感到困惑,又能写出像"伊斯兰宗教思想之结构"("The Structure of Religious Thought in Islam")或"伊斯兰历史解析"("An Interpretation of Islamic History")这样的著名文章。[101] 其对"伊斯兰"所做的陈述充满着一种真正超然的自信和安详。在吉勃的文章与其所描述的现象之间没有错位,不存在明显的断裂,因为,根据吉勃本人的看法,二者最终会融为一体。这样,"伊斯兰"和吉勃对它的描述就都有着一种冷静的话语上的明晰性,这一明晰性在这位英国学者条理清晰的文章中得到了体现。

我赋予东方学家书面著作的外部风格及其内在模式以相当大的重要性。在本书中,我讨论过德尔贝洛百科全书式的编纂,《埃及志》包罗万象的汇集,赫南实验室-博物馆式的札记,雷恩《现代埃及风俗录》概括的以及逸闻趣事般的描述,萨西断章残篇式的节录,等等。这些著作可以为读者**呈现**出东方以及东方学家某些方面的风貌。这些著作里面存在着某种法则,借此法则读者不仅可以把握"东方",而且可以把握作为阐释者、展出者、个人、中介者、专家和代理人的东方学家。吉勃和马西农具有引人注目的独特风格的著作重新概括了西方东方学写作的历史,这一历史体现在众多的风格之中,最终形成了一种学术和专业规范。东方的标本;东方的过度;东方字典条目式的结构单元;东方的系列;东方的范例:所有这些在吉勃和马西农那里都打上了话语分析所具有的平实权威的印记,体现在随笔、短论和专著等书写形式之中。在他们的时代——从第一次世界大战到60年代早期——有三种形式的东方学写作发生了急剧的变化:百科全书式,文选式,个人札记式。他们的权威得到了重新分布或扩散:向专业领域(比如《伊斯兰百科全书》〔The Encyclopedia of Islam〕、《剑桥伊斯兰史》),向不那么专业的服务机构(比如初级语言训练机构,不是像萨西的《阿拉伯文选》那样以培训外交人员为目的,而是为了社会学、经济学和历史学研究),向以制造轰动效应(更多地与名人或政府有关——劳伦斯是最明显的例子——而非与知识有关）为能事的新闻界。吉勃，以及其平和随意然而却深具影响的文章；马西农，以及其艺术家的才华——对他来说，只要受到某种奇异的阐释才能的控制引用任何材料都不过分——这两位学者将本身即**无孔不入**的欧洲东方学权威发展到了无以复加的地步。在他们之后，新的现实，亦即新的专业风格，打上了英美——严格说来，美国社会科学——的烙印。在此新的现实面前，旧的东方学分崩离析，然而分裂出的每一碎块都仍然分有着东方学的传统信条。

四　最近阶段

第二次世界大战之后，更值得注意的是阿以战争之后，阿拉伯穆斯林已经成为美国大众文化的一个重要组成部分，在政界和商界，如同在学界一样，阿拉伯得到了非常认真的关注。这表明了国际力量构成所发生的一个重大变化。法国和英国在世界政治中不再占据着中心舞台；它们为美国的势力所取代。一个巨大的利益网现在将所有前殖民地国家与美国联结在一起，正如日益精细的专业划分导致了所有像东方学这样以欧洲为中心的语言学学科的瓦解一样。区域研究专家——这是东方学家的新名称——认为自己对区域专门知识拥有发言权，而后者往往被用来服务于政府或商业或是二者兼顾。现代欧洲东方学资料库中积存起来的数目庞大的准物质性（quasi-material）知识——比如，19世纪儒勒·莫尔（Jules Mohl）的日志所记录的知识——已经分崩离析，被转换进了新的形式之中。对东方种类繁多的混杂表述充斥于我们的文化之中。日本，印度支那,中国,印度,巴基斯坦:它们在许多地方以众所周知的原因得到了讨论,对它们的表述产生了并将继续产生广泛的影响。当然,伊斯兰和阿拉伯也得到了表述,尽管就强度和意识形态而言仍然有其自身的连贯性,但却无疑受到了冷落,再也无法恢复以前那种独霸天下的局面。下面,我们准备对传统的欧洲东方学在美国新的语境中所发生的变化做一概括描述。

一、大众形象和社会科学表述。我们拿几个例子来说明人们今天是怎样表述阿拉伯人的。请注意"阿拉伯人"似乎非常乐于接受人们所期望的那种转变——所有转变都向人们所期望的方向发展。普林斯顿大学1967年举办的第十届阿拉伯联谊班的"服饰"在该年6月阿以战争之前即已策划好。这一服饰的"主题"——因为任何试图对这一服饰进行精确描述的做法都将是错误的——试图呈现出阿拉伯的特色:袍服,头饰,拖鞋。战后不久,当人们意识到采用阿拉伯样式将会出现令人难堪的局面时,不得不对这一联谊计划做出某种改变。尽管仍然穿戴着原来设计好的服饰,联谊班的队伍在行进中却采取了将手放到头上的失败者的可怜姿势。阿拉伯形象已经变成这个样子。从骆驼背上的游牧民族这一粗略模糊的原型形象变成了代表着无力与易败的漫画式形象:这就是人们对阿拉伯人的全部想象。

然而,1973年阿以战争之后,阿拉伯人的形象再次发生了变化:显得更具威胁性。卡通中不断出现阿拉伯酋长站在油泵后面的形象。然而,这些阿拉伯人显然具有"闪米特人"的特征:显眼的鹰钩鼻,邪恶的斜睨神情,显然意在提醒人们(那些非闪米特民族的人)注意,"闪米特人"是"我们"所有麻烦——就此而言,主要是石油短缺——的内在根源。大众中存在的反犹太主义的目标被不知不觉地从犹太人转向了阿拉伯人,因为二者的形象本质上是相同的。

因此,如果说阿拉伯人引起了人们足够的注意,那也只是作为一种负面的价值。他被视为以色列和西方的扰乱者,或者换一个角度来看,被视为1948年以色列建国的障碍——不过这一障碍是可以克服的。如果说阿拉伯人有什么历史的话,那也只是东方学传统以及后来的犹太复国主义传统所赋予他的历史(或从他那里拿来的历史:几乎没有什么差别)。巴勒斯坦被视为——在拉马丁和早期犹太复国主义者那里——空无一物的沙漠,等待着人们赋予它繁荣;它的居民被视为微不足道的游民,对这块土地没有真正的所有权,因此也就无文化或民族可言。于是,阿拉伯人就被想象为犹太人的影子。这一影子——因为阿拉伯人和犹太人是东方闪米特人——包藏着西方人对东方人所有传统的、潜含的不信任。因为犹太人在纳粹兴起之前的欧洲已经发生了分化:我们现在所看到的是一个建立在对作为探险家和开拓者的东方学家(伯顿、雷恩、赫南)及其潜藏的、神秘得有些令人恐惧的影子——阿拉伯人——重新建立起来的崇拜的基础之上的犹太英雄。人们将阿拉伯人与所有其他东西隔离开来,只剩下东方学话语替他创造的一个辉煌的过去,他的命运已经被别人安排好,他无力反抗,他的所作所为注定要经常受到巴巴拉·塔契曼(Barbara Tuchman)所说的"可怕的以色列快剑"的惩处。

除了反犹太复国主义外,阿拉伯人还向人们供应石油。这一价值仍然是负面性的,因为与阿拉伯石油问题有关的叙述大多认为,1973—1974年间阿拉伯抵制石油生产的运动(这一运动的受益者主要是西方的石油公司与少数居于统治地位的阿拉伯精英）的原因是，阿拉伯尽管拥有如此巨大的石油藏量但却缺乏恰当的道德约束。一旦撕下委婉含蓄的惯有面纱，人们问得最多的问题是：像阿拉伯这样的民族有什么权利让西方（自由、民主、道德的）发达世界受到威胁。这类问题背后常常暗含着这样一种想法：用海军陆战队占领阿拉伯的油田。

在影视作品中，阿拉伯人要么与好色要么与残忍和不诚实联系在一起。他被描述为这样一副形象：因过分纵欲而颓废，善于玩弄阴谋诡计，有着施虐狂的本性，邪恶而低贱。奴隶贩子，赶骆驼的人，偷兑外币者，游手好闲的恶棍：这些是阿拉伯人在电影中的传统角色。我们经常可以看到一个阿拉伯头目（强盗头子，土匪头子，"地头蛇"）对抓到的西方男主角与金发女郎（二者浑身洋溢着健康和快乐）发出狞笑："我的人将处死你们，但——在此之前他们想乐一乐。"他边说边吊儿郎当地斜睨着他的对手：这是对瓦伦蒂诺所扮演的酋长形象[1]的一种现代变形。在新闻电影和新闻图片中，阿拉伯人总是以群体的面目出现。没有个性，没有个人特征或个人经验。大部分画面表现的是群体的愤怒和苦难，或非理性（因此也就具有无可救药的怪异性）的行为。在所有这些形象后面隐伏的是伊斯兰**圣战**的威胁。后果：对穆斯林（或阿拉伯）将要支配世界的恐惧。

有关伊斯兰和阿拉伯的书籍和文章一成不变地沿袭着中世纪和文艺复兴时期所形成的强烈的反伊斯兰情绪。对任何其他民族或宗教群体来说，要想以这种一成不变的面貌出现而不引起质疑或挑战，实际上都是不可能的。哥伦比亚学

---

[1] 瓦伦蒂诺（Rudolph Valentino，1895—1926），美国电影演员，生于意大利，《酋长》是他扮演的一部富于浪漫色彩的无声影片。

院（Columbia College）1975年为本科生开设的阿拉伯语课指南说，这一语言中每一语词都与暴力有关，阿拉伯语可以"反映"出阿拉伯人头脑中顽固的好斗性。埃默特·泰拉尔（Emmett Tyrrell）最近在为《哈泼斯》（*Harper's*）杂志所写的一篇文章中更是变本加厉地恶意诽谤，认为阿拉伯人具有谋杀者的本性，暴力和欺诈已经深深地刻印在阿拉伯人的基因之中。[102]一项名为《美国教科书中的阿拉伯人》（*The Arabs in American Textbooks*）的综合调查表明，阿拉伯这一"民族－宗教"群体的形象在美国教科书中受到了最令人惊异的扭曲，或者说得到了最冷酷无情的表述。有本教科书断言，"在这一〔阿拉伯〕地区绝大部分人甚至不知道世界上还有比这更好的生活方式"，然后又故意摆出一副友好的姿态问，"到底是什么东西使中东人凝聚在一起？"但接下来却毫不犹豫地回答说，"最根本的凝聚力是阿拉伯人对犹太人和以色列民族的敌视——乃至仇恨"。另一本书对伊斯兰的描述与此一脉相承："穆斯林人的宗教被人们称为'伊斯兰'，它始于7世纪。其创立者是一位名叫穆罕默德的阿拉伯富商。他声称自己是位预言家。他在阿拉伯人中找到了自己的追随者。他告诉他们上帝已经挑选他们来统治这个世界。"接下来提供的是另一同样精确得不能再精确的知识："穆罕默德死后不久，他的教义被记录在一本叫作《古兰经》的书中。它成了伊斯兰的圣经。"[103]

这些原始材料得到了研究阿拉伯近东的学者们的进一步证实。（值得顺带提一句，我上面提到的普林斯顿事件发生在一所为其组建于1927年的近东研究系而感到自豪的大学里，这是美国在这个领域建立起来的第一个正式研究机构。）试以普林斯顿大学社会学和近东研究教授莫罗·伯格（Morroe

Berger）1967年为国务院卫生、教育与福利部所撰写的一篇报告为例；他当时是创建于1967年的美国中东研究会（the Middle East Studies Association，MESA）的会长，这一专业研究会的主要目的是"从社会科学和人文科学的角度"关注"伊斯兰兴起之后"近东生活的各个方面。[104] 他将自己的报告称为"中东与北非研究：发展和需要"（Middle Eastern and North African Studies: Developments and Needs），并将其发表在《中东研究会通讯》（*MESA Bulletin*）第二期上。在对这一地区在战略、经济和政治上对美国的重要性进行全面考察并且对美国政府或民间资助的旨在加强大学里面对这一地区的研究的各种规划——比如，1958年的国家国防教育法案（直接受苏联成功发射人造地球卫星的激发），在社会科学研究委员会（Social Science Research Council）和中东研究之间建立起联系，等等——深表赞同之后，伯格得出了下面的结论：

> 现代中东和北非不是重大文化成就的中心，而且在最近的将来也不可能成为这样的中心。因此，从现代文化发展的角度来说，对这一地区或其语言进行研究没有多大价值。
>
> ……我们所研究的地区不是政治力量的中心也没有成为这样一个中心的可能性。……与非洲、拉美和远东相比，中东对美国所具有的直接的政治重要性（甚至其作为"头版头条"或"花边新闻"的价值）正在减弱（北非稍好一些）。
>
> ……因此，当代中东对我们只有很小的价值，似乎仅能引起学界的注意。但这并没有降低对这一地区进行研究的合理性及其学术价值，也没有影响学者们所做研究的质

量。然而，它对这一领域的研究和教学队伍数量的增长确实产生了一些限制，对这一点我们应该有所认识。[105]

当然，这是一个极为令人沮丧的预言；更为不幸的是，伯格之所以受命撰写这一报告不仅因为他是现代近东研究专家，而且——从报告的结论可以看出——因为他被认为具有预测近东未来以及与之相应的未来政策的足够资格和能力。我想，他之所以未能看出中东具有重大的政治意义并且具有极大的政治潜力，并非由于判断上的偶然失误。伯格的这两个重大失误分别出现在上引开头和结尾那两段文字之中，其渊源可以追溯到我们一直在探讨的东方学的历史。我们发现，伯格在开头段落中所说的重大文化成就的缺失以及在结尾段落里对未来研究所做的结论——中东由于其内在的缺陷而无法吸引学界的注意力——几乎是对下面这样一种经典的东方学观点原封不动的复制：闪米特人从未创造出伟大的文化，闪米特人的世界——如赫南经常挂在嘴边的——已经油尽灯枯，无法引起普遍的关注。而且，在做出这样的陈旧判断以及对眼皮底下发生的一切完全视而不见——伯格写作的时代毕竟再也不是50年之前，而是在美国石油的10%需要从中东进口，并且在这一地区的战略和经济投入已经大到无法想象的地步这样一个历史时期——的过程中，伯格实际上是在进一步确认自己东方学家地位的权威性。因为他所说的实际上是，如果没有像他这样的人，中东将会完全为人们所忽视；如果没有像他这类中介性的、阐释性的角色，这一地方将无法得到人们的理解，部分地因为中东为数极少的能为人所理解的东西同时也是一些相当怪异的东西，部分地因为只有东方学家才能够阐释东方，原因是东方根本无法阐释自己。

伯格并非以传统的东方学家（过去不是，现在也不是）而是以职业的社会学家的身份撰写报告，这一事实并没有减弱他受东方学及其观念影响的程度。观念之一是对材料的极度厌恶和贬抑，而正是这些材料构成了他研究的主要基础。这一点在伯格身上表现得如此强烈以至令其对眼前的现实几乎视而不见。更值得注意的是，这使得他没有必要问自己既然中东"不是重大文化成就的中心"，为什么他还要鼓励人们像他那样致力于对其文化进行研究这一问题。学者们喜欢——比医生们更喜欢，比如说——研究他们所喜欢和感兴趣的东西；只有夸大了的文化责任感才会驱使学者去研究他不喜欢的东西。然而，东方学所培育的正是这样一种责任感，因为东方学家长期以来一直被其外部文化环境推到这些障碍的面前，他所从事的工作就是在这样的环境中去遭遇东方——其野蛮性，其怪异性，其桀骜难驯性——并且代表西方对其加以控制。

我试图以伯格为例说明学界对伊斯兰东方的态度，以及学术视角如何支持着大众文化对东方的漫画式表现。然而，伯格同时还代表着东方学所经历的最新转变：从一个以语言学为基础、旨在对东方进行模糊的概括表现的学科转变成了社会科学的一个专业。东方学家不再试图首先掌握东方神秘莫测的语言；相反，他首先是以一个受到良好训练的社会科学家的身份开始他的研究，并且试图将他的学科"应用"于东方或任何其他地方。这是美国学者对东方学的特殊贡献，其历史大致可以追溯到第二次世界大战后不久，此时美国发现自己正好处于最近被英国和法国所空出来的位置。在这一特殊的时刻之前，美国的东方经验非常有限。梅尔维尔这类清高孤傲的人对它产生过兴趣；马克·吐温这类冷嘲热讽者有过东方的游历并且写过与东方有关的作品；美国的超验主义者们（transcendentalists）看到了印度思想与他们自己思想相通的地方；少数神学家和《圣经》研究者研究过《圣经》中的东方语言；也偶有与巴巴里[1]海盗等的外交和军事接触以及向远东的临时航海探险，当然还有在东方无处不在的传教活动。但没有对东方进行认真研究的东方学传统，其结果是，美国的东方知识一直停留在欧洲曾经历过的肇始于语言学研究的那种以修饰、编织和重构为特征的阶段。更有甚者，几乎没有产生过对东方的想象，也许因为美国人忙于开拓自己的西部边疆而无暇顾及遥远而缥缈的东方。于是，紧接第二次世界大战之后，东方并非像几个世纪以来在欧洲那样成为一个无所不包的问题，而是成为一个政治性的问题，一个与政策有关的问题。社会科学家和新东方专家出场了，他们似乎并不宽阔的肩膀将要承受整个东方学的传统衣钵。正如我们将会看到的，他们使其面目一新，几乎难以辨认。然而，无论如何，新东方学家接受了老东方学家对东方文化的敌视态度并且将其一直保留了下来。

  美国从社会科学角度出发关注东方的一个显著特征是将文学完全排除在外。有关现代近东的专业著述汗牛充栋，但你却从不会发现有谁提到过文学。对区域研究专家来说，更为重要的似乎是"事实"，而文学文本也许只会分散对事实的注意力。现代美国阿拉伯或伊斯兰认识中这一引人注目的缺失，其最终后果是使这一地区及其人民成为干巴巴的理论概念，被简化为"态度""趋势"、统计数据之类的东西：简言之，被非人化了。

---

[1] 巴巴里（Barbary），埃及以西的北非伊斯兰教地区。

由于阿拉伯诗人或小说家——为数很多——书写的是自身的经验,自身的价值,自身的人性(不管会有多么奇怪),因此他们的写作就有效地扰乱了人们用以表述东方的固定模式(形象、老生常谈、抽象概括)。文学文本或多或少能更直接地言说活生生的现实。其力量不在于它是阿拉伯的,或法国的,或英国的;其力量存在于其语词之中,这些语词,如果借用并归结一下福楼拜《圣安东的诱惑》中的比喻,打破了东方学家的偶像并且打落了他们怀中搂着的那些瘫痪的大孩子——这正是他们对东方的看法。

当代美国近东研究中文学的缺失以及语言学基础的相对薄弱是东方学中新出现的怪异性的体现,实际上,我仍然使用"东方学"这一传统用语本身就显得有些怪异。因为近东研究专家们现在的所作所为,与在吉勃和马西农那里已经走向终结的那种传统的东方学几乎没有什么相似的地方;得到保留和继承的只是,如上所言,某种并非以语言学而是以"专门知识"为基础的文化敌对意识。从渊源上说,现代美国东方学来自于这样一些东西:战争期间和之后军队语言学校的建立,战后政府机构和私人公司对非西方世界突发的兴趣,与苏联在冷战中的竞争,认为对东方人进行重塑和重造的时机已经成熟这一残留着传教色彩的态度。对神秘难解的东方语言进行非语言学研究之所以有用,显然出于基本的战略上的考虑;但它之所以有用还因为它可以使那些似乎能够用熟练的技巧处理极为模糊的材料的"专家"具有权威性甚至神秘性。

从社会科学的角度而言,语言研究只是服务于更高目的的工具,这一目的当然不是解读文学文本。比如,1958年,中东研究所(the Middle East Institute)——一个旨在监督和资助中东研究的准官方机构——发布了一份《近期研究报告》(Report on Current Research)。在一篇名为"美国阿拉伯研究之现状"("Present State of Arabic Studies in the United States")的文章(非常有趣的是,该文出自一个希伯来语教授之手)前面有一段题记,声称"外语知识不再是,比如说,人文领域研究者们的专利。它是工程师、经济学家、社会科学家和许多其他领域的专家们的日常工具"。整个报告强调阿拉伯语对石油公司老板、工程技师和军事人员的重要性。但报告的核心在于下面这三个相互关联的句子:"俄国的大学正在培养熟练的阿拉伯语人才。俄国认识到了使用当地语言打动当地人心的重要性。美国再也不要在发展外语研究上犹疑不决了。"[106] 因此,东方语言是——在某种程度上一直是——某种政治目标或持久的宣传攻势的组成部分。就上述两种目的而言,研究东方语言乃实现哈罗尔德·拉斯维尔所说的宣传功能的工具,对拉斯维尔来说,重要的不是人们是什么或想什么,而是可以让他们是什么或想什么:

> 宣传实际上将对个性的尊重与对拘泥于形式的民主的冷漠结合在一起。对个性的尊重来源于下面这一事实:大规模的行动有赖大众的支持,有赖个人爱好和经验的多样性。……大众生活中的人的这一特性并不依赖所谓人是自己兴趣的最好裁判者这一所谓民主的教条。现代宣传家像现代心理学家一样,明白人常常只不过是自己兴趣的蹩脚的裁判者,会毫无理由地从一种选择倒向另一种选择,或战战兢兢地抱住长满青苔的老旧的岩石碎片不放。预测习俗和价值发生彻底变化的可能性,远不只是一般性地估计

人的倾向性。它意味着考察人深陷其中的复杂的关系网络，探索偶发之偏好的迹象，并且寻求切实可行的解决办法。……就那些确实需要大众支持的行动而言，宣传家的任务是设定一些目标符号，这些符号具有促使人们接纳并且适应所定目标的双重功能。必须诱发人们自觉自愿地接受。……因此理想的做法是通过直觉领悟而非强迫的方式控制事情的发展。……宣传家往往想当然地认为，世界的诞生受某种确凿无疑的原因的推动，但我们却只能部分地预测其未来。……[107]

因此，学习外语就成为这种宣传攻势的一个组成部分，正如对东方这类外国地区的研究可以服务于控制这一地区的计划一样。

然而，这类计划始终必须以自由主义的面貌出现，因此通常留给学者、心地善良的人、富于热情的人去完成。有个令人鼓舞的说法认为，在研究东方人、穆斯林人或阿拉伯人的过程中，"我们"可以了解另一类人，他们的生活方式和思维方式，诸如此类。为了实现这一目的，最好让他们自己为自己说话，自己表述自己（尽管这一幻想里面隐含着马克思在论及路易·拿破仑时所说的话——拉斯维尔显然赞同马克思下面这一说法："他们无法表述自己；他们必须被别人表述。"）但这只限于某一方面，某种特定的方式。1973年，在十月阿以战争那些令人焦躁不安的日子里，《纽约时代杂志》(New York Times Magazine)请人写了两篇文章，分别代表发生冲突的阿以两方。代表以色列一方的是以色列的一位律师；代表阿拉伯的是一位曾任职于阿拉伯国家但没有受过东方研究正规训练的前美国大使。我们最好记住这一例子中的阿拉伯人和犹太人都是闪米特人（就我一直在讨论的那种宽泛的文化层面而言）并且**对二者的表述都面向的是西方读者**这一事实，以免看到阿拉伯人被视为没有能力表述自己这一简单的结论时不致感到太突兀。同样值得记住的是马塞尔·普鲁斯特下面这段文字，它对一个突然出现在一贵族沙龙里的犹太人做了这样的描述：[1]

> 罗马尼亚人、埃及人、土耳其人也许会讨厌犹太人。但在一个法国的沙龙里，这些人之间的差别一点儿也不明显。当一个犹太人走进一个沙龙，人们感到他好像是从沙漠深处钻出来似的，身体像土狼一样蹲伏，脖子斜伸向前，口中不停地说着"萨拉姆"[2]，这副模样和神情，完全能满足人们对东方趣味的好奇心。108

二、文化关系政策。尽管认为美国实际上直到20世纪才成为世界强国这一说法是正确的，但同样正确的是，19世纪美国关注东方的方式已经为其后来对东方明目张胆的帝国主义用心做好了准备。让我们撇开1801年和1815年对抗巴巴里海盗的运动不说，将目光转向1842年美国东方研究会（American Oriental Society）的成立。在1843年召开的首届年会上，会长约翰·皮克林（John Pickering）曾明白无误地说，美国的东方研究遵循的是帝国主义欧洲诸强的范例。皮克林的言外之意是，东方研究的框架——像现在一样——是政治性

---

[1] 下面这段译文参考了潘丽珍、许渊冲译普鲁斯特《追忆似水年华》卷三《盖尔芒特家那边》（译林出版社，1990年版）第181—182页。

[2] "萨拉姆"（Salaam），穆斯林人表示问候的用语，意为"一切如意"，说时深弯腰，右手掌置额前。

的，而不仅仅是学术性的。请注意下面这一概述在谈到皮克林的用意时有多么自信：

> 在美国东方研究会1843年首届年会上，皮克林会长通过提醒大家注意特别有利的时代环境、世界范围内的和平、通往东方国家越来越自由和交通工具越来越方便，对这一领域的发展前景做了令人乐观的展望。在梅特涅和路易－菲利普[1]的时代，地球呈现出一片平和的景象。南京条约打开了中国的港埠。螺旋推进器已经用于海上航行；莫尔斯（Samuel F. Morse）已经完成了他的电码设计并且建议铺设横跨大西洋的电缆。美国东方研究会的目的是推动亚洲、非洲和波利尼西亚诸语言以及与东方有关的一切的研究，为了激发这个国家研究东方的兴趣，为了出版文献、翻译和信件，为了建立资料室和档案库。大部分工作在亚洲领域，特别是在梵语和闪语方面，已经开始进行。[109]

梅特涅，路易－菲利普，南京条约，螺旋推进器：所有这一切暗示着一个有利于欧洲进入东方的帝国主义格局已经形成。这从来就没有停止过。即使是19世纪和20世纪美国富于传奇色彩的东方传教士们也认为他们的使命并非是由一个普

---

[1] 梅特涅（Clemens Lothar Wenzel von Metternich，1773—1859），曾任奥地利外交大臣、首相，代表奥皇参加维也纳会议，参与组织"神圣同盟"，1848年革命后逃亡英国。路易－菲利普（Louis-Philippe，1773—1850），1830—1848年间的法兰西国王，其统治以资产阶级上流社会为基础，最终因未能得到新兴实业阶层的支持而倒台。

遍的上帝而是由**他们的**上帝、**他们的**文化和**他们的**命运所设定的。[110] 早期的传教机构——报业、学校、大学、医院等——当然为东方地区状态的改变做出过贡献,但由于深深打上了帝国主义的烙印以及得到了美国政府的支持,这些机构与它们在东方的法国和英国同道们并没有什么两样。在第一次世界大战期间,后来将成为美国政策主要组成部分之一的对犹太复国主义和巴勒斯坦殖民的兴趣,在使美国卷入战争方面起了不小的作用;从贝尔福宣言(1917年11月)发表之前和之后在英国引起的讨论可以看出美国对这一声明的重视程度。[111] 在第二次世界大战之中与之后,美国对中东的兴趣升级的速度令人吃惊。开罗、德黑兰和北非成了重要的战争竞技场,在这样的环境中,美国与其前驱者英国和法国一起努力开发这一地区的石油、战略和人文资源,已经为其战后新的帝国主义角色做好了准备。

这一新的角色的一个重要组成部分是莫蒂默·格雷夫斯(Mortimer Graves)1950年所说的"文化关系政策"。他说,该政策的一个组成部分是努力获得"1900年以来以每一重要的近东语言出版的每一重要的出版物",他认为"我们的国会应该〔将其〕确认为衡量我们的国家安全的一种尺度"。因为,格雷夫斯认为(顺便说一下,人们非常乐于接受他的看法),美国目前所面临的最关键问题显然是"更好地理解中东那些正在与美国的观念相抗衡并且妨碍其传播的力量。最重要的,当然,是共产主义和伊斯兰"。[112] 这一忧虑对美国东方研究会与时代发展而言相对落后的局面是一种促进,它所导致的结果是中东研究机制的全面改进。这一改进的典范之作是——就其毫不隐藏的战略态度及其对公共安全和政策的敏感(而不只是像它常常声称的那样，是为了纯学术）而言——1946年5月在联邦政府授意下（如果不说受它的领导和控制的话）成立于华盛顿的中东研究所。[113] 在它的带动下，出现了各种各样的研究计划和活动：比如，中东研究会，福特基金会（Ford Foundation）和其他基金会强有力的支持，联邦政府对大学研究项目的各种资助，联邦政府各种各样的研究计划，国防部、兰德公司（RAND Corporation）、哈得逊研究所（Hudson Institute）这样的具体职能部分的研究计划，以及银行、石油公司、跨国公司等的咨询和游说活动。无疑，所有这些都保留了——就其一般功能与具体功能的总体情况而言——传统欧洲东方学的框架。

欧洲与美国在对东方（近东和远东）的帝国主义设计方面的相似是很明显的。不那么明显的也许在于下面这两个方面：首先，欧洲东方研究的学术传统那时已被美国——如果不是取代的话——所吸收、规范化、本土化和大众化，并且滋养了战后美国近东研究的全面繁荣；其次，大部分美国学者、研究机构、话语风格和研究走向对欧洲传统的态度具有内在的一致性，尽管美国学界当时采取的是一种对欧洲传统加以不断完善的姿态，尽管它使用的是一种高度精细化的社会科学技巧。我已经讨论过吉勃的观点；然而，需要指出的是，吉勃在20世纪50年代中期出任哈佛中东研究中心主任，这一有利位置使他的观点和风格得以传播并产生重大影响。以在这一领域的所作所为而论，吉勃在哈佛的位置与菲利普·希提（Philip Hiti）自20世纪20年代之后在普林斯顿的不同。普林斯顿的东方研究系产生了大批有影响的学者，它的东方研究风格激发了人们对这一领域极大的学术兴趣。与普林斯顿的希提相反，吉勃则更多地触及东方学与公共政策有关的方面,使东方学进一步聚焦到冷战时期的区域研究上来。

吉勃自己的研究并没有公开借用赫南、贝克和马西农所代表的传统的东方学文化话语。然而这一话语及其学术机制与学术成规在美国的东方研究中却一直在场,主要(尽管不是独一无二地)体现在居斯塔夫·冯·格鲁恩鲍姆——首先在芝加哥大学然后在加州大学洛杉矶分校——的研究及其所具有的权威之中。他在欧洲学者逃离纳粹主义的学术移民浪潮中来到美国。[114] 来到美国为他的东方学研究奠定了坚实的基础,此后他集中关注的是作为一个文化整体的伊斯兰,他自始至终都在对伊斯兰进行概约性的、否定性的概括。他的风格,由于常常将他奥地利－日耳曼式的广博、他对英法和意大利东方学中存在的典型的伪科学偏见的吸取,以及他竭力试图保持的客观公正的学术姿态混乱地糅合在一起,佶屈聱牙,几至难以卒读。比如,他的一篇论述伊斯兰自我形象的文章不仅会尽可能多地引用伊斯兰各个时期的文献,而且会引用胡塞尔[1]和苏格拉底前的古希腊哲学,引用列维－斯特劳斯和美国社会科学家的著作。然而,所有这些都不能掩盖格鲁恩鲍姆对伊斯兰几近恶毒的厌憎。他不假思索地将伊斯兰视为一个与任何其他宗教或文明都不相同的铁板一块的整体,并因而将其揭示为反人性的,没有发展,没有自我认识或客观性,没有创造性,不科学,独裁而专断。下面是两个典型的段落——我们必须记住,格鲁恩鲍姆有着来到美国的欧洲学者这一独特的权威身份,这一领域有大批学者都必须仰承他学术的、行政的、经济的庇荫:

---

[1] 胡塞尔(Edmund Husserl,1859—1938),德国哲学家,现象学创始人。

认识到穆斯林文明是一个与我们有着不同旨趣的文化体是很重要的。这一文化体对系统地研究其他文化兴趣不大，不论是作为以自身为目的的纯学术研究，还是作为更好地理解自身特点和历史的手段。如果你认为这一观察仅仅适用于当代伊斯兰，你最好将它的这一特点与伊斯兰极为偏执的心理状态联系在一起，这一心理状态使它不到万不得已不会注意自身之外的任何东西。但由于这一点同样适用于其过去，你也许会尝试着将其与这一〔伊斯兰〕文明反人性的本质倾向联系在一起，也就是说，它会不顾一切地反对任何将人视为事物的裁决者或衡量尺度的做法，而有满足于描述内在心理结构亦即内在真理的倾向。

〔阿拉伯或伊斯兰民族主义〕缺乏民族神权的概念，尽管它偶尔也会喊出这样的口号，它缺乏发展的精神，它似乎也缺乏19世纪晚期对人类进步的信念；最重要的是，它缺乏对一个文化的发展来说必不可少的精神活力。权力与对权力的愿望夭折于自身之中。〔这个句子就整个段落的逻辑发展而言似乎无关紧要；然而它无疑使格鲁恩鲍姆的论述听起来充满了哲学意味，似乎为了让自己相信他是在以一种明智而非轻蔑的口吻论说伊斯兰。〕对政治的冷漠和敌意产生了一种不耐烦的情绪并且妨碍了精神领域的长远分析和规划。[115]

在大多数其他情况中，这种写作有可能被委婉地贬称为论战性的。然而，在东方学领域，这种论说方式却极为常见，并且在第二次世界大战后的美国中东研究界被视为经典，主要由于他身上有着与欧洲学者联系在一起的文化威名。然而，问题的关键在于，格鲁恩鲍姆的著作被这一领域不加质疑地全盘接受，即使这一领域自身在今天再也无法产生像他这样的人。只有一位学者对格鲁恩鲍姆的观点提出过严肃的批评：阿卜都拉·拉如易（Abdullah Laroui），一位摩洛哥的历史学家和政治理论家。

拉如易借用格鲁恩鲍姆著作中概约性重复（reductive repetition）这一主题作为其批评东方学研究的工具，从总体上说他做得很不错。他问自己究竟是什么东西使格鲁恩鲍姆的研究能够保持其概约性，因为它并不拒绝使用大量的细节并且显然具有非常广泛的范围。正如拉如易所言，"格鲁恩鲍姆用以描述伊斯兰的那些形容词（中世纪、古典、现代）是中性的，或者可以说是可有可无的：在古典伊斯兰和中世纪伊斯兰或不带任何修饰词的伊斯兰之间根本没有什么区别。……因此〔对格鲁恩鲍姆来说〕只存在一种伊斯兰，所有的变化都发生在这一伊斯兰的内部"。[116] 格鲁恩鲍姆认为，现代伊斯兰已经将目光从西方转向了自己，因为它对自己原有的认识一直忠贞不渝；然而，伊斯兰只有通过以西方的视角对自己进行重新阐释才能实现自身的现代化——这一点格鲁恩鲍姆当然认为是不可能的。在描述格鲁恩鲍姆的结论——其基本倾向是将伊斯兰视为一种无法革新的文化——时，拉如易没有提到伊斯兰必须采用西方的方法才能实现自身的现代化这一看法在中东研究界几乎成了不言自明的真理，原因也许在于格鲁恩鲍姆所具有的广泛影响。（比如，大卫·戈登〔David Gordon〕在《第三世界的民族自决与历史》〔*Self-Determination and History in the Third World*〕[117] 中强调阿拉伯人、非洲人和亚洲人走向"成熟"的重要性；但他认为这只有通过学习西方的客观性才能实现。）

拉如易的分析还表明格鲁恩鲍姆是怎样运用克鲁伯（A. L. Kroeber）的文化主义理论来理解伊斯兰的，以及这一理论工具如何必然包含一系列概约和筛淘的过程——通过这种处理后，伊斯兰就被表述为一种封闭的排外体系。这样，伊斯兰文化众多不同的方面就可以被格鲁恩鲍姆视为对一个一成不变的母体，一种特殊的宗教理论的直接反映，这一母体使所有这些方面产生意义和秩序；因此，发展、历史、传统、现实这些概念在伊斯兰中就可以互换。拉如易正确地指出，历史作为事件、偶发现象和意义的复杂秩序体不能被概约为这样一种文化观念，正如文化不能被概约为意识形态、意识形态不能概约为神学一样。格鲁恩鲍姆既成为他所继承的东方学信条的牺牲品，也成为被他有意解释为伊斯兰的缺陷的一个伊斯兰特征的牺牲品：亦即，我们在伊斯兰中可以找到高度清晰表达的宗教理论但却难以找到对宗教经验的描述，可以找到高度清晰表达的政治理论但却难以找到准确的政治文献，可以找到社会结构理论却难以找到个体化的行动，可以找到历史理论却难以找到具体事件的准确记载，可以找到高度清晰的经济理论但却难以找到量化的细节，如此等等。[118] 其直接后果是，伊斯兰历史视野的形成受到了一个文化理论的严重阻碍，这一文化无力以其支持者的经验为依据合理地处置，甚或考察，自身的现实。归根到底，格鲁恩鲍姆的伊斯兰完全是他之前的欧洲东方学家的伊斯兰——铁板一块，对普通的人类经验不屑一顾，粗略，概约，一成不变。

这样一种伊斯兰观本质上是政治性的，并且毫不讳言自己的倾向性。它对新东方学家（也就是说，比格鲁恩鲍姆年轻的东方学家）之所以具有控制力，部分原因在于它带有传统的权威，部分原因在于它具有帮助人们把握世界上那片广大地域，并且将其作为一个具有内在完整性和一致性的对象来处理的使用价值。由于西方永远不可能在政治上轻易地控制伊斯兰——当然也由于第二次世界大战后阿拉伯民族主义运动公开表明了其对西方帝国主义的敌意——试图在学术上对这一损失进行弥补的愿望与日俱增。一个权威人士曾将伊斯兰（没有指明他所说的是**哪个**伊斯兰或伊斯兰的**哪个**方面）说成是"封闭的传统社会的典型代表"。请注意这里用**伊斯兰**一词同时指一个社会、一个宗教、一个原型和一个现实。但所有这一切在这同一位学者那里都受制于这样一种观念：与正常的（"我们的"）社会不同，伊斯兰和中东社会完全是"政治性的"，这是一个意在指责伊斯兰的形容词，原因是它不"自由"，不能（像"我们"那样）对政治和文化这两种截然不同的东西进行区分。结果是对"我们"和"他们"做出了一种极其有害的意识形态描述：

> 把中东社会作为一个整体来理解必须继续成为我们的重要目标。只有〔像"我们"这样〕一个已经达到动态平衡的社会才有可能将政治、经济或文化设想为真正独立存在的领域，而不只是为研究的方便而做出的权宜划分。在一个将属于恺撒的东西与属于上帝的东西混为一谈或处于动荡变化状态的传统社会里，政治与生活所有其他方面之间的联系成为问题的核心。比如说，一个人是娶四个老婆还是只娶一个，禁食还是不禁，获得还是失去土地，依靠天启还是依靠理性，在当代中东全都成了政治问题。……新东方学家必须像穆斯林教徒一样，再次探索伊斯兰社会的重大结构和关系会是什么样子。[119]

这段话中的琐细的例子（娶四个还是一个老婆，禁食还是不禁等）旨在说明伊斯兰对生活的每一方面都进行干预以及它的专制。至于这些事情究竟发生在何处，我们没有被告知。但我们却被提醒注意下面这一无疑不含政治因素的事实：东方学家"是中东人得以准确地理解自己的过去的主要因素"，[120] 以免我们忘记东方学家知道一些连东方人自己也无法知道的东西。

如果说这可以概括美国新东方学"硬"派的立场，那么，"软"派则强调的是下面这一事实：传统的东方学家为我们勾勒出了伊斯兰历史、宗教和社会的基本轮廓，但却"常常满足于以少数手稿为基础去归纳一个文明的意义"。[121] 因此，新的区域研究专家试图从哲学上寻找对抗传统东方学家的根据：

> 研究方法和学科范式不会决定挑选什么作为研究对象，它们也不会限制得出什么样的结论。从这一角度出发，区域研究认为真正的知识只与存在的事实有关，而方法和理论只不过是人为的概括和抽象，它们用非经验的标准控制结论并且提供解释。[122]

好。但我们要问，你**何以**知道"存在的事实"，"存在的事实"在多大程度上是由认识者所**构造**出来的？随着将东方视为某种存在物这一新的不含价值判断的理解在区域研究中的定型，这一问题被悬置起来。实际上，如果没有带倾向性的理论化处理，伊斯兰**几乎无法**得到研究，**几乎无法**为人们所认识：上述观念天真得几乎无法隐藏其意识形态内涵，无法隐藏人在处理材料和获取知识的过程中根本不起作用、东方现实只是静止地"存在"、只有弥赛亚式的革命者（基辛格博士语）

才不会承认存在的现实和头脑中的现实有区别这类观点的荒谬性。

然而，在硬派和软派的中间地带，还分布着由老东方学发展而来的各种各样的流派——有的用新术语，有的用老术语。但今天最纯粹的东方学信条乃存在于阿拉伯和伊斯兰研究之中。让我们对这些信条做一简要概括。其一是理性、发达、人道、高级的西方，与离经叛道、不发达、低级的东方之间绝对的、系统的差异。另一信条是，对东方的抽象概括，特别是那些以代表着"古典"东方文明的文本为基础的概括，总是比来自现代东方社会的直接经验更有效。第三个信条是，东方永恒如一，始终不变，没有能力界定自己；因此人们假定，一套从西方的角度描述东方的高度概括和系统的词汇必不可少甚至有着科学的"客观性"。第四个信条是，归根到底，东方要么是给西方带来威胁（黄祸，蒙古游民，棕色危险），要么是为西方所控制（绥靖，研究和开发，可能时直接占领）。

令人诧异的是，这些观念在当代学院的和政府的近东研究中继续流传，没有受到重大挑战。令人叹息的是，伊斯兰或阿拉伯本土学者对这些东方学信条的争辩——即使存在某种挑战性的姿态——没有什么显著成效；零星出现的一两篇文章，尽管具有一时一地的重要性，根本不可能影响由各种政府机构、研究单位和学术传统所形成和维持的已经广为接受的研究共识的进程。这里的关键是，伊斯兰东方学与其他东方学分支有着迥然不同的当代存在形式。亚洲学者委员会（Committee of Concerned Asia Scholars）（主要由美国人组成）20世纪60年代对东亚研究专家的地位提出了具有革命意义的挑战；非洲研究专家也受到了修正论者同样的挑战；其他第三世界区域研究领域也同样如此。只有阿拉伯和伊斯兰专家们依然如故。对它们来说仍然存在像伊斯兰社会、阿拉伯心性、东方精神这样**铁板一块**的东西。甚至那些研究现代伊斯兰社会的人也不合时宜地使用古兰经这样的文本来分析当代埃及或阿尔及利亚社会的每一方面。伊斯兰，或东方学家建构的7世纪的理想的伊斯兰，被假定为仍然具有统一性，不为新近兴起的殖民主义、帝国主义甚至一般政治所动。有关穆斯林行为举止的陈词滥调和流言蜚语四处传播，如此冷漠无情，甚至超过了谈论黑人或犹太人的程度。往好处说，穆斯林是东方学家的"本地信息提供者"（native informant）。然而，实际情况是，他的身份仍然是受人蔑视的异教徒，而且，由于这一原因，必须额外地忍受以反犹太复国主义分子的面目而为人所知——也就是说，在否定的意义上为人所知——这一令人尴尬的处境。

当然，存在着像中东研究体制、共同兴趣、"老手"或"专家"网络之类的东西，所有这些将合股企业、公共机构、石油公司、外交使团、军事行动、涉外服务、信息情报等东西与学术研究结合在一起。存在着各种各样的资助和基金，各种各样的组织，各种各样的管理体系，各种各样的研究所、中心、委员会、科系，所有这些都致力于论证和维护一些与伊斯兰、东方和阿拉伯有关的基本的、几乎一成不变的观念的权威。根据对美国中东研究机制的一次近期分析和评价，这一领域并不是"铁板一块"的，其组成很复杂，既包括老式的东方学家，也包括有意边缘化的专家，反离经叛道的人，政策制定者，以及"一小撮……学术权力经纪人"。[123] 然而，无论如何，东方学信条的内核依然存在。

为了看一看这一领域现在——就其最高且最具学术权威的

形式而言——出现了一些什么样的东西,让我们简要考察一下两卷本的《剑桥伊斯兰史》,它首版于1970年的英国,是对东方学正统观念的系统总结。说这一出自无数名家之手的著作在学术上按任何东方学之外的标准而言都是一种失败,也就是说它完全可能以另外一种样子出现,理应比现在做得更好。然而,实际上如少数几位更谨慎的学者所注意到的,[124]这种类型的历史著作打一开始筹划时其命运即已被注定,实际上不可能以另外的面目出现,不可能更好:因为编者们毫无批评地接受了过多的现成观念;对流行的庸俗概念有过多的依赖;对方法论问题几乎未加关注(这一问题在东方学话语中几乎被搁置了两个世纪之久);甚至没有做出什么尝试以使伊斯兰这一观念产生吸引力。而且,《剑桥伊斯兰史》不仅对作为宗教的伊斯兰做出了从根本上说是错误的构想和表述;作为一部描述伊斯兰历史的著作,它对自己究竟想做什么也不甚了了。对一个这样浩大的工程来说,出现了几乎完全缺乏整体观念和方法论框架的情况,这是极为罕见的。

艾凡·沙希德(Erfan Shahid)所写的有关伊斯兰兴起之前的阿拉伯那一章——这部历史的开篇——非常明智地勾勒出了伊斯兰在7世纪所赖以产生的地理环境与人文组织之间的相互关系。但我们对这样一部从描写前伊斯兰阿拉伯的章节直接跳到描写穆罕默德的章节,接着又跳到描写倭马亚王朝[1]父权制哈里发的章节,对作为信仰或学说体系的伊斯兰根本没有做出什么描述的伊斯兰史——霍尔特在导言中非常轻率地将其界定为一种"文化综合体"[125]——夫复何言,又怎能不带任何偏

---

〔1〕 倭马亚王朝(Umayyad),公元661—750年间定都大马士革的阿拉伯王朝。

见？在第一卷的大量篇幅中，伊斯兰被理解为由战争、统治和死亡、兴起和强盛、繁荣和衰落组成的无变化的事件过程，大部分是以一种平板得几近死寂的语调写出来的。

试以公元8世纪到11世纪的阿拔斯时期（Abbasid period）为例。任何对阿拉伯或伊斯兰历史稍有了解的人都会知道，这是伊斯兰文明的一个辉煌的时期，就文化史的角度而言，其辉煌程度与文艺复兴盛期的意大利相比也毫不逊色。然而在长达40页的篇幅里读者得不到任何与丰富性有关的暗示；相反，却会读到这样的句子："一度成为哈里发的大师，（马蒙〔al-Ma'mun〕）此后似乎脱离了与巴格达社会的接触，一直待在默尔夫（Merv），将伊拉克政府转交给了一个忠实于他的人，法德勒（al-Fadl）的兄弟哈桑·本·萨赫勒（al-Hasan b.Sahl），他几乎马上就碰到了什叶派的严重叛乱，其发起者是阿布－萨拉亚（Abu'l-Saraya），他于朱马达Ⅱ[1] 199（公元815年1月）从库法（Kufa）发动了支持哈桑尼德·伊本·塔巴塔巴（Hasanid Ibn Tabataba）的起义。"[126] 一个非伊斯兰专家有可能不知道什叶或哈桑尼德是谁。他也不会知道"朱马达Ⅱ199"到底是怎么回事，只意识到指的是某一日期。他当然会相信，从他们待在默尔夫生闷气这一点来看，阿拔斯们——包括哈伦·拉希德（Harun al-Rashid）——是一群极为乏味而凶残的人。

东方学家对伊斯兰核心区域的界定中不包括北非和安达卢西亚[2]，这些核心区域的历史也被视为从过去到现代的直线发

---

〔1〕朱马达Ⅱ（Jumada Ⅱ），即回历六月。
〔2〕安达卢西亚（Andalusia），西班牙南部一地区。

展过程。因此,在第一卷中,伊斯兰是一个地理学上的名称,被按照时间顺序并且有选择性地用来服务于专家们的目的。但在论及古典伊斯兰的章节中,没有什么地方为我们进入所谓"最近时期"时所遭遇的失望做好铺垫。在写作有关现代阿拉伯地区的那一章时丝毫没有考虑到这一地区所发生的天翻地覆的变化。作者对阿拉伯人采取的是一种乡村女教师式的古板和保守态度("必须说,在这一时期,阿拉伯国家受过教育和没有受过教育的年轻人,以其热情和理想,成了政治开发的肥沃土壤,有时甚至沦为——也许是无意识地——肆无忌惮的极端分子和煽动家们的工具"[127]),偶尔缓以对黎巴嫩民族主义的嘉许(尽管作者从没有告诉过我们法西斯主义 30 年代对少数阿拉伯人的吸引力也影响了黎巴嫩的马龙派教徒,后者 1936 年曾模仿墨索里尼的黑衫党〔Black Shirts〕成立了黎巴嫩长枪党〔Falanges libanaises〕)。作者用"动荡和骚乱"来描述公元 1936 这一年但却没有提到犹太复国主义,也没有让反殖民主义和反帝国主义的观念扰乱其叙述的宁静。至于为什么会出现像"西方的政治影响"和"经济和社会变化"——但仅停留于这些观念本身而缺乏具体的细节——这样的章节,仅仅是为了说明伊斯兰与"我们"的世界存在某种关联。所有的变化都被单方面地归结为现代化,甚至没有做出任何努力以说明为什么要如此武断地将其他类型的变化排除在外。由于假定伊斯兰唯一值得关注的关系是与西方的关系,万隆或非洲或第三世界的重要性即受到忽视;对占世界四分之三的地区这一漫不经心的漠视在某种程度上可以解释下面这一过于乐观的陈述:"西方与伊斯兰之间……建立在平等合作基础之上的新关系的历史基础已经得到清理〔由谁?为什么目的?以什么方式?〕。"[128]

如果说到第一卷的结尾我们已经陷入了关于伊斯兰到底是什么的一系列矛盾和困境之中,那么,第二卷对我们理解这一问题也没有任何帮助。这一卷有一半篇幅被用于描写公元10世纪到12世纪的印度、巴基斯坦、印度尼西亚、西班牙、北非和西西里;将专业东方学的陈词滥调与信手拈来的历史细节夹杂在一起的做法,在有关北非的章节里表现得最为明显,尽管这一做法几乎随处可见。在几近1200页的长篇描述之后,作为"文化综合体"的伊斯兰的特征似乎并没有得到体现,与国王、战争、王朝这类概念几乎没有什么两样。但在第二卷的后半部分,在论及"地理环境""伊斯兰文明的根源""宗教与文化"和"伊斯兰的战争"的章节,我们总算可以一窥这一巨大的文化综合体之真面目。

至此,我们似乎有理由提出一些问题。一个实际上讨论的是(顺便说一句,讨论得饶有趣味)某些伊斯兰军队的社会构成的章节为什么要以"伊斯兰的战争"为题?是不是认为存在着一种,比如说,与基督教战争不同的伊斯兰战争模式?这自然令人想起共产主义战争与资本主义战争这一相类似的话题。引用利奥波德·冯·兰克晦涩难懂的著作——在其对伊斯兰文明的论述中到处可以见到这类枯燥乏味而又无关紧要的材料——除了可以显示作者居斯塔夫·冯·格鲁恩鲍姆的博学外,对理解伊斯兰又有什么作用?这难道不是对格鲁恩鲍姆的真实观点,即伊斯兰文明建立在穆斯林人对犹太-基督教文明、希腊文明和奥地利-日耳曼文明无原则的借用的基础上的一种有意掩盖?试将这一观点——伊斯兰本质上是一剽窃他人的文化——与第一卷中提出来的"人们所说的阿拉伯文学"实际上是波斯人写出来的(没有提供证据,没有引述名字)这一观点做一比较，二者几乎如出一辙。路易·加蒂特（Louis Gardet）在讨论"宗教与文化"时简明扼要地告诉读者，他所讨论的仅限于伊斯兰兴起后的头五个世纪；这是不是意味着"现代时期"的宗教与文化无法被"综合"，或者，是不是意味着伊斯兰在12世纪即已完全定型，此后再也没有发展？到底存不存在像"伊斯兰地理"——这似乎包括穆斯林城市布局"有意的无序"——这样的东西，或者，这一论题是否主要是出自一种人为的构想，目的是为某种地理-种族决定论提供例证？作为一种暗示，作者提醒我们注意伊斯兰教的"斋月禁食"[1]习俗，并且希望人们得出伊斯兰教是一种"为城市居民设计"的宗教的结论。这是一种需要解释的解释。

《剑桥伊斯兰史》中有关伊斯兰经济和社会体制、法律和公正、神秘论、艺术和建筑、科学、文学的部分与其他部分相比显然要高明得多。然而没有证据表明其撰写者与其他人文和社会科学领域的现代学者们有多少共同的地方：常规观念史分析、马克思主义分析、"新历史"分析等方法显然不存在。简言之，对伊斯兰历史研究者来说，似乎最适于研究伊斯兰的方法是一种极为柏拉图式的、以研究古代资料为目的和旨趣的方法。对《剑桥伊斯兰史》的有些作者来说伊斯兰是一种政治和一种宗教；对有些人来说是一种存在方式；对另外一些人来说它"与穆斯林社会有别"；对更另外一些人来说它有着神秘莫测的本质；但对**所有**作者来说，伊斯兰乃遥远的、与现实关系不大的一种存在，对我们理解当代穆斯林人的复杂性没有什么

---

[1] 斋月（Ramadan），即回历的九月，阿拉伯语意为"热月"，该月内教徒每日从黎明到日落禁食，但晚上则不受限制。

帮助。笼罩在《剑桥伊斯兰史》这一支离破碎的著作头上的是伊斯兰关涉的是文本而不是人这一老掉牙的东方学观念。

像《剑桥伊斯兰史》这类当代东方学文本为我们提出的一个带有根本性的问题是，种族起源和宗教是否是界定人类经验最好或至少是最有用、最基本、最清晰的方式。就理解当代政治而言，知道 X 和 Y 在某些具体的方面处于非常不利的地位，或者说他们是穆斯林人或犹太人，是否更为重要？这当然是一个容易引起争议的问题，从理性上说，我们既可以坚持宗教－种族角度的描述，也可以坚持社会－经济角度的描述；然而，东方学却毫不犹豫地将宗教假定为占主导地位的方面，这是我们对其落伍的学术策略所得出的主要结论。

三、一切归结到伊斯兰。在现代东方学中，闪米特的单纯（Semitic simplicity）这一观念是如此根深蒂固，以至于它几乎原封不动地出现在像《锡安[1]长者的礼约》(The Protocols of the Elders of Zion) 这样著名的反犹太主义著作以及像契姆·魏茨曼（Chaim Weizmann）1918 年 5 月 31 日写给亚瑟·贝尔福的信中的评论：

> 阿拉伯人，他们从表面上看比我们更聪明并且头脑灵活，崇拜一样东西，并且只崇拜一样东西——权力和成功。……英国人……了解阿拉伯人的邪恶天性……不得不时时小心在意。……英国越试图公正，阿拉伯人就会变得

---

[1] 锡安（Zion），耶路撒冷山名，古大卫王及其子孙的宫殿及神庙所在地，后可用此借指耶路撒冷、以色列、犹太人、天国等，犹太复国主义（Zionism）一词即由此引申而来。

越傲慢。……根据目前的发展趋势，似乎必然会出现一个阿拉伯人的巴勒斯坦，如果巴勒斯坦果真有阿拉伯人的话。这一结果实际上不可能出现，因为阿拉伯的农业劳动者至少落后于时代 400 年，而其上流阶层……则不诚实、无教养、贪婪，既无效率也不具有爱国的热情。[129]

魏茨曼和欧洲反犹太主义者的共同之处在于采用了相同的东方学视角，认为闪米特人（或其分支）在本性上缺乏西方人的优秀品质。然而赫南和魏茨曼之间的差异在于，后者的修辞策略背后有学术机构的强大支撑，而前者则没有。被赫南视为闪米特人一成不变的存在方式的那种"幸福的童年状态"——现在则要么随意地与学术研究联系在一起，要么与国家及其机构联系在一起——难道在 20 世纪东方学中就不存在？

然而，这一神话在 20 世纪所获得的表现形式危害更大。它产生了一种如"发达的"准西方（quasi-Occidental）社会所见的那种阿拉伯形象。巴勒斯坦人对外国殖民主义者的反抗要么被视为愚蠢的野蛮之举，要么被视为无足轻重——从伦理的角度甚至是存在的角度而言。根据以色列的法律，犹太人拥有全面的公民权和不受限制的迁移优先权；尽管阿拉伯人是这一地区的原住民，但他们被赋予的权利却更少、更简单：他们不能迁移；他们之所以不具有和以色列人同样的权利，那是因为他们"没有那么发达"。东方学完全控制着以色列的阿拉伯政策，最近发表的"科尼格报告"（Koenig Report）即充分地显示出这一点。有所谓好阿拉伯人（那些言听计从的人）和坏阿拉伯人（那些不听话并因而被列入恐怖分子的人）之分。最重要的是，有大批这样的阿拉伯人：他们一旦被击败就会驯服地站在划定的界限之外,只需少数几个人就可以控制他们,其理论根据是阿拉伯人已经不得不接受以色列人优越性的神话并且永远也不敢反击。只需稍稍翻看一下叶赫夏法特·哈卡比(Yehoshafat Harkabi)将军的《阿拉伯人对以色列的态度》(Arab Attitudes to Israel)就可以明白——如罗伯特·阿尔特(Robert Alter)在《评论》(Commentary)杂志的一篇文章中所精辟地评述的[130]——为何阿拉伯人堕落、彻头彻尾地反犹太、暴虐、偏执的心性只能产生诡辩而几乎不能产生任何别的东西。一个神话支持并且产生另一个神话。它们相互应和,形成这样一种思考的模式:作为东方人,阿拉伯人可以有所创造,但作为人,没有哪个阿拉伯人可以将这一创造保存下来。

作为一种信念体系,作为一种分析方法,东方学本身无法获得发展。它实际上是发展的对立面。其核心观念是闪米特人的发展是受到阻遏的发展这一神话。从这一核心神话之中倾泻出其他各种类型的神话,所有神话都表明闪米特人是西方人的对立面并且不可避免地将成为其自身缺陷的牺牲品。通过一连串的事件和情境,闪米特神话在犹太复国主义运动中分为两支:一支走的是东方学的路子,另一支,阿拉伯的那一支,则被迫走东方人的路子。每当涉及帐篷和部落,这一神话就得到运用;每当涉及阿拉伯的民族性格这一概念,这一神话就得到运用。这些因素对大脑的控制得到在其周围建立起来的机构的加强。准确来说,对每一个东方学家而言,其身后实际上存在着一个非常强大的支持系统,因为东方学所传播的那些神话往往只有极短暂的生命力,必须有强大的支撑才能保证它的继续存在。现在,这一支持系统在国家体制中已经臻于完善。因此,书写阿拉伯东方世界这一行为实际上带有整个国家的权威,不是对某个尖刻的意识形态的确认而是对由某个绝对力量所支持的绝对真理的确信。

《评论》杂志1974年2月号为读者们提供了一篇由吉尔·卡尔·阿罗伊(Gil Carl Alroy)教授写的题名为"阿拉伯人想要和平吗?"("Do the Arabs Want Peace?")的文章。阿罗伊是一位政治学教授,并且是《阿拉伯世界对犹太人立国的态度》(*Attitudes Towards Jewish Statehood in the Arab World*)和《中东冲突形象素描》(*Images of Middle East Conflict*)两部著作的作者;他是一个声称"了解"阿拉伯人的人,并且显然是一个制造"形象"的行家里手。他的观点并不难预料:阿拉伯人想摧毁以色列,阿拉伯人会说到做到(阿罗伊不断卖弄自己援引埃及报纸的能力,但却处处将从埃及得来的证据等同于"阿拉伯"的证据,似乎阿拉伯报纸和埃及报纸是同一种东西),诸如此类,并且带有经久不衰的、睁一只眼闭一只眼式的热情。作为他文章核心——这也是在他之前的像哈卡比将军这样以"阿拉伯心性"为研究对象的其他"阿拉伯学家"("东方学家"的同义词)之著作的核心——的是这样一种假设:如果剔除与阿拉伯人相联的一切外在东西,其真正本质究竟会是什么。换言之,阿罗伊必须证明,阿拉伯人由于,首先,热衷于血腥复仇,其次,打内心里不愿意和平,第三,天生地与一种实际上与正义相悖的正义观相联,因此,是不可信赖的,必须像对付任何其他致命疾病一样与其殊死相争。阿罗伊引为主要证据的是哈罗尔德·格里顿的文章"阿拉伯世界"(我在第一章中曾提到过)。阿罗伊发现格里顿能够"很好"地"抓住西方与阿拉伯世界在观照事物方面所存在的文化差异"。因此,阿罗伊对阿拉伯人做出了这样一种盖棺定论——阿拉伯人是冥顽不化的野蛮人；一位论说阿拉伯精神的权威就这样告诉其假定的犹太读者必须继续对阿拉伯人小心提防。他以学术的、不带偏见的、公正无私的方式成功地做到了这一点，运用的是从阿拉伯人自己——他们，他带着奥林匹亚诸神式的确信（Olympian assurance）说，"断然舍弃了……真正的和平"——以及心理分析学那里得来的证据。[131]

要想理解这种陈述的真正含义，必须首先了解下面这一更含蓄也更有力的假设：东方学家与东方人之间的差异是，前者**书写**后者，而后者则**被**前者**书写**。对后者来说，其假定的角色是被动接受；对前者而言，则是观察、研究等权力；如罗兰·巴特所言，神话（以及使神话得以长期存在的东西）能够不断繁衍自身。[132]东方被表述为僵化，一成不变，需要别人对其加以考察，甚至需要别人提供有关其自身的知识。人们不希望也不允许它发生变化。存在着一种信息来源（东方人）和一种知识来源（东方学家），简言之，一个作者和一个被书写的对象，没有作者的激发，对象永远只能处于惰性状态。二者之间的关系本质上是一种权力关系，人们对这一权力关系做出过无数的构想。下面是选自拉斐尔·帕泰（Raphael Patai）《通往金色道路的金色河流》（*Golden River to Golden Road*）中的一个例子：

> 为了合理地评价中东文化将会从西方文明的丰富宝库中心甘情愿地接受什么东西，首先必须获得对中东文化更好、更正确的理解。为了对新近引入的特质对受传统引导的民族的文化语境所可能产生的影响进行**评估**，同样的前提条件是必不可少的。而且，使新的文化礼物变得符合人

们口味的途径和方式必须比以前得到更加彻底的研究。简言之，打开中东反西化这一戈尔迪之结[1]的唯一方式是对中东加以研究，更充分地把握它的传统文化，更好地理解它现在所发生的变化的过程，以及更深地洞察在中东文化中长大的人的心理。任务无疑是艰难的，但其回报，即西方与其至关重要的邻近区域之间的和谐，也是极为诱人的。[133]

这段话中起重要作用的隐喻表达（我已用变体形式对其加以强调）与多种人类活动有关，有的来自商业，有的来自园艺，有的来自宗教，有的来自兽医学，有的来自历史。然而在每一种情况下中东与西方之间的关系实际上都被界定为一种性的关系：如我在前文讨论福楼拜时所言，东方与性之间一直存在着显而易见的关联。中东当然会产生反抗，正如任何少女都会反抗一样，但男性学者可以通过撕裂、捅破那一戈尔迪之结而赢取其回报，尽管这一过程充满着"艰难"。要达到"和谐"需要征服"少女的羞涩"；但这一和谐却绝不意味着平等。学者与其对象之间的权力关系从来就没有改变：它总是毫无例外地朝有利于东方学家的方向发展。研究、理解、知识、评价——披着"和谐"的甜蜜外衣——是这一征服行为的工具。

帕泰这类作品（其近期著作《阿拉伯心性》〔*The Arab Mind*〕甚至比以前的著作走得更远[134]）中存在着一种语言运作，目的是实现一种特殊类型的浓缩和概约。他的大部分装备

---

[1] 戈尔迪之结（the Gordian Knot）：戈尔迪（Gordius）系希腊神话中的弗利基亚国王，按神谕，只有能人主亚洲者才能打开他所打之结，此结后被马其顿国王亚历山大挥利剑斩开。

是人类学的——他将中东描述为一个"文化区域"——但结果却是用一种单一的差异取代了阿拉伯人中存在的差异的多元性（不管实际情况究竟会如何），用一种情况将所有其他情况排除在外。作为研究和分析的对象，阿拉伯人更易于控制。更有甚者，经过这种概约化处理后，我们在萨尼娅·哈马迪（Sania Hamady）的《阿拉伯人的性情和性格》(Temperament and Character of the Arabs)中发现的那类胡言乱语似乎就有了存在的合法根据和价值——比如：

> 迄今为止，阿拉伯人没有显示有约束自己和坚持己见的能力。他们能够爆发出集体的热情但却没有付诸实际行动的耐心，其热情通常是倏忽而来又倏忽而去。他们显得缺乏组织和功能上的协调与和谐，他们没有显出合作的能力。任何为了公共利益或相互利益的集体行动对他们来说都是陌生的。[135]

这一段落的写作风格也许能比哈马迪试图告诉我们的更多。作者使用了像"显示""显得""显出"这样的动词但却没有说明其具体所指：阿拉伯人在向谁显示、显得、显出？显然，这些行为并不指向某一特定的对象，但却一般性地指向所有的人。这实际上是在变相地表明这些真理只有对那些享有特权或掌握有专门知识的观察者而言才是不言自明的，因为哈马迪从来没有引用过那些一般人都能获得的证据。况且，对这样空洞乏味的观点而言，我们对它的证据还能有什么奢望？随着叙说的进一步进行，她的语调也变得越来越自信："任何……集体行动对他们来说都是陌生的。"概括越来越僵化，观点越来越武断，最终，阿拉伯人作为人的特性完全消失，完全沦为哈马迪的叙说对象。阿拉伯人仅仅作为用以说明这位专制的观察者的观点的例证而存在："世界是**我**眼中的世界。"

当代东方学家的著作在这一点上有着惊人的一致性：各种奇谈怪论充斥于他或她的作品之中，不论是像曼弗雷德·哈尔彭（Manfred Halpern）那种声称尽管人类所有的思维过程都可概括为八种形式，但伊斯兰的大脑却只有四种的人，[136] 还是像莫罗·伯格这种断言由于阿拉伯的语言以修辞诡辩为其主要特征因此阿拉伯人无法进行真正的思维的人，[137] 都是如此。人们可以根据其功能和结构将这样的断言称为神话，但同时必须试图理解还有哪些其他的东西控制着这些神话的使用和传播。当然，对此仅仅只能做一些推测。当涉及对阿拉伯的特征进行批评性的详细列举时，东方学家所做的概括是非常具体的，但当涉及对其力量的分析时，就远没有这么具体了。阿拉伯家庭、阿拉伯修辞、阿拉伯性格，尽管有东方学家的丰富描述，似乎已经失去其天然特性，失去了其人的力量，不管这些描述对被描述的对象有多么强大的控制力。再以哈马迪为例：

> 因此，阿拉伯人生活在一个充满荆棘和险阻的艰难环境里。他几乎没有机会发展自己的潜能，确定自己在社会中的位置，对进步和变化几乎没有什么信心，并且发现拯救只有在死后才有可能实现。[138]

阿拉伯人自己不能实现的东西可以在有关阿拉伯人的写作中找到。东方学家对**自己**的潜能深信不疑，他不是悲观主义者，他能够确定自己的位置，包括他自己的和阿拉伯人的。阿拉伯东方人的形象是负面的,这一点没有什么疑问;我们要问的是,既然如此,为什么还要不厌其烦地对其加以研究?是什么东西吸引了东方学家,如果不是——肯定不是——对阿拉伯科学、心性、社会、成就的喜爱?换言之,阿拉伯人出现在谜一般的东方学话语中的实际原因是什么?

两样东西:数量与生育能力。这两个方面实际上是相互联系在一起的,但为了分析的方便应该将它们分开。几乎无一例外,每一当代东方研究著作(特别是在社会科学领域)都大量谈论东方的家庭,其以男性为主导的结构,其对社会的巨大影响。帕泰的著作是典型的例子。不过马上就会出现一个悖论,因为如果认为家庭是这样一种机构,拯救其衰落的唯一灵药是"现代化",那么我们同时也必须承认家庭继续在繁殖着自身,是能产的,是阿拉伯人在这个世界上存在的基础和根据。伯格所称的"人赋予自身的性能力的巨大价值"[139]暗示出性乃支撑阿拉伯人现实存在的强大力量。如果阿拉伯社会的面貌以几乎完全否定和消极的方式呈现出来,等待着东方学英雄的劫掠和赢取,那么我们可以假定,这样的呈现方式不失为处理阿拉伯社会的复杂多样性和潜在可能性的一种可行的方式——这些多样性和可能性的来源如果不是学术的和社会的,就是性的和生物的。然而,东方学话语中存在着一个绝对不容侵犯的禁忌,那就是永远不要把这一性的特征看得过重。永远不可公然将其视为东方学家在阿拉伯人中到处发现的缺乏成就和"真正"理性的主要根源。然而我想这正是那些主要旨在对阿拉伯"传统"社会进行批评的理论——比如哈马迪、伯格和勒纳(Daniel Lerner)的理论——所缺失的环节。他们承认家庭的强大力量,注意到阿拉伯思维的缺陷,意识到东方世界对西方的"重要性",但从来就没认为:在说过做过这一切之后,留给阿拉伯人的就只有一种无差别的性的驱动力。我们确实——比如在雷昂·马涅里(Leon Mugniery)的作品中——找到了一个使隐含的东西明确化的罕见例子:"那些热情奔放的南方人……有着旺盛的性欲。"[140] 然而,大部分时候,对阿拉伯社会的轻蔑以及令人难以想象的简化处理完全淹没了夸大其性能力的这一潜在倾向:阿拉伯人以性的方式不断繁衍着自身,如此而已。东方学家对此闭口不言,尽管他的观点建立在这一基础之上:"但在近东,互助合作依然主要存在于家庭内部,在血缘群落或村落之外非常罕见。"[141] 这也就是说,阿拉伯人的重要性主要体现在其作为生物个体的这一方面;从社会机制、政治和文化的角度来说,他们毫无价值,或几乎毫无价值。从数量和作为家庭制造者的角度来说,阿拉伯人是现实存在的。

这一看法所面临的困难在于,它使帕泰甚至哈马迪这类东方学家所假定的阿拉伯人的消极被动性变得越来越复杂。然而,神话像梦一样,能够容许根本性对立的存在。因为神话并不分析问题也不解决问题。它只表述问题已经得到分析或得到解决的状态;也就是说,它表述的是已经聚合起来的形象,正如一个稻草人由许多小玩意儿拼成,然后被用来代表人。由于**形象使用**一切材料以服务于自身的目的,也由于神话从本质上说改变了生活,因此一个过于多产的阿拉伯人与一个消极被动的木偶之间的对立就并不是一种功能性的对立。话语掩盖了对立。阿拉伯东方人是这样一种不可能存在的存在物,其力比多能(libidinal energy)使他具有神经质的突发力——然而同时,他在世人的眼中却是一个木偶,呆立于他既无法理解也无法对付的现代风景面前,茫然不知所措。

在对东方人政治行为的近期讨论中这样一种阿拉伯形象才显示出其重要性，并且常常由下面这两个近来极受东方研究专家青睐的学术命题所引发：革命和现代化。在东方和非洲研究学校（School of Oriental and African Studies）的赞助下，1972年由瓦提寇提斯（P. J. Vatikiotis）编辑出版了一部名为《中东革命及其他个案研究》（Revolution in the Middle East and Other Case Studies）的论文集。这一标题显然带有医学的色彩，因为我们被期待认为东方学家最终被赋予了"传统"东方学通常力图避免的那种特权：精神诊疗的方法。瓦提寇提斯通过对革命做出一种准医学的界定而为这一文集设定了基调，但由于他本人以及他的读者对阿拉伯革命已经有所认识，因此人们对这一界定产生敌意似乎是可以接受的。这里存在着一个非常微妙的反讽——稍后再加讨论。瓦提寇提斯的理论支持来自加缪（Albert Camus）——其殖民主义心态使其对革命或阿拉伯人没有好感，如科诺·克鲁斯·奥布莱因（Conor Cruise O'Brien）最近所表明的——但"革命既毁灭人也毁灭原则"这一说法却因其具有"根本性的意义"而从加缪那里接受了下来。瓦提寇提斯继续说：

  ……所有革命的意识形态都与人的思维结构、生理和心理结构直接冲突（实际上，势不两立）。
  革命的意识形态致力于有条不紊的突变，它需要支持者的狂热。政治对革命者而言不仅是信仰的问题，也不是宗教信仰的替代物。它必须摆脱以前通常所有的那种状态，即为了生存而逐步适应环境的状态。突变的、救世的政治理论对逐步适应说极为反感，因为如果不这样它又怎能回避困难，忽视并超越人的复杂生物－心理层面的障碍或对人精微但受到限制且易受伤害的理性施加迷惑？它惧怕并且闪避与人有关的问题的具体性和独立性以及政治生活的复杂性：全心致力于那些抽象的并且具有普罗米修斯般反抗精神的东西。它将所有具体可感的价值归结为一个终极价值：以对人的解放的宏伟设计控制人和历史。它不满足于人的政治，因为它有如此多的恼人的限制。它希望创造一个新世界，不是以逐渐适应、小心谨慎、精益求精的方式，也就是说，不是以人的方式，而是采取奥林匹亚诸神式伪神性创造（pseudo-divine creation）这种令人恐惧的行为。服务于人的政治对鼓吹革命的理论家来说是难以接受的。正相反，人之所以存在正是为了服务于一种以政治的方式构想出来并且得到强制推行的秩序。[142]

不管这段话——极尽铺排之能，带着反对革命的狂热——还可能有什么别的意思，但它至少是在认为：革命是一种邪恶的行为（伪神性创造行为），同时也是一种恶性疾病。在瓦提寇提斯看来，"人"所做的一切都是理性的、正确的、精微的、独立的、具体的；革命者所宣称的一切都是野蛮的、非理性的、蛊惑人心的、毒瘤般的。生育、变化和连续性不仅与性和疯狂联系在一起，而且——有点有悖常理——与抽象联系在一起。

瓦提寇提斯的论说通过诉诸（从右的立场）人性与合度以及诉诸（从反左的立场）保护人性免受性欲、毒瘤、疯狂、非理性暴力、革命的毒害的方式而从情感上得到了加强。由于所讨论的是阿拉伯革命，我们可以对这一段落做如下解读：这就是革命的真面目，因此，如果阿拉伯人想要革命，这就令人信服地说明他们属于劣等种族。他们只能进行性的煽动而无法进行奥林匹亚诸神式的（西方的、现代的）推理。我刚才提到过的那种反讽已经开始呈现出来了，因为在几页之后我们发现阿拉伯人是如此无能以至于连革命的雄心都没有，更不必说完成革命了。作者暗示，令人惧怕的不是阿拉伯人的性本身而是其失败。简言之，瓦提寇提斯请读者们相信，中东革命之所以是一种威胁，原因正在于革命是不可能实现的。

> 在当今许多中东以及亚非国家，之所以会产生政治冲突和出现革命的威胁，主要根源在于所谓急剧的民族主义政权和运动无力应付——更不必说解决——与独立有关的社会、经济和政治问题。……除非中东国家能够控制它们的经济活动并且创造或产生它们自己的技术，否则它们获得革命经验的可能性便会受到限制。对革命而言必不可少的那些政治范畴便会缺失。[143]

革命难逃厄运，不革命同样难逃厄运。在这一系列解构性的界定中，革命成了因性的驱动而狂乱的大脑的一种虚构，细加分析，这些虚构甚至无法产生为瓦提寇提斯所看重的那种狂热——这一狂热是人的，不是阿拉伯人的；是具体的，不是抽象的；是非性的，不是性的。

瓦提寇提斯所编文集中的重头文章是伯纳德·刘易斯的伊斯兰的革命概念"（"Islamic Concepts of Revolution"）一文。该文的策略似乎有了一些改进。许多读者都知道，对今天说阿拉伯语的人来说，*thawra* 及其同源词的意思是革命；他们也会通过瓦提寇提斯的绪言知道这一点。然而刘易斯直到文章的结尾才解释 *thawra* 的意义，放在讨论 *dawla*, *fitna* 和 *bughat* 这类概念在其历史特别是宗教语境中的意义之后。作者的观点主要是,"有权利反抗坏政府这一西方信条对伊斯兰思想来说是陌生的",这导致他们往往采取一种"失败主义"和"逆来顺受主义"的政治态度。读者从文章中无法得知,除了存在于语词史中之外,这些词汇所描述的事情究竟能在什么样的情境中实际发生。然后,在文章快结束时有这样一段话:

> 在阿拉伯语国家,人们使用了一个〔与 revolution〕不同的词 thawra,其词根 th-w-r 在古阿拉伯语中意思是站起(比如,骆驼的站起),受到刺激或激发,并由此引申出——特别是在马格里布[1]的用法中——反叛的含义。它经常用在无关紧要的独立政权的建立这类语境中;因此,比如说,公元 11 世纪科尔多瓦(Cordova)的哈里发政权解体后统治西班牙的国王们就被称为 thuwwar(单数形式是 tha'ir)。名词 thawra 一开始是被用来描述一种骚动的状态,如同中世纪一部权威的阿拉伯语词典中所言"intazir hatta taskun hadhihi' lthawra",意为等待这一骚动逐渐消失——一个非常恰当的建议。阿都图·伊吉(Adudu'l-Din al-Iji)首先使用其动词形式,比如 thawaran 或 itharat fitna,意为煽动骚乱,这被视为那些有可能激发人们反抗坏政府的危险之一。Thawra 一词被 19 世纪的阿拉伯作家们用来指法国大革命,并且被其后继者们用来指我们这一时代那些受到称许的国内或国外革命。[144]

---

〔1〕马格里布(Maghrib),北非一地区,濒临地中海,包括阿特拉斯山地和摩洛哥、阿尔及利亚、突尼斯、利比亚等国的沿海平原。

整个段落充满傲慢与恶意。除了作为败坏现代阿拉伯名声的一种聪明方式外，引入"骆驼站起"这一观念作为现代阿拉伯革命的语源学根源到底有何用意？刘易斯的目的显然是为了说明当代阿拉伯革命不会有比从地上站起来的一头骆驼更高尚（或更美丽）的价值。革命是骚动，叛乱，无关紧要的政权的建立——如此而已；最好的忠告（也许只有西方学者和绅士们才能提供）是"等待这一骚动逐渐消失"。人们从对 thawra 的这一不无轻蔑的描述中无法得知有无数的人正在积极地参与这一活动的事实，这些活动所涉及的复杂方式是刘易斯这种冷嘲热讽的研究所无法把握的。但正是这种简明扼要的概括描述满足了那些关注中东的研究者和政策制定者的需要："阿拉伯人"的革命骚乱只会引起骆驼站立这样的后果，就像乡巴佬的喋喋不休不会引起人们太大的注意一样。出于同样的意识形态原因，经典的东方学文献将无法对解释或证实阿拉伯世界 20 世纪所发生的革命风暴提供什么帮助。

刘易斯将 thawra 与骆驼的站起以及一般意义上的骚动（而不是为了实现自身价值的斗争）相联这一做法，暗示出比他惯常认为的阿拉伯人不过是一些中性的存在物这一看法更多的东西。实际上，他用以描述革命的每一单词或短语都染上了性的色彩：**激发，骚动，立起**。但大部分时候他赋予阿拉伯人的是一种"糟糕"的性。到头来，由于阿拉伯人实际上并没有进行严肃行动的基础，他们的性骚动也就不会比骆驼的站起更高尚。没有革命，只有骚动，只有无关紧要的政权的建立，以及更多的骚动，这几乎等于说，只有挑逗、手淫、早泄而没有真正的交合。我想，这些正是刘易斯的言外之意，无论其学术姿态有多么纯洁，其语言有多么优雅。因为既然他对语词的微妙含义如此敏感，他对**自己**的语词的言外之意也一定有所认识。

刘易斯是一个值得我们进一步分析的有趣的例子,因为他是以一个专业东方学家的身份出现在英美中东政治结构之中的,他写的每一样东西都会被打上这一领域的"权威"印记。然而,至少在长达15年的时间里他的作品从总体上说具有强烈的意识形态性,尽管他极力试图使自己的著作精细微妙而有批判性。他的近期作品是下面这类学者的典型例证:尽管他们试图使其著作成为宽容客观的学术研究,但实际上却事与愿违,几乎成了对其研究对象的一种恶意诽谤。但这不应使那些熟悉东方学历史的人感到惊奇;因为它不过是"学术"丑闻一种最新的——对西方而言,最没有批判性的——表现形式而已。

刘易斯如此热衷于旨在揭露、削弱和质疑阿拉伯和伊斯兰的计划,以至于甚至不愿意过多地考虑自己作为一个学者和历史学家的身份。比如说,他会为1964年出版的一本书撰写"伊斯兰革命"("The Revolt of Islam")的章节,而在12年之后将大部分材料重新发表,只做很少的改动以适应新的语境(即《评论》杂志)并且将其重新命名为"伊斯兰回流"("The Return of Islam")。从"革命"到"回流"当然是越变越糟,刘易斯旨在用这一变化向当代读者解释穆斯林人(或阿拉伯人)为什么仍然这么不安分,不愿意接受以色列对近东的霸权统治。

让我们更详细地看一看他究竟是怎么做的。在上述两篇文章中他都提到了1945年发生在开罗的骚乱,他在两篇文章中都将这一反帝国主义的骚乱描述为反犹太的骚乱。然而,在两种情况下他都没能告诉我们它究竟为什么是反犹太的;实际上,作为反犹太证据提出来的却是这样令人奇怪的信息:"好几座教堂,天主教的、美国和希腊正教的,受到袭击并且遭到破坏。"让我们首先看一看1964年的那一版本：

> 1945年11月2日，埃及的政治首脑们号召人们举行游行纪念贝尔福宣言发表一周年。游行很快发展为反犹太骚乱，骚乱中，一座天主教堂、一座美国和一座希腊正教教堂受到袭击并且遭到破坏。人们也许要问，天主教堂、美国和希腊教堂与贝尔福宣言有什么关系？[145]

然后再看一看1976年《评论》杂志的版本：

> 随着民族主义运动的逐渐深入人心，它的民族性成分变得越来越少，宗教性成分越来越多——换言之，阿拉伯的特性越来越弱，伊斯兰的特性越来越强。在紧急关头——最近几十年来这样的时刻为数不少——本能的群体忠诚压倒其他一切占据主导地位。只需几个例子就足够了。1945年11月2日，埃及发生了游行〔注意这里的措辞，"发生了游行"试图显示本能的忠诚；而在前一版本中，这一行为是由"政治首脑们"发动的〕以纪念英国政府发表的贝尔福宣言。大大出于发动这次行动的政治首脑们意料之外的是，游行很快发展为反犹太骚乱，反犹太骚乱又很快发展为更大规模的骚乱。骚乱中，好几座教堂，天主教的、美国和希腊正教的〔又一本能的改变：这里给人的印象是有许多教堂，包括三种类型，受到袭击；而前一版本则只是具体列举出了三座教堂〕，受到袭击并且遭到破坏。[146]

刘易斯此处（其他地方也一样）的论辩——而非学术研

究——目的是试图表明伊斯兰是一种反犹太主义的意识形态，而不仅仅是一种宗教。他在力图断定伊斯兰是一个令人恐惧的大众现象，但同时又并不"深入人心"时碰到了一点逻辑上的困难，这一困难并没有令他困惑很长时间。如同他带有倾向性的叙述的第二个版本所示，接下去他宣称伊斯兰是一个非理性的群体或大众现象，通过激情、本能和无缘无故的仇恨实施对穆斯林信徒的控制。他的这番解释的全部目的是使他的读者们恐惧，使他们在与伊斯兰做斗争时寸土不让。在刘易斯看来，伊斯兰从不发展，穆斯林人同样如此；他们（在刘易斯看来）仅仅以其原初的本性而存在，并且由于这一点而为人们所观察，只不过这一本性恰好包括长期存在的对基督教徒和犹太教徒的仇恨。刘易斯时刻在警醒自己不要公然做出这种令人激愤的陈述；他总是小心翼翼地说，穆斯林自然不是以纳粹那种方式反犹太，只不过他们的宗教非常容易滑向反犹太主义，于是也就这么做了。伊斯兰与种族主义、奴隶制和其他形形色色的"西方"罪恶之间的关系与此相似。刘易斯伊斯兰观的核心是它从不发生变化，而他自己现在所担负的整个使命是令犹太读者中那些趋于保守的人以及任何其他愿意听他说的人明白，对穆斯林人的任何政治、历史和学术描述都必须开始于并且结束于穆斯林人就是穆斯林人这一事实。

因为承认整个文明可以把宗教作为其主要信仰是太过分了。甚至连这类暗示都会被自由主义舆论视为一种冒犯，后者总是乐于为被其视为保护对象的东西提供庇荫。从当代政治、新闻和学术没能认识到宗教因素在穆斯林世界当代事务中的重要性即可看出这一点，从它们因而不得不求助于左翼的、右翼的、进步的、保守的以及其他西方术语也可看出这一点，用这些术语来解释穆斯林的政治现象其准确性和启发性就像由一个棒球记者来写板球比赛的评论。〔刘易斯对最后那个比喻如此情有独钟以至将其从1964年的论辩文章中原封不动地搬了过来。〕[147]

在后来的一部作品中，刘易斯告诉我们什么样的术语更准确、更有用，尽管似乎这一术语同样属于"西方"（不管"西方"一词究竟有何所指）：穆斯林人，像大多数其他前殖民地民族一样，无法讲述真理甚或连看也看不到真理。刘易斯认为，他们沉溺于神话，沉溺于"人们所说的美国的修正主义流派，这一流派认为美国道德的黄金时期是在过去并且实际上将世界的所有罪恶和犯罪归到现在"。[148]除了是对美国修正主义历史的一种恶意诽谤和随意歪曲外，这类评述旨在显示作为大历史学家的刘易斯有超越于无关紧要的、落后的穆斯林人和修正主义者之上的才能。

然而，就力图准确而言，就遵守他所说的"然而，学者不会对偏见让步"[149]这一规则而言，刘易斯对他本人和他的事业未免太漫不经心了。他会，比如说，详细描述阿拉伯反犹复国主义的例子（使用阿拉伯民族主义者的语言）但同时却闭口不提——在任何场合，任何作品中——犹太复国主义者不顾与本地阿拉伯居民的冲突继续对巴勒斯坦实行入侵和殖民这件事。任何以色列人都不会否认这件事，但刘易斯这位东方学历史学家却完全将其排除在外。他会说中东没有民主——以色列除外——却闭口不提以色列用以统治阿拉伯人的紧急防御条例（Emergency Defense Regulations）；对以色列对阿拉伯人的所谓"保护性拘押",对无数在加沙西岸军事占领区内进行非法定居的行为,对限制前巴勒斯坦地区阿拉伯人人权——其中最主要的是迁移权——的行为,也未置一词。相反地,刘易斯却许以自己说"帝国主义和犹太复国主义〔对阿拉伯人而言〕只不过是基督教和犹太教的新称呼而已"[150]的学术自由。他引证劳伦斯对"闪米特人"的看法以支持他对伊斯兰的敌视,他从来不将犹太复国主义与伊斯兰放到一起研究(就好像犹太复国主义是一种法国的而不是宗教的运动一样),并且处处试图表明,任何地方的任何革命至多不过是一种类似于"世俗千禧年论[1]"的东西而已。

人们会发现这种过程并不像政治宣传——当然,这是它的本来面目——那么令人生厌,如果没有像客观性、公正、真正历史学家的不偏不倚之类说教的话:言外之意是,穆斯林人和阿拉伯人不能做到客观公正,只有像刘易斯这种书写穆斯林人和阿拉伯人的东方学家才能做到客观公正,因为这是他们的本性,是他们所受的训练、他们作为西方人这一简单的事实所致。这真是作为教条的东方学登峰造极的表现,它不仅贬抑其对象,而且也使其实践者遭受蒙蔽。但最后还是让我们来听一听刘易斯对历史学家应该如何行事是怎么说的。我们也许会问是否只有东方人才臣服于受到他严厉批评的那些偏见。

〔历史学家的〕忠诚也许会大大影响他对研究对象的选择;但不应该影响他对对象的处理。如果他在研究过程中

---

〔1〕千禧年论(Millenarianism),基督教神学末世论学说之一,认为在世界末日前基督将复活并亲自为王,统治世界一千年。

发现自己所认同的群体总是正确的而与之相冲突的其他群体总是错误的，那么，应该好好建议他对其结论提出质疑，并且对用以选择和解释证据的那些假设进行重新审察；因为永远不出错并非人类群体（可以想见，也不是东方学家群体）的本性。

最后，历史学家在讲述他的故事时必须做到公正、诚实。这并不是说他必须将自己限制在对确凿无疑的事实的机械描述之中。在研究的许多阶段，历史学家必须提出假设，做出判断。重要的是，他应该有意识地、毫不含糊地这么做，对用以支持和反对自己结论的证据加以检视，对各种可能的解释加以考察，并且明确说出自己的结论，以及是怎样得出、为什么得出这一结论的。[151]

要想找到刘易斯对伊斯兰有意识的、公正的、明确的判断是徒劳的。如我们所见，他更倾向于使用暗示和含蓄的方式。然而，我们怀疑，他自己却没有意识到这一点（也许涉及像犹太复国主义、民族主义和冷战这类"政治"问题时除外），因为他肯定会说东方学的全部历史——他是其受惠者——已经把这些暗示和假设变成了无可置疑的真理。

这些纯粹的"真理"中最无可置疑、最奇特的（因为难以相信它对其他语言来说也会成立）也许是：作为一种语言，阿拉伯语是一种危险的意识形态。这种观点最具代表性的当代例证是肖比（E. Shouby）的"阿拉伯语对阿拉伯人心理的影响"（"The Influence of the Arabic Language on the Psychology of the Arads"）一文。[152] 作者被描述为"一位受过临床心理学和社会心理学训练的心理学家"，人们认为他的看法之所以如此广泛流传,一个主要原因是他本人是阿拉伯人(因此是在"自证其罪")。他提出的观点愚蠢得可叹,也许因为他对语言是什么以及它是怎样运作的根本一无所知。我们只要看一看他文章的小标题就可以知道他要说的是什么;阿拉伯语被冠以"总体上的思维含混""过分强调语言标记""过度判断和夸大"这样的特征。肖比常常被引为权威,因为他说起话来俨然像个权威,也因为他使下面这样一种阿拉伯人形象具体化了:他哑然无语,但同时又是一位漫不经心或毫无目的地玩着文字游戏的语言大师。哑然无语是肖比所谈话题的一个重要部分,因为在整篇文章中他一次也没有引用过阿拉伯人如此引以为自豪的阿拉伯文学。那么,阿拉伯语又是在什么地方影响着阿拉伯人的心性呢?唯一的地方是东方学为阿拉伯人创造出的那一神话世界。阿拉伯人是麻木混杂着无可救药的过分清晰、贫穷混杂着奢华的符号象征。这样一种结论可以通过语言学的方式得出,表明以前那个复杂的语言学传统所结出的果子是令人伤心的,这一传统在今天只体现在极少数人的身上。今天的东方学家对"语言学"的依赖是东方学这一已经完全转变为社会科学意识形态性专门知识的学科的最后病症。

在我所讨论的上述所有问题中,东方学话语都起着主导性作用。它使相互对立的东西显得"自然",它用学术惯语和学术方法表述人的类型,它将现实和外部参照归结为独立存在的客体。神话语言是一种话语,也就是说,它只能以系统的而不能以任何其他方式存在;你并不能完全随意地制造话语或话语中的陈述而不首先归属于——在一些情况下是无意识地,但无论如何并非心甘情愿地——保证这一话语存在的意识形态及其机构。就后者而言,总是发达社会处置不那么发达的社会,强势文化支配弱势文化。神话话语的主要特征是,它隐藏起了自身的起源以及它所描述的那些东西的起源。"阿拉伯人"是在静态的、几乎是理想的意象类型中得到表述的,既没有发展的潜在可能性,也没有发展的历史过程。堆砌到阿拉伯语身上的那些夸大了的价值可以使东方学家将这一语言与其心性、社会、历史和特质相等值。对东方学家来说,是阿拉伯语言**表述**阿拉伯东方,而不是相反。

四、东方人东方人东方人。我一直称为东方学的那种意识形态虚构体系,不仅仅因为其学术上的不光彩行为才产生严重后果。因为当今的美国已经深深地卷进了中东事务之中,卷入的程度比地球上任何其他地方都要深:为政策制定者提供建议的中东专家深深陷入了东方学的泥淖而无力自拔。但这一卷入缺乏坚实的基础,因为专家们是以精英政治、现代化和稳定性这类广为流传的抽象观念作为其政策提议的根据的,而这些东西大部分只不过是东方学的老旧观念在政治领域的一种翻版,大部分已经完全不适于用来描述近来在黎巴嫩发生的事情或更早些时候巴勒斯坦发生的对以色列的抵抗。东方学家现在试图将东方视为西方的翻版,在伯纳德·刘易斯看来,只有当其民族主义"做好了与西方达成妥协的准备"[153]时东方自身的处境才有可能得到改善。如果在此过程中阿拉伯人、穆斯林人或第三和第四世界的人以出乎人们意料的方式发展,立即便会有某个东方学家站出来告诉我们说,这正表明东方人的顽固不化并因而证明他们的不可信赖,我们根本不会对此感到惊奇。

东方学在方法论上的失败,无法通过说**真正**的东方与东方学家所表现的东方不同,或者通过说由于东方学家大部分是西方人因此不能希望他们对东方的本质有真正内在的认识而得到解释。这两种假设都是错误的。假定确实存在像真正的东方（伊斯兰，阿拉伯，诸如此类）这样的东西不是本书的主题；我们也不准备做出"内部"视角比"外部"视角——让我们借用罗伯特·默顿（Robert K. Merton）的这一有用区分[154]——更优越的断言。相反地，我一向认为"东方"本身是一个人为建构体；存在这样一些地域空间，那里生活着土生土长的、本质上与我们"不同"的居民，可以根据与这一地域空间相契合的某种宗教、文化或种族本质对这些居民进行界定，这一看法同样应该受到强烈的质疑。我当然不相信只有黑人才能书写黑人、只有穆斯林才能书写穆斯林之类不无褊狭的假设。

然而尽管存在着许多方法论的局限，尽管充斥着许多令人叹息的陈词滥调，尽管有着赤裸裸的种族主义倾向，尽管其学术基础几乎一捅即破，东方学在今天仍然以我已经描述过的那些方式在繁盛着自身。实际上，有理由对东方学的影响已经扩展到了"东方"自身这一事实敲一敲警钟：阿拉伯语（日语、众多印度方言和其他东方语言无疑也同样如此）书籍和杂志中到处充斥着阿拉伯人自己对"阿拉伯心性""伊斯兰"和其他神话的第二手分析。东方学也在美国广为传播，因为阿拉伯的金钱和资源为人们"传统上"从战略意义的角度关注东方这一做法增添了不少的魅力。事实是，东方学已经成功地汇入了新的帝国主义之中，它的那些起支配作用的范式与控制亚洲这一经久不衰的帝国主义设计并不发生冲突，甚至是不谋而合。

在可以根据我的亲身经验来加以评说的那一部分东方地区，知识阶层与新帝国主义之间的汇合也许可以被视为东方学所取得的特殊胜利之一。今天的阿拉伯世界已经成了美国学术、政治和文化的附属物。这件事本身并没有什么令人悲哀的地方；然而，这一附属关系的特殊形式却令人悲哀。首先，阿拉伯的大学是根据从前殖民帝国那里延续下来或被其直接强加于其上的模式运作的。在新的环境下这一教学体制面临着非常难堪的局面：挤满了学生的课堂，缺乏训练、超负荷工作、薪水少得可怜的教师，从政治出发的委任制度，高级研究及设备的几乎完全缺失，最重要的是，整个地区甚至没有一家像样的图书馆。以前英国和法国由于其势力和财富主导着这一地区的学术，现在控制这一领域的则是美国，其结果是少数有发展前途并且试图苦苦支撑残局的研究者不得不跑到美国去完成他们的进一步研究。尽管仍然有一些研究者去欧洲，但去美国的从数量上说占绝对多数；这一现象不仅存在于像沙特阿拉伯（Saudi Arabia）和科威特（Kuwait）这样的保守国家，也存在于那些所谓激进的国家。此外，学术、商业和科研方面的资助制度使美国实际上获得了至高无上的霸权；其根源，尽管也许根本上就不是真正的根源，被认为是在美国。

有两个因素使这一点可以被更明显地视为东方学的胜利。如果做一总体的概括，我们会发现近东当代文化有受欧美模式主导的明显趋势。当塔哈·侯赛因（Taha Hussein）1936年说现代阿拉伯文化属于欧洲而不属于东方时，他试图描述的是埃及精英文化的特征，他本人显然是这一精英文化的一个杰出代表。这一点对今天的阿拉伯精英文化而言同样成立，尽管20世纪50年代早期以来影响这一地区的强大的反帝国主义的潮流已经使西方的文化控制有所减弱。此外，就文化、知识和学术生产而言，阿拉伯和伊斯兰世界仍然处于劣势。我们在使用强力政治的术语描述这一地区的情况时必须面对现实。没有哪位阿拉伯或伊斯兰学者能够忽视美国和欧洲的学术刊物、研究机构和大学所发生的情况；反过来却并不成立。比如，今天的阿拉伯世界没有一份有影响的阿拉伯研究刊物，正如没有哪家阿拉伯教育机构在阿拉伯研究方面能够与牛津、哈佛或加州大学洛杉矶分校一争高下一样，更不必说其他非东方的主题了。这一切所导致的一个可以预期的结果是，东方的学生（和东方的教授）仍然想跑到美国并且投到美国东方学家的麾下，然后回来向本地的听众重复被我一直称为东方学教条的那些陈词滥调。这一再生产体制的必然结果是，东方学者将因他在美国所受的训练而睥睨其本国同行，因为他学会了如何有效地"操作"东方学的话语；而在他的"老板"——即欧洲或美国的东方学家——眼中，他则只能永远充当一个"本地信息提供者"。实际上这正是他在西方所能充当的角色，如果他足够幸运能够在学成之后留下来的话。在今天的美国大学里，大部分东方语言方面的基础课程都是由这类"本地信息提供者"担任的；这一系统（大学，研究会，等等）中的权力几乎无一例外地掌握在非东方人的手里，尽管从东方与西方常任教授所占的比例来看后者并不占如此压倒性的优势。

有各类其他证据可以表明这一文化优势是如何得以维系的，既可以从东方人的共识那里找到证据，也可以从美国直接而强大的经济压力那里找到证据。比如，人们痛苦地发现，尽管美国有无数从事阿拉伯和伊斯兰研究的组织，但东方却根本不存在研究美国这一对该地区产生最大经济和政治影响的国家的机构。更糟糕的是，在东方几乎没有一家像样的从事东方研究的机构。但所有这一切，我想，与导致东方学获胜的第二个因素相比则显得微不足道：东方的消费模式。阿拉伯和伊斯兰世界从总体上说被紧紧绑缚到了西方的市场体系身上。石油，这一地区最重要的资源，已经完全融入了美国的经济之中，这一点毋须我提醒。我想说的不仅是大的石油公司受到美国经济体系的控制；就连阿拉伯的石油税收，更不必说其销售、研究和工业管理，也受制于美国。这使得盛产石油的阿拉伯国家成了美国出口产品的巨大消费者：不仅波斯湾国家如此，利比亚、伊拉克和阿尔及利亚——都是激进的国家——也这样。我的意思是说，这种关系是一种一边倒的关系：美国是少量产品（主要是石油和廉价劳动力）有选择的消费者，而阿拉伯则不加选择地消费着各种各样的美国产品——物质的和意识形态的。

　　这产生了许多后果。这一地区出现了大规模的趣味上的标准化，不仅体现在晶体管收音机、蓝布牛仔裤和可口可乐这些物质形象上，而且体现在美国大众媒体所传播的东方文化形象上，这些形象几乎被电视观众不假思索地接受下来。阿拉伯人居然以好莱坞所制造的那种"阿拉伯人"形象为标准来看待自己只是我所说的这一现象的最简单的后果。另一后果是，西方市场经济及其消费走向已经制造出（并且正在加速制造）这样一个知识阶层：其知识结构以满足市场需要为首要目的。重心向工程技术、商业贸易和经济学发生严重倾斜，这一点已经足够明显；但知识界本身助长了这一被其视为主要受西方思潮影响的现象的产生。它注定要充当的是一种"现代化"的角色，这意味着它会为那些大部分从美国接受而来的有关现代化、进步和文化的观念提供合法性证明并且赋予它们以权威。这一点的明显证据可以在社会科学中找到，而且，非常奇怪的是，也可以在一些激进的知识分子身上找到，他们的马克思主义原封不动地搬自马克思本人对第三世界的单一看法，我在本书前些时候曾讨论过这一点。因此，如果这里所说的一切只不过是对东方学形象和学说的一种默认，这一倾向同时还在经济、政治和社会交流中得到了极大的强化：简言之，现代东方，参与了其自身的东方化。

但人们可能要问，在东方学之外我们还能有什么其他的选择？本书是否只在**破**而不在**立**？在本书的论说过程中，我不时说起在所谓的区域研究领域已经出现了一些"非殖民化"的新尝试——安沃尔·阿卜德尔·马勒克的研究，中东研究"哈尔帮"（the Hull group）成员所出版的作品，众多欧洲、美国和近东学者在观念和方法上的革新[155]——但只是点到为止。我的主要目的是描述一种特殊的观念体系，而绝不是试图用新的体系代替旧的体系。此外，我力图提出与探讨人类经验相关的一系列问题：人们是如何**表述**其他文化的？什么是**另一种**文化？文化（或种族、宗教、文明）差异这一概念是否行之有效，或者，它是否总是与沾沾自喜（当谈到自己的文化时）或敌视和侵犯（当谈到"其他"文化时）难解难分？文化、宗教和种族差异是否比社会经济差异和政治历史差异更重要？观念是如何获得权威、"规范"甚至"自然"真理的地位的？知识分子扮演的是什么样的角色？他是否只是在为他所属的文化和国家提供合法证明？他必须给予独立的批评意识。一种唱反调的批评意识，多大重要性？

我希望这些问题的部分答案已经暗含在本书前面的论述中了，但我这里也许还可以对其中的一些稍微做一点补充说明。如我在本书中所概括的，东方学不仅对非政治的、学术的可能性，而且也对学术与国家之间过于密切的关系的合适性（advisability）提出了疑问。同样明显的是，我想，曾使东方学这一思维形式日益获得其说服力的那些条件将仍然存在：从整体上说，这是一件极为令人沮丧的事。不过我心中总是存有某种合理的期望：东方学不要总是像以前那样几乎不受任何质疑，不管是从学术的角度而言，还是从意识形态和政治的角度而言。

如果我不同时相信还存在着一种并不像我一直在描述的那么腐败或至少是对人类现实那么视而不见的学术的话，我不会开始这种研究。今天，有许多学者辛勤耕耘于伊斯兰历史、宗教、文明以及伊斯兰社会学、人类学这样的领域，其研究有极高的学术价值。当东方学的行业传统控制着那些缺乏警惕、其作为学者的个体意识对这一领域代代相传的"陈词滥调"毫无警觉的学者时，麻烦也就降临了。因此，有趣的研究最有可能产生于这样的学者之手：他们的忠诚乃贡献于从学术的角度界定的某个学科，而不是像东方学这样从经典的、帝国主义的或地域的角度界定的某个"领域"。一个近期的范例是克利福德·格尔茨（Clifford Geertz）的人类学研究，他对伊斯兰的兴趣足够独特和具体，激发他产生兴趣的是他所研究的社会和问题，而不是东方学的成规、偏见和教条。

另一方面，受传统东方学训练的学者和批评家完全有可能将自己从旧的意识形态枷锁中解脱出来。雅克·伯克和马克西姆·罗丁森所受的传统训练不能说不严格，但他们即使对传统问题的研究也有着一种方法论上的自觉意识。因为如果东方学在历史上一直过于自鸣得意，过于褊狭，对其方法和前提过于乐观自信，那么，使学者向自己所研究的东方或东方问题开放的一个途径就是自觉地对自己的方法进行批评性细察。伯克和罗丁森都做到了这一点，各自以自己独特的方式。我们在他们的研究中所发现的总是，首先，对眼前的材料的直接感受，其次，对自己的方法和实践的不断自我审察，不断使自己的研究与材料相适应，而不是与教条和先见相适应。当然，伯克和罗丁森——还有阿卜德尔·马勒克和罗杰·欧文（Roger Owen）——同时还明白，对人和社会——不管是东方的还是非东方的——的研究最好放到整个人文社会科学的大背景中进行；因此这些学者既是具有批判意识的读者，也是非常关注其他领域进展的研究者。伯克对结构人类学近期发展的关注，罗丁森对社会学和政治理论的关注，欧文对经济史的关注：所有这些对当代人文社会科学的关注都能对所谓东方问题的研究提供有益的启发，并能矫正其偏蔽。

但我们并不回避这一事实：即使我们能忽略"他们"与"我们"之间的东方学划分，在今天的学术研究中，仍然无法回避一系列强大的政治的、最终是意识形态的现实。没有人能回避这一区分，即使不存在东方/西方之分，也会存在南方/北方之分、有/没有之分、帝国主义/反帝国主义之分、白色/有色之分。我们不能假装它们不存在而回避它们的存在；相反，当代东方学本身已经告诉我们试图掩盖这一真相所可能带来的后果，这样做只会使这些区分进一步强化，变得更糟，更顽固。然而，如果公开采取论战性的和右倾的所谓"进步"的姿态，则又很容易扼杀学术研究的生命力，这一结果也不是我们所希望出现的。

我本人对这一问题的认识可以通过上面所提到的问题而得到说明。现代思想和经验使我们对表述、他者研究、种族思考、不假思索和批评地接受权威的观念、知识分子的社会政治角色、怀疑意识和批评意识的重要价值等问题变得非常敏感。

也许如果我们能记住对人的经验的研究通常有着伦理的——更不必说政治的——后果（不管是好的还是坏的），我们就不会轻视作为学者的我们所做的工作的价值。对学者来说，还有什么比人类自由和知识更好的标准和规范呢？也许我们还应该记住，对社会中的人的研究是以人的具体历史和经验而非学究式的抽象概括或含糊不清的规则或任意武断的体系为基础的。于是我们所面临的问题就是，使研究与经验相适应并且在某种意义上受经验的制约，而经验反过来又会得到研究的烛照并且也许会被它所改变。无论如何，应该避免一次又一次地"东方化东方"，这样才能使知识得到进一步的完善并且减弱学者的自负；因为即使没有"东方"的存在，也仍然会有学者、批评家、知识分子和人的存在，对后者来说，提高人类群体的知识和自由这一共同的目的比种族、民族和国家差异更重要。

从积极的角度而言，我确实相信——并且已经在我的其他著作中试图表明——今天的人文学科正在做出不懈的努力，以为当代学者们提供新的洞见、方法和观念，完全有可能不必再依赖东方学在其发展过程中所提供的那种种族主义的、意识形态的和帝国主义的定型观念。我认为东方学的失败既是学术的失败也是人类的失败；因为在不得不对被其视为与自身相异质的地区采取一种绝对对立的立场的过程中，东方学没能与人类经验相契合，也没有将这一地区的经验视为人类经验。我们现在完全可以对东方学在世界范围内的霸权及其所代表的一切提出挑战，如果我们能够合理地从20世纪地球上如此多的民族的政治意识和历史意识的总体觉醒中接受教训的话。如果本书在将来仍能有所帮助的话，也将在于它能为这一挑战做出自己应有的贡献，并且使人们对下面这一点有所警醒：东方学这类思想体系、权力话语、意识形态虚构——这些人为制造的枷锁——是多么易于被制造出来、被加以运用并且得到保护。最重要的是,我希望我已经通过本书使读者们明白,东方学的答案并不是"西方学"。没有哪个前"东方人"会乐于接受这样一种观点:由于自己曾经是东方人,于是就有可能——太有可能了——获得研究他自己构想出来的新"东方人"——或"西方人"——之特权。如果东方学知识有什么价值和意义的话,那也正在于它可以使人们对知识——任何知识,任何地方、任何时候的知识——的堕落这一现象能有所警醒。这种堕落现在也许比以前更甚。

后 记

一

《东方学》完成于1977年底,一年之后面世。它是(现在仍然是)我一气呵成写出的唯一一本书,从着手研究,到几次删改,到最后定稿,环环相扣,没有被打断,也没有大的纷扰。斯坦福行为科学高级研究中心(Stanford Center for Advanced Study in Behavioral Sciences)为我提供资金,令我得以全身心地投入研究,在那里度过了一年的快乐时光(1975—1976),此外,几乎没有其他的外界支持。我从友人和家人那里得到了鼓励,然而,当时根本无法断定对欧美一个有着两百年历史的权力、学术和想象体系如何看待中东、阿拉伯和伊斯兰的方式所进行的研究**是否**会引起普通读者的兴趣。比如说,我记得,一开始要想让出版商对我的这一计划真正产生兴趣是非常困难的。有一家学术出版社曾试探性地暗示我缩小计划的规模和研究的范围,因为一开始整个计划似乎显得如此没有希望,如此单薄。但幸运的是,当本书的写作完成后,事情很快有了好的转机（参看我在"志谢"部分对本书第一个出版商所做的描述）。

本书在美国和英国（1979年单独发行了一英国版）都引起了很大的关注，有的（如所预料）表现出极大的敌意，有的表现出不理解，但大部分反响是肯定性的，充满热忱的。从1980年的法文版开始，各种翻译版本相继问世，其数目直到今天仍在上升，在许多国家还引起了激烈的争议和讨论。有一个由极有才华的叙利亚诗人和批评家凯玛尔·阿布·迪卜（Kamal Abu Deeb）翻译得相当不错并且一直聚讼纷纭的阿拉伯语译本；稍后我再详加说明。此后，《东方学》出现了日文版、德文版、葡萄牙文版、意大利文版、波兰文版、西班牙文版、加泰罗尼亚文版、土耳其文版、塞尔维亚－克罗地亚文版和瑞典文版（它1993年成为瑞典的畅销书之一，这使当地的出版商大惑不解，我也一样）。还有几种语言的版本（希腊文、俄文、挪威文和中文）要么正在出版要么将要出版。据报道，其他欧洲语言的版本，比如说以色列文版，也正在酝酿之中。在伊朗和巴基斯坦出现过盗版的节译。根据我本人所直接了解的情况，许多译本（特别是日文本）已经出了不止一版并且仍在不断印行，以满足当地讨论的需要，这些讨论远远超过了我撰写此书时的想象。

这一切所带来的后果是，《东方学》一书，几乎以一种博尔赫斯式的方式，衍变成了许多不同的著作。在此，我想在我对这些版本所能把握和理解的范围内，对那些奇怪的、经常是令人不安并且肯定是有欠考虑的变形加以讨论，回过头来看一看别人对我写的这本书说了些什么，此外，也顺便介绍一下我自己在《东方学》之后所写的东西（八九本书外加许多论文）。

显然，我将尽力纠正一些错误的理解，在有些情况下，甚至是任意的曲解。

但是，我也准备讨论那些对《东方学》的价值予以肯定的观点和学术发展，其所采用的方式在写作该书时我仅能部分地预见。这样做的目的既不是为了平息争论也不是为了替自己表功，而是为了描述并记录一种已高度膨胀的作者意识（sense of authorship），它远远超出了当我们着手撰写一部作品时所感受到的那种作为个体存在的自我的范围。因为无论从哪个角度而言，《东方学》现在对我似乎已经成为一本集体的书，我作为其作者已经被取代，这在我撰写该书时是难以想见的。

让我从本书接受过程中最令我遗憾并且现在（1994年）最想克服的一个方面说起。那就是本书所谓的反西方论（anti Westernism）倾向，正如许多不管是持敌视态度还是同情态度的评论家错误地并且过于夸张地指出的。这一观点由两个部分组成，这两个部分有时结合在一起，有时各自分开。第一个部分是将下面这样一种看法归结到我身上：东方学现象是整个西方的隐喻或缩影，实际上应该用来代表整个西方。既然如此，这种看法继续论说道，整个西方就是阿拉伯和伊斯兰或者伊朗、中国、印度和其他许多遭受西方殖民和偏见的非欧洲民族的敌人。

归结到我身上的第二个部分的看法其影响并不比第一种小：这一看法认为，一个掠夺性的西方和东方学是对伊斯兰和阿拉伯的一种侵犯。（请注意"西方"和"东方学"这两个词已经被并置在一起。）既然这样，东方学和东方学家的存在本身就被理解为不过是下面这样一种完全相反的看法的一种托词：这一看法认为，伊斯兰是完美无缺的，它是独一的存在（*al-hal al-wahid*），诸如此类。对东方学的批评，如我在本书中所为，实际上也就是对伊斯兰主义或穆斯林原教旨主义的支持。

我们几乎根本无法得知这些漫画式的变形是如何得出来的，因为对本书作者而言，书中的观点显然是反本质主义的（anti-essentialist），对诸如东方和西方这类类型化概括是持强烈怀疑态度的，并且煞费苦心地**避免**对东方和伊斯兰进行"辩护"，或者干脆就将这类问题搁置起来不予讨论。然而，实际上，在阿拉伯世界，《东方学》是作为对伊斯兰和阿拉伯的系统辩护而被阅读或讨论的，即使我在书中明确地说过我没有兴趣——更没有能力——揭示真正的东方和伊斯兰究竟是什么样的。实际上我比这走得更远，因为我在书中很早即表明，像"东方"和"西方"这样的词没有与其相对应的作为自然事实而存在的稳定本质。况且，所有这类地域划分都是经验和想象的奇怪混合物。就英国、法国和美国通行的东方概念而言，它在很大程度上来自于这样一种冲动：不仅对东方进行描述，而且对其加以控制并且在某种程度上与其相对抗。如我所试图表明的，对作为特别危险的东方代表的伊斯兰来说，这一点尤为突出。

然而，所有这一切的关键在于，如维柯所教导我们的，人类历史是由人创造出来的。既然为占有领土而付出努力乃这一历史的一个组成部分，为获得历史和社会意义而付出努力也应是它的一个组成部分。具有批评意识的学者的任务不是将一种努力与另一种努力分开，而是将它们连接起来，尽管二者之间存在着明显的差异：前者具有压倒一切的物质性，而后者显然具有一种超现实的关怀。我所采取的立场是试图表明，每一文化的发展和维护都需要一种与其相异质并且与其相竞争的**另**

一个自我（alter ego）的存在。自我身份的建构——因为在我看来，身份，不管东方的还是西方的，法国的还是英国的，尽管显然是独特的集体经验之汇集，但最终都是一种建构——牵涉到与自己相反的"他者"身份的建构，而且总是牵涉到对与"我们"不同的特质的不断阐释和再阐释。每一时代和社会都重新创造自己的"他者"。因此，自我身份或"他者"身份绝非静止的东西，而在很大程度上是一种人为建构的历史、社会、学术和政治过程，就像是一场牵涉到各个社会的不同个体和机构的竞赛。当今在法国和英国进行的关于法国特性（Frenchness）和英国特性（Englishness）的争论，或在埃及和巴基斯坦这些国家进行的关于伊斯兰的讨论，都是这一阐释过程的组成部分，牵涉到不同的"他者"身份问题，不管这些他者是来自于该文化外部还是内部。在所有情况下，下面这一点应该都是明确的：这些过程并非一种纯粹的精神操练而是一场生死攸关的社会竞赛，牵涉到许多具体的政治问题，比如移民法，个人行为规范，正统观念之形成，暴力和/或反叛之合法化，教育的特点和内容以及国外政策的走向等，而这些问题往往必须为自己竖立一个攻击的目标。简而言之，身份的建构与每一社会中的权力运作密切相关，因此绝不是一种纯学术的随想（woolgathering）。

这些瞬息万变且包含丰富可能性的现实之所以难以为人接受，原因在于大部分人对其背后所隐含的下面这一观念心存拒斥：人类身份不是自然形成的，稳定不变的，而是人为建构的，有时甚至是凭空生造的。像《东方学》或在它之后出现的《传统的发明》（The Invention of Tradition）和《黑色雅典娜》（Black Athena）[1]这样的著作之所以遭到拒斥和敌视，部分原因在于它们似乎削弱了人们对文化、自我、民族身份的确实性和不变的历史性的天真确信。只有将我的观点的一半弃置一旁才能将《东方学》视为对伊斯兰的一种辩护,因为我在本书中说(如我在随后的一本书《报道伊斯兰》〔Covering Islam〕中所为),即使是我们一生下来就置身其中的原初社群也无法避免上述阐释竞赛(interpretive contest)的侵扰,西方人眼中伊斯兰的兴起、回流或复活实际上是伊斯兰社会为获得伊斯兰的身份界定而进行的一种努力。没有哪一个人、哪一个权威或机构能够完全控制这一界定;于是,就产生了竞赛。原教旨主义的认识论错误在于认为"原教旨"是一个非历史性的范畴,被其虔诚信徒完全接受,不会受到他们的批判性细察并因而可以超越于这种批判性细察之外。在那些维护(得到修复或复活的)伊斯兰早期教义的人的眼中,东方学家被视为(像萨尔曼·拉什迪[1]一样)危险分子,因为他们歪曲了这一教义,对其生了怀疑,认为它是欺骗性的、非神性的。因此,对他们来说,我的书的价值在于向人们指出了东方学家的险恶用心,并且在某种程度上将伊斯兰从他们的魔爪下解脱了出来。

这几乎与我自己的想法完全背道而驰,但这类看法却一直阴魂不散。原因有二。首先,人们发现要想心平气和并且毫无畏惧地接受下面这一观点是困难的:人类现实是不断被建构和解构的,任何诸如稳定本质之类的东西都会不断受到威胁。爱国主义、极端惧外的民族主义以及彻头彻尾且令人讨厌的民族

---

[1] 萨尔曼·拉什迪(Salman Rushdie,1947—),盎格鲁-印度小说家,1989年因其小说《撒旦诗篇》(The Satanic Verses)亵渎伊斯兰而被判死刑并被长期追杀,引起国际社会的极大关注。其他作品还有《午夜婴儿》(Midnight's Chidren)(1981)等。

沙文主义是面对这一威胁时所做出的普遍反应。我们都需要某种立足的基础；问题是我们关于这一基础的构想是多么极端和稳定不变。我的立场是，就建构一个本质的伊斯兰或东方而言，人们所建构的形象不过是一些形象而已，这些形象既得到了虔诚的穆斯林信徒群体的支持，也得到了东方学家群体的支持（二者之间的这一契合是发人深思的）。我之所以要反对我所称的东方学，并非因为它是以古代文本为基础对东方语言、社会和民族所展开的研究，而是因为作为一种思想体系东方学是从一个毫无批评意识的本质主义立场出发来处理多元、动态而复杂的人类现实的；这既暗示着存在一个经久不变的东方本质，也暗示着存在一个尽管与其相对立但却同样经久不变的西方实质，后者从远处，并且可以说，从高处观察着东方。这一位置上的错误掩盖了历史变化。更重要的是，据我看来，掩盖了东方学家的**兴趣**。这些兴趣，尽管有东方学家试图对作为一种公正客观的学术努力的东方学与作为帝国主义帮凶的东方学进行微妙区分，然而却不可能单方面地将东方学从以拿破仑1798年入侵埃及为开端的现代全球化新阶段所在的总体帝国主义语境中分离出来。

我没有忘记处于弱势的一方与处于强势的一方之间的显著差异，这一差异显然自欧洲与其所称的"东方"的现代接触之始即已存在。拿破仑《埃及志》装模作样的一本正经和虚张声势——这一庞大而良莠不齐的长篇巨制来源于一大群学者的系统努力，支撑其行为的是现代军事上的殖民征服——使像阿卜德·拉赫曼·贾巴提这类单个学者的努力相形见绌，后者用三大卷的篇幅站在被入侵者的角度描述了法国的这一入侵。人们也许会说《埃及志》乃19世纪早期对埃及所做的科学的因而也就是客观的描述,但贾巴提的存在(他不为拿破仑所知,为其所忽略)却证明事情完全相反。从试图将埃及纳入法国帝国主义轨道的当权者的角度而言,拿破仑的描述也许称得上"客观";但贾巴提的描述却是从一个曾付出过惨重代价、曾被攫取和被征服的人的角度出发所做的描述。

换言之,《埃及志》和贾巴提的描述并非对永远处于对立状态的西方和东方所做的静态文献记录,而是构成了一种历史经验,其他的描述从这里产生,并且以此作为存在的前提。研究这一经验的历史动力比一劳永逸地接受"东方与西方的冲突"这一定型观念更为艰难。这是为什么《东方学》被错误地理解为具有反西方论倾向的一个原因,更要命的是,这一理解无缘无故地甚至是极为随意地将伊斯兰简化为一个无辜的、遭受痛苦的形象。

我论说中的反本质主义倾向为什么难以为人接受的第二个原因是政治和意识形态方面的。我根本无法预见,本书出版之后一年,伊朗会发生一场具有不同寻常的深远意义的伊斯兰革命,同样无法预见的是,以色列和巴勒斯坦之间的战争会如此残酷、如此旷日持久,从1982年以色列对黎巴嫩的入侵直到1987年底开始的巴勒斯坦暴动(*intifada*)。冷战的结束并没有缓和——更不必说结束——阿拉伯和伊斯兰东方与基督教西方之间显然永无止歇的冲突。更近但激烈程度丝毫未减的是由苏联入侵阿富汗所引发的冲突;由阿尔及利亚、约旦、黎巴嫩、埃及和所谓"被占领土"等国家和地区的伊斯兰群体对20世纪80年代和20世纪90年代的社会现实所提出的挑战,以及美国和欧洲对此所做出的反应;在巴勒斯坦组织的反俄国的伊斯兰特遣队;海湾战争;对以色列一如既往的支持;作为新闻界和学术界醒人视听的话题的"伊斯兰"——如果它并不总是一种准确且能使人增长见闻的知识的话——的出现。所有这些都极大地加剧了那些在日常生活中被迫宣称自己属于西方人或东方人的人心中的受迫害感。似乎没有人能够摆脱"我们"与"他们"的这一对立,这使人们对自我身份的感觉进一步得到强化、深化和僵化,于是事情越弄越糟。

这样一种急剧动荡的环境对《东方学》来说既幸运又不幸。对阿拉伯和伊斯兰世界那些对西方的入侵感到焦虑和压抑的人来说,它似乎是第一本给实际上从未聆听过东方、从未饶恕过东方人之为东方人的罪过的西方一个严肃回答的书。我记得在阿拉伯很早就有一篇评论将该书作者描述为阿拉伯文化的支持者,受践踏、受摧残民族的辩护人,其使命在于与西方的威权展开一场史诗般的、浪漫主义的**肉搏**(*mano-a-mano*)。尽管不无夸大之辞,这一评论确实传达出对阿拉伯人所感觉到的西方对东方的持久敌意的某种真实认识,同时,它所传达出的这种反应也得到了许多受过良好教育的阿拉伯人的认同。

我不否认撰写本书时我对马克思那句我曾作为题记引用的貌似真理的话("他们无法表述自己;他们必须被别人表述")所具有的主观臆断性**是**有所认识的,换句话说,如果你感到被剥夺了说出自己想法的机会,你会竭尽全力争取获得这一机会。因为实际上,弱者完全**能够**表达自己,20世纪民族解放运动的历史雄辩地证明了这一点。但我从来没有感到我是在使两大对立的政治和文化区域之间的敌意——我一直在试图对这一对立的结构进行描述,试图减轻其可怕的后果——永久化。完全相反,如我前面所言,东方/西方之对立既是错误的,也是为人们所深恶痛绝的;实际上,它所描述的只不过是不同的阐释和趣味之间相互竞争的一种历史过程，越少赋予它现实的解释力越好。令我高兴的是，在英国和美国，以及说英语的亚非国家，澳大利亚和加勒比，许多读者认为本书强调的是一种后来被人们称为多元文化主义（multiculturalism）的现实，而不是排外而好斗的、种族中心的民族主义。

然而，《东方学》更多的是被视为对弱者悲惨境地的一种展示，而不是对使用知识以加强自身力量的权力的一种多元文化主义的批评。于是，作为作者的我就被认为是在扮演这样一种已经分配好了的角色：有意识地对在某一语境下的学术文本中曾经受到压制和歪曲的东西进行自我表述，这些文本所意欲面对的读者对象不是东方人而是东方学家之外的西方公众。这一点很重要，它加剧了我在书中竭力避免的对自我身份进行永久定型区分的倾向，然而，具有悖论意味的是，它却是以这一区分为存在前提和基础的。我所提到的东方学家中似乎没有人曾经想以东方人作为其读者。东方学话语，其内在一致性，其严格的程序，都是为西方读者和消费者设计的。这一点既存在于爱德华·雷恩和居斯塔夫·福楼拜——他们为埃及所倾倒——这样我打内心里钦佩的人身上，也存在于克罗默爵士这样趾高气扬的殖民官员、厄内斯特·赫南这样睿智的学者以及亚瑟·贝尔福这类贵族的身上，后面这一批人都对他们所统治或研究的东方人不屑一顾并且心存厌恶。我得坦率承认，在"聆听"——也许这一做法不会受欢迎——他们许多宣言式的论说以及东方学家的内部讨论的过程中，我得到了某种快乐，同时，在向欧洲和非欧洲读者展示我的发现的过程中，我也获得了同样的快乐。我毫不怀疑这一点之所以可能发生是因为我穿越了东西方之间专横武断的分界线，进入到了西方的生活之中,但同时又能保持与我最初所来之地的有机联系。我愿意再次强调,这从本质上说是一个跨越障碍而不是维持障碍的过程;我相信《东方学》一书已经显示出了这一点,特别是当我说人文研究是以理想的方式寻求对强加的思想限制的超越以实现一种非霸权性的、非本质主义的学术类型的时候。

这些考虑实际上增加了本书所承受的表达伤痛和记录苦难的压力,对这些伤痛和苦难的描述被视为对西方早该进行的一种回击。对这样一本旨在以极为微妙而敏锐的方式——对此我没有必要虚情假意地故作谦逊——论说不同的人、不同的时期、不同的东方学风格的书做出这种过于简单的概括只能令我感到非常遗憾。我的每一分析都改变了画面,强化了差异,将不同的作者和时期区分开来,尽管所有这一切都与东方学相吻合。我相信,用同样的方式阅读我对夏多布里昂和福楼拜或伯顿和雷恩的分析、从"攻击西方文明"这一陈腐的公式之中得出同样概约化的信息,既过于简单化也是极为错误的。但我同样相信,从近期的东方学权威——比如以几乎充满喜剧色彩的方式广为流传的伯纳德·刘易斯——中读出其文雅但缺乏说服力的学术呈现所试图掩盖的受政治驱动并且充满敌意的证据,则是完全正确的。

于是,我们再次回到了本书的政治历史语境,我并不试图掩盖其与本书内容之间的密切关联。巴辛·穆萨拉姆(Basim Musallam)在一份评论(*MERIP*, 1979)中曾对二者之间的这一关联做过睿智而敏锐的考察。他首先将我的书与黎巴嫩学者迈克·拉斯顿(Michael Rustum)1895年所写的一部旨在揭破东方学秘密的著作《西方异怪志》(*Kitab al-Gharib fi al-Gharb*)进行对比,然后认为二者之间的主要差异在于我的书

关注的是丧失,而拉斯顿的却不是:

> 拉斯顿是以自由人和自由社会之一员的身份写作:他是叙利亚人,说阿拉伯语,是仍然有着独立地位的奥斯曼帝国的公民。……与迈克·拉斯顿不同,爱德华·萨义德却没有一个得到普遍认同的身份,他到底属于哪一**民族**是有争议的。也许爱德华·萨义德和他的同代人有时会感到他们赖以立足的唯一基础是迈克·拉斯顿笔下的叙利亚社会遭摧毁后所剩留的残墟——和记忆。其他亚非地区在这一民族解放的时代已经取得了成功;而形成鲜明对照的是,在这里仍然只有绝望的抵抗,并且,迄今为止,只有失败。写作该书的并不只是某个一般意义上的"阿拉伯人",而是一个有着特殊背景和经验的阿拉伯人。(第22页)

穆萨拉姆正确地注意到了一个阿尔及利亚人不会写出同样一本从总体上说极为悲观的书,特别是像我这样一本极少涉及法国与北非——最有代表性的是阿尔及利亚——关系史的书。因此尽管我会接受《东方学》的写作乃产生于个人丧失、民族瓦解这一非常具体的历史语境——就在我写《东方学》几年之前,高达·梅尔(Golda Meir)说出了巴勒斯坦民族是不存在的这一臭名昭著并且极具东方学特色的言论——这一总体看法,但我同时还想补充说明,不管是在本书还是在紧随其后的《巴勒斯坦问题》(*The Question of Palestine*)(1980)和《报道伊斯兰》(1981)中,我的用意都不只是在恢复自我和复活民族主义这一政治计划上。当然,后两部书都有补救《东方学》缺失的意图,也就是说,从个人的角度寻求对东方的某些区域——分别是巴勒斯坦和伊斯兰——进行其他描述的可能性。

但在所有著作中，我一直对洋洋自得、毫无批判意识的民族主义持激烈的批评态度。我所描述的伊斯兰形象并不是一种由武断的话语和教条的正统学说所组成的形象，相反地，它乃建立在这样一种观念的基础之上：无论是在伊斯兰世界内部还是其外部，都存在着试图对其进行阐释的群体，这些群体试图在平等对话的基础上展开交流。直到今天，我对巴勒斯坦的看法一直与在《巴勒斯坦问题》中所形成的看法相同：我表达了对存在于民族主义中的偏执的本土主义和好斗的军国主义倾向的怀疑；我提出应对阿拉伯人生活的环境、巴勒斯坦的历史和以色列的现实进行批判性考察，所得出的明确结论是：只有以和平对话的方式才能缓解无休无止的战争给阿拉伯和犹太这两大民族所带来的苦痛。（我想顺带提一下，尽管我论巴勒斯坦的书在80年代早期即由一家小型出版社——米福拉斯〔Mifras〕出版社——出版了希伯来语译本，但直到今天仍然没有阿拉伯语译本。对该书产生兴趣的每一家阿拉伯出版社都希望我改写或删除那些公开批评这个或那个阿拉伯政权〔包括巴勒斯坦解放组织〕的部分，而对这样的要求我总是毫不犹豫地拒绝。）

遗憾的是，阿拉伯世界对《东方学》的接受，尽管有凯玛尔·阿布·迪卜的精彩翻译，仍然试图忽视我书中为民族主义狂热敲警钟的那一方面——有人将其与我对东方学的批评联系在一起，而我却宁愿将其与那种同样可以在帝国主义身上发现的支配欲和控制欲相联。阿布·迪卜煞费苦心的译文几乎试图完全避免使用阿拉伯化了的西方术语；像**话语**、**摹拟**、**范式**或**符码**这类技术用语的译文采用的是来自于阿拉伯古典修辞传统的词语。他的目的是将我的作品放在一个已经完全成形的传统之内，就好像是在从一个恰当而平等的文化角度出发面对一个他者说话。通过这种方式，他辩说道，有可能表明，正如你可以从西方传统内部出发推进认识论的批评，你同样可以从阿拉伯传统内部出发做到这一点。

然而，认识到一个常常是带着情感倾向加以界定的阿拉伯世界与一个带有更强的情感倾向加以经验的西方世界之间存在着令人焦虑的对抗往往会掩盖下面这一事实：《东方学》的目的是进行一种批判性的研究，而不是对一种处于无可救药的对抗状态的自我的确认。况且，我之所以在本书的最后部分对一种强大的话语体系往往拥有对另一种体系的霸权这一现实加以描述，旨在引起阿拉伯读者和批评家对那种无意识地与东方学体系相认同的倾向的警觉。我要么因未能对马克思给予更多的关注——比如说，我书中有关马克思对东方的看法的部分是阿拉伯世界和印度教条化的批评家们最愿意挑出来加以讨论的部分——而受到指责，人们声称他的思想体系已经超越了其个人的明显的偏见；要么因未能欣赏东方学、西方等所取得的伟大成就而受到批评。至于为伊斯兰辩护、求助于马克思主义或求助于作为具有内在一致性的完整体系的"西方"，对我来说，无异于用一种正统替代另一种正统。

阿拉伯世界与其他国家对《东方学》的反应之间的差异，我认为，可以准确地揭示出长期的失落、挫折和缺乏民主影响阿拉伯地区的学术和文化生活的程度。我意欲将我的书作为旨在将知识分子从东方学这种思想体系的枷锁中解脱出来这一早已存在的思想潮流的一个组成部分：我希望读者们能通过阅读我的书而产生自己的新的研究，用一种宽容的、可行的方式阐明阿拉伯和其他民族的历史经验。这一点肯定已经出现在欧洲、美国、澳大利亚、印度次大陆、加勒比海地区、爱尔兰、拉丁美洲和非洲的部分地区。对非洲和印度话语的研究；对弱者历史的分析；对后殖民人类学、政治学、艺术史、文学批评、音乐学的重构，以及女性主义话语和少数民族话语的巨大的新发展——《东方学》对所有这些都产生过影响，这一点足以令我感到欣慰并且受宠若惊。但在阿拉伯世界，情况似乎并非如此（就我所能判断的范围内而言），部分地因为人们正确地感受到了我的作品在文献方面具有欧洲中心论的倾向，部分地因为，如穆萨拉姆所言，由于在这一地区争取文化生存成为压倒一切的中心任务，因此像我这样的书就被认为没有什么实际用场，而更多地被视为一种支持或者反对"西方"的姿态。

然而，在以严谨、果断和坚毅自诩的英美学界，《东方学》，实际上是我的所有作品，却因其所谓"残余的"人性论、理论上的不连贯、对学术机构不严肃也许甚至是感情用事的处理而受到攻击和责难。对这一结果我感到很高兴！《东方学》是一带有倾向性的著作，而非一部理论的机器。没有人能够令人信服地证明一种个人化的努力不可以同时具有无法传授的怪异性和杰拉德·曼雷·霍普金斯（Gerard Manley Hopkins）所说的那种**原创性**；这一点存在于所有思想体系、话语体系和霸权体系之中（尽管实际上这些东西没有一个能够做到毫无漏洞、完美无缺或确凿无疑）。我对作为一种文化现象的东方学（像我在1993年出版的《东方学》的姊妹篇《文化与帝国主义》〔Culture and Imperialism〕中所讨论的帝国主义文化现象一样）所产生的兴趣来自于其多变性和不可预测性，正是这两个特点使马西农和伯顿这类作家的作品具有巨大的力量乃至吸引力。在对东方学的分析中我所试图保存的是其连贯性和非连贯性的结合及其运作机制,要理解这一点只有为作为作家和批评家的自我保留施展某种情感力量的权利——也就是说,感动、愤怒、诧异甚至是欣喜的权利——才能做到。这是为什么我认为在盖岩·普拉卡什(Gayan Praskash)与罗萨林·奥汉伦(Rosalind O'Hanlon)和大卫·华什布鲁克(David Washbrook)的论战中应该为普拉卡什更为灵活的后结构主义说句公道话的原因之所在。[2] 出于同样的考虑,我们无法否认霍米·巴巴(Homi Bhabha)、盖雅特莉·斯皮瓦克(Gayatri Spivak)和阿希斯·南迪(Ashis Nandy)以殖民主义所产生的那种有时令人极为困惑的主体关系为基础的作品,对认清东方学这样的体系所设置的人文陷阱所起的作用。

现在让我们来看一看一个特殊的群体,即东方学家自身,对我的书的反应——他们的反应是最煞费苦心也是最激烈的,这一点毫不出乎我的意料之外——以结束我们对《东方学》一书在接受过程中所受到的各种变形的考察。他们根本不是我试图面对的**主要**读者对象;我只是想通过对他们的实践的考察,使其他人文学者能够认识到某一学术领域的特殊程序和谱系。"东方学"一词长期以来被局限在一种非常专业的领域之内;我力图展示的是其在大众文化领域,在文学、意识形态以及社会政治领域中的运用和存在。说某人是"东方的",像东方学家所做的那样,并不只是意味着这个人的语言、地域和历史成了学术研究的材料;它通常还是一种蔑称,意味着其血统比我们的低劣。这并非否认对内瓦尔和谢阁兰这样的艺术家而言"东方"一词精彩地、天才地与异域风情、神奇、魅力和希望相联。但它同时也是一个极为抽象的历史概括。除了**东方、东方人、东方学**这些词有此用法外,**东方学家**一词还被用来指称对东方语言和历史有着渊博的、主要是学术方面知识的专家。然而，正如已故的阿尔伯特·胡拉尼1992年3月——仅仅在他去世前几个月，他的英年早逝给我们留下了很多遗憾——给我的信中所言，由于我的论说所具有的力量（他说他不会因此而责备我），我的书所带来的一个不幸的后果是，此后人们几乎不可能在中性的意义上使用"东方学"一词，它几乎变成了一种骂人的话。他的结论是，仍然愿意用这一词来描述"一门有自身局限、相当乏味但却行之有效的学术研究学科"。

在其1979年对《东方学》所做的从总体上说十分公正的评论中，胡拉尼通过暗示我在强调大部分东方学写作所具有的夸大、种族主义和敌意的同时忽视了它所取得的众多学术成就，巧妙地表达了他的反对意见。他所列举的名字包括马歇尔·霍德森（Marshall Hodgson）、克洛德·科恩（Claude Cohen）和安德烈·雷蒙（André Raymond），所有这些人（以及那些以**严格**著称的德国学者）的成就都应该被视为对人类知识的真正贡献。然而，这与我在《东方学》中所说的一点儿也不矛盾，差别只在于，我力图揭示出，东方学话语中存在的那些获得压倒一切的优势地位的结构和态度不能被简单地加以弃除或忽略。我从来就未曾说过东方学是邪恶的或令人反感的或在所有东方学家的作品中都以同一副面孔出现。但我的确说过东方学这一行当与帝国主义强力有着特殊的历史关联，认为东方学与这一强力无关未免过于乐观。

因此，尽管我对胡拉尼的辩解充满同情，但我却对东方学这一观念实际上能否与其极为复杂并且总是充满诱惑的环境完全分离深表怀疑。我想，人们可以想见胡拉尼也许会认为只有像研究奥斯曼帝国或法蒂玛王朝文献这样的专家才可以称为东方学家,但我们仍然要问,**在今天**,这类研究是在什么样的背景中、以什么方式、在什么样的机构支持下产生的?我的书出版之后,许多著作的作者向那些最学究化、最主张超越性的学者提出的正是这类问题,其结果有时是毁灭性的。

然而,一直存在着提出下面这样一种看法的企图:其要旨是认为对东方学的批评(特别是我的批评)既无意义又在某种程度上有违学术客观公正性之初衷。伯纳德·刘易斯就有这种企图,我在本书中对他曾展开过分析。《东方学》出版15年后,刘易斯发表了一系列文章,有些收进了一本名为《伊斯兰与西方》(*Islam and the West*)的书,该书有一主要章节对我进行集中攻击(也散见于其他章节之中),其间充斥着大量含混不清的、具有典型东方学特征的惯例和俗套——穆斯林人对现代性恼羞成怒,伊斯兰从未将宗教和国家区分开来,诸如此类,不一而足——所有这些都是以一种极为抽象的概括形式表达出来的,对不同的穆斯林个体、穆斯林社会或穆斯林传统和地区之间的差异几乎闭口不提。由于刘易斯在某种意义上将自己视为我原来的批评所赖以立足于其上的东方学家群体的代言人,也许值得多花点时间讨论一下他的观点。要知道,啊,他的观点在他的追随者和模仿者那里有多么流行,他的全部工作似乎就是为了警告西方消费者注意一个恼羞成怒的、具有不民主的天性的、崇尚暴力的伊斯兰世界的威胁。

刘易斯的冗繁似乎一点儿也没能掩盖住他观点中的意识形态内涵,以及他几乎可以把任何事情都搅浑的非凡才能。当然,这些都是人们所熟悉的纯种东方学家的特征,但他们中有些人至少还有承认自己对伊斯兰以及其他非欧洲民族极为蔑视的勇气。刘易斯却没有。他通过扭曲真相、做错误的类比和含沙射影的方式展开论述,他还为这些方法套上了一个无所不知的冷静的权威面具,这被他假定为学术讨论的基本方式。一个典型的例子是他将我对东方学的批评假定为对古典文献研究的攻击,他说这一攻击是愚蠢之举。这当然是愚蠢的,但问题在于,东方学和希腊学从本质上说具有天壤之别,根本无法相比。前者试图对世界上的一个完整区域进行描述以为对那一地区的殖民征服推波助澜,而后者的内容与诸如19世纪和20世纪对希腊的直接殖民征服这类事情根本沾不上边;此外,东方学表现出对伊斯兰的嫌恶,希腊学则对古希腊满怀向往之情。

还有一点,当代的政治环境——伴随着大量反阿拉伯和反穆斯林的种族主义定型偏见(但却不存在对古希腊的攻击)——使刘易斯得以以学术讨论的形式做出一些非历史性的、随意的政治断言,这一做法与老式的殖民主义东方学中那些最不值得称道的方面完全一致。[3]因此,刘易斯的研究是当代政治环境的一个组成部分,而不只是他所说的纯学术研究。

认为——如刘易斯所为——东方学有关阿拉伯和伊斯兰的这一分支是纯粹的学术研究学科,因而可以与古典语言学研究相比,就如同将许多为以色列占领约旦河西岸和加沙地带的行为进行权威论证的以色列阿拉伯学家和东方学家的工作与像维拉莫维奇(Wilamowitz)或摩姆森(Mommsen)这样杰出学者的工作相比,根本风马牛不相及。刘易斯一方面试图将伊斯兰东方学简化为公正无私的、充满热情的学术研究的一个组成部分;另一方面又试图表明,东方学太复杂、太多样、太专业,任何门外汉(比如像我这样的人)都没有资格对其评头论足。刘易斯此处采用的策略是对大量重要的历史事实加以回避。如我所暗示,欧洲对伊斯兰的兴趣并非来自好奇,而是来自对伊斯兰这个一神论的、在文化上和军事上都令人生畏的欧洲基督教的竞争对手的恐惧。最早研究伊斯兰的欧洲学者,如许多历史学家已经表明的,是中世纪的基督教论辩家,其写作目的是为了使人们警惕穆斯林游牧部落以及基督教叛教者的威胁。以这种或那种方式,这一恐惧与敌视相混杂的情感一直延续至今,既存在于学界也存在于大众之中,在这种情绪的控制下,伊斯兰即被视为与欧洲和西方从想象、地域和历史的角度而言相互对立的一个地方——即所谓的"东方"。

伊斯兰或阿拉伯东方学最令人感兴趣的东西是,首先,中世纪所采用的形式一直残留至今,驱之难去;其次,在东方学与其赖以产生的社会环境之间存在着历史和社会的关联。比如说,在东方学与文学想象及帝国意识之间就存在着**极为密切的关联**。对欧洲历史的许多时期来说,令人惊异的是,学者和专家所写的伊斯兰与诗人、小说家、政治家和记者们当时所说的伊斯兰之间存在着明显的冲突。此外——这是刘易斯拒绝考虑的一个关键的地方——在现代东方学的兴起与英国和法国对大片东方土地的攫取之间存在着非同一般(然而却清晰可辨)的对应关系。

尽管英国常规的古典教育与大英帝国势力的扩展之间的关联也许要比刘易斯所想象的复杂,但权力与知识之间的对应关系在现代语言学历史中远没有在东方学中那么明显和突出。殖民列强用以为其殖民主义行为提供合法证明的有关伊斯兰和东方的信息和知识很多来自于东方学研究:近期出版的由卡尔·布莱肯里奇(Carl A. Breckenridge)和彼得·梵·德·维尔(Peter Van der Veer)编辑、许多人撰稿的《东方学与后殖民主义困境》(*Orientalism and Postcolonial Predicament*)[4]以翔实的材料表明了东方学知识是如何用于对南亚的殖民统治的。在区域研究学者，比如东方学家，和政府外交部门之间仍然存在着非常密切的联系。另外，在从约翰·布钦到奈保尔（V.S.Naipaul）这些作家那里都可以发现的许多伊斯兰和阿拉伯定型形象，比如纵欲、懒散、宿命论、残忍、堕落和壮观，同时也是隐含在与其相毗邻的学术领域东方学中的论说前提。与此形成鲜明对照的是，印度学和汉学中的陈词滥调与大众文化陈词滥调之间的交流关系却远没有这么繁荣，尽管二者之间同样存在着相互影响、相互借用的关系。在汉学家和印度学家与伊斯兰和阿拉伯学家所取得的收获方面，也没有多少相似之处：实际上，欧洲和美国有许多专业的伊斯兰研究者把他们的全部精力都贡献给了对这一对象的研究，然而却仍然发现无法让自己喜欢它，更不必说仰慕这一宗教和文化。

　　认为——像刘易斯和他的模仿者们所做的那样——所有这些言论只不过是在为某些"时髦的事业"进行辩护无法很好地回答，比如说，为什么有如此多的伊斯兰专家一直受到并且现在仍然受到政府部门的咨询并且乐于为政府卖命，后者除了对伊斯兰世界进行经济剥削、政治支配或公然的军事入侵外别无他为；或者，为什么有如此多的研究伊斯兰的学者——刘易斯本人就是其中的一员——认为只有"古典"伊斯兰文化才能成为客观公正的学术研究的对象，并因此而心甘情愿地将发动对现代阿拉伯或伊斯兰民族的攻击视为自己职责的一部分。大量研究中世纪伊斯兰史的专家被美国国务院派遣到当地使馆以供咨询与波斯湾地区安全有关的问题这一现象，与被刘易斯归结到古典语言学这一人们假定与东方学同源的学科身上的对古希腊的热爱，并没有多大相似之处。

因此，一直倾向于否认与国家权力之间具有同谋关系的伊斯兰及阿拉伯东方学领域，直到最近也未能产生对这种关系的内在批评，而刘易斯却可以做出对东方学的批评是"没有意义的"这一令人诧异的判断，这些是毫不奇怪的。同样毫不奇怪的是，我的作品从"专家们"那里得到的否定性评价——像刘易斯的那样——大部分（有少数例外）只不过是自己的园子遭到了一个粗野无知的过路人的侵犯之类的陈词滥调。唯一（同样有少数例外）试图认真对待我所讨论的问题——不仅包括东方学的内容，还包括其与权力的密切关联、其政治倾向及其对世界的总体看法等——的专家是汉学家、印度学家和年青一代的中东学者们，他们能够接受新的影响以及对东方学的批评所包含的政治层面的内容。一个例子是哈佛大学的本杰明·史华慈（Benjamin Schwartz），他在1982年发表的就任美国亚洲研究会（Asian Studies Association）会长的演说中不仅表达了对我的某些观点的不同意见，而且从学术的角度对我的很多看法表示赞同。

许多资深的阿拉伯学家和伊斯兰学家的反应极为强烈，简直就是勃然大怒，这是他们独特的内省方式；大部分人使用了"恶毒""耻辱""诽谤"这样的措辞，似乎只要是批评就是对其神圣的学术自留地不可饶恕的侵犯。就刘易斯的例子而言，他的辩护显然是怀有恶意的，因为他比大部分东方学家都更为狂热地反对阿拉伯人民（和其他民族）的事业，人们在美国国会、《评论》杂志和许多其他的地方都可以见到他的身影。因此，如果试图对他的论辩进行恰当的反驳，必须问一问他在试图为自己领域的"名誉"进行辩护时究竟是出于什么样的政治和社会用意，因为显而易见，他的这一辩护只不过是一些精心调制出来的意识形态的假真理（half-truths），只能蒙一蒙非专业读者的眼睛。

简而言之，我们可以对伊斯兰或阿拉伯东方学与现代欧洲文化之间的关系加以研究，在这样做的时候，完全没有必要首先列举每一个曾经活着的东方学家、东方学传统或东方学家所写的东西，然后再将它们归结为腐朽的、无价值的帝国主义而扔到一旁。我从来没有这样做过。说东方学是一种阴谋或暗示"西方"是邪恶的是一种愚蠢之举；但刘易斯和他的一个追随者，伊拉克出版商马基亚（K. Makiya），却大胆地将这两种过度的愚蠢行为都归到我的身上。另一方面，否认人们——不管是不是学者——书写、思考和论说东方的行为所赖以发生的文化、政治、意识形态和公共机构的背景是虚伪的。如我前面所言，明白东方学之所以被如此多有识见的非西方人所反对的原因，在于其现代话语被人们正确地理解为一种产生自殖民主义时代的权力话语——这是最近由尼古拉斯·德克斯（Nicholas B. Dirks）编辑出版的一本相当精彩的论文集《殖民主义与文化》（*Colonialism and Culture*）[5] 所讨论的主题——是极为重要的。这种类型的话语主要建立在下面这样一种假定的基础之上：伊斯兰是铁板一块的、一成不变的，因此可供"专家们"在国内政治利益的市场上销售；在这种类型的话语中，穆斯林人、阿拉伯人或任何其他次要民族都无法将自己确认为人类之一员，无法将那些观察自己的人视为单纯的学者。最重要的是，他们在现代东方学话语以及那些为本土美国人和非洲人建构的与此相对应的话语中，发现了一种长期存在的否认、压制或扭曲这类思想体系所赖以产生的文化背景的趋势，其目的是为了维持这类话语所具有的所谓客观公正性的幻象。

二

然而,我并不想让人们得出这样的结论:刘易斯这类看法是过去 15 年中所出现或得到强化的唯一一种观点。不错,自从苏联寿终正寝之后,美国有些学者和新闻记者唰地一下把目光转向了东方,在东方化的伊斯兰中找到了一个新的邪恶的帝国。其结果是,电子媒体和印刷媒体中到处充斥着将伊斯兰和恐怖主义、或阿拉伯和暴力、或东方和专制等同起来的贬抑性的定型形象。同时,在中东和远东的许多地方还出现了本土宗教(nativist religion)和原始民族主义(primitive nationalism)回流的现象,特别不光彩的是伊朗对萨尔曼·拉什迪旷日持久的教法审判(fatwa)。但这并非问题的全部。我接下来想谈的是问题的另一方面,亦即下面这样一种新的研究、批评和阐释的趋势:它们接受我的著作的基本前提,但却不局限于这些前提,其所使用的方式,我想,可以丰富人们对历史经验所具有的复杂性的认识。

当然,这些趋势并非一夜之间突然冒出来的;它们也还没有达到完全成熟的地步。现实语境仍然令人困惑地处于急剧动荡的状态,而且充满着意识形态的焦虑、易变、紧张、不安甚至是危险。尽管苏联已经解体,东欧国家已经获得政治独立,但同样的权力和主导模式仍然在发挥着作用。南半球——人们曾经富于浪漫色彩甚至感情色彩地称其为"第三世界"——陷入了债务深渊,已经分崩离析,面临着贫穷、疾病、落后等一系列在过去 10 或 15 年间不断恶化的问题。不结盟运动以及那些从事反殖民和民族独立运动的伟大领袖们已给人们留下了斯人已逝之感。民族冲突和局部战争——并不限于南半球,如波斯尼亚事件所证明——也卷土重来。在中美洲、中东和亚洲地区,美国仍然处于霸权地位,一个满怀焦虑并且仍然没有得到统一的欧洲则被甩到了后面。

对当代世界场景的解释以及从文化和政治的角度对其加以理解的尝试已经以一些极为激烈的方式呈现了出来。我已经提到过原教旨主义。在世俗领域,与其相对应的则是民族主义以及那些强调不同文化和文明之间的强烈差异——我认为试图以此差异作为解释所有问题的万灵药方是错误的——的理论的回流。最近,比如说,哈佛大学的塞缪尔·亨廷顿(Samuel Huntington)教授提出了一个根本无法使人信服的假说:他认为,冷战的两极对立模式已经为他所说的文明的冲突(clash of civilizations)所取代,这一假说的前提是,西方文明、儒家文明和伊斯兰文明——其他文明也一样——就像一堵堵不透水的墙,其支持者们从天性上说会竭尽全力将所有与自己相异质的文明排斥在外。[6]

这一看法是荒谬的,因为现代文化理论的重大进展之一是认识到——这一点几乎得到了普遍的认同——文化是杂生的、多样的;各种文化和文明,如我在《文化与帝国主义》中所论,如此相互联系、相互依赖,任何对其进行一元化或简单化描述的企图都注定要落空。除了在很大程度上将其视为一种意识形态虚构,认为它仅仅在某些价值和观念上具有一定程度的优越性,而这些价值和观念如果放到赋予西方民族以现在这种混合身份的那些主要由征服、移民、旅行和民族融合组成的历史之外去考察则没有多大意义——除此之外,今天我们还能有什么别的方式来谈论"西方文明"?美国的情况尤其如此。今天,除了将其描述为由不同种族和文化组成的、除了一个至今仍无法定论的充满殖民征服和种族灭绝——当然也包括文化上和政治上的重大成就——的共同历史之外没有什么其他共同之处的巨大混合物之外,我们对美国无法进行更好的描述。任何试图将世界上的文化和民族强行分割成相互独立的血统或本质的做法,都不仅会歪曲随后对这些文化和民族的表述,而且会暴露出其试图将权力加入到理解之中以生产出像"东方"或"西方"这类类型化概念的用心。这正是《东方学》所隐含的信息之一。

亨廷顿以及他身后所有那些对一个洋洋自得的西方传统进行辩护的理论家们——比如弗朗西斯·福山(Francis Fukuyama)——的观点在公众意识中流毒甚广。比如说,保罗·约翰逊(Paul Johnson)——曾经是一个左翼知识分子,现在则是一个倒退的社会政治论辩家——1993年4月18日在《纽约时代杂志》这一无论如何也算不上边缘的刊物上发表题为"殖民主义卷土重来——压根儿不为时过早"("Colonialism's Back-And Not a Moment Too Soon")的文章,其主要观点是,"文明的国家"应该担负起对第三世界国家进行重新殖民的责任,因为"这些国家已经失去了文明生活的最基本条件",而实现这一点的途径是对其进行强制托管。他的模型显然是19世纪殖民主义式的,这一殖民主义模式认为,为了使欧洲人在商业上获利,必须强行使这些国家重新恢复政治秩序。

约翰逊的观点在美国政策制定者、新闻媒体,当然还有美国的国外政策——它对中东、拉美和东欧事务以及,坦率地说,所有其他地区的传教事务一直持干预的立场,特别是与俄国和各前苏联共和国政策有关的方面——中都有许多潜在的回声。

然而，重要的是，我们应该看到，公众意识已经悄悄地发生了重大的分化，不仅仍然存在着赞同西方霸权的老旧观念（东方学体系是它的一个组成部分），而且在那些处于不利地位的群体以及大量知识分子、学者和艺术家中间已经出现了许多新的观念。低等民族——曾经受殖民、受奴役、受压制的民族——除了由高等的欧洲或美国男性学者来表述外，只能保持缄默这一现象已经不复存在了。在女性、少数民族和边缘人的意识中已经发生了一场激烈的革命，其波澜已经扩展到了全世界，对主流思想形成了极大的冲击。尽管我在70年代写作《东方学》时对此已有所认识，但这一趋势只有到现在才如此激烈和明显，能够引起任何试图对文化进行学术和理论研究的人的注意。

可以从中分辨出两大潮流：后殖民主义和后现代主义——它们所使用的"后"这个词与其说暗示着一种超越的意识，还不如说如埃拉·肖哈特（Ella Shohat）在一篇论述后殖民的富于创见的文章中所言，表达"连续性和非连续性，但其重心是放在旧殖民主义实践的新模式和新形式上，而不是放在某种'超越'上。"[7]后殖民主义和后现代主义在80年代是作为相互关联的话题而出现的，并且，在许多情况下，似乎将《东方学》这样的著作视为前驱。这里不可能进入围绕这两个术语所展开的大量技术性讨论，有的甚至花很大篇幅讨论这些术语中是否应该使用连接符。[1]因此，我们这里试图做的不是分别谈

---

〔1〕 作者此处所用的后殖民主义（post-colonialism）和后现代主义（post-modernism）两个词都是加了连接符的，因此，更准确的译文应该是"后 - 殖民主义"和"后 - 现代主义"。不加连接符意在将其作为一个已经凝固的概念处理，加上连接符则更多的是将其视为由"后"和"殖民主义"/"现代主义"两个概念联结而成。

论这两个孤立的术语，而是试图对这些思潮和努力进行定位，这一点对一部出版于1978年的著作来说也许不大可能，但对1994年而言则在一定程度上是可以做到的。

有关新的政治经济秩序的最引人注目的研究将大量注意力放在哈利·马格多夫（Harry Magdoff）最近在一篇文章中所描述的"全球化"上，在这一全球化的体系中，少数经济强国将自己的力量扩展到全球，抬高商品和服务的价格，将财富从低收入地区（通常是在非西方世界）重新分配到高收入的地区。[8] 与此相伴随的是，如三好正男（Masao Miyoshi）和阿里夫·德里克（Arif Dirlik）用辛辣的笔调所描述的，出现了一种新的跨国秩序：国家之间再也不存在什么边界，劳动力和收入只受全球化经营者的支配，于是南方臣服于北方，殖民主义死灰复燃。[9] 三好正男和德里克接下来都表明为何西方学者对多元文化主义和"后殖民性"这些问题的兴趣，实际上也许只是在面对新的全球霸权这一现实时在文化上和学术上的一种退缩："我们所需要的"，三好正男说，"是进行严格的政治和经济细察，而不是摆出一副权宜的说教姿态"，最能代表后者的是文化研究和多元文化主义这类新领域中所包含的"自由主义的自我欺骗"（"liberal self-deception"）（第751页）。

但即使我们对这类训诫性的断言加以认真思考（我们必须如此），我们仍然无法否认对后现代主义以及与其非常不同的后殖民主义的兴趣的产生是有着坚实的历史经验基础的。首先，前者中存在着更为严重的欧洲中心论倾向，其理论和审美重心严重地向局部和偶发问题倾斜，认为历史只不过是无足轻重的装饰物，强调碎片的拼贴和消费主义。最早关注后殖民的是像安沃尔·阿卜德尔·马勒克、萨米尔·阿明（Samir Amin）

和詹姆斯（C. L. R. James）这样的著名思想家，几乎所有的人都将其理论建立在对霸权和控制进行研究的基础之上，其出发点要么是已经实现的政治独立，要么是仍然没有完成的民族解放计划。然而，尽管后现代主义在其最著名的提纲挈领式的陈述（比如让-弗朗索瓦·利奥塔〔Jean-François Lyotard〕的）中强调的是解放和启蒙这类宏伟叙事的消失，但第一代后殖民主义艺术家和学者却大多强调的是与此相反的东西：那些宏伟叙事仍然存在，尽管其执行和实现目前受到了悬搁、推延或阻遏。后殖民主义急迫的政治历史要求与后现代主义对此类问题的相对漠视之间的重大差异，使二者采用了截然不同的方法，产生了截然不同的结果，尽管二者之间实际上存在着一定程度的叠合（比如说"魔幻现实主义"技巧的运用）。

350　　我想，认为自20世纪80年代早期开始如雨后春笋般涌现出来的论说后殖民主义的优秀著作中，不存在对局部、区域和偶发问题的强烈关注将是错误的：确实存在对这些问题的强调，但对我来说，就总体方法论倾向而言，它们最感兴趣的似乎是一些更具普遍性的问题，所有的问题都与民族解放、对历史和文化进行重新审视以及大量使用那些不断重复出现的理论模式和类型有关。其中的一个重要主题是对欧洲中心论和西方霸权进行不懈的批评。在20世纪80年代美国和欧洲的大学校园里，无论是学生还是教师都竭力试图扩展学术关注的视野，将女性作家、非欧洲艺术家和思想家以及劣势民族作家的作品包括进所谓核心课程之中。与此伴随而来的是长期以来一直掌握在古典东方学家及其同行手中的区域研究方法发生了重大的变化。人类学、政治学、文学、社会学，最重要的是，历史学，都感受到了这种变化：比如说，对材料来源进行广泛批评，理论的引入，对欧洲中心视角的驱斥等。最明显、最有成效的变化也许不是发生在中东研究领域，而是发生在印度学领域，促使这一变化发生的是由拉纳吉·古哈（Ranajit Guha）所领导的一批引人注目的学者所从事的所谓下层研究（Subaltern Studies）。他们的长远目标是进行一场历史研究的革命，其直接目的是将印度历史的写作从民族主义精英的控制中解救出来，使其重新担负起描述城市贫民和乡村大众这些所谓"下层"人的重要职责。我想，认为这样一种基本上属于学术性的研究，容易为"跨国"新殖民主义（"transnational" neocolonialism）收买、容易沦为其同谋和帮凶，将是错误的。我们在警惕其后期陷阱的同时，应该记住并且承认他们的成就。

  这些思潮中特别引起我兴趣的是后殖民主义将关注的范围扩展至地理问题这一做法。毕竟，《东方学》这一研究是立足在对几个世纪以来一直被认为是无法逾越的东西方之间所存在的鸿沟进行重新思考的基础之上的。我的目的，如我前面所言，并非消除差异本身——因为没有谁能否认民族和文化差异在人类交往过程中所起的积极作用——而是对差异意味着敌对、意味着对立永远无法消解这类观念以及从中产生的一整套对立性认识提出挑战。我在《东方学》中所呼吁的是对曾经引发一代又一代的敌视、战争和居高临下的控制的那些差异和冲突进行重新思考。实际上，后殖民研究最令人感兴趣的一个发展是对经典的文化作品进行重读，其目的并非试图贬低这些作品的价值，而是对它们的某些假定前提进行重新审察，超越某种主人/奴隶式二元对立关系对它们的控制。一些材料丰富、令人称叹的文学作品当然也达到了同样的效果，比如萨尔曼·拉什迪的小说《午夜之子》，C. L. R. 詹姆斯的叙事作品，艾梅·塞泽赫（Aimé Césaire）和德雷克·华尔考特（Derek Walcott）的诗歌，这些作品在形式上的大胆创新实际上重新利用并复活了殖民主义的历史经验，并将其转变为一种新的共享美学（aesthetic of sharing），对其进行了一种常常是超越性的重构。

我们也可以在一群著名的爱尔兰作家身上看到这一点，他们在1980年走到一起成立了一个叫作"菲德日"（Field Day）的小组。他们的一部作品集的前言是这样来描述自身的：

> 〔这些作家〕相信"菲德日"通过对那些既已成为〔爱尔兰与北方〕当代情境的症候又已成为其原因的定型观念、神话和原型的分析能够也应该为解决当今的危机做出贡献。法律和政治途径的失败与暴力——他们试图做的就是对其加以压制或控制——的复发使这一点在北边的那一方比在共和国的这一方显得更为急迫。……因此，这一群作家决定出版一系列的作品，首先是出版一些小册子（此外还有一系列其他作品，比如西马斯·希内〔Seamus Heaney〕的诗歌，西马斯·迪恩〔Seamus Deene〕的散文，布莱恩·弗里尔〔Brian Friel〕和汤姆·鲍林〔Tom Paulin〕的戏剧），对爱尔兰问题的本质加以探讨，以使人们能够比以前更成功地面对这些问题。[10]

对以前建立在对民族和文化进行地域划分基础上的那些历

史经验进行重新思考和表述是大量学术著作和批评著作关注的核心。这可以在许多作品中找到，在此仅仅提一下其中的三部：阿米尔·阿卡雷（Ammiel Alcalay）的《犹太人和阿拉伯人之后：重构黎凡特文化》(After Arabs and Jews: Remaking Levantine Culture)，保罗·吉罗伊（Paul Gilroy）的《黑色的大西洋：现代性与双重意识》(The Black Atlantic: Modernity and Double-Consciousness)和莫伊拉·弗格森（Moira Ferguson）的《面向他者：英国女作家与殖民奴役，1670—1834》(Subject to Others: British Women Writers and Colonial Slavery, 1670—1834)。[11]在这些作品中，曾经被认为只属于某一民族、性别、种族或阶级的领域被重新加以审察，并显示出也牵涉到其他的民族、性别、种族或阶级。黎凡特地区长期以来被视为阿拉伯人和犹太人相争的战场，但在阿卡雷的书中却被视为这两个民族所共有的地中海文化；在吉罗伊看来，同样的过程改变了、甚至深化了我们对大西洋的看法，这一区域长久以来被主要视为是欧洲的通道。通过对英国奴隶主和非洲奴隶之间的对抗性关系进行重新审察，弗格森使将白人女性和白人男性区分开来的一个更为复杂的模式清晰地呈现在我们面前，并对这一模式在非洲所引起的新的骚乱和错位进行了描述。

我可以继续举出其他的例子。但我想就此打住，并简单地归结一下我的看法：尽管激发我对作为一种文化现象和政治现象的东方学产生兴趣的那种敌意和不平等依然存在，但现在人们至少已经达成了一种基本的共识：这些东西并不代表一种永恒的秩序，而只是一种历史经验，它们的终结，或至少是减弱，也许指日可待。从首次发表到现在，15年的时间过去了，其间发生了许多重大的事件，已经出现了大量旨在减轻帝国主义枷锁对思想和人类关系的影响的新的学术努力，回首遥望，《东方学》至少有一个优点是值得肯定的，那就是，它对这一斗争保持着一种开放并积极参与的姿态，这一斗争无论是在"西方"还是在"东方"都一直没有停止过。

E. W. S.

1994 年 3 月，纽约

注 释

绪论

1. Thierry Desjardins, *Le Martyre du Liban* (Paris: Plon, 1976), p. 14.
2. K. M. Panikkar, *Asia and Western Dominance* (London: George Allen & Unwin, 1959).
3. Denys Hay, *Europe: The Emergence of an Idea*, 2nd ed. (Edinburgh: Edinburgh University Press, 1968).
4. Steven Marcus, *The Other Victorians: A Study of Sexuality and Pornography in Mid-Nineteenth Century England* (1966; reprint ed., New York: Bantam Books, 1967), pp. 200-19.
5. 参见我的 *Criticism Between Culture and System* (Cambridge, Mass.: Harvard University Press, 即出)。
6. 主要是他的 *American Power and the New Mandarins: Historical and Political Essays* (New York: Pantheon Books, 1969) 和 *For Reasons of State* (New York: Pantheon Books, 1973)。
7. Walter Benjamin, *Charles Baudelaire: A Lyric Poet in the Era of High Capitalism*, trans. Harry Zohn (London: New Left Books, 1973), p. 71.
8. Harry Bracken, "Essence, Accident and Race, "*Hermathena* 116 (Winter 1973): 81-96.

9 参见我的一次访谈录, 载 *Diacritics* 6, no. 3 (Fall 1976): 38。

10 Raymond Williams, *The Long Revolution* (London: Chatto & Windus, 1961), pp. 66-7.

11 参见我的 *Beginnings: Intention and Method* (New York: Basic Books, 1975)。

12 Louis Althusser, *For Marx*, trans. Ben Brewster (New York: Pantheon Books, 1969), pp. 65-7.

13 Raymond Schwab, *La Renaissance Orientale* (Paris: Payot, 1950); Johann W. Fück, *Die Arabischen Studien in Europa bis in den Anfang des 20. Jahrhunderts* (Leipzig: Otto Harrassowitz, 1955); Dorothee Metlitzki, *The Matter of Araby in Medieval England* (New Haven, Conn.: Yale University Press, 1977).

14 E. S. Shaffer, "*Kubla Khan*"and *The Fall of Jerusalem: The Mythological School in Biblical Criticism and Secular Literature. 1770-1880* (Cambridge: Cambridge University Press, 1975).

15 George Eliot, *Middlemarch: A Study of Provincial Life* (1872; reprint ed., Boston: Houghton Mifflin Co., 1956), p. 164.

16 Antonio Gramsci, *The Prison Notebooks: Selections*, trans. and ed. Quintin Hoare and Geoffrey Nowell Smith (New York: International Publishers, 1971), p. 324; 完整的段落见 Gramsci, *Quaderni del Carcere*, ed. Valentino Gerratana (Turin: Einaudi Editore, 1975), 2: 1363。

17 Raymond Williams, *Culture and Society, 1780-1950* (London: Chatto & Windus, 1958), p. 376.

第一章　东方学的范围

1 这里以及前面所引亚瑟·詹姆斯·贝尔福在众议院的演讲来自 Great Britain, *Parliamentary Debates* (Commons), 5th ser., 17 (1910): 1140-46; 也可见 A. P. Thornton, *The Imperial Idea and Its Enemies: A Study in British Power* (London: MacMillan & Co., 1959), pp. 357-60。贝尔福的演讲是对 Eldon Gorst 的埃及政策所做的辩护；有关讨论可以参见 Peter John Dreyfus Mellini, "Sir Eldon Gorst and British Imperial Policy in Egypt, " 美国斯坦福大学 1971 年博士论文 (未刊稿)。

2 Denis Judd, *Balfour and the British Empire: A Study in Imperial Evolution, 1874-*

1932 (London: MacMillan & Co., 1968), p. 286; 直到 1926 年，贝尔福仍然确信（并非反讽）埃及是一个"独立的国家"：参见第 292 页。

3 Evelyn Baring, Lord Cromer, *Political and Literary Essays, 1908-1913* (1913; reprint ed., Freeport, N. Y.: Books for Libraries Press, 1969), pp. 40, 53, 12-14.

4 同上，第 171 页。

5 Roger Owen, "The Influence of Lord Cromer's Indian Experience on British Policy in Egypt 1883-1907," in *Middle Eastern Affairs, Number Four: St. Antony's Papers Number 17*, ed., Albert Hourani (London: Oxford University Press, 1965), pp. 109-39.

6 Evelyn Baring, Lord Cromer, *Modern Egypt* (New York: MacMillan Co., 1908), 2: 146-67; 如想了解一个英国人对英国的埃及政策与克罗默完全不同的看法，可参见 Wilfrid Scawen Blunt, *Secret History of the English Occupation of Egypt: Being a Personal Narrative of Events* (New York: Alfred A. Knopf, 1922); Mounah A. Khouri 在其 *Poetry and the Making of Modern Egypt, 1882-1922* (Leiden: E. J. Brill, 1971) 一书中对埃及人对英国统治的反抗进行过有价值的探讨。

7 Cromer, *Modern Egypt*, 2: 164.

8 转引自 John Marlowe, *Cromer in Egypt* (London: Elek Books, 1970), p. 271.

9 Harry Magdoff, "Colonialism (1763-c. 1970)," *Encyclopaedia Britannica*, 15th ed. (1974), pp. 893-4. 亦可参见 D. K. Fieldhouse, *The Colonial Empires: A Comparative Survey from the Eighteenth Century* (New York: Delacorte Press, 1967), p. 178。

10 转引自 Afaf Lutfi al-Sayyid, *Egypt and Cromer: A Study in Anglo-Egyptian Relations* (New York: Frederick A. Praeger, 1969), p. 3。

11 关于这一短语，参见 Ian Hacking, *The Emergence of Probability: A Philosophical Study of Early Ideas About Probability, Induction and Statistical Inference* (London: Cambridge University Press, 1975), p. 17。

12 V. G. Kiernan, *The Lords of Human Kind: Black Man, Yellow Man, and White Man in an Age of Empire* (Boston: Little, Brown & Co., 1969), p. 55.

13 Edgar Quinet, *Le Génie des religions,* in *Oeuvres complètes* (Paris: Paguerre, 1857), pp. 55-74.

14 Cromer, *Political and Literary Essays*, p. 35.

15 参见 Jonah Raskin, *The Mythology of Imperialism* (New York: Random House, 1971), p. 40。
16 Henry A. Kissinger, *American Foreign Policy* (New York: W. W. Norton & Co., 1974), pp. 48-9.
17 Harold W. Glidden, "The Arab World, " *American Journal of Psychiatry* 128, no. 8 (February 1972): 984-8.
18 R. W. Southern, *Western Views of Islam in the Middle Ages* (Cambridge, Mass.: Harvard University Press, 1962), p. 72; 亦可参见 Francis Dvornik, *The Ecumenical Councils* (New York: Hawthorn Books, 1961), pp. 65-6: "第 11 条规定特别指出, 应在各主要大学设立教授希伯来语、希腊语、阿拉伯语和迦勒底语的职位。这一提议由雷蒙·拉尔 (Raymond Lull) 做出, 他赞成将学习阿拉伯语作为归化阿拉伯人的最好方式。尽管由于缺乏东方语言的教师, 这一规定几乎形同虚设, 但人们对这一提议的接纳表明西方的传教观念在不断增强。教皇格里高利十世早就希望归化蒙古人, 圣方济各会的修士们带着传教的狂热已经深入到了亚洲腹地。尽管这些愿望并没有实现, 但传教的热情却在不断高涨"; 亦可参见 Johann W. Fück, *Die Arabischen Studien in Europa bis in den Anfang des 20. Jahrhunderts* (Leipzig: Otto Harrassowitz, 1955)。
19 Raymond Schwab, *La Renaissance orientale* (Paris: Payot, 1950); 亦可参见 V. -V. Barthold, *La Découverte de l' Asie: Histoire de l'orientalisme en Europe et en Russie*, trans. B. Nikitine (Paris: Payot, 1947) 以及 Theodor Benfey, *Geschichte der Sprachwissenschaft und Orientalischen Philologie in Deutschland* (Munich: Gottafschen, 1869) 中的有关段落; 亦可参见 James T. Monroe, *Islam and the Arabs in Spanish Scholarship* (Leiden: E. J. Brill, 1970) 富于启发的对比。
20 Victor Hugo, *Oeuvres poétiques*, ed. Pierre Albouy (Paris: Gallimard, 1964), 1: 580.
21 Jules Mohl, *Vingt-sept Ans d'histoire des études orientales: Rapports faits à la Société asiantique de Paris de 1840 à 1867*, 2 vol. (Paris: Reinwald, 1879-80).
22 Gustave Dugat, *Histoire des orientalistes de l'Europe du XIIe au XIXe siècle*, 2 vol. (Paris: Adrien Maisonneuve, 1868-70).
23 参见 René Gérard, *L'Orient et la pensée romantique allemande* (Paris: Didier, 1963), p. 112。

24 Kiernan, *Lords of Human Kind*, p. 131.

25 University Grants Committee, *Report of the Sub-Committee on Oriental, Slavonic, East European and African Studies* (London: Her Majesty's Stationery Office, 1961).

26 H. A. R. Gibb, *Area Studies Reconsidered* (London: School of Oriental and African Studies, 1964).

27 参见 Claude Lévi-Strauss, *The Savage Mind* (Chicago: University of Chicago Press, 1967) 第1-7章。

28 Gaston Bachelard, *The Poetics of Space*, trans. Maria Jolas (New York: Orion Press, 1964).

29 Southern, *Western Views of Islam*, p. 14.

30 Aeschylus *The Persians,* trans. Anthony J. Podleck (Englewood Cliffs, N. J. Prentice-Hall, 1970), pp. 73-4.

31 Euripides, *The Bacchae*, trans. Geoffrey S. Kirk (Englewood Cliffs, N. J.: Prentice-Hall, 1970), p. 3; 对欧洲与东方之区别的进一步讨论，参见 Santo Mazzarino, *Fra oriente e occidente: Ricerche di storia greca arcaica* (Florence: La Nuova Italia, 1947) 和 Denys Hay, *Europe: The Emergence of an Idea* (Edinburgh: Edinburgh University Press, 1968)。

32 Euripides, *The Bacchae*, p. 52.

33 René Grousset, *L'Empire du Levant: Histoire de la question d'Orient* (Paris: Payot, 1946).

34 Edward Gibbon, *The History of the Decline and Fall of the Roman Empire* (Boston: Little, Brown & Co., 1855), 6: 399.

35 Norman Daniel, *The Arabs and Medieval Europe* (London: Lomgmans, Green & Co., 1975), p. 56.

36 Samuel C. Chew, *The Crescent and the Rose: Islam and the England During the Renaissance* (New York: Oxford University Press, 1937), p. 103.

37 Norman Daniel, *Islam and the West: The Making of an Image* (Edinburgh: University Press, 1960). p. 33; 亦可参见 James Kritzeck, *Peter the Venerable and Islam* (Princeton, N. J.: Princeton University Press, 1964)。

38　Daniel, *Islam and the West*, p. 252.

39　同上, 第259-60页。

40　可参见, 比如说William Wistar Comfort, "The Literary Role of the Saracens in the French Epic, "*PMLA* 55 (1940): 628-59.

41　Southern, *Western Views of Islam*, pp. 91-2, 108-9.

42　Daniel, *Islam and the West*, pp. 246, 96, 随处可见。

43　同上, 第84页。

44　Duncan Black Macdonald, "Whither Islam?"*Muslim World* 23 (January 1933): 2.

45　P. M. Holt, Introduction to *The Cambridge History of Islam*, ed. P. M. Holt, Anne K. S. Lambton, and Bernard Lewis (Cambridge: Cambridge University Press, 1970), p. xvi.

46　Antoine Galland, prefatory"Discours"to Barthélemy d'Herbelot, *Bibliothèque orientale, ou Dictionnaire universel contenant tout ce qui fait connaître les peuples de l'Orient* (The Hague: Neaulme & van Daalen, 1777), 1: vii. 伽兰认为, 德尔贝洛提供了真正的知识, 而不是与那种"东方的神奇"联系在一起的传说或神话。参见R. Wittkower, "Marvels of the East: A study in the History of Monsters, "*Journal of the Warburg and Courtauld Institutes* 5 (1942): 159-97.

47　Galland, prefatory"Discours"to d'Herbelot, *Bibliothèque orientale*, pp. xvi, xxxiii; 欲了解紧接德尔贝洛之前的东方学研究情况, 参见V. J. Parry, "Renaissance Historical Literature in Relation to the New and Middle East (with Special Reference to Paolo Giovio), "in *Historians of the Middle East*, ed. Bernard Lewis and P. M. Holt (London: Oxford University Press, 1962), pp. 277-89.

48　Barthold, *La Découverte de l'Asie*, pp. 137-8.

49　D'Herbelot, *Bibliothèque orientale*, 2: 648.

50　亦可参见Montgomery Watt, "Muhammad in the Eyes of the West, "*Boston University Journal* 22, no. 3 (Fall 1974): 61-9。

51　Isaiah Berlin, *Historical Inevitability* (London: Oxford University Press, 1955), pp. 13-4.

52　Henri Pirenne, *Mohammed and Charlemagne*, trans. Bernard Miall (New York: W. W. Norton & Co., 1939), pp. 234, 283.

53 转引自 Henri Baudet in *Paradise on Earth: Some Thoughts on European Images of Non-European Man*, trans. Elizabeth Wentholt (New Haven, Conn.: Yale University Press, 1965), p. xiii。

54 Gibbon, *The History of the Decline and Fall of the Roman Empire*, 6: 289.

55 Baudet, *Paradise on Earth*, p. 4.

56 参见 Fieldhouse, *Colonial Empires*, pp. 138-61。

57 Schwab, *La Renaissance orientale*, p. 30.

58 A. J. Arberry, *Oriental Essays: Portraits of Seven Scholars* (New York: MacMillan Co., 1960), pp. 30, 31.

59 Raymond Schwab, *Vie d'Anquetil-Duperron Suivie des Usages civils et religieux des Perses par Anquetil-Duperron* (Paris: Ernest Leroux, 1934), pp. 10, 96, 4, 6.

60 Arberry, *Oriental Essays*, pp. 62-6.

61 Frederick Eden Pargiter, ed., *Centenary Volume of the Royal Asiatic Society of Great Britain and Ireland 1823-1923* (London: Royal Asiatic Society, 1923), p. viii.

62 Quinet, *Le Génie des religions*, p. 47.

63 Jean Thiry, *Bonaparte en Egypte décembre 1797-24 août 1799* (Paris: Berger-Levrault, 1973), p. 9.

64 Constantin-François Volney, *Voyage en Egypte et en Syrie* (Paris: Bossange, 1821), 2: 241, 随处可见。

65 Napoleon, *Campagnes d'Egypte et de Syrie, 1798-1799: Mémoires pour servir à l'histoire de Napoléon* (Paris: Comou, 1843), 1: 211.

66 Thiry, *Bonaparte en Egypte*, p. 126; 亦可参见 Ibrahim Abu-Lughod, *Arab Rediscovery of Europe: A Study in Cultural Encounters* (Princeton, N. J.: Princeton University Press, 1963), pp. 12-20。

67 Abu-Lughod, *Arab Rediscovery of Europe*, p. 22.

68 Arthur Helps, *The Spanish Conquest of America* (London, 1900), p. 196, 转引自 Stephen J. Greenblatt, "Learning to Curse: Aspects of Linguistic Colonialism in the Sixteenth Century, "in *First Images of America: The Impact of the New World on the Old*, ed. Fredi Chiapelli (Berkeley: University of California Press, 1976), p. 573。

69 Thiry, *Bonaparte en Egypte*, p. 200. 拿破仑并非是在故作姿态，有记载说他曾与歌德讨论过伏尔泰的《穆罕默德》(*Mahomet*)，参见 Christian Cherfils, *Bonaparte et l'Islam d'après les documents française arabes* (Paris: A. Pedone, 1914), p. 249, 随处可见。

70 Thiry, *Bonaparte en Egypte*, p. 434.

71 Hugo, *Les Orientales, in Oeuvres poétiques*, 1: 684.

72 Henri Dehérain, *Silvestre de Sacy, ses contemporains et ses disciples* (Paris: Paul Geuthner, 1938), p. v.

73 *Description de l'Egypte, ou Recueil des observations et des recherches qui ont été faites in Egypte pendant l'expédition de l'armée française, publié par les ordres de sa majesté l'empereur Napoléon le grand*, 23 vol. (Paris: Imprimerie impériale, 1809-28).

74 Fourier, *Préface historique*, vol. 1 of *Description de l'Egypte*, p. 1.

75 同上，第 iii 页。

76 同上，第 xcii 页。

77 Etienne Geoffroy Saint-Hilaire, *Histoire natuelle des poissons du Nil*, vol. 17 of *Description de l'Egypte*, p. 2.

78 M. de Chabrol, *Essai sur les moeurs des habitants modernes de l'Egypte*, vol. 14 of *Description de l'Egypte*, p. 376.

79 Baron Larrey, *Notice sur la conformation physique des égyptiens et des différentes races qui habitent en Egypte, suivie de quelques réflexions sur l'embaumement des momies*, vol. 13 of *Description de l'Egypte* 清晰地表明了这一点。

80 转引自 John Marlowe, *The Making of the Suez Canal* (London: Cresset Press, 1964), p. 31。

81 转引自 John Pudney, *Suez: De Lesseps' Canal* (NewYork: Frederick A. Praeger, 1969), p. 141-2.

82 Marlowe, *Making of the Suez Canal*, p. 62.

83 Ferdinand de Lesseps, *Lettres, journal et documents pour servir à l'histoire du Canal de Suez* (Paris: Didier, 1881), 5: 310; 如想了解雷赛布和塞西尔·罗得斯 (Cecil Rhodes) 如何被归入神秘主义者之行列，参见 Baudet, *Paradise on Earth*, p. 68。

84 转引自 Charles Beatty, *De Lesseps of Suez: The Man and His Times* (New York: Harper & Brothers, 1956), p. 220。

85 De Lesseps, *Lettres, journal et documents*, 5: 17.

86 同上, 第 324-33 页。

87 Hayden White, *Metahistory: The Historical Imagination in Nineteenth-Century Europe* (Baltimore: Johns Hopkins University Press, 1973), p. 12.

88 Anwar Abdel Malek, "Orientalism in Crisis, "*Diogenes* 44 (Winter 1963): 107-8.

89 Friedrich Schlegel, *Über die Sprache und Weisheit der Indier: Ein Beitrag zur Begrundung der Altertumstunde* (Heidelberg: Mohr & Zimmer, 1808), pp. 44-59; Schlegel, *Philosophie der Geschichte: In achtzehn Vorlesungen gehalten zu Wien im Jahre 1828*, ed. Jean-Jacques Anstett, vol. 9 of *Kritische Friedrich-Schlegel-Ausgabe*, ed. Ernest Behler (Munich: Ferdinand Schöningh, 1971), p. 275.

90 Léon Poliakov, *The Aryan Myth: A History of Racist and Nationalist Ideas in Europe*, trans. Edmund Howard (New York: Basic Books, 1974).

91 参见 Derek Hopwood, *The Russian Presence in Syria and Palestine, 1843-1943: Church and Politics in the Near East* (Oxford: Clarendon Press, 1969)。

92 A. L. Tibawi, *British Interests in Palestine, 1800-1901* (London: Oxford University Press, 1961), p. 5.

93 Gérard de Nerval, *Oeuvres*, ed. Albert Béguin and Jean Richet (Paris: Gallimard, 1960), 1: 933.

94 Hugo, *Oeuvres poétiques*, l: 580.

95 Sir Walter Scott, *The Talisman* (1825; reprint ed., London: J. M. Dent, 1914), pp. 38-9.

96 参见 Albert Hourani, "Sir Hamilton Gibb, 1895-1971, "*Proceedings of the British Academy* 58 (1972): 495。

97 转引自 B. R. Jerman, *The Young Disraeli* (Princeton, N. J.: Princeton University Press. 1960), p. 126; 亦可参见 Robert Blake, *Disraeli* (London: Eyre & Spottiswoode, 1966), pp. 59-70。

98 *Flaubert in Egypt: A Sensibility on Tour*, trans. And ed. Francis Steegmuller (Boston: Little, Brown & Co., 1973), pp. 44-5. 参见 Gustave Flaubert, *Correspondance*,

ed. Jean Bruneau (Paris: Gallimard, 1973), 1: 542.

99 这一观点是卡尔·贝克尔在 *Das Erbe der Antike im Orient und Okzident* (Leipzig: Quelle & Meyer, 1931) 中提出的。

100 参见 Louis Massignon, *La Passion d'al-Hosayn-ibn-Mansour al-Hallaj* (Paris: Paul Geuthner, 1922)。

101 Abdel Malek, "Orientalism in Crisis, "p. 112.

102 H. A. R. Gibb, *Modern Trends in Islam* (Chicago: University of Chicago Press, 1947), p. 7.

103 Gibb, *Area Studies Reconsidered*, pp. 12, 13.

104 Bernard Lewis, "The Return of Islam, "*Commentary*, January 1976, pp. 39-49.

105 参见 Daniel Lerner and Harold Lasswell, ed., *The Policy Sciences: Recent Development in Scope and Method* (Stanford, Calif.: Stanford University Press, 1951)。

106 Morroe Berger, *The Arab World Today* (Garden City, N. Y.: Doubleday & Co., 1962), p. 158.

107 Maxime Rodinson, *Islam and Capitalism*, trans. Brian Pearce (New York: Pantheon Books, 1973) 曾对这种看法进行过简要的列举和评论。

108 Ibrahim Abu-Lughod, "Retreat from the Secular Path? Islamic Dilemmas of Arab Politics, "*Review of Politics* 28, no. 4 (October 1966): 475.

第二章 东方学的结构和再结构

1 Gustave Flaubert, *Bouvard et Pécuchet*, vol. 2 of *Oeuvres*, ed. A. Thibaudet and R. Dumesnil (Paris: Gallimard, 1952), p. 985.

2 Donald G. Charlton, *Secular Religions in France, 1815-1870* (London: Oxford University Press, 1963) 对这些幻想和乌托邦做了非常富于启发的描述。

3 M. H. Abrams, *Natural Supernaturalism: Tradition and Revolution in Romantic Literature* (New York: W. W. Norton & Co., 1971), p. 66.

4 有关材料可参见 John P. Nash, "The Connection of Oriental Studies with Commerce, Art, and Literature During the 18th-19th Centuries, "*Manchester Egyptian and Oriental Society Journal* 15 (1930): 33-9; 亦可参见 John F. Laffey, "Roots of French Imperialism in the Nineteenth Century: The Case of Lyon, "*French Historical Studies*

6, no. 1 (Spring 1969): 78-92, 以及 R. Leportier, *L'Orient Porte des Indes* (Paris: Editions France-Empire, 1970). Henri Omont, *Missions archéologiques françaises en Orient aux XVIIe et XVIIIe siècles*, 2 vols. (Paris: Imprimefie nationale, 1902) 和 Margaret T. Hodgen, *Early Anthropology in the Sixteenth and Seventeenth Centuries* (Philadelphia: University of Pennsylvania Press, 1964) 以及 Norman Daniel, *Islam, Europe and Empire* (Edinburgh: University Press, 1966) 提供了大量有关信息。还有两篇文章值得一提: Albert Hourani, "Islam and the Philosophers of History, "*Middle Eastern Studies* 3, no. 3 (April 1967): 206-68, 和 Maxime Rodinson, "The Western Image and Western Studies of Islam, "in *The Legacy of Islam*, ed. Joseph Schacht and C. E. Bosworth (Oxford: Clarendon Press, 1974), pp. 9-62。

5　P. M. Holt, "The Treatment of Arab History by Prideaux, Ockley, and Sale, "in *Historians of the Middle East*, ed. Bernard Lewis and P. M. Holt (London: Oxford University Press, 1962), p. 302. 亦可参见 Holt, *The Study of Modern Arab History* (London: School of Oriental and African Studies, 1965)。

6　关于赫尔德乃平民论者和多元论者之观点, 参见 Isaiah Berlin, *Vico and Herder: Two Studies in the History of Ideas* (New York: Viking Press, 1976)。

7　有关这一主题及其表现的探讨, 参见 Jean Starobinski, *The Invention of Liberty, 1700-1789*, trans. Bernard C. Smith (Geneva: Skira, 1964)。

8　在对这一极少有人问津的主题为数不多的研究中, 比较有名的有: Martha P. Conant, *The Oriental Tale in England in the Eighteenth Century* (1908; reprint ed., New York: Octagon Books, 1967); Marie E. de Meester, *Oriental Influences in the English Literature of the Nineteenth Century, Anglistische Forschungen*, no. 46 (Heidelberg, 1915); Byron Porter Smith, *Islam in English Literature* (Beirut: American Press, 1939). 亦可参见 Jean-Luc Doutrelant, "L'Orient tragique au XVIIIe siècle, "*Revue des Sciences Humaines* 146 (April-June 1972): 255-82。

9　Michel Foucault, *The Order of Things: An Archaeology of the Human Sciences* (New York: Pantheon Books, 1970), pp. 138, 144. 亦可参见 François Jacob, *The Logic of Life: A History of Heredity,* trans. Betty E. Spillmann (New York: Pantheon Books, 1973), p. 50, 随处可见; 以及 Georges Canguilhem, *La Connaissance de la vie* (Paris: Gustave-Joseph Vrin, 1969), pp. 44-63。

10 参见 John G. Burke, "The Wild Man's Pedigree: Scientific Method and Racial Anthropology," in *The Wild Man Within: An Image in Western Thought from the Renaissance to Romanticism*, ed. Edward Dudley and Maximillian E. Novak (Pittsburgh, Pa.: University of Pittsburgh Press, 1972), pp. 262-8. 亦可参见 Jean Biou, "Lumières et anthropophagie,"*Revue des Sciences Humaines* 146 (April-June 1972): 223-34。

11 Henri Dehérain, *Silvestre de Sacy: Ses Contemporains et ses disciples* (Paris: Paul Geuthner, 1938), p. 111.

12 上述及其他有关细节，参见 Henri Dehérain, *Silvestre de Sacy: Ses Contemporains et ses disciples*, pp. i-xxxiii。

13 Duc de Broglie, "Éloge de Silvestre de Sacy, "in Sacy, *Mélanges de littérature orientale* (Paris: E. Ducrocq, 1833), p. xii。

14 Bon Joseph Dacier, *Tableau historique de l'érudition française, ou Rapport sur les progrès de l'histoire et de littérature ancienne depuis 1789* (Paris: Imprimerie impériale, 1810), pp. 23, 35, 31.

15 Michel Foucault, *Discipline and Punish: The Birth of the Prison*, trans. Alan Sheridan (New York: Pantheon Books, 1977), pp. 193-4.

16 Broglie, "Éloge de Silvestre de Sacy, "p. 107.

17 Sacy, *Mélanges de littérature orientale*, pp. 107, 110, 111-12.

18 Silvestre de Sacy, *Chrestomathie arabe, ou Extraits de divers écrivains arabes, tant en prose qu'en vers, avec une traduction française et des notes, à l'usage des élèves de l'École royale et spéciale des langues orientales vivantes* (vol. 1, 1826; reprint ed., Osnabrück: Biblio Verlag, 1973), p. viii.

19 有关"补充""替换"等概念，参见 Jacques Derrida, *De la grammatologie* (Paris: Éditions de Minuit, 1967), p. 203, 随处可见。

20 欲了解萨西的学生及其影响的有关情况，参见 Johann W. Fück, *Die Arabischen Studien in Europa bis in den Anfang des 20. Jahrhunderts* (Leipzig: Otto Harrassowitz, 1955), pp. 156-7。

21 福柯对档案之特征的描述可以参见其 *The Archaeology of Knowledge and the Discourse on Language*, trans. A. M. Sheridan Smith and Rupert Sawyer (New York: Pantheon Books, 1972), pp. 79-131。赫南年轻而聪颖的同代人加布里

耶·莫诺德 (Gabriel Monod) 认为赫南绝非语言学、考古学或注释学方面的革命者，然而因为比同代人具有更广博、更精确的学识，他是他们当中最杰出的代表 (*Renan, Taine, Michelet*〔Paris: Calmann-Lévy, 1894〕, pp. 40-1)。亦可参见 Jean-Louis Dumas, "La Philosophie de l'histoire de Renan," *Revue de Métaphisique et de Morale* 77, no. 1 (January-March 1972): 100-28。

22　Honoré de Balzac, *Louis Lambert* (Paris: Calmann-Lévy, 日期不明), p. 4。

23　尼采对语言学的论说在其作品中随处可见。主要参见从他 1875 年 1—7 月这段时期的笔记中抽取出来的 "Wir Philologen" ("Notes for 'We Philologists,'" trans. William Arrowsmith, *Arion*, N. S. 1/2〔1974〕: 279-380): 亦可参见其 *The Will to Power* (trans. Walter Kaufmann and R. J. Hollingdale, New York: Vintage Books, 1968) 一书有关语言和透视法的理论。

24　Ernest Renan, *L'Avenir de la science: Pensées de 1848*, 4th ed. (Paris: Calmann-Lévy, 1890), pp. 141, 142-5, 146, 148, 149.

25　同上，第 xiv 页，随处可见。

26　其《闪语之比较体系和一般历史》之首章——第 1 卷，第 1 章——实际上可以称之为歧视闪米特人（穆斯林人和犹太人）的"百科全书"*Histoire générale et système comparé des langues sémitiques*, in *Oeuvres complètes*, ed. Henriette Psichari〔Paris: Calmann-Lévy, 1947-61〕, 8: 143-63, 该书的其余部分，如同他的其他著作（包括《科学之未来》，特别是其笔记）一样，不断会出现这类观念。

27　Ernest Renan, *Correspondence: 1846-1871* (Paris: Calmann Lévy, 1926), 1: 7-12.

28　Ernest Renan, *Souvenirs d'enfance et de jeunesse, in Oeuvres complètes*, 2: 892. 详细分析赫南在宗教和语言学之间痛苦挣扎的著作有: Jean Pommier, *Renan, d'après des documents inédits* (Paris: Perrin, 1923), pp. 48-68; Jean Pommier, *La Jeunesse cléricale d'Ernest Renan* (Paris: Les Belles Lettres, 1933)。近期则有：J. Chaix-Ruy, *Ernest Renan* (Paris: Emmanuel Vitte, 1956), pp. 89-111。下面这些普遍接受的描述——更多地从赫南的宗教生活着眼——至今仍有价值：Pierre Lasserre, *La Jeunesse d'Ernest Renan: Histoire de la crise religieuse au XIXe siècle*, 3 vol. (Paris: Garnier Frères, 1925); 其第 2 卷第 50-166 页和第 265-98 页对语言学、哲学和科学之间关系的论述也很有价值。

29　Ernest Renan, "Des services rendus aux sciences historiques par la philologie," in

Oeuvres complètes 8: 1228.

30 Renan, *Souvenirs*, p. 892.

31 Foucault, *The Order of Things*, pp. 290-300. 许多其他事件——大洪水，通天塔的修建，等——连同语言起源于伊甸园这一说法一道受到怀疑。对语言起源理论最全面的历史概括是：Arno Borst, *Der Turmbau von Babel: Geschichte der Meinungen über Ursprung und Vielfalt der Sprachen und Volker*, 6 vol. (Stuttgart: Anton Hiersemann, 1957-63)。

32 转引自 Raymond Schwab, *La Renaissance orientale* (Paris: Payot, 1950), p. 69. 有关过于仓促地接受从东方新发现中得出的结论所面临危险，参见当代著名汉学家阿贝尔·赫穆萨特的著作：Abel Rémusat, *Mélanges postumes d'histoire et littérature orientales* (Paris: Imprimerie royale, 1843), p. 226, 随处可见。

33 Samuel Taylor Coleridge, *Biographia Literaria*, 第 6 章，见于 *Selected Poetry and Prose of Coleridge*, ed. Donald A. Stauffer (New York: Random House, 1951), pp. 276-7。

34 Benjamin Constant, *Oeuvres*, ed. Alfred Roulin (Paris: Gallimard, 1957), p. 78.

35 Abrams, *Natural Supernaturalism*, p. 29.

36 Renan, *De l'origine du langage*, in *Oeuvres complètes*, 8: 122.

37 Renan, "De la part des peuples sémitiques dans l'histoire de la civilisation, "in *Oeuvres complètes*, 2: 320.

38 同上，第 333 页。

39 Renan, "Trois Professeurs au Collège de France: Étienne Quatremère, "in *Oeuvres complètes*, 1: 129. 赫南没有错，加特梅具有发现有趣研究对象的天赋，但结果却往往将其弄得了无趣味。参见其 "Le Goût des livres chez les orientaux" 和 "Des sciences chez les arabes" 两篇文章，见于其 *Mélanges d'histoire et de philologie orientales* (Paris: E. Ducrocq, 1861), pp. 1-57。

40 Honoré de Balzac, *La Peau de chagrin*, vol. 9 (*Études philosophiques* l) of *La Comédie humaine*, ed. Marcel Bouteron (Paris: Gallimard, 1950), p. 39; Renan, *Histoire générale des langues sémitiques*, p. 134.

41 比如，可参见其 *De l'origine du langage* 第 102 页和 *Histoire générale* 第 180 页。

42 Renan, *L'Avenir de la science*, p. 23. 原文如下："Pour moi, je ne connais qu'un seul

résultat à la science, c'est de résoudre l'énigme, c'est de dire définitivement à l'homme le mot des choses, c'est de l'expliquer à luimême, c'est de lui donner, au nom de la seule autorité légitime qui est la nature humaine toute entière, le symbole que les religions lui donnaient tout fait et qu'ils ne peut plus accepter."

43 参见 Madeleine V. -David, *Le Débat sur les écritures et l'hiéroglyphe aux XVIIe et XVIIIe siècles et l'application de la notion de déchiffrement aux écritures mortes* (Paris: S. E. V. P. E. N., 1965), p. 130。

44 Schwab 的 *La Renaissance orientale* 只附带提了提赫南，Foucault 的 *The Order of Things* 只字未提，Holger Pederson 的 *The Discovery of Language: Linguistic Science in the Nineteenth Century* (trans. John Webster Spargo, 1931; reprint ed., Bloomington: Indiana University Press, 1972) 提到他时不无轻蔑。Max Müller 在其 *Lectures on the Science of Language* (1861-64; reprint ed., New York: Scribner, Armstrong, & Co., 1875), Gustave Dugat 在其 *Histoire des orientalistes de l'Europe du XIIe au XIXe siècle*, 2 vol. (Paris: Adrien Maisonneuve, 1868-70) 中只字未提。James Darmesteter 的 *Essais Orientaux* (Paris: A. Lévy, 1883)——其首篇是 "法国的东方学"——虽题献给赫南但却没有提到他的贡献。Jules Mohl 日志式包罗万象（并且极具价值）的著作 *Vingt-sept ans d'histoire des études orientales: Rapports faits à la Société asiatique de Paris de 1840 à 1867*, 2 vols. (Paris: Reinwald, 1879-80) 有几处提到过赫南的成就。

45 赫南对种族和种族主义的看法有一定价值。涉及这一问题的著作有：Ernest Seillière, *La Philosophie de l'impérialisme*, 4 vols. (Paris: Plon, 1903-8); Théophile Simar, *Étude critique sur la formation de la doctrine des races au XVIIIe siècle et son expansion au XIXe siècle* (Brussels: Hayez, 1922); Erich Voegelin, *Rasse und Staat* (Tübingen: J. C. B. Mohr, 1933), 在此还必须提到他的 *Die Rassenidee in der Geistesgeschichte von Ray bis Carus* (Berlin: Junker und Dunnhaupt, 1933), 尽管这一作品没有涉及赫南的时代，却是对前一作品的一个补充；Jacques Barzun, *Race: A Study in Modern Superstition* (New York: Harcourt, Brace&Co., 1937)。

46 在《东方的复兴》中，史华伯对博物馆，生物学与语言学的相似性，以及居维叶、巴尔扎克等人有过非常精彩的论述，参见该书第 323 页以及其他许多地方。有关图书馆及其对19世纪中叶文化之重要意义,参见福柯为福楼拜 *La Tentation de Saint Antoine* (Paris: Gallimard, 1971) 一书所写的序言 "La Bibliothèque fantastique"(第7-33页)。我得感谢 Eugenio Donato 教授让我注意到这些问题,参见其 "A Mere Labyrinth of Letters: Flaubert and the Quest for Fiction," *Modern Language Notes* 89, no. 6 (December 1974): 885-910。

47 Renan, *Histoire générale*, pp. 145-6.
48 参见 *L'Avenir de la science*, p. 508, 随处可见。
49 Renan, *Histoire générale*, p. 214.
50 同上,第527页。这一观念可追溯到弗里德里希·施莱格尔将语言分为有机语言和黏着语言的做法,闪语是后者的一个例子。洪堡做过同样的区分,赫南之后的东方学家大多接受了这种区分。
51 同上,第531-2页。
52 同上,第515页,随处可见。
53 参见 Jean Seznec, *Nouvelles Études sur "La Tentation de Saint Antoine"* (London: Warburg Institute, 1949), p. 80。
54 参见 Étienne Geoffroy Saint-Hilaire, *Philosophie anatomique: Des monstruosités humaines* (Paris: published by the author, 1822). Isidore Geoffroy Saint-Hilaire 著作的全名是: Histoire générale et particulière des anomalies de l'organisation chez l'homme et les animaux, ouvrage comprenante des recherches sur les caractères, la classification, l'influence physiologique et pathologique, les rapports généraux, les lois et les causes des monstruosités, des variétés et vices de conformation, ou traité de tératologie, 3 vols. (Paris: J. -B. Baillière, 1832-36)。Erich Heller 的 *The Disinherited Mind* (New York: Meridian Books, 1959) 对歌德的生物学思想有过精彩的论述,参见第3-34页。Jacob 的 *The Logic of Life* 和 Canguilhem 的 *La Connaissance de la vie*(第174-84页)对圣-希拉尔父子在生命科学发展中的地位有过非常有趣的描述。
55 Étienne Geoffroy Saint-Hilaire, *Philosophie anatomique*, pp. xxii-xxiii.
56 Renan, *Histoire générale*, p. 156.
57 Renan, *Oeuvres complètes*, 1: 621-2, 随处可见。对赫南家庭生活的细致描述,参见 H. W. Wardman, *Ernest Renan: A Critical Biography* (London: Athlone Press,

1964), p. 66, 随处可见；尽管人们不会希望在赫南的生平和我所称的他的"充满男性气息"的世界之间形成类比，但 Wardman 的描述确实很能说明问题——至少对我来说是这样。

58 Renan, "Des services rendus au sciences historiques par la philologie, "in *Oeuvres complètes*, 8: 1228, 1232.

59 Ernst Cassirer, *The Problem of Knowledge: Philosophy, Science, and History since Hegel*, trans. William H. Woglom and Charles W. Hendel (New Haven, Conn.: Yale University Press, 1950), p. 307.

60 Renan, "Résponse au discours de réception de M. de Lesseps (23 avril 1885), "in *Oeuvres complètes*, 1: 817. 然而圣伯夫 (Sainte-Beuve) 在其 1862 年 6 月的文章中极好地阐明了赫南与其时代文化的关联。亦可参见 Donald G. Charlton, *Positivist Thought in France During the Second Empire* (Oxford: Clarendon Press, 1959) 及其 *Secular Religions in France*; 还与 Richard M. Chadbourne, "Renan and Sainte-Beuve, "*Romantic Review* 44, no. 2 (April 1953): 126-35。

61 Renan, *Oeuvres complètes*, 8: 156.

62 参见他 1856 年 6 月 26 日致戈比诺的信，*Oeuvres complètes*, 10: 203-4; 戈比诺的观点参见其 *Essai sur l'inégalité des races humaines* (1853-55).

63 转引自 Albert Hourani, "Islam and the Philosophers of History, "p. 222.

64 Caussin de Perceval, *Essai sur l'histoire des Arabes avant l'Islamisme, pendant l'époque de Mahomet et jusqu'à la réduction de toutes les tribus sous la loi musulmane* (1847-48; reprint ed., Graz, Austria: Akademische Druckund Verlagsanstalt, 1967), 3: 332-9.

65 Thomas Carlyle, *On Heroes, Hero-Worship, and the Heroic in History* (1841; reprint ed., New York: Longmans, Green & Co., 1906), p. 63.

66 麦考利的印度经历，参见 G. Otto Trevelyan, *The Life and Letters of Lord Macaulay* (New York: Harper & Brothers, 1875), 1: 344-71. 麦考利"备忘录"的全文，参见 Philip D. Curtin, ed., *Imperialism: The Documentary History of Western Civilization* (New York: Walker & Co., 1971), pp. 178-91. 麦考利的观点对英国东方学的部分影响，参见 A. J. Arberry, *British Orientalists* (London: William Collins, 1943)。

67 John Henry Newman, *The Turks in Their Relation to Europe*, vol. 1 of his *Historical Sketches* (1853; reprint ed., London: Longmans, Green & Co., 1920).

68 参见 Marguerite-Louise Ancelot, *Salons de Paris, foyers éteints* (Paris: Jules Tardieu, 1858).

69 Karl Marx, *Surveys from Exile*, ed. David Fernbach (London: Pelican Books, 1973), pp. 306-7.

70 同上, 第 320 页。

71 Edward William Lane, Author's Preface to *An Account of the Manners and Customs of the Modern Egyptians* (1836; reprint ed., London: J. M. Dent, 1936), pp. xx, xxi.

72 同上, 第 1 页。

73 同上, 第 160-1 页。雷恩的权威传记出自他的侄孙史丹利·雷恩-蒲尔 (Stanley Lane-Poole) 之手, 发表于 1877 年。阿伯里 (A. J. Arberry) 在其 *Oriental Essays: Portraits of Seven Scholars* (New York: MacMillan Co., 1960) 第 87-121 页以满怀同情的笔调写到雷恩。

74 Frederick Eden Pargiter, ed., *Centenary Volume of the Royal Asiatic society of Great Britain and Ireland, 1823-1923* (London: Royal Asiatic Society, 1923), p. x.

75 *Société asiatique: Livre du centenaire, 1822-1922* (Paris: Paul Geuthner, 1922), pp. 5-6.

76 Johann Wolfgang von Goethe, *Westöstlicher Diwan* (1819; reprint ed., Munich: Wilhelm Golmann, 1958), pp. 8-9, 12. 歌德在《东西诗集》注释中满怀敬意地提到萨西的名字。

77 Victor Hugo, *Les Orientales*, in *Oeuvres poétiques*, ed. Pierre Albouy (Paris: Gallimard, 1964), 1: 616-18.

78 François-René de Chateaubriand, *Oeuvres romanesques et voyages*, ed. Maurice Regard (Paris: Gallimard, 1969), 2: 702.

79 参见 Henri Bordeaux, *Voyageurs d'Orient: Des pélerins aux méharistes de Palmyre* (Paris: Plon, 1926). Victor Turner, *Dramas, Fields, and Metaphors: Symbolic Action in Human Society* (Ithaca, N. Y.: Cornell University Press, 1974) 第 166-230 页对朝圣者和朝圣行为所做的理论分析使我获益匪浅。

80　Hassan al-Nouty, *Le Proche-Orient dans la littérature française de Nerval à Barrès* (Paris: Nizet, 1958), pp. 47-8, 277, 272.

81　Chateaubriand, *Oeuvres*, 2: 702 及注, 1684, 769-70, 769, 701, 808, 908.

82　同上, 第 1011, 979, 990, 1052 页。

83　同上, 第 1069 页。

84　同上, 第 1031 页。

85　同上, 第 999 页。

86　同上, 第 1126-7, 1049 页。

87　同上, 第 1137 页。

88　同上, 第 1148, 1214 页。

89　Alphonse de Lamartine, *Voyage en Orient* (1835; reprint ed., Paris: Hachette, 1887), l: 10, 48-9, 179, 178, 148, 189, 118, 245-6, 251.

90　同上, 1: 363; 2: 74-5; 1: 475。

91　同上, 2: 92-3。

92　同上, 2: 526-7, 533。有两部论及在东方的法国作家的重要著作, 即: Jean-Marie Carré, *Voyageurs et écrivains français en Égypte*, 2 vols. (Cairo: Institut français d'archéologie orientale, 1932) 和 Moënis Taha-Hussein, *Le Romantisme français et l'Islam* (Beirut: Dar-el-Maeref, 1962).

93　Gérard de Nerval, *Les Filles du feu*, in *Oeuvres*, ed. Albert Béguin and Jean Richet (Paris: Gallimard, 1960), 1: 297-8.

94　Mario Praz, *The Romantic Agony*, trans. Angus Davison (Cleveland, Ohio: World Publishing Co., 1967).

95　Jean Bruneau, *Le "Conte Orientale" de Flaubert* (Paris: Denoel, 1973), p. 79.

96　所有这些均可参见布鲁诺上引著作。

97　Nerval, *Voyage en Orient*, in *Oeuvres*, 2: 68, 194, 96, 342.

98　同上, 第 181 页。

99　Michel Butor, "Travel and Writing," trans. John Powers and K. Lisker, *Mosaic* 8, no. l (Fall 1974): 13.

100　Nerval, *Voyage en Orient,* in *Oeuvres*, p. 628.

101　同上, 第 706 和 718 页。

102 *Flaubert in Egypt: A Sensibility on Tour*, trans. and ed. Francis Steegmuller (Boston: Little, Brown & Co., 1973), p. 200. 我还参考了下面这些文本, 福楼拜所有的 "东方" 材料都可在这些文本中找到: *Oeuvres complètes de Gustave Flaubert* (Paris: Club de l'Honnête homme, 1973), vol. 10, 11; *Les Lettres d'Égypte de Gustave Flaubert*, ed. A. Youssef Naaman (Paris: Nizet, 1965); Flaubert, *Correspondance*, ed. Jean Bruneau (Paris, Gallimard, 1973), 1: 518 以下。

103 Harry Levin, *The Gates of Horn: A Study of Five French Realists* (New York: Oxford University Press, 1963), p. 285.

104 *Flaubert in Egypt*, pp. 173, 75.

105 Levin, *Gates of Horn*, p. 271.

106 Flaubert, *Catalogue des opinion chic*, in *Oeuvres*, 2: 1019.

107 *Flaubert in Egypt*, p. 65.

108 同上, 第 220, 130 页。

109 Flaubert, *La Tentation de Saint Antoine*, in *Oeuvres*, 1: 85.

110 参见 Flaubert, *Salammbô*, in *Oeuvres*, 1: 809 页以下。亦可参见 Maurice Z. Shroder, "On Reading *Salammbô*," in *L'Esprit créateur* 10. no, 1 (Spring 1970): 24-35.

111 *Flaubert in Egypt*, pp. 198-9.

112 Foucault, "La Bibliothèque fantastique, "in Flaubert, *La Tentation de Saint Antoine*, pp. 7-33.

113 *Flaubert in Egypt*, p. 79.

114 同上, 第 211-2 页。

115 关于这一规范化的过程, 参见 Foucault, *Archaeology of Knowledge* 和 Joseph Ben-David, *The Scientist's Role in Society* (Englewood Cliffs, N. J.: Prentice-Hall, 1971)。亦可参见 Edward W. Said, "An Ethics of Language, "*Diacritics* 4, no. 2 (Summer 1974): 28-37。

116 参见 Richard Bevis, *Bibliotheca Cisorientalia: An Annotated Checklist of Early English Travel Books on the Near and Middle East* (Boston: G. K. Hall & Co., 1973) 对这些书籍极有价值的列举。

117 对美国旅行者的讨论, 参见 Dorothee Metlitski Finkelstein, *Melville's Orienda*

(New Haven, Conn.: Yale University Press, 1961) 和 Franklin Walker, *Irreverent Pilgrims: Melville, Browne, and Mark Twain in the Holy Land* (Seattle: University of Washington Press, 1974)。

118 Alexander William Kinglake, *Eothen, or Traces of Travel Brought Home from the East*, ed. D. G. Hogarth (1844; reprint ed., London: Henry Frowde, 1906), pp. 25, 68, 241, 220.

119 *Flaubert in Egypt*, p. 81.

120 Thomas J. Assad, *Three Victorian Travellers: Burton, Blunt and Doughty* (London: Routledge & Kegan Paul, 1964), p. 5.

121 Richard Burton, *Personal Narrative of a Pilgrimage to al-Madinah and Meccah*, ed. Isabel Burton (London: Tylston & Edwards, 1893), 1: 9, 108-10.

122 Richard Burton, "Terminal Essay," in *The Book of the Thousand and One Nights* (London: Burton Club, 1886), 10: 63-302.

123 Burton, *Pilgrimage*, 1: 112, 114.

第三章　东方学的现状

1 Friedrich Nietzsche, "On Truth and Lie in an Extra-Moral Sense," in *The Portable Nietzsche*, ed. and trans. Walter Kaufmann (New York: Viking Press, 1954), pp. 46-7.

2 有关阿拉伯前往西方的旅行者的数量，参见 Ibrahim Abu-Lughod, *Arab Rediscovery of Europe: A Study in Cultural Encounters* (Princeton, N. J.: Princeton University Press, 1963), pp. 75-6, 随处可见。

3 参见 Philip D. Curtin, ed., *Imperialism: The Documentary History of Western Civilization* (New York: Walker & Co., 1972), pp. 73-105。

4 参见 Johann W. Fück, "Islam as an Historical Problem in European Historiography since 1800," in *Historians of the Middle East*, ed. Bernard Lewis and P. M. Holt (London: Oxford University Press, 1962), p. 307。

5 同上，第 309 页。

6 参见 Jacques Waardenburg, *L'Islam dans le miroir de l'Occident* (The Hague: Mouton & Co., 1963)。

7 同上 , 第 311 页。

8 P. Masson-Oursel, "La Connaissance scientifique de l'Asie en France depuis 1900 et les variétés de l'Orientalisme," *Revue Philosophique* 143, nos. 7-9 (July-September 1953): 345.

9 Evelyn Baring, Lord Cromer, *Modern Egypt* (New York: Macmillan Co., 1908), 2: 237-8.

10 Evelyn Baring, Lord Cromer, *Ancient and Modern Imperialism* (London: John Murray, 1910), pp. 118, 120.

11 George Nathaniel Curzon, *Subjects of the Day: Being a Selection of Speeches and Writings* (London: George Allen & Unwin, 1915), pp. 4-5, 10, 28.

12 同上 , 第 184, 191-2 页。关于这一学校的历史 , 参见 C. H. Phillips, *The School of Oriental and African Studies, University of London, 1917-1967: An Introduction* (London: Design for Print, 1967)。

13 Eric Stokes, *The English Utilitarians and India* (Oxford: Clarendon Press, 1959).

14 转引自 Michael Edwardes, *High Noon of Empire: India Under Curzon* (London: Eyre & Spottiswoode, 1965), pp. 38-9。

15 Curzon, *Subjects of the Day*, pp. 155-6.

16 Joseph Conrad, *Heart of Darkness*, in *Youth and Two Other Stories* (Garden City, N. Y.: Doubleday, Page, 1925), p. 52.

17 关于德·瓦特尔的作品选段 , 参见 Curtin, ed., *Imperialism*, pp. 42-5。

18 转引自 M. de Caix, *La Syrie*, 见 Gabriel Hanotaux, *Histoire des colonies françaises*, 6 vols。(Paris: Societé de l'histoire nationale, 1929-33), 3: 481。

19 有关细节 , 参见 Vernon McKay, "Colonialism in the French Geographical Movement, " *Geographical Review* 33, no. 2 (April 1943): 214-32。

20 Agnes Murphy, *The Ideology of French Imperialism, 1817-1881* (Washington: Catholic University of America Press, 1948), pp. 46, 54, 36, 45.

21 同上 , 第 189, 110, 136 页。

22 Jukka Nevakivi, *Britain, France, and the Arab Middle East, 1914-1920* (London: Athlone Press, 1969), p. 13.

23 同上 , 第 24 页。

24 D. G. Hogarth, *The Penetration of Arabia: A Record of the Development of Western Knowledge Concerning the Arabian Peninsula* (New York: Frederick A. Stokes, 1904). 关于这一主题近来出版了一部精彩的著作：Robin Bidwell, *Travelers in Arabia* (London: Paul Hamlyn, 1976)。

25 Edmond Bremond, *Le Hedjaz dans la guerre mondiale* (Paris: Payot, 1931), pp. 242 ff.

26 Le Comte de Cressaty, *Les Intérêts de la France en Syrie* (Paris: Floury, 1913).

27 Rudyard Kipling, *Verse* (Garden City, N. Y.: Doubleday & Co., 1954), p. 280.

28 19世纪文化中外斥与内聚的主题在米歇尔·福柯的著作中扮演着重要的角色，特别是在其最近期著作 *Discipline and Punish: The Birth of the Prison* (New York: Pantheon Books, 1977) 和 *The History of Sexuality, Volume I: An Introduction* (New York: Pantheon Books, 1978) 之中。

29 *The Letters of T. E. Lawrence of Arabia*, ed. David Garnett (1938; reprint ed., London: Spring Books, 1964), p. 244.

30 Gertrude Bell, *The Desert and the Sown* (London: William Heinemann, 1907), p. 244.

31 Gertrude Bell, *From Her Personal Papers, 1889-1914*, ed. Elizabeth Burgoyne (London: Ernst Benn, 1958), p. 204.

32 William Butler Yeats, "Byzantium, "*The Collected Poems* (New York: Macmillan Co., 1959), p. 244.

33 Stanley Diamond, *In Search of the Primitive: A Critique of Civilization* (New Brunswick, N. J.: Transaction Books, 1974), p. 119.

34 参见 Harry Bracken, "Essence, Accident and Race, "*Hermathena* 116 (Winter 1973): pp. 81-96。

35 George Eliot, *Middlemarch: A Study of Provincial Life* (1872; reprint ed., Boston: Houghton Mifflin Co., 1956), p. 13.

36 Lionel Trilling, *Matthew Arnold* (1939; reprint ed., New York: Meridian Books, 1955), p. 214.

37 参见 Hannah Arendt, *The Origins of Totalitarianism* (New York: Harcourt Brace Jovanovich, 1973), p. 180, 注55。

38　W. Robertson Smith, *Kinship and Marriage in Early Arabia,* ed. Stanley Cook (1907; reprint ed., Oesterhout, N. B.: Anthropological Publications, 1966), pp. xiii, 241.

39　W. Robertson Smith, *Lectures and Essays,* ed. John Sutherland Black and George Chrystal (London: Adam & Charles Black, 1912), pp. 492-3.

40　同上, 第 492, 493, 511, 500, 498-9 页。

41　Charles M. Doughty, *Travels in Arabia Deserta*, 2nd ed., 2 vols. (New York: Random House, 未标年代), 1: 95. 亦可参见 Richard Bevis 的精彩论文 "Spiritual Geology: C. M. Doughty and the Land of the Arabs, "*Victorian Studies* 16 (December 1972), 163-81。

42　T. E. Lawrence, *The Seven Pillars of Wisdom: A Triumph* (1926: reprint ed., Garden City, N. Y.: Doubleday, Doran & Co., 1935), p. 28.

43　有关这一话题, 参见 Talal Asad, "Two European Images of Non-European Rule, "in *Anthropology and the Colonial Encounter*, ed. Talal Asad (London: Ithaca Press, 1975), pp. 103-18.

44　Arendt, *Origins of Totalitarianism*, p. 218.

45　T. E. Lawrence, *Oriental Assembly*, ed. A. W. Lawrence (New York: E. P. Dutton & Co., 1940), p. 95.

46　转引自 Stephen Ely Tabachnick, "The Two Veils of T. E. Lawrence, "*Studies in the Twentieth Century* 16 (Fall 1975): 96-7.

47　Lawrence, *Seven Pillars of Wisdom*, pp. 42-3, 661.

48　同上, 第 549, 550-2 页。

49　E. M. Forster, *A Passage to India* (1924; reprint ed., New York: Harcourt, Brace & Co., 1952), p. 322.

50　Maurice Barrès, *Une Enquête aux pays du Levant* (Paris: Plon, 1923), 1: 20; 2: 181, 192, 193, 197.

51　D. G. Hogarth, *The Wandering Scholar* (London: Oxford University Press, 1924). 贺加斯将自己描述为 "首先是探险家然后才是学者" (第 4 页)。

52　转引自 H. A. R. Gibb, "Structure of Religious Thought in Islam, " 见他的 *Studies on the Civilization of Islam*, ed. Stanford J. Shaw and William R. Polk (Boston:

Beacon Press, 1962), p. 180.

53 Frédéric Lefèvre, "Une Heure avec Sylvain Lévi, "in *Mémorial Sylvain Lévi*, ed. Jacques Bacot (Paris: Paul Hartmann, 1937), pp. 123-4.

54 Paul Valéry, *Oeuvres*, ed. Jean Hytier (Paris: Gallimard, 1960), 2: 1556-7.

55 转引自 Christopher Sykes, *Crossroads to Israel* (1965; reprint ed., Bloomington: Indiana University Press, 1973), p. 5。

56 转引自 Alan Sandison, *The Wheel of Empire: A Study of the Imperial Idea in Some Late Nineteenth and Early Twentirth Century Fiction* (New York: St. Martin's Press, 1967), p. 158。法国方面的研究可以参见 Martine Astier Loutfi, *Littérature et colonialisme: L'Expansion coloniale vue dans la littérature romanesque française, 1871-1914* (The Hague: Mouton & Co., 1971)。

57 Paul Valéry, *Variété* (Paris: Gallimard, 1924), p. 43.

58 George Orwell, "Marrakech, "in *A Collection of Essays* (New York: Doubleday Anchor Books, 1954), p. 187.

59 Valentine Chirol, *The Occident and the Orient* (Chicago: University of Chicago Press, 1924), p. 6.

60 Élie Faure, "Orient et Occident, "*Mercure de France 229* (July 1-August 1, 1931): 263, 264, 269, 270, 272.

61 Fernand Baldensperger, "Où s'affrontent l'Orient et l'Occident intellectuels, "in *Études d'histoire littéraire*, 3rd ser. (Paris: Droz, 1939), p. 230.

62 I. A. Richards, *Mencius on the Mind: Experiments in Multiple Definitions* (London: Routledge & Kegan Paul, 1932), p. xiv.

63 *Selected Works of C. Snouck Hurgronje*, ed. G. H. Bousquet and J. Schacht (Leiden: E. J. Brill, 1957), p. 267.

64 H. A. R. Gibb, "Literature, "in *The Legacy of Islam*, ed. Thomas Arnold and Alfred Guillaume (Oxford: Clarendon Press, 1931), p. 209.

65 从政治、社会、经济和文化的角度对这一时期所做的最好的总体描述是 Jacques Berque, *Egypt: Imperialism and Revolution*, trans. Jean Stewart (New York: Praeger Publishers, 1972)。

66 Arthur R. Evans, Jr. 在其所编 *On Four Modern Humanists: Hofmannsthal, Gundolf,*

Curtius, Kantorowicz (Princeton, N. J.: Princeton University Press, 1970) 中对其研究的学术背景做过非常有益的描述。

67 参见 Erich Auerbach 的 *Mimesis: The Representation of Reality in Western Literature*, trans. Willard R. Trask (1946; reprint ed., Princeton, N. J.: Princeton University Press, 1968) 和他的 *Literary Language and Its Public in Late Latin Antiquity and in the Middle Ages*, trans. Ralph Manheim (New York: Bollingen Books, 1965)。

68 Erich Auerback, "Philology and Weltliteratur, "trans. M. and E. W. Said, *Centennial Review* 13, no. 1 (Winter 1969): 11.

69 同上，第 17 页。

70 可以参见，比如，H. Stuart Hughes, *Consciousness and Society: The Reconstruction of European Social Thought, 1890-1930* (1958; reprint ed., New York: Vintage Books, 1961)。

71 参见 Anwar Abdel Malek, "Orientalism in Crisis, "*Diogenes* 44 (Winter 1963): 103-40。

72 R. N. Cust, "The International Congresses of Orientalists, "*Hellas* 6, no. 4 (1897): 349.

73 参见 W. F. Wertheim, "Counter-insurgency Research at the Turn of the Century——Snouck Hurgronje and the Acheh War, "*Sociologische Gids* 19 (September-December 1972)。

74 Sylvain Lévi, "Les Parts respectives des nations occidentales dans les progrès de l'indianisme, "in *Mémorial Sylvain Lévi*, p. 116.

75 H. A. R. Gibb, "Louis Massignon (1882-1962), "*Journal of the Royal Asiatic Society* (1962), pp. 120, 121.

76 Louis Massignon, *Opera Minora*, ed. Y. Mouharac (Beirut: Darel-Maaref, 1963), 3: 114. 我使用了 Mourabac 在 *L'Oeuvre de Louis Massignon* (Beirut: Éditions du Cénacle libanais, 1972-73) 中对马西农著作的完整编年。

77 Mssignon, "L'Occident devant l'Orient: Primauté d'une solution culturelle, "in *Opera Minora*, 1: 208-23.

78 同上，第 169 页。

79 参见 Waardenburg, *L'Islam dans le miroir de l'Occident*, pp. 147, 183, 186, 192,

211, 213.

80 Massignon, *Opera Minora*, 1: 227.

81 同上，第 355 页。

82 参见 Massignon 论 Biruni 的文章，转引自 Waardenburg, *L'Islam dans le miroir de l'Occident*, p. 225。

83 Massignon, *Opera Minora*, 3: 526.

84 同上，第 610-11 页。

85 同上，第 212 页。另一处攻击英国人的地方是在第 211 页。对劳伦斯的评价参见第 423-7 页。

86 转引自 Waardenburg, *L'Islam dans le miroir de l'Occident*, p. 219。

87 同上，第 218-9 页。

88 参见 A. L. Tibawi, "English-Speaking Orientalists: A Critique of Their Approach to Islam and Arab Nationalism, Part I," *Islamic Quarterly* 8, nos. 1, 2 (January-June 1964): 25-44; "Part Ⅱ," *Islamic Quarterly* 8, nos. 3, 4 (July-December 1964): 73-88.

89 "Une figure domine tous les genres 〔of Orientalist work〕, celle de Louis Massignon": Claude Cahen and Charles Pellat, "Les Études arabes et islamiques," *Journal asiatique* 261, nos. 1, 4 (1973): 104. 对伊斯兰东方学领域的详细考察，参见 Jean Sauvaget, *Introduction à l'histoire de l'Orient musulman: Éléments de bibliographie*, ed. Claude Cahen (Paris: Adrien Maisonneuve, 1961)。

90 William Polk, "Sir Hamilton Gibb Between Orientalism and History," *International Journal of Middle East Studies* 6, no. 2 (April 1975): 131-9. 关于吉勃著作的编年我参考的是 *Arabic and Islamic Studies in Honor of Hamilton A. R. Gibb*, ed. George Makdisi (Cambridge, Mass.: Harvard University Press, 1951), pp. 1-20。

91 H. A. R. Gibb, "Oriental Studies in the United Kingdom," in *The Near East and the Great Powers*, ed. Richard N. Frye (Cambridge, Mass.: Harvard University Press, 1951), pp. 86-7.

92 Albert Hourani, "Sir Hamilton Gibb, 1895-1971," *Proceedings of the British Academy* 58 (1972): p. 504.

93 Duncan Black Macdonald, *The Religious Attitude and Life in Islam* (1909; reprint

ed., Beirut: Khayats Publishers, 1965), pp. 2-11.

94 H. A. R. Gibb, "Whither Islam?"in *Whither Islam? A Survey of Modern Movements in the Moslem World*, ed. H. A. R. Gibb (London: Victor Gollancz, 1932), pp. 328. 387.

95 同上，第 335 页。

96 同上，第 377 页。

97 H. A. R. Gibb, "The Influence of Islamic Culture on Medieval Europe, "*John Rylands Library Bulletin* 38, no. 1 (September 1955): 98.

98 H. A. R. Gibb, *Mohammedanism: An Historical Survey* (London: Oxford University Press, 1949), pp. 2, 9, 84.

99 同上，第 111, 88, 189 页。

100 H. A. R. Gibb, *Modern Trends in Islam* (Chicago: University of Chicago Press, 1947), pp. 108, 113, 123.

101 两篇文章都收入吉勃的 *Studies on the Civilization of Islam*, 分别见第 176-208 页和第 3-33 页。

102 R. Emmett Tyrrell, Jr., "Chimera in the Middle East, "*Harper's*, November 1976. pp. 35-8.

103 转引自 Ayad al-Qazzaz, Ruth Afiyo, et al., *The Arabs in American Textbooks*, California State Board of Education, June 1975, pp. 10, 15。

104 "Statement of Purpose, "*MESA Bulletin* 1, no. 1 (May 1967): 33.

105 Morroe Berger, "Middle Eastern and North African Studies: Developments and Needs, "*MESA Bulletin* 1, no. 2 (November 1967): 16.

106 Menachem Mansoor, "Present State of Arabic Studies in the United States, "in *Report on Current Research 1958*, ed. Kathleen H. Brown (Washington: Middle East Institute, 1958), pp. 55-6.

107 Harold Lasswell, "Propaganda, "*Encyclopedia of the Social Sciences* (1934), 12: 527. 这条引文我得感谢 Noam Chomsky 教授。

108 Marcel Proust, *The Guermantes Way*, trans. C. K. Scott Moncrieff (1925; reprint ed., New York: Vintage Books, 1970), p. 135.

109 Nathaniel Schmidt, "Early Oriental Studies in Europe and the Work of the

American Oriental Society, 1842-1922, "*Journal of the American Oriental Society* 43 (1923): 11. 亦可参见 E. A. Speiser, "Near Eastern Studies in America, 1939-45, "*Archiv Orientalni* 16 (1948): 76-88.

110 例子可以举 Henry Jessup, *Fifty-Three Years in Syria*, 2 vols. (New York: Fleming H. Revell, 1910)。

111 因为将贝尔福宣言的发布与美国联系起来的是政治, 参见 Doreen Ingrams, *Palestine Papers 1917-1922*: *Seeds of Conflict* (London: Cox & Syman, 1972) 第10页以下。

112 Mortimer Graves, "A Cultural Relations Policy in the Near East, "in *The Near East and the Great Powers*, ed. Frye, pp. 76, 78.

113 George Camp Keiser, "The Middle East Institute: Its Inception and Its Place in American International Studies, "in *The Near East and the Great Powers*, ed. Frye, pp. 80, 84.

114 有关这一学术移民的情况, 参见 *The Intellectual Migration: Europe and America, 1930-1960*, ed. Donald Fleming and Bernard Bailyn (Cambridge, Mass.: Harvard University Press, 1969)。

115 Gustave von Grunebaum, *Modern Islam: The Search for Cultural Identity* (New York: Vintage Books, 1964), pp. 55, 261.

116 Abdullah Laroui, "Pour une méthologie des études islamiques: L'Islam au miroir de Gustave von Grunebaum, "*Diogène* 38 (July-September 1973): 30. 该文已收入 Laroui, *The Crisis of the Arab Intellectuals: Traditionalism or Historicism*? trans. Diarmid Cammell (Berkeley: University of California Press, 1976).

117 David Gordon, *Self-Determination and History in the Third World* (Princeton, N. J.: Princeton University Press, 1971).

118 Laroui, "Pour une méthodologie des études islamiques, "p. 41.

119 Manfred Halpern, "Middle East Studies: A Review of the State of the Field with a Few Examples, "*World Politics* 15 (October 1962): 121-2.

120 同上, 第117页。

121 Leonard Binder, "1974 Presidential Address, "*MESA Bulletin* 9, no. 1 (February 1975): 2.

122 同上, 第5页。

123 "Middle East Studies Network in the United States, "*MERIP Reports* 38 (June 1975): 5.

124 对《剑桥伊斯兰史》两个最好的评论是 Albert Hourani, *The English Historical Review*, 87, no. 343 (April 1972): 348-57, 和 Roger Owen, *Journal of Interdisciplinary History* 4, no. 2 (Autumn 1973): 287-98。

125 P. M. Holt, "Introduction, "*The Cambridge History of Islam,* ed. P. M. Holt, Anne K. S. Lambton, and Bernard Lewis, 2 vols. (Cambridge: Cambridge University Press, 1970), 1: xi.

126 D. Sourdel, "The Abbasid Caliphate, "*Cambridge History of Islam*, ed. Holt et al., 1: 121.

127 Z. N. Zeine, "The Arab Lands, "*Cambridge History of Islam*, ed. Holt et al., 1: 575.

128 Dankwart A. Rustow, " The Political Impact of the West, "*Cambridge History of Islam*, ed. Holt et al., 1: 697.

129 转引自 Ingrams, *Palestine Papers, 1917-1922*, pp. 31-2。

130 Robert Alter, "Rhetoric and the Arab Mind, "*Commentary*, October 1968, pp. 61-85. 阿尔特的文章对叶赫夏法特·哈卡比将军的《阿拉伯人对以色列的态度》极尽溢美之词。

131 Gil Carl Alroy, "Do The Arabs Want Peace?"*Commentary*, February 1974, pp. 56-61.

132 Roland Barthes, *Mythologies*, trans. Annette Lavers (New York: Hill & Wang, 1972), pp. 109-59.

133 Raphael Patai, *Golden River to Golden Road: Society, Culture, and Change in the Middle East* (Philadelphia: University of Pennsylvania Press, 1962; 3rd rev. ed., 1969), p. 406.

134 Raphael Patai, *The Arab Mind* (New York: Charles Scibner's Sons, 1973). 更具种族主义倾向的著作参见 John Laffin, *The Arab Mind Considered: A Need for Understanding* (New York: Taplinger Publishing Co., 1976)。

135 Sania Hamady, *Temperament and Character of the Arabs* (New York: Twayne

Publishers, 1960), p. 100. 哈马迪的著作深受以色列人和以色列的辩护者们的喜爱；阿罗伊以赞许的态度引用她的著作，Amos Elon 在其 *The Israelis: Founders and Sons* (New York: Holt, Rinehart & Winston, 1971) 中亦如此。Morroe Berger (参见下注 137) 也经常引用她。她引以为楷模的是雷恩的《现代埃及风俗录》，但她没有雷恩那么渊博。

136 曼弗雷德·哈尔彭的观点参见其 "Foue Contrasting Repertories of Human Relations in Islam: Two Pre-Modern and Two Modern Ways of Dealing with Continuity and Change, Collaboration and Conflict and the Achieving of Justice," 该文是提交给 1973 年 5 月 8 日于普林斯顿大学召开的题为 " 心理学与近东研究 " 的第 22 届近东研究大会的论文。该文后来经修改后以 "A Redefinition of the Revolutionary Situation" 为题发表，见 *Journal of International Affairs* 23, no. 1 (1969): 54-75。

137 Morroe Berger, *The Arab World Today* (New York: Doubleday Anchor Books, 1964), p. 140. 与此相类似的观点出现在像 Joel Carmichael 和 Daniel Lerner 这样的准阿拉伯学家与 Theodore Draper, Walter Laqueur 和 Élie Kedourie 这样的政治和历史研究者的作品中，尽管重点和程度不尽相同。另外，在 Gabriel Baer 的 *Population and Society in the Arab East* (trans. Hanna Szoke. New York: Frederick A. Praeger, 1964) 和 Alfred Bonné 的 *State and Economics in the Middle East: A Society in Transition* (London: Routledge & Kegan Paul, 1955) 中也可找到明显的证据。得到一致认同的似乎是：如果阿拉伯人能够思考的话，他们也是以一种不同于我们的方式思考——也就是说，并不必然运用理性，更多的情况是没有理性。亦可参见 Adel Daher 在其 *Current Trends in Arab Intellectual Thought* (RM-5979-FF, December 1969) 中对 RAND 所做的研究及其典型结论 " 阿拉伯思维中显然缺乏以解决问题为目的的方法 " (第 29 页)。在为 *Journal of Interdisciplinary History* 杂志所写的一篇评论文章中 (参见上注 124), Roger Owen 抨击了将 " 伊斯兰 " 这一概念用于历史研究的做法。他所攻击的主要目标是《剑桥伊斯兰史》，他发现这一历史在使伊斯兰这一观念僵化为 " 本质上乃一种宗教的、封建的、反理性的体系，缺乏使欧洲的进步得以可能发生的那些必要特征 " 的过程中负有不可推卸的责任。欲了解马克思·韦伯有哪些地方不准确，可参见 Maxime Rodinson, *Islam and Capitalism*,

trans. Brian Pearce (New York: Pantheon Books, 1974), pp. 76-117.

138 Hamady, *Character and Temperament*, p. 197.

139 Berger, *Arab World*, p. 102.

140 转引自 Irene Gendzier, *Frantz Fanon: A Critical Study* (New York: Pantheon Books, 1973), p. 94。

141 Berger, *Arab World*, p. 151.

142 P. J. Vatikiotis, ed., *Revolution in the Middle East and Other Case Studies; proceedings of a seminar* (London: George Allen & Unwin, 1972), pp. 8-9.

143 同上，第 12, 13 页。

144 Bernard Lewis, "Islamic Concepts of Revolution," in ibid., pp. 33, 38-9; 其 *Race and Color in Islam* (New York: Harper & Row, 1971) 以学术的姿态表达了同样的不满；更具政治性——但同样刻薄——的是其 *Islam in History: Ideas, Men and Events in the Middle East* (London: Alcove Press, 1973)。

145 Bernard Lewis, "The Revolt of Islam," in *The Middle East and the West* (Bloomington: Indiana University Press, 1964), p. 95.

146 Bernard Lewis, "The Return of Islam," *Commentary*, January 1976, p. 44.

147 同上，第 40 页。

148 Berbard Lewis, *History-Remembered, Recovered, Invented* (Princeton, N. J.: Princeton University Press, 1975), p. 68.

149 Lewis, *Islam in History*, p. 65.

150 Lewis, *The Middle East and the West*, pp. 60, 87.

151 Lewis, *Islam in History*, pp. 65-6.

152 最初发表在 *Middle East Journal* 5 (1951), 后收入 *Readings in Arab Middle Eastern Societies and Cultures*, ed. Abdulla Lutfiyye and Charles W. Churchill (The Hague: Mouton & Co., 1970), pp. 688-703。

153 Lewis, *The Middle East and the West*, p. 140.

154 Robert K. Merton, "The Perspective of Insiders and Outsiders," 见其 *The Sociology of Science: Theoretical and Empirical Investigations*, ed. Norman W. Storer (Chicago: University of Chicago Press, 1973), pp. 99-136。

155 比如说，可以参见安沃尔·阿卜德尔·马勒克、伊夫·拉科斯特的近期研究，收入 *Review of Middle East* 第一辑和第二辑 (London: Ithaca Press, 1975, 1976) 的论文，诺姆·乔姆斯基对中东政治的众多分析，以及中东研究与信息计划 (Middle East Research and Information Project, MERIP) 所做的研究。Gabriel Ardant, Kostas Axelos, Jacques Berque 等所编的 *De l'impérialisme à la décolonisation* (Paris: Éditions de Minuit, 1965) 对此做过很好的概述。

后 记

1 Martin Bernal, *Black Athena* (New Brunswick, NJ: Rutgers University Press, Volume I, 1987; Volume II, 1991); Eric J. Hobsbawm and Terence Rangers, ed., *The Invention of Tradition* (Cambridge: Cambridge University Press, 1984).

2 O'Hanlon and Washbrook, "After Orientalism: Culture, Criticism, and Politics in the Third World; "Prakash, "Can the Subaltern Ride?A Reply to O'Hanlon and Washbrook, "both in *Comparative Studies in Society and History*, IV, 9 (January 1992), 141-184.

3 有一个特别能说明问题的例子，刘易斯带有倾向性的概括这一习惯，实际上为他带来了法律上的麻烦。根据 *Libération* 杂志 (1994 年 3 月 1 日) 和 *Guardian* 杂志 (1994 年 3 月 8 日) 的报道，刘易斯在法国现在面临着亚美尼亚人和一些人权组织对他提出的刑事和民事指控。根据法国的法律，否认纳粹大屠杀是有罪的，刘易斯受到的指控与此相类似；他被控 (根据法国的报纸) 否认奥斯曼帝国曾对亚美尼亚人进行种族灭绝的大屠杀。

4 Philadelphia: University of Pennsylvania Press, 1993.

5 Ann Arbor: The University of Michigan Press, 1992.

6 "The Clash of Civilizations," *Foreign Affairs* 71, 3 (Summer 1993), 22-49.

7 "Notes on the'Post-Colonial'," *Social Text*, 31/32 (1992), 106.

8 Magdoff, "Globalisation-To What End?, "*Socialist Register 1992: New World Order?*, ed. Ralph Milliband and Leo Panitch (New York: Monthly Review Press, 1992), 1-32.

9 Miyoshi, "A Borderless World? From Colonialism to Trans-nationalism and the Decline of the Nation-State," *Critical Inquiry*, 19, 4 (Summer 1993), 726-51; Dirlik, "The Postcolonial Aura: Third World Criticism in the Age of Global

Capitalism, "*Critical Inquiry*, 20, 2 (Winter 1994), 328-56.
10 *Irland's Field Day* (London: Hutchinson, 1985), pp. vii-viii.
11 Alcalay (Minneapolis: University of Minnesota Press, 1993): Gilroy (Cambridge: Harvard University Press, 1993); Ferguson (London: Routledge, 1992).

索　引

译者按：为了不破坏原著索引的完整性，也为了翻译与编辑的方便，索引页码保留原著页码，原著页码在正文中以边码形式标示。有少数删改。

Abbas I (of Egypt) 阿拔斯一世（埃及），186

Abbasids 阿拔斯，303

Abdel Malek, Anwar 阿卜德尔·马勒克，安沃尔，96-7，105，108，325，327，334，335，346

Abduction from the Seraglio, The（Mozart）《土耳其后宫的诱骗》（莫扎特），118

Abrahamanic religions 源于亚伯拉罕的宗教，265，267，268-9

Abrams, M. H. 艾布拉姆斯，114，335，338

Account of the Manners and Customs of the Modern Egyptians, An（Lane）《现代埃及风俗录》（雷恩），8，15，23，88，111，158-164，168，170，171，183，239，341，349

accumulation, Orientalist discipline of 积累，东方学学科的，123，165-6，176-7

Adanson, Michel 亚当松，米歇尔，117

"Adieux de l'hôtesse arabe"（Hugo）"再会，阿拉伯姑娘"（雨果），100

Adventures of Hajji Baba of Ispahan（Morier）《伊斯法罕的哈吉巴巴历险记》（莫瑞尔），193

Aeneas Silvius 阿尼耶斯·西尔维耶斯：见 Pius II, Pope 庇护二世，教皇

Aeschylus 埃斯库罗斯，3，21，56-7，243，332

Africa, Africans 非洲，非洲人，31，35，37，41，46，84，91，92，98，104，107，119，210，216，218，226，251，252，275，294，298，303，304，314

Ahmed, Sheikh 阿赫默德，酋长，160-1

Alexander the Great 亚历山大大帝，58，

80，84，85，168

Alexandria 亚历山大城，82，244

Algiria 阿尔及利亚，218，301，324

Alliance for Progress 进步同盟，107-8

almehs 阿尔美（舞女），186

Alroy, Gil Carl 阿罗伊，吉尔·卡尔，307-8，349

Alter, Robert 阿尔特，罗伯特，307，349

Althusser, Louis 阿尔都塞，路易，16，329

Ame romantique et le rêve, L'（Béguin）《浪漫情调与梦想》（贝甘），100

American Oriental Society 美国东方研究会，43，99，294，295

anatomy: comparative 解剖学：比较的，12，40，43，117；和语言学，140，142，143-4，231

Ancient and Modern Imperialism（Cromer）《古典与现代帝国主义》（克罗默），212，343

Andalusia 安达卢西亚，303

Anniversary Discourses（Jones）《纪念文集》（琼斯），135

Anquetil-Duperron, Abraham-Hyacinthe 安格迪尔-杜贝隆，22，51，76-7，79，117，122，252

anthropocentrism 人类中心主义，97，98，108

anti-Semitism 反犹太主义，27-8，98-9，133-4，141-2，145-6，149-50，151，193，231-4，237，262，286，317，337，349

Aphrodite（Louÿs）《阿芙罗狄忒》（卢易斯），208

Arab Attitudes to Israel（Harkabi）《阿拉伯人对以色列的态度》（哈卡比），307，349

Arab-Israeli Wars 阿以战争，284-5，293

Arab Mind, The（Patai）《阿拉伯心性》（帕泰），309，349

Arab Revolt 阿拉伯叛乱，238，242-3，248

"Arab World, The"（Glidden）"阿拉伯世界"（格里顿），48，308，331

Arabi, Ahmed 阿拉比，阿赫默德，35，37，170，223

Arabia 阿拉伯半岛，17，63，96，159，224，235-6，287，303

Arabian Nights《天方夜谭》，64，164，176，193，194，196，343

Arabic（language）阿拉伯（语），42，50，52，64，74，77，82，83，96，123-4，126，128，142，159，164，166，178，182，195，209，238，255，268，287，292，310，314-15，320-1，322，331，349

Arabischen Studien in Europa bis in den Anfang des 20. Jahrhunderts, Die（Fück）《20世纪初欧洲的阿拉伯研究》（弗克），16，329，331，337

Arabs 阿拉伯人：贝尔论，229-31；高辛·德·帕斯瓦论，151-2；西方

人眼中的集合性实体, 230, 233,
236-7, 252, 260, 262, 285-8,
296-9, 300-301, 305, 306-11,
317-18, 321, 350; 克罗默论, 36-
41; 格里顿论其价值体系, 48-9;
劳伦斯论, 228-30, 238, 241-3,
247-8; 奥克雷论, 75-6; 政治化
的当代看法, 26-7, 107-8, 285-8,
303-4, 306, 321, 349, 350; 萨尔论,
117; 在西方人眼中与性等同, 311-
16; 史密斯论, 235-7; 社会科学论,
108, 288-93, 320-1. 亦见 Islam 伊
斯兰, Near Orient 近东
Arabs in American Textbooks, *The*《美国
教科书中的阿拉伯人》, 287, 347
Arberry, A. J. 阿伯里, 78, 333, 340,
341
Archaeology of Knowledge, *The*（Foucault）
《知识考古学》（福柯）, 3, 337, 342
area studies 区域研究, 2, 53, 106-7,
255, 275-6, 296, 300, 325
"Area Studies Reconsidered"（Gibb）"区
域研究之反思"（吉勃）, 106, 275,
331, 335
Arendt, Hannah 阿伦特, 汉娜, 240,
344, 345
Arianism 阿里乌教派, 63, 65, 76
Ariosto, Lodovico 阿里奥斯多, 罗多维
柯, 63
Aristotle 亚里士多德, 69
Arnaldez, Roger 阿纳德伊, 罗杰, 266

Arnold, Matthew 阿诺德, 马修, 14,
145, 227, 228
Arnold, Thomas 阿诺德, 托马斯, 224,
346
Aryans 雅利安人, 99, 206, 232, 233,
262, 268, 271-2
Asia and Western Dominance（Panikkar）
《亚洲与西方霸制》（帕尼卡尔）, 5,
329
Asiatic Society of Bengal 孟加拉亚洲研
究会, 78
Assad, Thomas J. 阿萨德, 托马斯,
195, 343
Atala（Chateaubriand）《阿达拉》（夏
多布里昂）, 174, 178
Athens 雅典人, 54, 56, 57, 171, 183
*Attitudes Towards Jewish Statehood in
the Arab World*（Alroy）《阿拉伯
世界对犹太人立国的态度》（阿罗
伊）, 307
Auerbach, Erich 奥尔巴赫, 埃里希,
258-9, 260, 261, 262, 346
Avenir de la science, *L'*（Renan）《科
学之未来》（赫南）, 132-3, 145,
337, 338, 339
Averroës 阿威罗伊, 69, 70, 104
Avesta 阿维斯陀经, 76-7, 亦见 Zend-
Avesta
Avestan（language）阿维斯陀语, 51,
76-7
Avicenna 阿维森纳, 69, 70

Bacchae, The (Euripides)《酒神的女祭司》(欧里庇得斯), 56-7, 332

Bachelard, Gaston 巴什拉，加斯东, 54-5, 331

Bacon, Roger 培根，罗杰, 71

Badaliya Sodality 巴达利亚兄弟会, 267

Baldensperger, Fernand 巴尔登斯伯格，费尔南, 253, 346

Balfour, Arthur James, Lord 贝尔福，亚瑟·詹姆斯勋爵, 31-6, 38, 39, 40, 46, 47, 49, 78, 92, 95, 96, 105, 244, 251, 306, 330

Balfour Declaration 贝尔福宣言, 294, 316-7, 348

Ballanche, Pierre Simon 巴朗什，彼埃尔·西蒙, 147

Balzac, Honoré de 巴尔扎克, 13, 131, 139, 144, 337, 338, 339

Bandung Conference 万隆会议, 104, 304

Barbary pirates 巴巴里海盗, 290, 294

Baring, Evelyn 巴林，伊夫林：见 Cromer 克罗默

Barrès, Maurice 巴赫斯，莫里斯, 99, 244-5, 345

Barthes, Roland 巴特，罗兰, 273, 308, 349

Baudelaire, Charles 波德莱尔，夏尔, 180

Baudet, Henri 波德特，亨利, 75, 333, 334

Becker, Carl Heinrich 贝克尔，卡尔·海恩里希, 18, 103, 104, 209, 296, 335, 350

Beckford, William 贝克福德，威廉, 22, 101, 118

Bede 毕德, 61, 71

Béguin, Albert 贝甘，阿尔伯特, 100

Beirut 贝鲁特, 1, 183

Bell, Gertrude 贝尔，杰特鲁德, 197, 224, 225, 229-231, 235, 237, 238, 246, 344

Benjamin, Walter 本杰明，瓦尔特, 13, 51, 329

Bentham, Jeremy 边沁，杰雷米, 127, 214

Berger, Morroe 伯格，莫罗, 288-90, 310, 311, 335, 348, 349, 350

Bergson, Henri 伯格森，亨利, 31, 266

Berlin, Sir Isaiah 柏林，以赛亚爵士, 70, 333, 336

Berque, Jacques 伯克，雅克, 266, 270, 326-7, 346, 350

Bertrand, Comte Henri Gratien 伯特兰，亨利·格拉蒂安伯爵, 81

Bevan, Anthony 贝汶，安东尼, 224

Bhagavad-Gita 福者之歌, 78

Bible 圣经, 93; 和18世纪的世俗化, 120, 135-6; 作为东方学的领域, 4, 63, 65, 76-7, 177; 和浪漫主义的再生观念, 114-5; 和西方与近东的牵连, 58, 74, 170, 260

Biblical scholarship, impulse toward Orientalism of 圣经研究对东方学的推

动，17，18，51，76-7，170，202，290

Bibliothèque orientale（d'Herbelot）《东方全书》（德尔贝洛），63-7，71，72，75，332

"Biological View of Our Foreign Policy, A"（Michel）"从生物学角度看我们的对外政策"（迈克尔），233

biology 生物学：和政治学，312-3；和人种分类，206-7，231-3；其类型，119，143-4，231，339

Biology of British Politics, The（Harvey）《英国政治的生物学》（哈维），233

Blumenbach, Johann Friedrich 布卢门巴赫，约翰·弗里德里希，119

Blunt, Wilfred Scawen 布兰特，维尔弗莱德·斯卡文，195，237，330

Bopp, Franz 葆朴，弗朗茨，18，98，115，133，135，136，139，232

Bordeaux, Henri 波尔多，亨利，170，341

Borges, Jorge Luis 博尔赫斯，266

Bornier, Vicomte Henri de 波尔尼耶，亨利子爵，90

Bossuet, Jacques Bénigne 波舒哀，雅克·贝尼涅，124，125

Bougainville, Louis Antoine de 布干维尔，路易·安东，117

Bounoure, Gabriel 布奴赫，加布里耶，266

Bouvard et Pécuchet（Flaubert）《布瓦尔和白居谢》（福楼拜），113-16，121，133，177，189，335

Bracken, Harry 布拉肯，哈利，13，329，344

Brahma 婆罗贺摩（梵天），150

Brahmanism 婆罗门教，76

Bremond, Edmond 布雷蒙，埃德蒙，225，344

Britain 不列颠：其殖民理论，212-13，214-15，270；对埃及的占领，11，17，19，31-9，88，211-12，223-4，253，257，330；东方学流派（与法国相比）225，244，264-6；在东方学中的优先地位，1，17，19，60，77-9，98，158-64，176，194-7，224，228-31，234-44，246，264，274-84，296，302-5

Brockelmann, Carl 布罗克曼，卡尔，18

Broglie, Achille-Charles-Léonce-Victor, Duc de 布罗伊，阿基里-夏尔-雷昂斯-维克多公爵，124，127，336

Brosses, Charles de 布罗斯，夏尔，117

Browne, Edward Granville 布朗，爱德华·格兰维尔，224

Browning, Robert 布朗宁，罗伯特，18

Bruneau, Jean 布鲁诺，让，180，181，342

Brunetière, Vincent de Paul-Marie-Ferdinand 布鲁内蒂耶尔，汶生·德·保罗-马利-费迪南，257

Buchan, John 布钦，约翰，251

Buddhism 佛教，120，232，259

Buffon，Comte Georges-Louis Leclerc de 布封，87，119

Bunsen Committee 班森委员会，220

Burchard of Mount Syon 芒特西翁的伯查德，71

Burckhardt，Jacob 布克哈特，雅各，95，160，208

Burke，Edmund 伯克，埃德蒙，77

Burnouf，Rugène 布尔奴，尤金，98，99，133

Burton，Sir Richard 伯顿，理查德爵士，19，23，51，88，99，102，193，223，235，286，343；吸收东方的行为和信仰体系，195-6；个人主义与帝国主义的共存，195，196，197，224，246；好斗性，194，196；与雷恩相比，159，170-1，194；调和东方学的客观性与个体的审美性，158，159，171，194；通过物质占有界定东方，169，210；作为学者，194，196；和东方的性，190

Butor，Michel 迈克尔，布托，183，342

Byron，George Gordon，Lord 拜伦，22，31，99，101，118，167，192

Byzantium 拜占庭，76，192

"Byzantium"（Yeats）"拜占庭"（叶芝），230，344

Cabanis，Pierre-Jean-Georges 卡巴尼，彼埃尔-让-乔治，114

Cabet，Étienne 卡贝，埃蒂安，114

Caesar，Julius 恺撒，57，85

Cagliostro，Count Alessandro di 卡廖斯特罗，88，152

Cahiers du mois, Les《月志》，250

Cairo 开罗，82，102，170，182，183，194，224，295，316-17

Calia and Dumna《卡里莱和迪木乃》126

Caliphate, Its Rise, Decline and Fall, The（Muir）《哈里发的兴起与衰落》（缪尔），151

Caliphate of Cordova 科尔多瓦的哈里发，315

caliphates，Arabian 哈里发们，阿拉伯的，74，281，302-3

Cambridge History of Islam, The（ed.Holt, Lambton, and Lewis）《剑桥伊斯兰史》（霍尔特、兰伯顿和刘易斯编），63，109，284，302-5，332，348-9

Campagnes d'Égypte et de Syrie, 1798-1799（Napoleon）《埃及与叙利亚之战：1798-1799》（拿破仑），81，333

Camus，Albert 加缪，312-13

Candide（Voltaire）《戆狄德》（伏尔泰），92

Carlyle，Thomas 卡莱尔，托马斯，14，95，152，228，340

Carnets de Voyage（Flaubert）《旅行记》（福楼拜），181

Carthage 迦太基，171，175，177，185

Cassirer，Ernst 卡西尔，恩斯特，147，

340

Catafago, Joseph 卡塔法戈，约瑟夫，170

Caussin de Perceval, Armand-Pierre 高辛，德·帕斯瓦，阿芒－彼埃尔，147，151-2，231，246，340

Cecil, Robert Arthur Talbot Gascoyne, Lord Salisbury 塞西尔，索尔兹伯里勋爵，31，41

Center for Middle Eastern Studies (Harvard) 中东研究中心（哈佛），106，275，296

Centenary Volume of the Royal Asiatic Society (ed. Pargiter)《皇家亚洲研究会100周年纪念文集》（帕吉特编），79，333，341

Cervantes Saavedra, Miguel de 塞万提斯，63，92

Chaldeans（sect）迦勒底（教派），220

Champollion, Jean-François 商博良，让－弗朗索瓦，18，121，137，140，170

Chanson de Roland《罗兰之歌》61，63，71

Chapters on the Principles of International Law（Westlake）《国际法原理散论》（西雷克），206-7

Charles-Roux, F. J. 夏尔－卢克斯，87

Charmes, Gabriel 夏尔姆，加布里耶，219

Chateaubriand, François-René, Vicomte de 夏多布里昂，1，19，81，88，99，100，115，136，181，193，341；和东方学的相互征引性，176-7；代表东方学的个人审美性，169，170-1，173，175，176；在耶路撒冷，174；为征服东方进行论证，172；和拉马丁，178，179；在东方的自我完善，171，173

Chaucer, Geoffrey 乔叟，吉奥弗里，31

Chew, Samuel 丘，撒缪尔，60，332

Chicago, University of 芝加哥大学，105，252，296

Chimères, Les（Nerval）《述异集》（内瓦尔），181

China 中国，1，9，17，42，46，51，59，62，73，90，108，117，118，120，139，165，251，254，264，285，294

Chirol, Valentine 齐罗尔，瓦伦丁，252-3，345

Chomsky, Noam 乔姆斯基，诺姆，11，329，348，350

Chrestomathie arabe（Sacy）《阿拉伯文选》（萨西），8，126，128-9，284，337

Christianity 基督教：其迫切需要，和东方学，67，91；和帝国主义，100，319；闪语的重要性，74；拉马丁和，178；马西农和，104，209，246，264，266，268-9，270，271，272；中世纪的伊斯兰形象，59-63；在东方的少数教派，191，217，220，267，278，303；赫南和，134-5，138，

140，146，147，337；作为神圣历史的，64，136；在后启蒙时期的现实推动作用，114-15，120，121，122，124，134，138，154，158，168，172，206；为伊斯兰所威胁，59-60，74，91，100，260，268，331

Citizen of the World, The（Goldsmith）《世界公民》（高尔德斯密），117

classicism 古典主义：与东方学的范围相比，50；文艺复兴盛期的，51；马西农使其融入东方"活生生的力量"，265，267；东方学家用以处理现代东方，79，80，92，98，204，207，222，232，233，234，240，261，300；东方学内部的，52，79，86，92，265

classification 分类，231-3，237，262；语言的，135，137，140，143，166，227，231，262，268；生理的和伦理的类型，119-20，227

Claudel, Paul 克洛德尔，保罗，252，266

Clermont-Ganneau, Charles 克勒芒-加诺，夏尔，170

Clot, Antoine-Barthélemy（Clot Bey）克洛，安东-巴代勒米（克洛·贝），186

Cold War 冷战，291，296，320

Colebrooke, Henry Thomas 柯勒布鲁克，亨利·托马斯，79

Coleridge, Samuel Taylor 柯勒律治，18，136，338

Colet, Louise 柯雷，路易斯，187

Collège de France 法兰西学院，124，138，248，270

Columbia College 哥伦比亚学院，287

Comédie humaine, La（Balzac）《人间喜剧》（巴尔扎克），13，144，338

Comité de l'Asie française 法国亚洲委员会，220

Comité d'Orient 东方委员会，220

Commentary《评论》，307，316，317，335，349，350

Committee of Concerned Asia Scholars 亚洲学者委员会，301

communism 共产主义，108，278，279，295，303

Compagnie universelle 万国公司，89-90

Comte, Auguste 孔德，奥古斯特，114，115，228

Condorcet, Marquis de 孔多塞，147

Confucius 孔子，69

congress, first Orientalist 第一届东方学大会，210，262

Connaissance de l'est（Claudel）《东方知识》（克罗德尔），252

Conrad, Joseph 康拉德，约瑟夫，186，190，199，216，242，343

Considérations sur la guerre actuel de Turcs（Volney）《论土耳其的现实冲突》（沃尔内），81

Constant, Benjamin 贡斯当，邦雅曼，

137, 338

contraferentia 会谈, 61, 120

Cook, James 库克, 詹姆斯, 117

Cook, Thomas 库克, 托马斯, 88-9

Council of Vienne 维也纳会议, 49-50, 51, 124

Count Robert of Paris（Scott）《巴黎的罗伯特伯爵》（司各特）, 192

Cournot, Antoine-Augustin 库尔诺, 安东奥古斯丁, 114

Cousin, Victor 库赞, 维克多, 114, 134, 147

Crescent and the Cross, The（Warburton）《新月与十字架》（华伯顿）, 195

Crescent and the Rose, The（Chew）, 60, 332

Cressaty, Comte de 克雷萨蒂, 伯爵, 225, 344

"Cri de guerre du mufti"（Hugo）"穆夫提的战斗呐喊"（雨果）, 168

Crimean War 克里米亚战争, 153

Cromer, Evelyn Baring, Lord 克罗默勋爵, 伊夫林·巴林, 35, 214, 330, 331, 343; 其"知识", 38-40, 46, 47, 49, 95, 96, 105, 223, 244; 反映出对东方的空间态度, 211-12; 论知识的社会管理, 44-5; 论"臣属民族", 36-9, 40, 41, 44-5, 95, 172, 212-13; 在埃及的任期, 35, 36, 38, 223, 228

Crozier, John B. 克罗泽尔, 约翰, 233

Crusades 十字军, 58, 75, 101, 168, 170, 172, 192

Curtius, Ernst Robert 库尔提乌斯, 恩斯特·罗伯特, 258, 259, 261, 262

Curzon, George Nathaniel, Lord 柯曾, 乔治·那萨尼尔勋爵, 213-16, 229

Curzon, Robert 克仁, 罗伯特, 195

Cust, Robert Needham 卡斯特, 罗伯特·尼德汉, 261-2, 346

Cuvier, Baron Georges-Léopold-Chrétien-Frédéric-Dagobert 居维叶 13, 124, 132, 133, 141, 142, 144, 146, 153, 206, 339

Dacier, Joseph 达西耶, 约瑟夫, 124, 126, 127, 336

Damascus 大马士革, 229, 241, 242

Dampier, William 丹皮尔, 威廉, 117

Daniel, Norman 丹尼尔, 诺曼, 60, 332, 335-6

Daniel Deronda（Eliot）《丹尼尔·德伦达》（艾略特）, 169, 192

Dante 但丁, 3, 68-70, 71, 72, 95, 123, 177, 210, 211, 246

Dark Races of Man, The（Knox）《黑色人种》（诺克斯）, 206

Darwin, Charles 达尔文, 查尔斯, 22, 206-7, 227, 232-3

De la religion（Constant）《论宗教》（贡斯当）, 137

De Lingua Latina（Varro）《论拉丁语》

（瓦罗），144

Défrémery, Charles 德弗雷马利，夏尔，170

Delacroix, Ferdinand-Victor-Eugène 德拉克洛瓦，118

Depping, Guillaume 德邦，吉罗姆，218

"Des services rendus aux sciences historiques par la philologie" (Renan) "论语言学转交给诸历史学科的任务"（赫南），134，338，340

Description de l'Égypte《埃及志》，42，84，85-87，95，103，159-60，168，283，333-4

Description de l'Égypte (Le Mascrier)《埃及述》（勒·马斯克里耶），84

Destutt de Tracy, Comte Antoine-Louis-Claude 德斯丢·德·特拉西，114

Deutsche Morgenländische Gesellschaft 德国东方研究会，43

Dialogues des morts (Fénelon)《死者的对话》（费奈隆），69

Dialogues philosophiques (Renan)《哲学对话录》（赫南），147

Dictionnaire des idées reçues (Flaubert)《庸见词典》（福楼拜），185，189

Didascalicon (Hugo of St. Victor)《世俗百科》（圣维克多的雨果），259

Diderot, Denis 狄德罗，119

Diodorus Siculus 狄奥多拉，175

Dionysiac cults 酒神崇拜，56-7

Discipline and Punishment (Foucault)《规训与惩罚》（福柯），3，336，344

discourse 话语：想象性文学作品对东方学（话语）的贡献，2-3，99；定义，94；东方学的正统性，121；和东方学（话语）的不同形式，238-9；和权力的不同形式，12，328；福柯论，3，94；东方学（话语）的历史影响，94-5；欧洲（话语）之内隐伏的东方学，205-6，221-2；东方学（话）之内的方法论问题，121，124，127，302；神话的，311，321；东方学作为，2，3，6，12，21-5，71-3，80，86-7，94-5，99，121-2，130，146，156，162，210-5，210，222，230-1，311-2，321；语言学的，137，146，148；赫南对东方学（话语）的强化，130；作为表述，21-2，71-3，272-4；西方（话语）的力量，25，94；替代了单个作家，94，202，273；东方学（话语）的类型学，230-4；东方学（话语）的词汇，41，44，60，71-3，90，121，127，230，321；冯·格鲁恩鲍姆的典型体现，296-7

Discoveries in the Ruins of Nineveh and Babylon (Layard)《尼尼微和巴比伦遗址大发现》（拉亚尔德），195

Disraeli, Benjamin, 1st Earl of Beaconsfield 迪斯累利，本杰明，5，19，44，99，102，157，166，169，192，217

Divine Comedy, The（Dante）《神曲》（但丁），68-9,

"Do the Arabs Want Peace?"（Alroy）"阿拉伯人想要和平吗？"（阿罗伊），307, 349

"Domestic Structure and Foreign Policy"（Kissinger）"国内结构与对外政策"（基辛格），46

Don Juan（Byron）《唐璜》（拜伦），178

Don Quixote（Cervantes）《堂吉诃德》（塞万提斯），92, 93

Doughty, Charles Montagu 道蒂，查尔斯·蒙塔古，99, 171, 195, 223, 235, 237, 345

"Douleur du Pacha, La"（Hugo）"帕夏的苦痛"（雨果），168

Doumer, Paul 杜梅，保罗，225

Dozy, Reinhart 多泽，莱恩哈特，99, 151

Druzes 德鲁兹教派，18, 102, 126, 191, 192

Dryden, John 德莱顿，约翰，31

Dugat, Gustave 杜加，居斯塔夫，52, 331, 339

Durkheim, Émile 涂尔干，爱弥儿，259, 266

Eban, Abba 艾本，阿巴，270

École publique des langues orientales, 83

Education sentimentale, L'（Flaubert）《情感教育》（福楼拜），187

Egypt 埃及：对法国人和英国人的态度，211-12；作为英国的殖民地，11, 17, 19, 31-7, 76, 80, 87, 88, 169, 194, 211-13, 220, 223-4, 253, 257, 330；商博良和，121, 137, 140, 170；夏多布里昂论，174-5；其欧洲精英文化，323；作为东方学的焦点，84；雷恩论，15, 23, 159-64, 166-7, 176；拿破仑的入侵，22, 42-3, 76, 80-8, 89, 122, 137, 144, 156；其民族主义，31, 35, 37, 39, 170, 223, 257, 316-17；1948年之后，109；和苏伊士运河，88-90。亦见 Islam（伊斯兰）；Near Orient（近东）

Eichhorn, Johann Gottfried 艾霍恩，约翰·戈特弗莱德，17

Eighteenth Brumaire of Louis Bonaparte, The（Marx）《路易·波拿巴的雾月十八日》（马克思），21, 133

Eliot, George 艾略特，乔治，14, 18-9, 99, 169, 192, 232, 344

Eliot, T. S. 艾略特，T.S.，252

Encyclopedia of Islam, The《伊斯兰百科全书》，284

Engels, Friedrich 恩格斯，97

England in Egypt（Milner）《英国在埃及》（弥尔纳），31

Enquête aux pays du Levant, Une（Barrès）《黎凡特诸国探行记》（巴赫斯），244, 345

Eothen (Kinglake)《旅行记》(金雷克), 193, 342

Erchembert 艾钦伯特, 59

Erpenius, Thomas 厄彭尼乌斯, 托马斯, 50, 65

Essai sur l' histoire des Arabes avant l' Islamisme (Caussin de Perceval)《伊斯兰教兴起前之阿拉伯史》(高辛·德·帕斯瓦), 151, 340

Essai sur l' inégalité des races humaines (Gobineau)《论人类的不平等》(戈比诺), 206, 340

Euripides 欧里庇得斯, 56-7, 332

Europe 欧洲: 亚洲将使其再生, 113-16; 在东方的殖民主义, 1, 2, 3, 7, 11, 14-15, 16-17, 31-9, 41, 87, 92, 95, 100, 156, 190, 195, 207, 210, 211-16, 217-25, 226-8, 232, 246, 251, 256-7, 270, 278-9; 文化霸权, 和东方学, 3, 128, 148, 153; 东方的"白日梦", 52-3, 73; "消化"东方, 250-1; 关于东方的想象性知识, 55-8, 59-67, 71-2; 其语言根源, 78-9, 98, 136-7; 东方观念的转变, 210-11; 在东方的少数民族, 191; 文艺复兴时期力量的上升, 7; 对东方的表述, 1-3, 5-6, 7, 16, 20-2, 39-40, 55-7, 60-73, 86-7, 98-9, 101-8, 193, 203, 272-4, 283-4, 311; 其世俗化, 114-16, 120-3, 135-6, 138; 和东方的性, 190, 311-16; 社会自我意识, 197; 处理东方的力量, 3, 5-6, 7, 11, 12, 32-5, 40-1, 44, 45, 57, 60, 72, 78, 79, 85-8, 92, 94, 104, 108-9, 117, 141, 150, 152-3, 156, 160, 193-4, 197, 204, 226-8, 237, 246, 248-9, 309; 凌驾于东方学"对象"之上, 97; 伊斯兰所造成的创痛, 59-62, 73-4; 瓦莱里论其角色, 250-51. 亦见 imperialism 帝国主义; Orientalism 东方学; 具体国名

Europocentrism 欧洲中心主义, 97, 98, 108

expertise, Orientalist 专门知识, 东方学的, 196-7, 222-5, 228-31, 235-6; 其与实际活动有关的方面, 238-9, 240, 242-3, 246, 253-4; 对阿拉伯政治和性的论述, 312-16; 类型化处理, 230, 236, 246-7; 当代"区域研究专家"的, 285, 290-1, 321; 法国的与英国的相比较, 244-6。亦见 Orientalism 东方学; scholarship, Orientalist 学术研究, 东方学的

Fabre d' Olivet, Antoine 法布赫·多利弗, 安东尼, 87

Faisal 费萨尔, 270

Falanges libanaises 黎巴嫩长枪党, 303

Fashoda Incident (1898) 法肖达事件, 31

Faure, Elie 福赫,艾里,253,346
Fauriel, Claude 傅里耶,克洛德,147
Fénelon, François de Salignac de La Mothe 费奈隆,69
Fenollosa, Ernest Francisco 弗诺罗萨,厄内斯特·弗朗西斯科,252
Filles du feu, Les（Nerval）《灵女》（内瓦尔）,180,341
FitzGerald, Edward 菲兹杰拉尔德,爱德华,53,193
Flandin, Étienne 弗朗丹,埃蒂安,225
Flaubert, Gustave 福楼拜,居斯塔夫,11,23,94,144,158,193,197,199,223,231,244,291,335,339,342;将东方与性相联,188-90,309;和隐伏的东方学的假设,206;论中产阶级激情与幻灭的循环,113-14;其冷眼旁观式的力不从心,188-9;其细节,15,186;论英国在埃及的野心,194;东方学想象性文类的典型代表,8,53,88,99,102,157,159,168,169,170,179-81,184-90;东方学的独立,181,189,191,192;东方满足了其身上的乖僻性,180,184-5;东方女人,6,180,186-7,207;东方学的限制,43,177,189;其全球性的、重新建构的想象视野,114-16,121,189;对家园的寻找,180;作为旅行家,185-6;和"想象性替代",185

Ford Foundation 福特基金会,295
Forster, E. M. 福斯特,99,244,248,345
Foucauld, Charles de 福可,夏尔·德,266
Foucault, Michel 福柯,米歇尔,3,14,22,23,94,119,130,135,188,336,338,339,342,344
Fourier, François-Marie-Charles 傅立叶,114
Fourier, Jean-Baptiste-Joseph 福里耶,29,84-5,86
France 法国:与英国的殖民竞争,41,76,169,191,211-12,215,217-21,224-5,244;对远东的兴趣影响对近东的兴趣,17;其地理运动,217-20,344;在印度,76;去往东方的朝圣者,169-90;其东方学工业,190-1;与英国相对的东方学传统,225,244,264-6;在东方学中的优先地位,1,17,19,51,63-7,76-7,81,83-8,98,104,123-9,130-48,159-60,165,169-76,177-91,237,244,246,248-50,264-72,296;在东方代表着精神,245,264,270-1;和苏伊士运河,88-90。亦见 Napoleon I 拿破仑一世
Franco-Prussian War（1870-1871）普法战争,217-18

索引 519

Franklin, Benjamin 富兰克林, 本杰明, 77

Franklin-Bouillon, Henry 富兰克林－布庸, 亨利, 225

Frazer, Sir James George 弗雷泽, 詹姆斯·乔治爵士, 145

Fück, Johann W. 弗克, 约翰, 16, 329, 331, 337, 343

Fundgraben des Orients《东方文物》, 43

Galland, Antoine 伽兰, 安东尼, 63-5, 332

Gardet, Louis 加蒂特, 路易, 305

Gamier, Francis 加尼耶, 弗兰西斯, 218

Gautier, Théophile 戈蒂耶, 泰奥菲尔, 99, 100, 101, 180

Geertz, Clifford 格尔茨, 克利福德, 326

Génie des religions, Le (Quinet)《宗教之特性》(吉内), 79, 137, 331, 333

Génie du Christianisme, Le (Chateaubriand)《基督教之特性》(夏多布里昂), 174

Geoffroy Saint-Hilaire, Étienne 乔弗罗伊·圣－希拉尔, 埃蒂安, 13, 86, 141, 142, 143-5, 334, 339-40

Geoffroy Saint-Hilaire, Isidore 乔弗罗伊·圣－希拉尔, 伊西多, 141, 144, 339-40

geography 地理学: 成了"最具国际性"的学科, 215-19, 220;"商业的", 218; 德·雷赛布的超越, 88-92; 和东方学本质化的想象视野, 108, 246-7, 303, 305; 种族决定论形式, 305; 想象性的和武断的, 54-5, 57-8, 68, 71, 73, 77, 95, 201, 305; 被帝国主义压倒, 95, 210-1, 213; 人为建构的, 4-5; 东方学的精心谋划, 12, 50, 53, 64, 65, 77, 78, 86, 126, 165, 201, 215-16; 和东方学计划, 88-92; 与知识的联系, 53-4, 86, 216

Germany 德国, 1, 17-9, 24, 43, 52, 71, 98, 100, 129, 137, 191, 208, 211, 212, 225, 238, 245, 256

"Giaour" (Byron) "异教徒" (拜伦), 167

Gibb, Sir Hamilton A. R. 吉勃, 汉密尔顿爵士, 11, 53, 101, 107, 247, 258, 262, 291, 331, 335, 345, 346, 347; 论阿拉伯心态, 105-6; 与马西农对比, 246, 264, 266, 267, 274, 275; 权威人物, 275, 296; 所受影响, 276-7, 283; 论马西农, 265, 283; 形而上的抽象概括, 278-83; 反对近东的民族主义运动, 263, 279; 在公共政策中所扮演的角色, 106-7, 257, 264, 275-6, 296; 论西方对东方的需要, 256-7

Gibbon, Edward 吉本，爱德华, 55, 59, 74, 117, 120, 332, 333
Gide, André 纪德，安德烈, 190, 250
Gilson, Étienne 吉尔森，埃蒂安, 254
Girardin, Saint-Marc 吉拉尔丹，圣-马克, 217
Glidden, Harold W. 格里顿，哈罗尔德, 48-9, 308, 331
Gobineau, Joseph-Arthur, Comte de 戈比诺，约瑟夫-亚瑟伯爵, 8, 99, 150, 206, 228, 340
Goethe, Johann Wolfgang von 歌德，约翰·沃尔夫冈·冯, 19, 22, 51, 99, 100, 118, 144, 154, 155, 157, 167-8, 257, 333, 339, 341
Golden River to Golden Road (Patai)《通往金色道路的金色河流》(帕泰), 308-9, 349
Goldsmith, Oliver 高尔德斯密，奥立弗, 117
Goldziher, Ignaz 高德兹赫，伊格纳兹, 18, 105, 209
Golius, Jacobus 高利乌斯，雅各布, 65
Gordon, Charles George 戈登，查尔斯·乔治, 31
Gordon, David 戈登，大卫, 298, 348
"Government of Subject Races, The" (Cromer) "臣属民族之政府"（克罗默）, 44
Gramsci, Antonio 葛兰西，安东尼奥, 6-7, 11, 14, 25, 26, 329-30

Graves, Mortimer 格雷夫斯，莫蒂默, 295, 348
Graves, Robert 格雷夫斯，罗伯特, 243
Greece 希腊, 21, 52, 56-7, 68, 77, 88, 97, 103-4, 177, 209, 250-1, 281, 304
Grimm, Jakob 格林，雅各, 98
Grousset, René 格鲁塞，勒内, 58, 332
Grunebaum, Gustave von 格鲁恩鲍姆，居斯塔夫·冯, 105, 296-298, 304, 348
Guibert of Nogent 诺根特的吉尔伯特, 71
Guizot, François-Pierre-Guillaume 基佐，弗朗索瓦-彼埃尔-吉罗姆, 147
Gundolf, Friedrich 冈多夫，弗里德里希, 258

Hafiz 哈菲兹, 168
Hallaj, Mansur al- 哈拉吉，曼苏尔, 104, 246, 264, 266, 268-9, 272
Halpern, Manfred 哈尔彭，曼弗雷德, 310, 348, 349
Hamady, Sania 哈马迪，萨尼娅, 309-10, 311, 312, 349, 350
Hamann, Johann Georg 哈曼，约翰·格奥尔格, 118
Hariri, Abu Muhammad al-Qasim al- 哈里里, 126
Harkabi, Yehoshafat 哈卡比，叶赫夏法特, 307, 308, 349

Harun al-Rashid 哈伦，拉希德，303

Harvard University 哈佛大学，106，275，296

Harvey, Charles 哈维，查尔斯，233

Hasanids 哈桑尼德，303

Hashimites 哈希姆王室，246

Hastings, Warren 哈斯丁，沃伦，78

Hay, Denys 赫依，丹尼斯，7，329，332

Hayter Report 海特报告，53

Heart of Darkness（Conrad）《黑暗的心》（康拉德），199，216，343

Hebrew 希伯来，22，50，52，74，77，98，123，128，135，139，142，292，331

"Hegire"（Goethe）"逃亡"（歌德），167

Heisenberg, Werner 海森堡，267

Hejaz 汉志，225，235，237

Hellenism 希腊学，51，77，127，130；和伊斯兰，74，103-4，209，304

Herbelot de Molainville, Barthélemy d' 德尔贝洛，巴泰勒米·德，63-7，71，72，75，95，123，210，211，283，332

Herder, Johann Gottfried von 赫尔德，约翰·戈特弗莱德·冯，17，98，118，133，135，137，138，147，155，336

Hérodias（Flaubert）《希罗底》（福楼拜），181

Herodotus 希罗多德，58，90，175

Histoire des Arabes（Marigny）《阿拉伯史》（马里尼），80

Histoire des Mussulmans d'Espagne（Dozy）《西班牙伊斯兰史》（多泽），151

Histoire des navigations aux terres australes（de Brosses）《南半球航海史》（布罗斯），117

Histoire des orientalistes de l'Europe du XIIe au XIXe siècle（Dugat）《12至19世纪欧洲东方学史》（杜加），52，331，339

Histoire du peuple d'Israël（Renan）《以色列民族史》（赫南），235

Histoire générale et systeme comparé des langues sémitiques（Renan）《闪语之比较体系和一般历史》，88，142，146，150，337，338，339，340

Historia Orientalis（Hottinger）《东方史》（霍廷格），64

"Historische Fragmente"（Burckhardt）"历史断章"（布克哈特），208

history 历史：宗教-伦理方法的替代，325，350；人们认为阿拉伯人缺乏，230-1，235，278-9；贝尔福论东方的，32-3；《剑桥伊斯兰史》的，302-4，350；文化的，赫南的，146-7；和本质主义的东方学想象视野，97，231，240，246；其内的地理意识，12，14，50；观念的，和东方学，23，130，305；将科学类型强加于其上，231，260；刘易斯论其实践，319-20；人为建构的，5，54，115；在显在东方学中，206；马克思论其必要转型，153-4；作为叙事，161-4，239，240，246；18世纪东方的，117-18，120；东方的为欧洲的所取代，84-5，86，108-9；为东方学家所忽视，105，107，231，234，246，260，271，278-9，318，321；东方学的概括，96，109，231-3；作为东方学的表述，21，32-3；在冯·格鲁恩鲍姆那里为文化理论所削弱，298-9；修正论的，318；德尔贝洛颂神的和渎神的，64；被吉内和米歇雷视为戏剧，137，138

History of Intellectual Development on the Lines of Modern Evolution（Crozier）《现代进化过程中的学术发展史》（克罗泽尔），233

History of the Decline and Fall of the Roman Empire, The（Gibbon）《罗马帝国衰亡史》（吉本），74，332，333

History of the Saracens（Ockley）《萨拉辛史》（奥克雷），63，75-6

Hitti, Philip 希提，菲利普，296

Hobson, J. A. 霍布逊，92

Hofmannsthal, Hugo von 霍夫曼斯塔尔，雨果，258，346

Hogarth, David George 贺加斯，大卫·乔治，197，223-4，235，237，238，245，246，342，344，345

Holt, P. M. 霍尔特，105，302，332，336，343，349

Homer 荷马，11，20，84，85

Hottinger, Johann H. 霍廷格，约翰，64

Hourani, Albert 胡拉尼，阿尔伯特，274，275，276，330，335，336，340，347，348

Hugo, Victor 雨果，维克多，3，22，51，53，82-3，99，101，157，167-8，331，333，334，341

Hugo of St. Victor 雨果，圣维克多的，259

Humboldt, Baron Alexander von 洪堡，亚历山大男爵，134

Humboldt, Baron Wilhelm von 洪堡，威廉男爵，99，133，339

Hume, David 休谟，大卫，13

Hurgronje, C. Snouck 赫格伦涅，斯奴克，209，210，255-6，257，263，346

Husein ibn-Ali（grand sherif of Mecca）侯赛因·伊本-阿里（麦加的行政长官），238.

Hussein, Tasha 侯赛因，塔沙，323

Husserl, Edmund 胡塞尔，埃德蒙，296

Huxley, Thomas Henry 赫胥黎，托马斯·亨利，233

Huysmans, Joris Karl 于斯曼，约里·卡尔，180，266

ibn-Khaldun 伊本－哈尔敦，151
Ideen zur Philosophie der Geschichte der Menschheit（Herder）《人类历史哲学论》（赫尔德），118
idées reçues "陈词滥调"，94，115，189，253，326
Iji, Adudu'l-Din al- 伊吉，315
Images of Middle East Conflict（Alroy）《中东冲突形象素描》（阿罗伊），307
imperialism 帝国主义；与阿拉伯知识阶层的关系，322-4；美国的，3-4，11，15，16-17，18，25，27，104，107-8，285，290，293-5，299，321，322；贝尔福的辩护，31-6；英国的，3-4，11，15，16-17，18，19，25，31-9，41，44，47，75，76，95，100，153，156，169，191，195，196-7，211-16，217，218，220-4，225，226-7，239，244，246，257；与英法东方学的关联，4，18，41，86，94-6，104，195，196，197，204，214，221-4；克罗默论其政策，36-9，44，212-13；法国的，3-4，11，15，16-17，18，19，25，41，76，86，95，100，124，156，191，211，217-21，223，224-5，244-5；支配东方学的发展，14，15，43，86，95，104，122-3，204，210，214；对东方人的影响，213，251-2，322-3；欧洲内部的竞争，41，75，76，87，191，211-12，217-21，224-5，244，248；在美国和苏联的新面目，104，107-8，285；东方学中的代理人，196-7，222-5，228-31，237-46，321，322；和东方学正统学说，8，12，13，18，44，86，94-6，206-7，222-5，246，290-3，295，299，322，328；对"落后的"东方的监护，35，37，86

India 印度：安格迪尔－杜贝隆去往，76-7，79，156；英国在，11，17，19，31，36，37，42，73，75，76，77-9，137，153-4，169，214，217，224，226，229，264；"好"东方只属于古代文明，99；和法国对"法国的印度"的热望，218；欧洲内部的竞争，75，76；伊斯兰蔓延至，59，74；琼斯在，77-9；其语言和方言，52，75-9，98，136-7，322；马克思论其再生，153-5；对其宗教的东方学研究，50，67，75，150，255；接续"伊甸园的谬误"，137

Indochina 印度支那，2，41，46，218，285
Indo-European languages 印欧语言，22，51，75，78-9，98，135-7，139，140，

141, 142, 143, 145, 149, 232

Indonesia 印度尼西亚, 59, 210, 304

Inferno（Dante）《地狱篇》（但丁）, 68-70, 71

"Influence of the Arabic Language on the Psychology of the Arabs, The"（Shouby）"阿拉伯语对阿拉伯人心理的影响"（肖比）, 320

Institut de France 法兰西研究院, 126

Institut d'Égypte 埃及研究院, 52, 81, 83, 84, 87

Institutes of Manu《摩奴法典》, 78

"Interpretation of Islamic History, An"（Gibb）"伊斯兰历史解析"（吉勃）, 283

Iraq 伊拉克, 96, 109, 303, 324

Ishmael 以实玛利, 268, 270

Islam 伊斯兰：语言学家的"坏"东方, 99, 141; 基督教的表述, 60-9, 71-2, 81, 172, 209; 作为征服性运动, 58, 59, 61, 71, 74-5, 91, 205, 268, 303, 304; 当代的东方学信条, 300-1; 但丁论, 68-70, 71; 其"失败主义", 314; 局外人的典型代表, 70-1, 208; "帐篷和部落"之本质, 105, 234, 307; 西方支配东方的例外, 73-5; 吉勃论, 105-6, 246, 276-84; 其霸权, 59, 205; 两次世界大战其间的研究, 255-7, 260-72, 278; 麦克唐纳论, 209, 210, 247-8, 276-7; 马西农的看法, 268-72; 其神秘论, 209, 253, 258, 267, 268-9; 拿破仑的仰慕, 82, 333; 被视为基督教的冒名顶替者, 59, 60, 61, 62-3, 65-6, 71-2, 209; 政治性而非精神性的, 151-2; 重新融入西方, 256-7, 280; 抵抗的宗教, 268, 269; 其宗教宽容, 209, 278; 其"回流", 107, 225, 316; 施莱格尔论, 98-9, 150; 司各特论, 101-2; 作为羞感文化, 48-9; 其缄默及其清晰表达, 282-3, 320; 史密斯揭示其秘密, 235-6; 和静态的男性东方学, 208; 冯·格鲁恩鲍姆论, 296-9, 304; 西方的恐惧, 59-60, 74-5, 92, 252-3, 254, 260, 287。亦见 Arabs 阿拉伯人；Near Orient 近东

Islam and Capitalism（Rodinson）《伊斯兰与资本主义》（罗丁森）, 259, 335, 350

Islam dans le miroir de l'Occident, L'（Waardenburg）《西方之镜中的伊斯兰》（华登伯格）, 209, 343, 346, 347

"Islamic Concepts of Revolution"（Lewis）"伊斯兰的革命概念"（刘易斯）, 314-15, 350

Islamic law 伊斯兰法律, 50, 65-6, 209, 255-6, 278; 吉勃论, 280

Israel 以色列: 26-7, 107-8, 270, 286-7, 293, 306-8, 316, 318-19, 321, 349. 亦见 Jews 犹太人；Zionism 犹太复国主义

Italy 意大利, 1, 17, 24, 73, 80, 296

Itinéraire de Paris à Jérusalem, et de Jérusalem à Paris（Chateaubriand）《巴黎至耶路撒冷、耶路撒冷至巴黎巡游记》（夏多布里昂），88，171-5，183

Jabarti, Abd-al-Rahman al- 贾巴提，82
Jaloux, Edmond 雅卢克斯，埃德蒙，250
Janet, Paul 雅内，保罗，114
Japan 日本，1，2，17，73，120，285，322
Jaurès, Jean Léon 尧赫斯，让·雷昂，245
    Jean Germain 让·日尔曼，61
    Jesuits 耶稣会传教士，51，117
    Jews 犹太人，102，141，155，177，191，192，241，287，301，305，319，337；源自亚伯拉罕的宗教，268-9；美国的，和阿拉伯人，26，308，318；和雅利安神话，99；夏多布里昂论，174；和语言的神圣王朝，128，135-6；多泽论，151；在以色列，306；和1945年的开罗骚乱，316-17；其原始起源，234，235；普鲁斯特谈到人们的看法，293；赫南论，141，142，146；其神圣历史，64，亦见 Semites 闪米特人；Zionism 犹太复国主义
jihad 圣战，268，278，287
John of Segovia 塞戈维亚的约翰，61，120

Johnson, Samuel 约翰逊，撒缪尔，77，119
Jones, Sir William 琼斯，威廉爵士，8，18，22，51，75，77-9，98，117，122，135，156，168，169，215
Jouffroy, Théodore 朱弗罗伊，西奥多，147
Journal intime（Constant）《心之旅》（贡斯当），137
Judas, Auguste 朱达斯，奥古斯特，170
Jung, Carl Gustav 荣格，267

Kant, Immanuel 康德，119，132
Khadduri, Majid 哈都里，马吉德，48
khawals 哈瓦尔（舞男）186
Kidd, Benjamin 基德，本杰明，233
Kierkegaard, Sören 克尔恺郭尔，267
Kieman, V.G. 基尔南，52，330，331
Kim（Kipling）《金姆》（吉卜林），226
Kinglake, Alexander William 金雷克，亚历山大·威廉，99，157，169，193-4，342
Kipling, Rudyard 吉卜林，45，224，226-7，228，344
Kissinger, Henry A. 基辛格，亨利，46-8，300，331
Kitchener, Horatio Herbert, Lord 基钦纳，霍拉修·赫伯特勋爵，238
Kléber, Jean-Baptiste 克勒伯，让-巴普迪斯特，82

Knox, Robert 诺克斯, 罗伯特, 206

Koenig Report 科尼格报告, 306

Koran 古兰经, 60, 63, 65, 69, 82, 96, 117, 151, 152, 160, 171, 236, 288, 301

Kroeber, A. L. 克鲁伯, 298

"*Kubla Khan and the Fall of Jerusalem*" (Shaffer)《忽必烈汗和耶路撒冷的陷落》(沙弗尔), 18, 329

Kuchuk Hanem 库楚克·哈内姆, 6, 186-7, 188, 207

Kuhn, Thomas 库恩, 托马斯, 275

Kuwait 科威特, 323

La Roncière le Noury, Baron Camille de 拉伦西耶·勒奴里, 219

Lacoste, Yves 拉科斯特, 伊夫, 266, 350

Lamartine, Alphonse de 拉马丁, 19, 23, 81, 88, 99, 111, 170, 176, 177-81, 191, 193, 216, 231, 244, 286, 341

Lamennais, Félicité-Robert de 拉门奈, 114

Land of Midian Revisited, *The* (Burton)《米甸重游》(伯顿), 194

Lane, Edward William 雷恩, 爱德华·威廉, 8, 19, 51, 99, 111, 169, 174, 190, 224, 246, 286, 341, 349; 和隐伏的东方学假设, 206, 223; 和东方学知识的累积性增长, 176-7; 与伯顿相比, 158, 159, 170-1, 194; 与萨西和赫南相比, 193; 与埃及生活保持距离, 163-4, 168, 170, 173, 188, 233, 240, 242, 246; 为欧洲人编纂东方, 166-7, 207; 和英国的优先地位, 18, 88; 典型代表了居处东方的科学目的, 158, 161, 170-1, 173, 175, 176, 179, 222, 239; 摹仿东方, 160-1, 163; 细节运用的重要性, 15, 161-2, 164, 175; 和现代东方学结构, 122, 197, 231; 其叙事结构, 161, 162-4, 175, 239, 240, 283; 所有者似的态度, 211, 233; 与东方社会的自动分离, 163-4, 168, 170-1; 其永久权威, 161, 163-4; 翻译《天方夜谭》, 164, 176; 对想象性作家的用处, 23, 168, 181, 183, 184, 186

language 语言: 人世的而非神性的现象, 135-6, 338; 尼采论, 203; 其起源, 135-8, 231-2; 赫南, 138; 作为表述, 21, 272; 科学和, 140。亦见 philology 语言学

languages, Oriental 东方语言: 安格迪尔-杜贝隆的成就, 51, 76-7; 圣经中的, 51, 128, 135-6; 和当代专门知识, 291, 292, 314-15, 320-1; 东方学区分建立在语言类型基础之上, 231-3, 237; 与闪语混同, 75, 139; 对东方学的贡献, 22, 42, 43, 49-50, 51, 52, 64, 76-7, 92, 98, 121, 135-6,

310；琼斯和，51，75，77-9；和显在的东方学，206；东方学意识形态应用于，320，321；其重构，和殖民主义，12，92，123；赫南和，43，88，133，136，139-43，145，149，231；精神上对欧洲的用途，49-50，115，121，256-7，331；对其作为宣传工具的研究，292-3，331；在西方课程计划中，49-50，53，96，107，165-6，292，324，331；西方为其建立的"实验室"，139，140，141-3，145-6。亦见具体语言和语族

Laroui, Abdullah 拉如易，阿卜都拉，297-8，348

Lasswell, Harold 拉斯维尔，哈罗尔德，107，292-3，335，348

latent Orientalism 隐伏的东方学：其对"古典"的强调，222；其稳定性，206，208；与显在东方学的会合，222-4；在帝国代言人那里得到详尽阐发，224；五位伊斯兰研究者的，209-10；和帝国主义，221-4；其种族主义的假设，206-7；根源于地理特征之中，216；男性化的假设，207-8

Lawrence, T. E. 劳伦斯，99，237，245，246，270，277，319，345，347；与哈希姆王室的殖民权威，246；与伯顿相比，195；其叙事中的界定和想象视野，228-9，239，240，247；帝国代理人，196，224，225，

238，240-1，246；用东方学制造轰动效应，284；个人性想象视野，241，242-3，248；和阿拉伯人本性中的清晰，229-31；反向朝圣，170-1；努力激醒东方，241-2

Layard, Austen 拉亚尔德，奥斯丁，195

Le Bon, Gustave 勒邦，居斯塔夫，207

Le Mascrier, Abbé 勒·马斯克里耶，阿贝，84

Le Strange, Guy 勒·史均奇，盖伊，224

Lebanon 黎巴嫩，1，109，177，182，191，192，321

Leconte, Casimir 勒孔特，卡西米尔，90

Legacy of Islam, The（1931, ed. Arnold and Guillaume）《伊斯兰的遗产》（阿诺德和吉罗姆编），256，346

Legrain, Georges 勒格汉，乔治，170

Leibnitz, Baron Gottfried Wilhelm von 莱布尼茨，124，125

Leopardi, Conte Giacomo 雷奥帕尔蒂，131

Lepanto, battle of 勒潘多之战，74

Lepic, Ludovic 勒皮克，卢多维克，170

Lerner, Daniel 勒纳，丹尼尔，311，335，349

Leroy-Beaulieu, Paul 勒罗伊-波利叶，保罗，219

Lesseps, Ferdinand-Marie de 雷赛布，费迪南-马利，88-92，94-5，148，

218, 219, 220, 334
Lesseps, Mathieu de 雷赛布, 马修, 89
Lévi, Sylvain 列维, 西尔文, 248-9, 250, 264, 266, 346
Lévi-Strauss, Claude 列维－斯特劳斯, 克洛德, 53, 296, 331
Levin, Harry 列文, 哈利, 184, 342
Lewis, Bernard 刘易斯, 伯纳德, 105, 107, 315-21, 332, 335, 336, 343, 349, 350
Libya 利比亚, 324
Life of Mahomet (Muir)《穆罕默德传》(缪尔), 151
Linnaeus, Carolus 林奈, 卡罗勒斯, 119
"Literature" (Gibb) "文学" (吉勃), 256
literature, imaginative 文学, 想象性的：与专业东方学相比, 157-8, 168-9, 170-1, 181, 183, 189, 192；英国东方学的与法国的相比, 192-3；和东方的居处, 157-8；东方学写作类型, 2-3, 8, 18, 21, 22, 26, 40, 43, 52-3, 60, 88, 99, 100-102, 157-8, 167-9, 170-6, 177-190, 192-4, 224, 256, 267, 284；和东方朝圣, 168-9, 170, 171-5, 177-90, 192-3；与政治的关联, 9-11, 14-15, 24, 169；社会和文化施加的限制, 43, 169, 210-2。亦见具体作家
Locke, John 洛克, 约翰, 13

Lois psychologiques de l'évolution des peuples, Les (Le Bon)《民族进化的心理法则》(勒庞), 207
London University School of Oriental and African Studies 伦敦大学东方与非洲研究学院, 214
Long Revolution, The (Williams)《漫长的革命》(威廉斯), 14, 329
Lorrain, Claude 洛兰, 克洛德, 178
Loti, Pierre 洛蒂, 彼埃尔, 99, 252
Louis Lambert (Balzac)《路易·朗贝尔》(巴尔扎克), 131, 337
Louis-Philippe 路易－菲利普, 294
Louÿs, Pierre 卢易斯, 彼埃尔, 208
Lowth, Robert 劳斯, 罗伯特, 17
Lugard, Frederick Dealtry, lst Baron Lugard 卢加德, 弗雷德里克·狄尔垂, 213
"Lui" (Hugo) "拿破仑颂" (雨果), 82-3
Lukacs, Georg 卢卡契, 259
"Lustful Turk, The" "好色的土耳其人", 8
Luther, Martin 路德, 马丁, 61, 71
Lyall, Sir Alfred Comyn 赖亚尔, 阿尔弗莱德爵士, 38, 47, 151
Lyall, Sir Charles James 赖亚尔, 查尔斯, 224
Lycurgus 莱克格斯, 85

Macaulay, Thomas Babington 麦考利,

托马斯·巴秉顿, 14, 152, 196, 340

Macdonald, Duncan Black 麦克唐纳, 邓肯·布莱克, 105, 106, 209, 210, 247, 248, 276-8, 280, 283, 332, 347

Maeterlinck, Maurice 梅特林克, 莫瑞斯, 250

Magic Flute, The（Mozart）《魔笛》（莫扎特）, 118

Mahdism 马赫迪主义, 281

"Mahometgesang"（Goethe）"穆罕默德颂"（歌德）, 100

Mallarmé, Stéphane 马拉美, 267

Malraux, André 马赫, 安德列, 248

Mamelukes 马穆鲁克, 82, 186

Mandeville 曼德维尔, 约翰爵士, Sir John, 31, 58

manifest Orientalism 显在的东方学, 206, 209; 与隐伏的东方学合流, 222-4

Manifesto（Napoleon）《宣言》（拿破仑）, 124

Mannheim, Karl 曼海姆, 卡尔, 259

Mans, Raphael du 芒斯, 拉斐尔, 65

Manu 摩奴, 78, 120

Maqamat（al-Hariri）《马卡梅集》（哈里里）, 126

Marcus, Steven 马尔克斯, 史蒂文, 8, 329

Marcus Aurelius 玛克斯·奥勒里乌斯, 147

Margoliouth, David Samuel 马格利乌斯, 大卫·撒缪尔, 224

Mariette, Auguste-Édouard 马利耶特, 奥古斯特-埃都亚尔, 170

Marigny, François Augier, de 马里尼, 弗朗索瓦·奥吉耶, 80

Maritain, Jacques and Raïssa 马里丹, 雅克和雷莎, 266

Marlowe, Christopher 马洛, 克里斯托弗, 63

Marlowe, John 马洛, 约翰, 89, 330, 334

Maronites 马龙教派, 191, 220, 278, 303

Marrakech 马拉喀什, 251

Marx, Karl 马克思, 卡尔, 3, 14, 16, 21, 32, 97, 102, 153-6, 157, 206, 231, 293, 325, 340·

Marxism 马克思主义, 13, 43, 305, 325

Maspero, Sir Gaston 马斯佩罗, 加斯东, 170

Massignon, Louis 马西农, 路易, 104, 258, 262, 278, 291, 296, 335, 346, 347; 基督徒的同情, 271; 将学术研究和心灵直觉结合在一起, 265, 266, 280, 283; 论哈拉吉, 104, 209, 246, 264, 268-9, 272; 其影响, 274; 将学术研究与考察"活生生的力量"结合在一起, 265, 267; 和民族传统, 263-4, 266, 271; 局外人, 275; 其政治角色, 210, 267; 其结构和

观念，268-70；其独特风格，266，267，284；离经叛道的伊斯兰观，246，267，268，272；其缺陷，271-2

Massis, Henri 马西斯，亨利，250

Masson-Oursel, P. 马松-乌塞尔，210，343

Matter of Araby in Medieval England, The（Metlitzki）《中世纪英国的阿拉伯问题》（梅特利茨基），16，329

Maugham, W. Somerset 毛姆，萨默塞特，190

Mauss, Marcel 莫斯，马塞尔，266

Mecca 麦加，74，151，171，195，196，239

Melville, Herman 梅尔维尔，赫尔曼，192，290

Mencius on the Mind（Richards）《孟子》（瑞恰兹），254，346

Merton, Robert K. 默顿，罗伯特，322，350

MESA Bulletin 中东研究会通讯，288，348

Mesopotamia 美索不达米亚，99，220，225

Metlitzki, Dorothee 梅特利茨基，多罗热，16，329

Metternich, Prince Clemens Lothar Wenzel 梅特涅，294

Michaelis, Johann David 米歇利斯，约翰·大卫，17

Michel, P. Charles 迈克尔，查尔斯，233

Michelet, Jules 米歇雷，儒勒，73，95，114，134，137-8，147

Middle Ages 中世纪，59，61-2，63，70，287

Middle East 中东：见 Near Orient 近东

Middle East Institute 中东研究所，291，295

Middle East Studies Association（MESA）中东研究会，288，295

"Middle Eastern and North African Studies"（Berger）"中东与北非研究"（伯格），288，348

Middlemarch（Eliot）《米德尔马奇》（艾略特），18-9，329，344

Mill, James 穆勒，詹姆斯，214

Mill, John Stuart 穆勒，约翰·斯图亚特，14，214，228

Milner, Alfred, 1st Viscount Milner 弥尔纳，阿尔弗莱德，31

Milton, John 弥尔顿，约翰，63

Mimesis（Auerbach）《摹仿论》（奥尔巴赫），258-9，346

"Minute"（Macaulay）《备忘录》（麦考利），152，340

Modern Egypt（Cromer）《现代埃及》（克罗默），38，212，330，343

Modern Trends in Islam（Gibb）《伊斯兰现代潮流》（吉勃），11，105-6，280，281-2，335，347

Mohammed 穆罕默德，59，60，62，65-6，68-9，71，72，74，82，104，120，151-2，209，236，268，280，287-8，302

Mohammedanism（Gibb）《穆罕默德教》（吉勃），280，347

Mohl, Jules 默尔，儒勒，51-2，285，339

Mongols 蒙古人，165，301，331

Montesquieu, Baron de la Brède et de 孟德斯鸠，119，133

Moore, Thomas 莫尔，托马斯，118

Morazé, Charles 莫哈泽，夏尔，113

Morier, James Justinian 莫瑞尔，詹姆斯·加斯蒂尼安，193

Morse, Samuel F. 莫尔斯，撒缪尔，294

Mozart, Wolfgang Amadeus 莫扎特，118

Mugniery, Leon 马涅里，雷昂，311

Muhammedanisches Recht（Sachau）《伊斯兰律法》（萨肖），255

Muir, Sir William 缪尔，威廉，99，151，224

Müller, Friedrich Max 缪勒，弗里德里希·马克斯，18，246，252，338-9

Muslims 穆斯林人：见 Arabs 阿拉伯人，Islam 伊斯兰

Napoleon I 拿破仑一世，17，52，124，169，179，217；和现代东方学的诞生，87；其来自东方学以及来自文本的动力，80-2，83，84，94-5，170；入侵埃及的意义，22，42-3，76，79，80-8，89，122，126，137，144，156，168，171；与东方的内在认同，82，118，333

Napoleon III 拿破仑三世，293

Nasser, Gamal Abdel 纳赛尔，91

Near East 近东：见 Near Orient 近东

Near East and the Great Powers, The（ed. Frye）《近东与西方列强》（弗莱编），275，347，348

Near Eastern Studies（Princeton）近东研究（普林斯顿大学），288

Near Orient 近东：美国政策和，2，26-7，294-5，321，322-4；阿拉伯-以色列关系在，26-7，107，270，286，287，306-8，318-9；英法与东方的主要遭遇，17，26，41，99-100，201，220；与基督教的关系，58，74，170，260；与英法对远东兴趣的关联，17，192；当代研究，288-93，296-305，307-21，349，350；法国在此的殖民野心，81，137，220-1，224-5；抽象的类型划分 239，296-9；史密斯论，234-6；当代的定型看法，26-7，262，285-8，300-5，306-21；在第三世界，46，304；去往西方的旅行者，204。亦见 Arabs 阿拉伯人，Egypt 埃及，Islam 伊斯兰

Nerval, Gérard de 内瓦尔，杰拉尔，1，8，

19, 23, 53, 99, 102, 191, 193, 244, 334, 341, 342; 和东方学的因袭性, 176, 177; 典型代表了东方学写作中个人审美的一面, 158, 168, 169, 170, 179, 180-1; 和女性类型, 180, 182, 184; 东方想象与东方现实的落差, 100, 101, 181, 184, 243; 对东方学的重要性, 181, 183; 内在的梦幻世界, 183-4; 其东方之行(与夏多布里昂的相比), 183; 马西农的青睐, 267; 东方对他的意义, 180-4, 190, 206; 否定性的东方想象视野, 184; 东方学对他的限制, 43

Nestorians 聂斯托利教派, 220

Newman, John Henry, Cardinal 纽曼, 约翰·亨利, 14, 153, 228, 340

Nicholas of Cusa 卡萨的尼古拉斯, 61

Nietzsche, Friedrich Wilhelm 尼采, 131, 132, 203, 204, 337, 343

Nicholson, Reynold Alleyne 尼克尔逊, 雷诺德·阿雷纳, 224

Nile 尼罗河, 162, 174, 187

Nöldeke, Theodor 诺德克, 希奥多, 18, 209

North Africa 北非, 19, 52, 74, 99, 191, 210, 218, 223, 225, 278, 288, 295, 303, 304

Notes of a Journey from Cornhill to Grand Cairo (Thackeray)《柯恩希尔至大开罗旅行记》(萨克雷), 195

Nouty, Hassan al- 奴提, 哈桑, 170, 341

Novalis 诺瓦利斯, 115

"Objects of Enquiry During My Residence in Asia" (Jones) "旅亚其间我的研究课题" (琼斯), 78

O'Brien, Conor Cruise 奥布莱因, 科诺·克鲁斯, 312

"Occident and the Orient, The" (Chirol) 齐罗尔, 瓦伦丁, 252-3, 345

"Occident devant l' Orient, L'" (Massignon) "东方面前的西方" (马西农), 267, 346

Ockley, Simon 奥克雷, 西蒙, 63, 64, 75-6

Omar I 奥玛一世, 74, 172

On Liberty (Mill)《论自由》(穆勒), 14

Order of Things, The (Foucault)《事物的秩序》(福柯), 22, 336, 338

Oriental literature 东方文学, 78, 96, 105, 305; 东方文选, 20, 64, 125, 128-9, 130, 142, 147, 151, 165, 176, 283, 284; 在社会科学东方学中的缺失, 291; 吉勒论, 256-7, 277; 其"无限性", 77; 金雷克论, 193; 和显在的东方学, 206; 马西农和, 209, 264, 266; 内瓦尔效仿, 182, 183; 诗歌, 96, 128, 168, 178, 209, 256; 宗教性的, 279;

故事，32，52；对西方的价值，128，256-7；西方的贡献，168
Orientals, Les（Hugo）《东方人》（雨果），51，101，167，333，341
Orientalism 东方学：创造东方，5，40，87，94，121，129-30，140，143，145-6，148，221；其危机，104-9，205，249-50；其流行教条，300-2，319；定义，1-6，12，41，42，51，73，92，95，121，202-3；其对东方和西方的划分，39-40，42，43，45-9，56，57，73，96，201，206，216，227-30，248，250，253，256，257，259，269-70，277，299，300-1，306-7，308-9，327；其本质主义的想象视野，97，102-8，148，154-5，156，203，205，209-10，221，223，229-34，236-40，246，248，251，255，256，262，278-80，283，296-9，300-1，305，306-10，315，317-18，321，322，349，350；其外在性，20-1，86-7，97，104，105-8，118，127，162，229-30，238，247-8；一般及特殊的论说视角，8，11-12，13-15，50；两次世界大战之间的时期，248-54，255-72；作为西方霸权的表现形式，3，5-6，7，11，13，15，25，28，31-41，46，48，53，60，73，80-1，86-7，92，94-6，104，108-9，122-3，141，146，152-3，160，166，179，192-4，195，197，204，222-4，225，231-4，246，253-4，301，306，309-11，321-5；其现代化，43，51，73，76-9，86-7，92，95，116，120-3，124，127，129-30，156，197，210，255-84；其伊斯兰分支的退步立场，260-3，269-70，278-80，296-8，300-5，307-21；东方的图式化，68-72，80，83，85-7，95，98-9，100-8，146-8，149-50，154-5，156，189，209，229-30，239，300-1；对闪米特文化堕落的论说，141，145-6，208，231-4，236-7，260，289，300-1，306-7；为帝国输送代理人和专业人才，196-7，222-5，228-31，234，237-46，284，321，322；三种含义，2-6。亦见 scholarship 学术研究，Orientalist 东方学家

Orientalizing, of Orient 东方化东方，5-6，65-7，96，104，109，155，168，181，202，328；被现代东方自身，325

Orwell, George 奥威尔，乔治，251-2，345

Othello（Shakespeare）《奥赛罗》（莎士比亚），71

Ottoman Empite 奥斯曼帝国，59-60，74，75，76，100，191，207，220，225，248，253

"Où s'affrontent l'Orient et l'Occident intellectuels"（Baldensperger）"东西精神冲突症结何在"（巴尔登斯伯格），253，346

Owen，Roger 欧文，罗杰，327，330，348，350

Oxford University 牛津大学，50，53，76，213，275，323

Ozanam，Antoine-Frédéric 奥扎南，安东尼-弗雷德里克，147

Pakistan 巴基斯坦，210，285，304

Palestine 巴勒斯坦，25-8，101，109，172，177，178，192，251，270，286，294，306，318

Palgrave，William Gifford 帕尔格拉夫，威廉·吉福德，197

Palmer，Edward Henry 帕尔默，爱德华·亨利，99，196-7，223

Panikkar，K. M. 帕尼卡尔，5，329

Paracelsus，Philippus Aureolus 帕拉切尔苏斯，19

Paris 巴黎，17，19，50，51，77，98，220，225，261

Passage to India，*A*（Forster）《印度之行》（福斯特），244，345

Patai，Raphael 帕泰，拉斐尔，308-9，311，312，349

Peau de Chagrin，*La*（Balzac）《驴皮记》（巴尔扎克），139，338

Peloponnesian War，伯罗奔尼撒战争，57

Penetration of Arabia，*The*（Hogarth）《深入阿拉伯》（贺加斯），224，344

Persia 波斯，17，18，59，75，76，77，305

Persian（language）波斯（语），64，77，78，83，98

Persians，*The*（Aeschylus）《波斯人》（埃斯库罗斯），21，56，332

Personal Narrative of a Pilgrimmage to al-Madinah and Meccah（Burton）《麦地那和麦加朝圣记》（伯顿），88，158，193，196，343

Peters，Carl 彼得斯，卡尔，207

Philby，Harry St. John Bridges 菲尔比，圣约翰，197，224，235，237，246

Philology 语言学：和生物学"物种的衰退"，143-5；在现代知识中的核心地位，132-3；比较的学科，117，130，132，140，142，143，152；发现语言为人所有，135-6；琼斯的贡献，78-9，98；尼采论，131-2；其种族主义的伴生物，99，133-4，141-2，145-6，148，150，227，231-234；两次世界大战期间的复苏，258，261，262；革命性变化，98，152；其科学性，22，40，75，98，99，121，122，130，131，132-3，134，138，139，140，142，146-8，149，150，339；东方学中的策略性建构，20，52，98；在美国东方学中处于弱势，

291, 320-1

"Philology and *Weltliteratur*"（Auerbach, trans. M. and E. W. Said）"语言学与世界文学"（奥尔巴赫）, 346

Philosophie anatomique（E.Geoffroy Saint-Hilaire）《解剖学》（埃蒂安）, 144, 339, 340

Philosophy of St. Thomas Aquinas, The（Gilson）《圣托马斯·阿奎那哲学》（吉尔森）, 254

Pickering, John 皮克林, 约翰, 294

Pickthall, Marmaduke William 皮克索, 马马杜克·威廉, 252

Picot, Georges 彼各, 乔治, 220

Piranesi, Giambattista 皮拉内西, 118

Pirenne, Henri 彼列纳, 亨利, 70-1, 333

Pitt, William 彼特, 威廉, 77

Pius Ⅱ, Pope 教皇庇护二世, 61

Plato 柏拉图, 69, 84, 85

Pliny 普林尼, 262

Pockoke, Edward 波可可, 爱德华, 65

Poema del Cid《熙德之歌》, 63, 71

Poliakov, Léon 波利亚科夫, 雷昂, 99, 334

political knowledge 政治知识, 9-11; 语文学和文化的关联, 12, 14-5, 24; 东方学中的, 11, 32, 35, 36, 38-41, 43, 45, 53, 60, 81, 84-7, 92, 94-7, 110, 169, 195, 197, 204, 210, 230, 294, 299, 316, 318, 327

Polk, William 蒲克, 威廉, 274-5, 345, 347

Polo, Marco 马可·波罗, 58

Pope, Alexander 蒲伯, 亚历山大, 31, 45

Portugal 葡萄牙, 1, 17, 73, 75

Postel, Guillaume 波斯德尔, 吉罗姆, 51, 65

Pound Ezra 庞德, 埃兹拉, 252

Poussin, Nicholas 布桑, 尼古拉斯, 178

Praz, Mario 普拉兹, 马里奥, 180, 341

Prester John 祭司王约翰, 63

Prideaux, Humphrey 普里多, 汉弗雷, 72

Princeton University 普林斯顿大学, 53, 285, 288, 296, 349

Principes de grammaire générale（Sacy）《一般语法原理》（萨西）, 125, 126

Prison Notebooks, The（Gramsci）《狱中笔记》（葛兰西）25, 329-30

Protocols of the Elders of Zion, The《锡安长者的礼约》306

Proudhon, Pierre Joseph 蒲鲁东, 114

Proust, Marcel 普鲁斯特, 马塞尔, 145, 293, 348

Pythagoras 毕达哥拉斯, 84, 85

Quatremère, Étienne-Marc 加特梅, 埃蒂安-马克, 139, 170, 338

Quinet, Edgar 吉内, 埃德加, 42, 75, 79, 113, 137, 138, 147, 180,

270，331，333

racial theory 种族理论：为隐伏的东方学采用，206-7；和西方的阿拉伯巴勒斯坦人，27，285-7；贝尔福的，34-5，36；其生物基础，206，231-3；在古典世界，57；比较语言学的伴生物，99，148，231-2；克罗默的，36-9；和18世纪的类型划分，119，120；和经验主义，13，232-3；以语言类型和原型为基础，231-4，262；吉勃反对，278；激发对起源的思考，234；在金雷克那里，193；东方学和，7-8，15，22，27，34，43，92，96，97，107，154-5，204，305，306-18，322，325，327，328，349；产生了"白种人"，226-8；赫南的，8，15，39，43，99，133-4，141-2，145-6，148，149-50，151，155，170，227，231-2，234，289，306，337，339；施莱格尔的，98-9；对它的研究，339；特里林论，232；和维多利亚时代的帝国主义，14，206-7

RAND Corporation 兰德公司，295，349

Ranke, Leopold von 兰克，95，208，304

Raphael 拉斐尔，69

regeneration 再生：亚洲通过欧洲，154，158，172，206；欧洲通过亚洲，113，114，115；在19世纪浪漫主义那里，114-5，168

Règne animal, Le（Cuvier）《动物王国》（居维叶），153，206

Reinaud, Joseph 雷诺，约瑟夫，123

Religious Attitude and Life in Islam, The（Macdonald）《伊斯兰的宗教态度语生活》（麦克唐纳），247，276，347

Rémusat, Jean-Pierre-Abel 赫穆萨特，让－彼埃尔－阿贝尔，99，338

Renaissance 文艺复兴，7，52，60，61，72，77，104，116，280，303

Renaissance orientale, La（Schwab）《东方的复兴》（史华伯），16，51，115，137，329，331，333，338，339

Renan, Ernest 赫南，厄内斯特，6，23，156，157，168，170，181，193，197，206，211，222，235，246，266，277，286，296，338，340；使东方学适合语言学，130-1；其人为创造，138，140，141，145-8；和基督教，134-5，138，140，146，147；细节，5，134；拥护新语言学反保守的意旨，136，139；本质主义的伊斯兰观，105，231-4；其"实验室"，139，140，141-3，145-6，148，283；论语言，138；和男性的世界观，146-7，207，340；和现代东方学结构，122，130-48，289；和自然科学，132-3，138-9，

141，142，143，145-6，147，232；其矛盾立场，133-4，145；论语言学，132-3，134-5，139；其种族观，8，15，39，43，99，133-4，141-2，146，148，149-50，151，155，170，227-8，231-2，234，243，289，337，339；论科学的作用，140；闪语研究，43，88，133，139-43，145，149，231-2

René（Chateaubriand）《勒内》（夏多布里昂），174

Report on Current Research（Middle East Institute）《近期研究报告》（中东研究所），292

Representative Government（Mill）《代议制政府》（穆勒），14

"Return of Islam, The"（Lewis）《伊斯兰回流》（刘易斯），316，335，350

"Rêves"（Renan）"梦想"（赫南），147

"Revolt of Islam, The"（Lewis）"伊斯兰叛乱"（刘易斯），316，350

Richards, I. A. 瑞恰兹，254，346

Richards, V. W. 理查兹，228

Robertson, J.M. 罗伯逊，31，32

Rodinson, Maxime 罗丁森，马克西姆，259，266，326-7，335，336，350

Romantic Agony, The（Praz）《浪漫的创痛》（普拉兹），180，341

Romanticism 浪漫主义：和生物学，144；拜伦和司各特的，192；夏多布里昂的，172；福楼拜和内瓦尔的，180；德国的，67，256；在马克思的东方概念中，154；和现代伊斯兰，281；和作为异域的东方，118；和东方学欲望的失落，100，184；东方学的根源，130；和后启蒙时代的基督教救赎观，114-15，138，154，158，168，172，185，197；施莱格尔认为东方乃其最纯粹形式，98，137；沙弗尔论，18；和"片段"理论，128

Rome 罗马，57，70，74，84，88，117，168，171，177，183，250-1

Rosetta Stone 罗塞塔碑，121，140

Ross, E. D. 罗斯，224

Rousseau, Jean-Jacques 卢梭，让－雅克，119，125，138，147，178

Royal Asiatic Society 皇家亚洲研究会，43，79，99，164

Rubáiyát of Omar Khayyám（FitzGerald）《鲁拜集》（菲兹杰拉尔德），193

Ruskin, John 罗斯金，约翰，14，228

Russia 俄国，1，10-11，17，26，100，104，191，194，215，225，229

Sachau, Eduard 萨肖，埃都亚尔，255

Sacy, Antoine-Issac, Baron Silvestre de 萨西，西尔维斯特，8，23，98，136，139，147，152，168，177，181，193，246，284，336，337，341；将东方经典化，129；编撰

性著作, 125-7, 156-7, 283; 第一位现代学院化的东方学家, 18, 83, 127, 129, 130; 其"片段"理论, 128-9, 130, 142, 147, 151, 283-4; 和对东方的概括, 125, 126, 149-50; 将学术研究和公共政策结合在一起, 124, 223; 和现代东方学结构, 122, 130, 176, 197; 论"博物馆", 165-6; 作为教育者, 18, 83, 123-8, 129, 284; 其理性, 125, 129; 作为翻译家, 124, 126, 127

Said, Edward W. 萨义德, 爱德华, 329, 342

Saint-Simon, Comte de 圣西门伯爵, 114

Skuntala (Kalidasa)《沙恭达罗》(迦梨陀娑), 98

Saladin 萨拉丁, 69, 101, 267

Salammbô (Flaubert)《萨朗波》(福楼拜), 11, 88, 181, 184, 185, 186, 187, 342

Sale, George 萨尔, 乔治, 63, 64, 117, 168

Salisbury, Lord 索尔兹伯里勋爵: 见 Cecil 塞西尔

Sanskrit 梵语, 17, 42, 51, 75, 78-9, 96, 98, 120, 136-7, 139, 149, 248, 294

Saracens 萨拉辛人, 60, 61, 74, 101

Sassanids 萨桑王朝, 18, 125

Saud, house of 沙特王室, 246

Saudi Arabia 沙特阿拉伯, 323

Saulcy, Louis-Félicien-Joseph de 索尔西, 170

Saussure, Leopold de 索绪尔, 雷奥波, 207

Scaliger, Joseph Justus 斯卡利格, 65

Schelling, Friedrich Wilhelm Joseph von 谢林, 147, 150

Schlegel, Friedrich 施莱格尔, 弗里德里希, 19, 23, 51, 98, 115, 137, 150, 268, 277, 334, 339

scholarship, Orientalist 学术研究, 东方学的: 成为一种权威性的态度, 238-9, 246, 253-4, 285, 290, 321; 伯顿的超越, 194, 196, 197; 其编码, 77-9, 127, 189; 和比较的态度, 149-50; 与两次世界大战期间人文研究的关联, 258-9, 260, 261, 262; 其不断积累的特征, 123, 165-6, 169, 202, 210, 221-2; 和被贬低了的研究"对象", 96-7, 228-9, 233-4, 319; 其传播, 164-5, 190-1, 221; 向古典时期聚焦, 52, 79, 80, 92, 204, 232, 233, 300; 滋养了殖民主义, 39, 41, 80-1, 86-7, 94-6, 100, 210, 223; 地理大背景, 50, 322; 与东方之间的阐释性关系, 222, 255; 和帝国的具体代言人, 194-7, 224, 237-8; 学院化的项目, 205-10; 其词汇, 15, 65, 121, 155, 156, 163, 164, 166, 203; 其镜像, 209; 作为对东方的模拟性

参与，160-1，163；和拿破仑入侵埃及，80-7，94；其"原初"类型，232-4，237；其正统观念的系统总结，302-5，350；其中的语言学和种族，98-9，133-4，141-2，145-6，148，149-50，206-7，231-4；在后殖民时代的作用，275-6，325-8；其范围，49-52，86-7，92，98，117，135-7，165，191，204，210；社会文化的限制，201-2；其"真理"，203-4，272，320；其统一性，210；其有关权力和攫取的词汇，127，160。亦见 discourse 话语；expertise, Orientalist 专门知识，东方学的；Orientalism 东方学；philology 语言学

School of Athens, The (Raphael)（雅典学院）（拉斐尔），69

Schopenhauer, Arthur 叔本华，115，131

Schwab, Raymond 史华伯，雷蒙，16，18，51，76-7，115，137，252，329，331，333，338，339

Scott, Sir Walter 司各特，瓦尔特爵士，43，60，99，101-2，157，169，192，267，334

SEATO 东南亚条约组织，108

Ségalen, Victor 谢阁兰，维克多，252

Self-Determination and History in the Third World (Gordon)《第三世界的民族自决与历史》（戈登），298，348

Semites 闪米特人，133，140，241；和雅利安神话，99，268；分为东方的和东方学的两部分，286，307；道蒂论，238；其起源与现状被视为一体，234-6，237；作为概约性的、超个体的类型，230-4，239，240，270，289，306；赫南论，141-2，145，149，234，243，289，337；西方读者所见的，293；其研究的落后立场，261-2；史密斯揭示其秘密，235。亦见 anti-Semitism 反犹太主义，Arabs 阿拉伯人，Islam 伊斯兰，Jews 犹太人

Semitic languages 闪语，43，51，74，75，88，98，133，136，139-43，145-6，149，231-2，235，262，265，268，294

Senart, Émile 塞纳尔，爱弥儿，250

Seven Pillars of Wisdom, The (Lawrence)，《智慧的七大支柱》（劳伦斯）238-9，345

Shaffer, E. S. 沙弗尔，18，329

Shahid, Erfan 沙依德，厄凡，302

Shakespeare, William 莎士比亚，9，31，63，71

Shi'ites 什叶派，265，303

Shouby, E. 肖比，320

Sicily 西西里，59，75，304

"Sir Hamilton Gibb Between Orientalism and History" (Polk) "介于东方学和历史学之间的汉密尔顿·吉勃爵士"（蒲克），274-5，347

Smith, William Robertson 史密斯，威廉·罗伯逊，234-6，238，270，277，344-5

Social Evolution (Kidd)《社会进化》（基德），233

Social Science Research Council 社会科学研究委员会，288

social sciences 社会科学，325；和支配东方的传统，19，48-9，108，109，284，288-93，296，321；其欧洲中心主义，97；与东方学的整合，107，305；关于近东，288-93；其"类型"，259-60

Société académique indo-chinoise 印度支那研究会，218

Société asiatique 亚洲研究会，43，51，99，124，165，220，248

Société de géographie de Paris 巴黎地理研究会，217-18

Soemmerring, Samuel Thomas von 索马灵，撒缪尔·托马斯，119

Solimans, pre-Adamite 索里曼，前亚当时代，64

Solon 梭伦，84，85

Sorbonne 巴黎大学索邦，134

Southern, R. W. 萨仁，55，61-2，331，332

Soviet Union 苏联，9，10-11，104，291，292。亦见 Russia 俄国

space 空间，54-5，167，210-13，219，234

Spain 西班牙，1，17，59，74，82，93，304，315

Spengler, Oswald 斯宾格勒，奥斯沃德，22，208

Spitzer, Leo 斯皮泽，雷奥，258

Stanhope, Lady Hester Lucy 史丹霍普，赫斯特·露西夫人，177，246

Steinthal, Heymann 斯泰恩达尔，黑曼，18，99

Stendhal 司汤达，171

Stevens, Wallace 史蒂文斯，华莱士，5

Stokes, Eric 史多克斯，埃里克，214，343

Storrs, Ronald 史多斯，罗纳尔德，197，237，246

"Structure of Religious Thought in Islam, The" (Gibb) "伊斯兰宗教思想之结构"（吉勃），283，345

Struggle for Existence in Human Society, The (Huxley)《人类社会的生存竞争》（赫胥黎），233

Suez Canal 苏伊士运河，88-91，95，193，194，220

Sufi mysticism 苏菲神秘主义，246，266，269，272

Sumer 苏美尔，120

Sunna 逊奈（圣行），246，268

Surat 苏拉特，76，77

Swettenham, Sir Alexander 斯维滕汉，亚历山大爵士，213

Swinburne, Algernon Charles 斯文伯恩，

Sykes, Sir Mark 赛克斯, 马克爵士, 220-1, 225, 237

Syria 叙利亚, 17, 19, 23, 59, 76, 99, 109, 194, 217, 220, 223, 224-5, 278

Système comparé et histoire générale des langues sémitiques（Renan）《闪语之比较体系和一般历史》（赫南）, 88

Tableau historique de l'érudition française《法国学术之历史截面》, 126-7, 336

"Tale of the Caliph Hakim"（Nerval）"哈里发智者的故事"（内瓦尔）, 183

"Tale of the Queen of the Morning, The"（Nerval）"黎明女王的故事"（内瓦尔）, 183

Talisman, The（Scott）《护身符》（司各特）, 101, 192, 334

Talleyrand-Périgord, Chaeles-Maurice de 塔列朗, 80

Tancred（Disraeli）《坦克雷德》（迪斯累利）, 5, 102, 169, 192

Tasso, Torquato 塔索, 63, 178

Temperament and Character of the Arabs（Hamady）《阿拉伯人的性情和性格》（哈马迪）, 309-10, 349, 350

Temple, Charles 谭波, 查尔斯, 207

Tentation de Saint Antoine, La（Flaubert）《圣安东的诱惑》（福楼拜）, 181, 184, 185, 187, 188, 199, 291, 339, 342

"Terminal Essay"（Burton）"后记"（伯顿）, 196, 343

textual attitude 文本性态度, 92-3; 在《布瓦尔和白居谢》中, 114, 189; 在《剑桥伊斯兰史》中, 305; 动态性相互加强, 94; 对现代东方的醒悟, 100-1, 103; 在东方学中, 94-5, 156-7, 189; 向行政实践的转向, 96, 210, 223, 238-9, 246, 253-4

Thackeray, William Makepeace 萨克雷, 威廉·梅克皮斯, 195

thawra 革命, 314-15

Thiry, Jean 狄里, 让, 80, 333

Thomas, Lowell 托马斯, 洛威尔, 243

Tiepolo, Giovanni Battista 提埃波罗, 118

time 时间, 55, 167, 231, 234

Tocqueville, Alexis de 托克维尔, 阿勒克斯, 95

Tournefort, Joseph Pitton de 图恩福特, 约瑟夫·皮顿, 117

Transcaspian Railroad 跨里海铁路, 191

Transcendentalists 超验主义者, 290

Travels in Arabia Deserta（Doughty）《阿拉伯沙漠旅行记》（道蒂）, 237, 345

Treaty of Chanak 恰那克条约，191

Treaty of Nanking 南京条约，294

Trilling, Lionel 特里林，利奥内尔，232，344

truchement 中介者，166

True Nature of Imposture Fully Deployed in the Life of Mahomet（Prideaux）《招摇撞骗之真面目》（普里多），72

Tuchman, Barbara 塔契曼，巴巴拉，286

Turgot, Anne-Robert-Jacques 杜尔哥，安纳-罗伯特-雅克，147

Turkey 土耳其，59，64，99，183，217，220，223，238，242，258

Twain, Mark 吐温，马克，100，157，192，290

Tyrrell, Emmett 泰拉尔，埃默特，287，347

Über die Sprache und Weisheit der Indier（Schlegel）《印度的语言和智慧》（施莱格尔），19，98，137，334

UCLA 加州大学洛杉矶分校，296，323

United States 美国：阿拉伯世界成为其附属物，322-4；在东方势力的上升，3-4，11，17，25，104，107，290，293；对东方的认识，1，2，11-12，26，107-8，252-3；与东方的文化关系，293-302；纯学术之理想，10，13；其知识的帝国主义性质，11，293-5，321，322；沿袭了东方学的传统，6，47-9，107-8，264，275，284，285-93，295-302，307-21，322-4，348；对犹太复国主义者在巴勒斯坦殖民的兴趣，294，348；"二战"前对东方所知甚少，290；去往东方的朝圣者，192，342；和东方学，6，11，12，15，16-17，25，43；东方学的自信，46-9，107-8；阿拉伯的大众形象，26-7，285-8；在近东扮演的角色，2，26-7，294-5，321，322-4；和第三世界，46-7，104，107-8，321

universities, Arab 大学，阿拉伯的，322-3

Untergang des Abendlandes, Der（Spengler）《西方的没落》（斯宾格勒），208

Upanishads 奥义书，77，98

utilitarianism, and imperialism 实利主义，和帝国主义，214-15

Valéry, Paul 瓦莱里，保罗，250-1，252，345

Valle, Pietro della 瓦利，彼特罗·德拉，58

Varro, Marcus Terentius 瓦罗，马尔克斯·特伦提乌斯，144

Varthema, Lodovico di 瓦西马，罗多维可，58

Vatikiotis, P. J. 瓦提寇提斯，312-14，350

Vattel, Emer de 瓦托尔，埃默尔, 216, 344

Vergleichende Grammatik（Bopp）《比较语法》（葆朴）, 135

Verne, Jules 维尔纳，儒勒, 218

Vico, Giovanni Battista 维柯, 4, 25, 53, 117, 118, 119, 120, 132, 133, 137, 138, 147, 148

Victoria, Queen 维多利亚女王, 31

Victory（Conrad）《胜利》（康拉德）, 186

Vie de Jésus（Renan）《耶稣的一生》（赫南）, 146

Vietnam War 越战, 11

Vigny, Alfred-Victor de 维尼，阿尔弗莱德 - 维克多, 99, 169

Vingt-sept Ans d' histoire des études orientales（Mohl）《东方研究27年史》（莫尔）, 51

Visit to the Monasteries of the Levant（Curzon）《黎凡特修道院游记》（克仁）, 195

Vogüe, Marquis de 沃居埃, 170

Volney, Constantin-François de Chassaboeuf 沃尔内，康斯坦丁, 39, 81, 168, 169, 170, 333

Voltaire 伏尔泰, 76-7, 92, 333

Vossler, Karl 沃斯雷，卡尔, 258

Voyage en Égypte et en Syrie（Volney）《埃及与叙利亚之旅》（沃尔内）, 81, 333

Voyage en Orient（Lamartine）《东方之行》（拉马丁）, 88, 111, 177-9, 341

Voyage en Orient（Nerval）《东方之旅》（内瓦尔）, 100, 158, 180-4, 342

Waardenburg, Jacques 华登伯格，雅克, 209-10, 268, 343, 346, 347

Wafd party 华夫脱党（埃及国民党）, 257

Wagner, Richard 瓦格纳，理查德, 131

Waley, Arthur 韦理，亚瑟, 252

Wandering Scholar, The（Hogarth）《漂泊的学者》（贺加斯）, 245, 345

Warburton, Eliot 华伯顿，艾略特, 169, 195

Weber, Max 韦伯，马克斯, 259, 350

Weil, Gustav 维尔，居斯塔夫, 99

Weizmann, Chaim 魏茨曼，契姆, 306

Wellhausen, Julius 韦尔豪森, 209

Weltgeschichte（Ranke）《世界史》（兰克）, 208

West 西方：见 Europe 欧洲, United States 美国

Westernization, in Islamic world 西方化，伊斯兰世界的, 278, 279, 308-9, 321-5

Westlake, John 西雷克，约翰, 206-7

Westöstlicher Diwan（Goethe）《东西诗集》（歌德）, 19, 51, 154, 155, 167, 341

Whiston, William 威斯顿，威廉, 76

White Man "白种人", 226-31, 235-43, 245-6

Whither Islam?（ed. Gibb）《伊斯兰何去何从？》（吉勒编），278，347

Wilde, Oscar 王尔德，奥斯卡，145

Wilkins, Charles 魏金斯，查尔斯，78

William of Tripoli 的黎波里的威廉，71

Williams, Raymond 威廉斯，雷蒙，14，28，329，330

Wilson, Woodrow 威尔逊，221，251

Wolf, Friedrich August 沃尔夫，弗里德里希·奥古斯特，131，132，133

Wordsworth, William 华兹华斯，威廉，9，115

World War I 第一次世界大战，104，105，123，220，223，224，240，246，255-6，270，284，294

World War II 第二次世界大战，4，17，18，53，107，255，258，284，290，295，297，299

Xerxes I 薛西斯一世，56，57

Yeats, William Butler 叶芝，230，252，344

Yemen 也门，109

Yemen, Southern 南也门，109

Zaghlul Pasha, Saad 扎格卢尔，257

Zend-Avesta 阿维斯陀经，17，42，76-7，98

Zionism 犹太复国主义，27，221，270，278，286，294，301，303，306-7，318，319，320，348

Zoroastrianism 波斯教，120，232。亦见 Zend-Avesta 阿维斯陀经